KB002867

바다,
저자와의 대화 Ⅰ

김인현 외 16인 공저

17인의 저자가
들려주는
바다이야기

法 文 社

서 문

나는 선장 출신으로 오랫동안 해운에 천착해왔다. 그런데 2016년 한진해운 사태를 경험하면서 해운은 조선과 선박금융과 연결되어 있다는 것을 실감했다. 그래서 해운, 조선, 물류, 선박금융 그리고 수산을 포함한 통섭적인 공부를 하게 되었다. 다른 분들도 이런 공부를 할 수 있도록 수단을 만들어 제공하는 것이 내가 해야 할 일이라고 생각했다. 그래서 2019년부터 고려대에서 해운조선물류수산 최고위과정을 개설했다. 통섭적인 공부에 만족해 하는 업계사람들을 보면서 나는 만족했다. 해운, 조선, 물류, 선박금융, 그리고 수산을 하나로 아우르는 단어로 바다가 사용되었다.

2020년 초반에 퍼지기 시작한 코로나가 종료될 기미를 보이지 않았다. 사람들이 집에서 머무는 시간이 많아졌다. 나는 이미 2020년 1학기와 2학기에 줌(zoom)을 통한 비대면 강의를 경험했다. 10월의 어느 날, 나는 줌을 통한 비대면 강의의 장점을 업계에도 활용하기로 했다. 토요일 저녁에 바다에 관심있는 사람들이 줌으로 입장하여 바다관련 저자들의 강의를 듣는 "바다, 저자와의 대화"라는 모임을 만들었다. 사람들은 관심을 보였고 입소문을 타고 한명두명 모여들었다. 360명 정도까지 회원이 늘었다. 해운, 해양정책, 물류, 해상법, 조선, 해양사, 선박금융, 수산분야에서 기 발간된 책 20권을 선정, 저자들을 초대하여 강의를 들었다. 초대받은 저자들도 강사로서 기꺼이 참여해주었다. 회원들의 성원에 힘입어 그 다음에는 저자는 아니지만 그 분야에서 오랫동안 천착하여 전문성을 가진 스무 분을 모시고 강의를 들었다. 모임의 이름도 "바다, 저자전문가와의 대화"로 개칭되었다. 매번의 강의요약본이 만들어져 전문지에 실렸다. 강의를 유튜브로 만들어 공유했다.

발표한 내용을 책자로 만들면 더 좋겠다는 필자들의 의견에 따라 책으로 만드는 작업을 시작했다. 17명의 서사들이 요약본을 보내왔다. 책의 이름은 「바다, 저자와의 대화 I」로 하고 부제는 −17인의 저자가 들려주는 바다이야기−로 해보았다. 10월경에 자매서로 출간될 「바다, 전문가와의 대화 I」을 본서에 추가해보면 40편 이상의 글이 실린다. 이 정도면 바다와 관련된 다양한 분야를 다루는 바다관련 개론서로서 충분할 것이다.

2020년 3월부터 시작된 코로나 사태하에서 모임은 생략되고 공부하는 기회는 줄었다. 그럼에도 비대면의 장점을 최대한 활용한 우리 모임은 바다를 알기 위한 공부를 지속적으로 하고 있다. 이 모임이 더 진행되어 제2권이 각각 나오면 80편 정도의 글이 책자에 실리게 될 것이다. 명실공히 바다관련 개론서 시리즈가 탄생하는 것이다.

안충승 박사님, 정필수 박사님, 홍승용 총장님, 최광식 전 장관님, 신언수 부회장님을 비롯한 17인의 저자들의 봉사정신과 헌신에 깊은 감사를 드린다. 편집을 맡아준 김연빈 대표님께도 감사드린다. 이 책의 출간을 허락해주신 법문사 사장님과 예상현 과장님께도 고맙다는 인사를 전한다. 이 모임을 후원하는 고려대 해상법연구센터의 나성호 조교에게도 감사한다.

아무쪼록 본서가 바다를 알고 싶어 하거나 좋아하는 사람들에게 개론서로서 많이 읽히기를 원한다.

2021년 7월
"바다, 저자전문가와의 대화" 운영자
김인현 교수(고려대 해상법연구센터 소장)

발 간 사

우리가 살고 있는 시대의 환경이 크게 변하고 있다. 삶의 영역이 디지털시대로, 기술혁신과 경쟁의 시대로, 글로벌 광역으로, 방역이 주도하는 세대로 그리고 바다를 그리며 희망을 일깨우는 미래세대로 다양해지고 수용의 폭도 넓어지고 있다. 특히 코로나처럼 환경의 급격한 변화에 적응하는 대안으로, 마치 바다가 포근하게 모든 것을 품어 주듯, 줌(Zoom)을 통해 바다 관련 산업, 역사, 문화, 환경을 아우르는 통섭의 자리가 만들어 졌다. 미증유의 높은 제약 속에서도 꿈을 접지 않고 줌 광장에 모여 발전과 변화를 수용했던 독특한 활동을 묶어 「바다, 저자와의 대화Ⅰ」−17인의 저자가 들려주는 바다이야기−를 한권의 책으로 꾸몄다. 바다를 이용한 다양한 이름의 학문과 산업 분야인 해운, 조선, 물류, 수산, 해양, 해상법, 수산업법, 해양법, 해양사, 수필 등 저자들의 눈과 생각과 실천방안이 모여 결실을 거둔 진솔한 바다이야기라 할 수 있다.

바다는 우리에게 무엇인가? 누구에게는 삶의 현장이고, 두려움의 대상일 수도 있지만 청년들에게는 미래로 가는 길목이 되며, 진솔한 삶을 살아가는 많은 사람들에게 꿈과 희망의 대상이 되고 있다. 지금까지 우리는 뭍에서 보는 바다만 그려왔다. 미지의 꿈을 개척하는 수평선 너머의 새로운 뭍에 이르는 디딤 길로 볼 것이 아니라, 이제 방향을 바꿔 미래의 활동무대로 등장하고 있는 바다에서 지치고 속살을 드러낸 뭍을 보자. 뒤바뀐 시선으로 바다의 주장, 외침, 노래, 노여움, 달램 등 희로애락의 진솔한 삶을 담아보자. 우리는 바다 위, 바다 속, 바다 바닥까지 바다를 처음부터 끝까지 속속

들이 최대한 이용하고 바다는 인간의 야심찬 바램을 채워주려 베풀고 있어 어머니처럼 인자한 손길로 다가온다.

 소유와 버림의 대상이 아닌 공유와 공존의 바다를 효율적으로 이용하려면 인간과 바다의 관계도 새로운 시각에서 설정하고 지켜나가야 할 과제가 되고 있다. 이기심의 정의를 정착시킨 땅위의 경제 질서를 공유와 공정의 영원한 자산인 바다에 그대로 적용하는 것은 올바른 해양질서가 아닐지도 모른다. 이제 우리는 바다의 질서, 바다의 문화를 새롭게 만들고 사랑하는 시도를 서둘기 위한 통섭의 장을 열어야 할 것이다. 우리는 옛적부터 바다를 수궁으로 묘사했고 문무왕은 바다의 수호신이 되었으며 장보고의 리더십, 왕건의 해양력 발휘, 이순신의 호국 충정 등 바다를 발판으로 좋은 역사를 이어왔던 민족이다. 다만 근세사에 불행하게도 해금(海禁)과 쇄국이라는 실정을 풀지 못해 어려움을 겪었지만 산업시대에 들어와 조선, 해운, 물류, 수산, 제도와 문화 등 바다 관련 다양한 산업 분야에서 두각을 드러내고 있다. 새로운 산업기술 적용과 무력해지는 환경보호라는 이질적인 목표를 달성하기 위해서는 다양한 모습의 바다에 대한 폭 넓은 이해와 관계자들의 깊은 대화를 통해 탄탄한 밑받침을 만들어 가야 할 것이다. 「바다, 저자와의 대화 Ⅰ」을 발간하는 변으로 올린다.

2021년 7월

한국종합물류연구원장

정 필 수

차 례

제 1부

해운·물류

해운 이야기(Shipping Story, 海運 故事)

권오인(고려종합국제운송 사장)

해운이란 무엇인가? 영국 런던대학교의 해상경제학 교수 S. G. Sturmey는 그의 유명한 저서 「영국의 해운과 세계 경쟁」 (British Shipping and World Competition - The Athlone Press, 1962)에서 1900년 영국에 등록된 상선이 전 세계 상선대의 45% 에서 1960년에는 16%로 하락한 원인을 규명하고자 하였다. 첫째 이유는 선원비

경쟁력 하락, 둘째, 타 경쟁국가의 해운산업 지원, 셋째, 간접적인 것으로 영국무역의 성장추이, 제1, 2차 세계전쟁과 미국의 부상, 주요 경쟁국 간 세제정책의 변화, 정부의 정책과 규제를 들었다. 결과적으로 영국은 대영제국의 영화를 뒤로 하고 해운주도국의 지위를 잃었음을 지적하였는데, 해운에 관한 한 시사하는 바가 크다. 한국은 세계 제2차 대전으로 일제 강점 하에서 독립이 주어진 신생국가 였지만 동 시기에 독립을 이룬 국가 중에서 유일하게 국제원조 수혜국(受惠國)에서 공여국(供與國)으로 경제를 발전시켰고, 도전이 없지는 않지만 비교적 안정적인 민주주의를 정착시킨 저력 있고 국제적으로 인정받는 국가가 되었다. 2011년에는 유사 이래 최초로 수출입 무역액 1조 달러를 달성하였다. 국가 건립 후 최빈국 수준에

서 60여년만에 세계 9대 무역국으로 도약하였고, 타국을 식민지 지배하지 않고 선진국 문턱에 이른 최초의 국가가 되었다.

그러나 문제는 여기, 한국이 무역국가라는 데에 있다. 2019년 수출입화물의 99.7%(중량기준)가 해상으로 운송되고 있는 현실에도 불구하고 해운산업에 대해 국가전략적이고 체계적인 대비가 부족하였음이, 2016년 8월 한국 건국 제1호 공사(公社)였던 대한해운공사로부터 이어져 내려온 제1의 해운기업 '㈜한진해운'이 오랜 불황을 이겨내지 못하고 법정관리(컨테이너정기선의 경우 사실상 파산을 의미)라는 파국에 돌입(2016. 8. 31.)하는 참사로 드러났다. 당시 컨테이너선사 세계 순위가 7위권이던 전통의 해운기업이 국가차원의 관리 및 전략적인 고려가 결여된 상태로 파산의 수순을 밟게 된 것이다. '㈜한진해운'의 법정관리는 전 세계 해운시장에 커다란 파문을 던졌고, 국제물류공급망에 전대미문의 물류대란을 야기하였다. 이 사건을 계기로 해운경쟁국들은 앞다투어 '㈜한진해운'의 파산을 타산지석(他山之石)으로 삼아 자국 해운을 지키는 전략적인 조치를 취했다. 「해운 이야기」는 '㈜한진해운'이 파국의 길을 향해 치닫고 있는 것을 감지하고 해운산업이 중요하다는 것을 널리 알리기 위해 급하게 출간(2016. 5. 15.)되었다. 지난 30여 년 간 많은 정치, 경제 사회적인 변화가 있었다. 그러나 자세히 들여다보면 사회 저변에 흐르는 문화적인 정서는 크게 바뀌지 않은 것 같다. 이렇듯 잘 바뀌지 않는 정서 중에서 특히 일반 시민들이 간과할 수밖에 없는 구조적인 위치에 놓여 있는 해운산업을 재조명하고 세상에 들춰내어 변화를 구하고자 하는 것이 「해운 이야기」의 목적 중의 하나이다. 더하여 해운산업이 이런 것이구나 하는 사회적인 공감대 형성과 더불어 이렇게 발전되었으면 하는 방향에 대한 왕성한 사회적인 인식전환과 담론의 계기가 되기를 간절히 기원한다.

1. 제1장 봄 (1절 바다에서, 2절 생활 속의 해운, 3절 해운의 역사)

"해(海)에게서 소년(少年)에게(1908, 소년)"

처………… ㄹ썩, 처………… ㄹ썩, 쏴…………아,
때린다, 부순다, 무너 버린다.
태산(泰山) 같은 높은 뫼, 집채 같은 바윗돌이나,
요것이 무어야, 요게 무어야,
나의 큰 힘 아느냐, 모르느냐, 호통까지 하면서
때린다, 부순다, 무너 버린다.
처………… ㄹ썩, 처………… ㄹ썩, 척, 튜르릉, 꽉

(최남선 시인/사학자, 1890~1957)

"바다야말로, 자신이 갈라놓은 육지를 연결시킨다."

Alexander Pope(英 시인/비평가, 1688~1744)

**"어떤 것은 돈으로 사야만 하고, 어떤 것은 무역을 통해 얻어야
하며, 어떤 것은 창과 함포를 동원하여 확보하여야 한다."**
(Merchantmen, 1893)

J. R. Kipling(英 시인/소설가, 1865~1936)

　　한국은 부존자원이 부족하여 많은 원자재를 수입하고 이를 가공
하여 상품을 수출하고 있다. 산업의 골격에 해당하는 철을 만들기
위한 철광석을 비롯한 각종 광물, 석유와 가스 등 에너지, 옥수수,
밀 등 각종 곡물의 대종화물에서부터 중장비, 자동차, 화학제품, 와
인, 오렌지 등 과일 채소에 이르기까지 실로 다양한 것을 수입하고
있다. 이러한 산업과 생활에 필수불가결한 원자재와 상품을 수출입

하여 국가산업과 일상생활을 영위하고 있음에도 불구하고 일반시민은 해운과는 거리가 먼 상태로 살아가고 있다. 나시 말해 하루도 해운을 떠나서 생존할 수 없는 나라에 실면시도 헤운을 잘 므르고 산다. 일반시민들이 해운을 모르는 것은 큰 일이 아니다. 국방이 중요하다 하여 모든 국민이 철책선에서 일어나는 일과를 일일이 알 수 없듯이 먼 바다를 오가는 선박에서 일어나는 해운에 관해서 일일이 알 필요는 없다. 그러나 문제는 모르는 사실에 있지 않고 해운을 제대로 평가하지 못하는 데 있다. 해운을 제대로 평가하지 못하여 해운에 문제가 생기면 한국의 전 국민, 전 산업과 사회에 막대한 영향을 미친다(2019년 한국의 무역의존도 63.51%). 인간의 신체에 비유하면 해운은 동맥과 정맥의 혈류에 해당한다고 하겠다. 해운에 문제가 생긴다는 말은 동맥과 정맥에 문제가 생기는 것과 마찬가지이고, 동맥, 정맥이 건강하지 못하면 중증장애자가 된다. 영국에서는 정부, 언론, 시민이 미래, 경제, 생활 그리고 군사안보에 있어서 바다가 가지는 중요성을 인지하지 못하는 것을 '해맹(海盲, Sea Blindness)'이라고 부른다.

해운은 1차적으로 바다에서의 교역화물을 대상으로 한다. 그러나 광의로 보면 전쟁 시 해상의 군 병력 이동, 군수물자 수송에도 필수이다. 바다란 육지와 다를 바 없는 엄연한 영토의 일부이다.

선박이란 물 위에 떠서 사람이나 물건 등을 싣고 이동하는 구조물로서 물에 뜰 수 있어야 하고(浮揚性), 화물을 실을 수 있어야 하며(積載性), 스스로의 힘으로 이동 할 수 있어야(移動性) 한다. 선박을 뜻하는 용어에는 큰 배(Ship)로서 선(船), 박(舶), 함(艦)이 있으며, 작은 배(Boat)는 정(艇), 주(舟)가 있다. 영어의 Vessel은 이러한 선박을 통칭하는 것이며, Carrier는 전용선박의 의미가 있다. 초기의 배는 노(櫓, Oar)를 젓는 것이었고 이어서 돛(帆, Sail)으로 바람을 이용하였다. 목조 범선은 19세기 초 철제 기선이 출현할 때까지 세계의 바다를 누볐다. 철 구조의 선박과 증기기관을 탑재한 선박은 19세기 초 거의 동 시기에 출현하였다. 1807년 로버트 풀턴은 증기기관과 외륜수차(外輪水車, Paddle Wheel)를 장착한 "MV Clement"(클레멘트호)를 타고 허드슨 강 운항에 성공하였고 최초의 철선은 1818년 영국에서 건조된 "MV Vulcan"(불칸호)이다. 1836년 나선형의 스크루 프로펠러(Screw Propeller)가 발명되었다. 현재는 디젤기관과 스크루 프로펠러를 사용하는 선박이 주류를 이룬다. 일부에서는 공기부양선(Hovercraft)이나 워터제트 추진방식의 모터보트도 있다. 선박은 사용목적에 따라 상선, 함정, 어선, 특수작업선으로 분류한다. 상선은 화물 또는 여객을 운송하여 운임수입을 목적으로 하는 선박이며 화물선, 화객선, 여객선으로 구분된다. 화물선은 운송화물의 종류에 따라 크게 액체류를 운송하는 탱커선박과 건화물을 운송하는 건화물선 그리고 두 가지를 운송할 수 있는 겸용선으로 구분한다. 5대 주요품목(대종화물: 원유, 석유제품, 철광석, 석탄, 곡물)은 전세계 교역량의 60%를 점유한다. 광석, 석탄, 곡물 등 비포장된 건화물을 운송하는 선박을 산적화물선(散積貨物船, Bulk Carrier), 하역작업을 보다 편리하고 신속하게 하기 위하여 화물을 컨테이너에 넣어 운송하는 컨테이너선이 있다.

우리 역사 속의 해운을 살펴보면, 고구려 광개토대왕(374~412)비문에 즉위 6년(396)에 친히 수군을 이끌고 백제와 왜를 토벌하여 58개성과 700촌을 얻었다는 기록이 있다. 신라 장보고(張保皐, ?~846) 대사는 828년 흥덕왕(?~836)의 도움으로 완도에 수군 1만 명을 모집하여 청해진(靑海鎭)을 설치했다.

장보고(張保皐) 대사

선박을 건조하고, 선단을 구성하여 해적을 소탕하고 동북아 해상을 지배하였다. 장보고 선단은 청해진을 중심으로 중국의 산둥(山東)반도와 일본을 연결하는 해운, 무역을 중국의 남쪽까지 확장하였다. 베트남, 페르시아 및 아라비아 상인들이 출입한 저장성(浙江省)의 닝보(寧波) 및 후지엔성(福建省)의 첸저우(泉州)까지 진출하여 신라촌을 건설하였다. 장보고가 동북아 해상, 무역권을 장악한 것은 그의 뛰어난 능력과 지도력이지만 탁월한 조선술, 항해술 및 기동력 있는 선단운영도 크게 기여하였다. 장보고 선단은 바람을 거슬러 올라가는 항해술을 보유하였고 밤에도 항해가 가능했다고 한다. 바람을 거슬러 올라가기 위해서는 바람에 밀리지 않도록 선저에 반대 방향의 힘을 받는 큰 용골(龍骨, Keel)이 필요하며, 항해에는 나침반도 사용되었다. 고조선(中繼貿易) → 고구려(四海永樂), 백제(百家濟海), 신라(張保皐) → 발해(渤海) → 고려(靑磁, 複式簿記, 碧瀾渡) → 조선(鎖國) → 대한민국(중공업, 전자, 반도체, 해운, 조선)의 역사를 통관하면 우리에게는 개방적이고 진취적이며 친 해양적인 피가 면면히 흐른다. 다만 조선은 예외적으로 해금정책(海禁政策)에 공도(空島)정책으로 일관하였다. 조선이 외세에 의한 망국의 길로 갈 수밖에 없었던 결정적이고 역사적인 이유는 바다 진출을 금지하여 외부세계와의 교류를 단절시켰기 때문이며, 또한 주자학(朱子學, 新儒學)을 국가이념으로 정하고 실용이 아닌 이념의 틀 안에서 신분제 사회제도로 일관한 국가가 오래도록 융성할 수 없다는 역사의 기록을 조선도 예외 없이 보여주었다.

항해의 역사는 정확히 과학과 기술력의 역사이다. 8~11세기는 바이킹족이 북해, 발트해에서 활동하였다. 13세기에는 칭기즈칸 (1162~1227)이 아시아와 유럽을 정복하며 몽골대제국을 건설하였다. 육지에서 아시아와 유럽의 길이 열렸고, 마르코 폴로(Marco Polo, 1254~1324)는 이 길을 따라 농방견문록를 썼다. 15세기 초 명나라

엔히크(Henrique) 항해왕자

육분의(六分儀, Sextant)

(1362~1644) 성조(朱棣, 1360~1424) 시기에 쩡허(鄭和, 1371~1433)가 이끄는 대 선단이 7차에 걸쳐 아시아, 인도, 중동, 서아프리카를 항해하는 이른바 대항해(1405~1433)의 시기가 있었다. 그러나 쩡허의 대항해(남방정책)는 명나라가 끊임없이 북방의 침략에 시달리다가 급기야는 영종(朱祁鎭, 1427~1464)이 북원의 포로가 되는 토목의 변(土木之變, 1449) 이후에는 북방경계선 방어(북방정책)로 남방정책을 포기하고 해금정책으로 전환하면서 완전히 막을 내렸다. 이러한 정책변화는 명나라의 우수한 해양세력이 서양의 새로운 해양세력 탄생에 그 자리를 내어주는 결과를 초래하였다. 15세기 유럽의 대양항해 개막은 포르투갈이었고, 그 중심에는 엔히크(Henrique, 1394~1460) 항해왕자가 있었다. 16~18세기까지는 해상패권이 스페인, 네델란드, 프랑스 그리고 영국으로 이동하는 격동기였다. 영국은 1714년 경도법(經度法, Longitude Act)을 제정하여 대양에서 경도를 정확히 측정할 수 있는 과학, 기술개발을 장려한 후 1759년 육분의(六分儀, Sextant)가 John Camphell(英 항해사, 해군제독), 시진의(時辰儀, Chronometer)가 John Harrison(英 시계공)에 의해서 발명되었다. 이로써 경도가 완벽하게 계산되어 대양항해술은 기술적으로 완성되었고, 이후 영국은 해가 지지 않는 대영제국을 바다를 통해

이룩하였다. 바다를 지배한 자 역사를 지배한다는 말은 이와 같이 증명되며 항해의 역사가 그것을 뒷받침한다. 한국은 빈도국가로서 동해, 황해 그리고 동지나해를 면하고 있다. 따라서 통항로를 확보하기 위해서는 동해, 동지나해의 안전운항이 담보되어야 하는 지리적인 위치에 놓여 있다. 바다를 지배하는 자는 바다의 통항로를 확보하고, 1차적으로 해운의 국제경쟁력을 갖춘 자를 말한다. 나아가서 해양에서 다양한 분야의 산업에 경쟁력을 갖추고 궁극적으로 여기에 걸맞는 해군력을 확보하는 것이 필요하다.

한편 바다는 세계사의 물줄기를 바꾸어 놓은 해전의 역사를 간직하고 있다. 기원전 480년 대제국 페르시아와 그리스가 살라미스(希, Salamis) 바다에서 겨루었고 여기에서 패한 페르시아 제국은 쇠락의 길로 접어들었다. 칼레해전(佛, Calais)은 1588년 영국의 엘리자베스 여왕과 스페인의 펠리페 2세 국왕 간에 벌어진 전쟁이었다. 해적 드레이크 선장을 앞세운 영국이 스페인의 무적함대를 격파하였고 패배한 스페인은 유럽최강 해운국의 지위를 영국에 내어주고 쇠퇴의 길로 접어들었다. 영국은 유럽의 새로운 강자로 부상하였고 장차 해가 지지 않는 대영제국을 건설하는 계기를 마련하였다. 1592년 한산도(閑山島) 해전은 일본(倭國)이 조선을 침략하여 발발한 해전으로 이순신 장군이 일본수군을 격파하였다. 해전에 함포가 사용되었고, 조선침략 전쟁에 패배한 일본은 이후 정권이 교체되었다. 조선을 지원하였던 명나라(1368~1644)는 잦은 내란으로 청나라에 패망하였다. 한산도 해전은 동북아 정세에 결정적인 영향을 미치는 계기가 된 것이다. 트라팔가해전(西, Trafalgar)은 1805년 영국과 프랑스 연합군

이순신(李舜臣) 장군

사이에 벌어진 해전으로 나폴레옹(佛 Napoleon, 1769~1821)이 이끄는 연합함대를 영국의 넬슨(英 Nelson, 1758~1805) 제독이 격파한 해전이다. 이 해전으로 나폴레옹의 유럽제국 통일 야욕은 좌절되었고 프랑스는 몰락하였으며, 영국은 유럽의 강자로 제해권을 장악하게 되었다.

2. 제2장 여름 (4절 해운산업의 국제현장, 5절 부강한 나라를 이루는 길, 6절 해운산업이란)

해운산업은 속성이 국제경쟁에 100% 노출되는 특수한 산업으로 전쟁 또는 평화 시를 막론하고 총성 없는 국제 간 산업전쟁 현장 그 자체이며, 해운선진국들은 철저한 전략 하에 해운산업을 영위하고 있다. 한 국가의 해운산업을 둘러 싼 환경의 차이는 해양문화의 전통이냐 아니면 대륙문화의 전통을 가진 국가이냐가 중요한 변수로서 현재까지는 해양문화의 전통을 가진 국가가 해운경쟁의 우위를 점유하고 있는 실정이다. 한국해운은 해양문화의 전통을 가지는 서구, 일본 등 국제경영을 경험한 국가들과 비교하여 크게 열악하다. 따라서 이러한 역사적인 맥락의 관점에서 해운산업을 바라보며 국가전략을 수립하고 또한 역사의 교훈, 인류사의 소중한 가르침을 진지하게 천착하여 무역이 생명줄임을 깊이 있게 인식하고 해운대계를 수립하여야 해운이 위태롭지 않게 된다. 가만히 앉아서 세계지도를 바라보면 한국은 바다를 잃으면 모든 것을 잃을 수밖에 없는 지경정학(地經政學)적인 엄연한 현실이 눈앞에 펼쳐진다.

바다를 통한 운송 즉 바다의 하이웨이는 수에즈(1869), 파나마(1914) 운하의 개통으로 항해거리가 크게 단축되었다. 수에즈 운하는 아프리카 남단 희망봉 경유보다 6,000Km를, 파나마 운하는 남미 마젤란(1480~1521) 해협 통과보다 13,000Km를 단축시켰다. 선박의 대형화에 부응하기 위해서 수에즈 운하는 1, 2차 확장공사를 2015년에 완료하였고, 파나마 운하는 2016년에 확상공사를 마치고 개통하였다. 양대 운하의 확장으로 운하통과 가능 선박의 크기가 현저하게 커지고 바다의 하이웨이는 더욱 활발해졌다.

EU는 2008년 10월에 극동운임동맹(FEFC, Far Eastern Freight Conference, 1880)에서 시작하여 세계해운시장을 비교적 안정적으로 유지해 왔던 **해운동맹의 독점금지법 제외조치를 폐지하였다.** 운임동맹(運賃同盟, Freight Conference)은 선사의 안정적인 운임수입을 보장하여 해운사업의 리스크(Risk)를 줄여주는 것이 국제무역의 해상운송인프라를 안정적으로 유지할 수 있다는 국제적인 합의에서 성립한 것이었다. EU의 이 조치는 전통적인 정기선해운산업이 더 이상 국제 해상인프라 공공재가 아니라는 선언임과 동시에 해운산업도 여타의 산업과 동일하게 사적 영역에서 경쟁하는 산업임을 천명함으로써 해운산업의 국제역할과 성격에 천지개벽이 일어났다. 공교롭게도 시기적으로 보면 전 세계 컨테이너선사 1, 2, 3위 기업 모두가 EU 국가였다. 다시 말하면 EU는 해운동맹의 독점금지법 제외조치를 폐지하여야만 EU 선사들이 컨테이너정기선 분야에서 전 세계시장 석권이 가능한 구조였고 시기적으로는 덴마크의 Maersk Line이 주도한 컨테이너선박의 대형화 정책과도 일치한다. 달리 설명하면 EU의 이 조치는 기존의 안정적인 질서를 무너뜨리고 컨테이너 정기선해운 분야를 국제적인 정글로 탈바꿈시켜 약육강식 시장으로 만들었다. 이 결과 컨테이너 정기선해운 시장은 한편으로는 해운동맹이 없는 강화된 경쟁시장체제로 또 한편으로는 컨테이너선박의 대형화로 단위 슬롯코스트를 낮추는 선사 간 극심한 코스트 경쟁체제로 전환되었다. 시장은 규모의 경제성을 살릴 수 있는 해운기업, 해운국가와 그렇지 못한 해운기업, 해운국가로 양분되고 선박대형화 추세는 일종의 치킨게임 양상으로 치달았다. 규모의 경제는 선진국과 개도국 간의 경쟁과 같아서 대형선사와 중소형선사, 체질이 강한 선사와 그렇지 못한 선사 간의 경쟁인 경우 예외 없이 약한 쪽이 망하게 되는 속성을 가진다. 이후 2008년 미국 발 금융위기가 초래한 수요감소

MV HMM Algeciras (24,000Teu, 2020)

시기에는 규모의 경제, 선박대형화로 단위슬롯 코스트 인하에 유리한 EU 선사들이 수혜를 입었다. 그러나 2015년 미국의 셰일가스 양산 및 산유국 간의 복합적인 이유로 저유가 기조로 전환되고 이에 연동한 원자재 가격하락으로 국제무역은 성장세가 둔화되었다. 따라서 컨테이너 정기선 시장은 성장 일변도에서 수급전망이 불투명하게 변화되었다. 규모의 경제, 선박대형화를 주도한 EU 선사들은 저유가 기조, 성장세가 둔화된 국제무역환경에 크게 동요하였다. 그 결과가 현재에 보고 있는 컨테이너정기선사의 Mega‒Alliance 체제이다. 이 과정에서 각국은 시장의 환경변화에 민감하게 반응하였고 해운선사 지키기의 전략적인 선택을 하였다. 단, 한국은 2016년 세계 7위권 컨테이너정기선사인 '㈜한진해운'을 수익성이 담보되지 않는 사기업으로 인식한 결과 파산으로 귀결되는 최악의 선택을 하였다.

부강한 나라를 이루는 길은 1776년 아담 스미스가 그의 책 「국부론」(The Wealth of Nations)에서 밝혔다. 자연법 원칙이 작동하는 체제에서 사회적인 분업으로 생산성을 향상시키고, 자유 시장에서 교환을 통하여 부의 증진을 이뤄 인간의 삶을 윤택하게 한다는 것이 그 핵심이다. 보릿고개의 배고픔을 오랜 세월 겪어 와서 '잘 살아 보세!'는 한국인들에게는 간절한 소원이었다. 사회적인 분업은

좁게는 국내이지만 넓게 보면 교역이다. 한국은 무역으로 살아가는 나라임은 이미 기술하였다. 여기에 해운의 역할이 존재한다. 무역의 중요한 경쟁력 요소가 해운이다. 부의의 우위는 **효용**과 **효과**의 측면이 고려되어야 한다. 무역은 상대국가가 전제되며 무역 상대방에게 효용과 효과를 동시에 제공할 수 있어야 성립되고 유지된다. 고객은 과거와 달리 상품＋해운＋배송 서비스를 요구한다. 여기에 해운이 취약하거나 무역경쟁국과 이해가 엇갈리는 경우는 경쟁력을 확보할 수가 없다. 비유하자면 무역이 바늘이라면 해운은 실에 해당하며 어느 것 하나도 따로 떼어져서는 효용이 반감되는 것이지만 한국은 신기하게도 무역은 정실자식, 해운은 의붓자식 격이다. 선진국들은 과거 국제경영(신대륙, 식민지개척 등)의 역사를 가지고 있다. 국제경영을 해보면 해운·해양이 무엇이라는 것을 느끼는 게 뼈저린 현실이 된다. 바다의 기상이 충만하였던 고구려, 고려와는 달리 대륙의 기운이 바다를 앞서고 주자학을 국가이념으로 삼았던 조선은 바다를 아예 걸어 잠궜고 오로지 국가만이 건널 수 있는 해금정책으로 일관하였던 잔재가 아직도 한국인의 정서에 일부 남아 있는 것만 같다.

　해운은 기록(Log Book)의 역사이다. 기록은 인간의 생각과 행위 그리고 삼라만상의 모든 현상을 글로 보관하는 한 방법이다. 기록에 대비되는 말은 기억이다. 인류의 역사를 기록의 측면에서 나누는 방식이 선사시대와 역사시대이다. 그리스 아테네 장군 출신이었던 투키디데스(B.C. 465?~400?)는 아테네와 스파르타가 각각 자기편 동맹시(同盟市)들을 거느리고 싸운 전쟁의 기록을 「펠로폰네소스 전쟁사」(B.C. 411?)로 남겼다. 동양에서는 300여년 뒤 전한 세종(劉徹, B.C. 156~87) 시절 사마천(司馬遷, B.C. 145?~86?)이 중국 역사의 시원인 삼황오제에서부터 전한 세종까지 약 3,000여년의 역사를 본기, 세가, 열전, 표, 서로 나눠 황제, 제후, 인물, 연표, 그리고 제도와 문물에 관한 방대한 기록인 「사기」(史記)를 남겼다. 바다의 생활은 기록에서부터 시작되었다고 해도 과언이 아니다. 인류는 바다로 나아가서 수많은 희생을 치르고 기록을 얻었다. 바다에서의 항해기록은 생사에 직결된다. 해양문화와 대륙문화를 가르는 첫 번째가 기록이다. 해양문화권은 사실(Fact, 事實)에 입각한 기록을 중시하는 반면 대륙문화권은 정서적인 기록이 많은 편이다. 사실기록과 정서기록의 차이는 그 내용의 진위 여부가 아니고 사실 여부와 재현 가능 여부이다. 인류의 기록에 신기원을 수립한 것은 컴퓨터이다. 컴퓨터(Computer)는 계산하는 기계라는 의미이나, 계산 이전에 모든 사실을 이진법(on-off)의 숫자로 치환 기록한 뒤 계산을 하는 것이다. 올림픽 정신 '더 빨리, 더 높이, 그리고 더 힘차게'(Le CAF, Citius, Altius, Fortius)도 기록의 바탕에서 이루어진다. FIFA, PGA, LPGA, KBO 모두 기록의 바탕에서 스포츠의 꽃을 피운다. 네델란드의 하멜 일행은 'Sperwer'(스페르웨르호) 난파로 제주도에 표착(1653), 일본으로 탈출(1666), 귀환(1668)한 뒤 하멜표류기를 남겼다. 통탄할 대목은 조선 효종(李淏, 1619~1659)과 송시열(1607~1689)이 북벌(己丑封事의 復讐雪恥, 1649)을 주창하면서도 강병책의 일환으로 하멜일행을 통한 이웃 일본과 서양의 과학적인 신문물을 인식하지 못하였다는 점이다. 하멜(和, Hendrik Hamel, 1630~1692, 네델란드 동인도회사 선원/서기)은 조선의 이러한 점을 일본의 관리들과 비교하여 표류기에 남겼다.

해운산업의 특징은 국제경쟁에 전면 노출된 산업으로 승자독식의 속성을 가진다. 해운산업의 기본요소는 자본, 선박, 선원 그리고 해운경영인과 사회문화적인 토양이다. 또한 **해운산업은 국가 전략적인 산업의 본질**을 가진다. 해운산업은 화물의 확보가 필수불가결인데 화물을 가장 많이 보유하는 것은 국가이다. 따라서 국가단위의 산업일 수밖에 없는 태생적인 본질을 가진다. 이웃 중국은 국화(國

貨), 국운(國運), 국조(國造)의 산업정책 즉 자국 화물을 자국 해운회사가 자국 조선소에서 건조한 선박으로 나른다는 징책을 펼치고 있다. 그러나 이는 본질적인 성격을 가진다는 의미이고 자국 화물이 아닌 제3국 화물을 운송하여 세계적인 해운회사로 활약하는 기업도 있다. **해운산업의 경쟁력은 단순히 해운기업만의 몫이 아니며,** 국가전략, 행정시스템, 금융, 철강, 정밀기계, 항해장비의 첨단기술, 설계기술 등 국가차원의 중요한 산업이 망라되어야 확보될 수 있다. 여기에 더해서 **국제적인 정보안테나**가 확보되어 해운경영에 반영되어야 비로소 한 국가의 해운산업 토대가 반석에 놓일 수 있게 된다. 국제적인 리서치회사는 누군가의 이익을 대변하게 되는데 이러한 구조를 꿰뚫어야 함은 물론이다. 국내적으로는 해운에 관련한 제도가 정비되어야 하는데 이는 사회, 문화적인 토양에 해당한다.

3. 제3장 가을 (7절 무역전략과 해운, 8절 UN과 IMO, 9절 한국 해운의 생존방식)

한국은 지경정학적인 요소, 반도 국가이지만 사실상의 도서국가, 빈약한 부존자원 그리고 인구수(5,180만 명)의 내수시장 등을 고려할 때 무역을 통하지 않고는 살아갈 수 없는 처지에 놓여 있다. 전략은 주어진 조건에서 출발한다. 국가를 선주국가, 화주국가로 나눠보면 쉽다. 미국은 화주권익을 우선하며 이를 위해 연방해사국(Federal Maritime Commission)을 두어 화주를 보호한다. 한편 선주국가는 국가가 해운의 중요성을 인식하여 선주를 화주와 동등하게 또는 그 이상으로 해운기업이 잘 영위될 수 있도록 사회, 문화, 제도적으로 배려하는 국가를 말한다. 영국, 독일, 일본, 중국, 덴마크, 네델란드 등이 여기에 해당한다. 한국은 무역규모 면에서 화주국을 자처하기에는 역부족이다. 그렇다면 선주국으로 국가전략을 세워야 하지 않을까? 앞서 해운산업의 본질에서 중국의 예를 들었다. 선진국으로 가는 길에는 국가전략이 필수이며 선주국이야말로 그 첫 번째 중요한 전략선택임에 틀림이 없다. 문제는 화주국, 선주국의 담론도 부재하고 국가차원의 전략이 미비한 현실 속의 한국 해운산업을 어떻게 하여야 하는 것일까에 대한 해법이다. 한 국가가 건국되어 제대로 정치, 경제, 사회, 문화 그리고 종교가 자리 잡는 데에는 상당한 세월이 걸린다. **서구 해양문화의 진수를 일컫는 문구에 '말이 곧 담보(Word is Bond)'가 있다.** 해운도 이 범주에 속한다. 선박을 조종하는 해기사(선원)는 선박이라는 특수하고 고립된 공간, 생명을 담보로 하는 위험한 환경에서 위계질서를 지키고 인명과 재산을 지키기 위해 강력한 규율로 훈육된다. 해기사(선원)는 정직하며 위계질서에 순응하고 또한 바다에서의 변화무쌍한 환경변화를 끊임없이 기록하는 사실기록 정신을 철저히 교육받는다. 바다에서의 기록은 목숨과도 같은 것이다. 해도가 그렇고 앞선 항해기록이 있어야 다음 항해를 준비할 수 있었다. 해양문화는 이러한 바탕에서 출발한다. 바다라는 환경, 위험을 무릅쓰고 항해하는 해기사(선원)의 모험심 그리고 말이 곧 담보인 토양에서 바다의 문화가 꽃피는 것이다. 대륙문화는 이와는 대조적이다. 항상 변하는 바다와 변하지 않는 대륙, 바다에 비해 위험요소가 낮은 육지 그리고 말이 곧 담보가 되지 못하는, 그래서 결정적인 행동이 없이는 끝나지 않는 속성이 대륙문화에 스며있다. 조선은 왕조실록, 승정원일기, 의궤까지 왕실의 기록은 낱낱이 유지되었다. 사대부와 일반서민들도 문중의 기록은 소중하고 족보 또한 필수였다. 문제는 기록의 방식과 내용이다. 대륙문화권의 기록은 상당수가 정서적인 기록에 해당된다. 정서적인 기록이란 보기에 따라 달라질 수 있다는 것을 의미한다. 용비어천가식 기록 또한 적지 않다. 이에 비해 해양문화의 기록은 사실적인 기록이 우선하며 검증될 수 있어야만 기록으로서 의미가 있다.

대양에서는 위치측정에 참고가 될 만한 주변의 지형지물이 존재하지 않는다. 오로지 바다와 하늘, 그리고 해, 달, 별, 해풍, 기온, 해수온도 등이 전부이다. 이를 근거로 위치를 측정해서야만 생존이 보장되었던 것이다. 항해의 역사에서 기술한 바와 같이 바다를 제패한 자가 세계를 제패한다는 역사적인 사실, 그리고 해양문화의 전통을 지닌 서방선진국과 과학, 기술문명은 시사하는 바가 크다. 국가전략과 해운은 사실 '국가전략과 해양문화'의 다른 이름이다. 이러한 **해양문화가 대륙문화를 앞서고 사회저변에 뿌리내릴 때 100년 해운기업의 기대가** 실현될 것이다. 논어 안연 편에 공자(孔子, BC. 551~479)의 식병신(食兵信)에 대한 통찰이 나온다. 공자는 지도자가 백성들에게 믿음을 줄 수 없으면 나라가 유지될 수 없다는 무신불립(無信不立)을 설파한다. 해운기업도 국제적인 신뢰에 근거하여 유지, 발전한다. 이런 측면에서 해운에 관한 한 해양문화가 대륙문화를 앞서고 있음을 보게 된다.

4. 제4장 겨울 (10절 한국 역사 속의 해운, 11절 해운산업의 미래비전, 12절 해운입국의 길)

한국해운의 시작은 대한해운공사(한국 최초의 국영기업, 1949)이다. 이어서 고급선원을 양성하는 해양대학(1945)에 대한 건국대통령 우남 이승만(雩南 李承晚, 1875~1965) 정권의 본격적인 지원으로 해운기업의 필수요소인 고급선원(海技士)이 확보되었다. 건국 초기에는 해사행정은 교통부 수운국이 그리고 항만건설 업무는 내무부가 관장하다가 1976년 해운항만청으로 통합되었다. 뒤늦게 시작한 조선업도 부처가 달랐으니 해운, 항만, 조선 그리고 금융으로 이어지는 선순환 구조는 태동부터 기대하기 어려운 환경이었다. 협회는 1954년 (사)대한선주협회, 1960년 (사)한국선주협회, 2020년 (사)한국해운협회로 이어졌다. 한편 2018년 기준 협회 회원사는 158개사이고 협회 누적 탈회(회사파산 등) 누계는 149개사에 이른다. 이는 94.3%(탈회사/회원사)에 달하며 탈회의 원인이 파산이라면 그 자체가 파산율이 되는 것이다. 한편 1985년 해운산업 합리화 이후 2018년까지 명맥을 유지한 선사는 15개사이다. 선주협회를 탈회한 회사의 면면을 보면 컨테이너정기선, 부정기선을 막론하고 중견 또는 대기업 수준으로 성장한 이후에 파산하는 경우가 많이 보인다. 다시 말해 대형 해운기업으로 성장하기도 어렵지만 이를 수성하는 것이 더욱 어려운 것이 한국의 현실이다. 이웃 일본의 선주사는 125개사로서 비교적 안정적으로 유지되고 있다. 유독 한국 해운기업의 극심한 부침에는 건국 이후 해운을 관장하는 행정의 분산, 해운을 깊이 있게 보지 못한 점도 도외시 할 수 없다. 외항해운은 산업의 특성과 본질 그리고 경쟁력의 요소가 복합중층적이다. 해운기업 경영자, 규모의 경제, 해운행정(해운, 항만, 조선으로 이어지는 일관된 정책, 법, 행정체계), 산업(대량화물), 금융, 선원 그리고 제도와 행정이 조화를 이루어야 생존이 확보될 수 있는 '중(重)장치서비스산업'이다. 흔히 해운산업을 시황산업이라고 말한다. 그러나 이는 너무나도 단편적인 표현으로 해운산업을 시황산업으로 치부해 버리는 한 해운산업은 발전을 기대하기 어렵다. 왜냐하면 해운산업은 시황산업의 속성이 일부 있지만 근본적인 속성은 국제경쟁, 원가경쟁, 규모의 경쟁 그리고 제도경쟁적인 산업이기 때문이다. 이를 간과하고 시황부분만을 강조하는 것은 해운산업을 투기 산업으로 평가하는 것 그 이상도 이하도 아니다.

한국해운산업의 미래비전은 1. 한국의 경제여건에 부합하여야 한다. 2. 규모의 경제를 염두에 두어야 한다. 3. 산업의 측면에서 공동으로 노력하여야 할 부분을 체계적으로 찾아서 산업의 지위를 확보하여야 한다. 4. 2018년 기준 협회 탈회율 94.3%에 대한 실패 사례를 체계적으로 살펴서 대책을 수립하고 그 과정을 사회전반에 홍보하여 해운산업의 존립근거가 취약함을 경계하여야 한다. 5. 벤치마킹할 대상국을 분명히 하여야 한다. 단, 일본과는 국가의 성격이 많이 다르므로 유념하여야 한다. 6. 해운산업이 시황산업이 아니라는 것을 명확히 하여야 한다. 해운산업은 코스트 경쟁산업으로 국제경쟁(문화), 원가경쟁(금융, 선박, 선원, 조직), 규모의 경쟁, 제도경쟁(국가)의 요소가 총망라된다. 7. 유럽과 일본의 역사가 오랜 선사들이 가지는 특징 중에 기업의 일관성에 주목할 필요가 있다. 유럽 선사들은 가족경영을 통해 일관성을 확보하며 일본은 문화적으로 기업경영의 일관성이 확보되는 특징을 가진다. 한국은 대통령 5년, 국회의원 4년, 장관 1(?)년, 고위공직자 2~3년, 정부투자 기관 및 공사 3년 등으로 정책의 일관성을 유지하기 어려운 여건이다. 그러나 해운기업은 긴 호흡으로 각종 정책들이 일관성 있고 각 의사결정이 한 방향으로 정렬되었을 때 시너지를 낼 수 있다. 8. 국제화와 현지화를 정착시켜야 한다. 한국식 경영으로는 국제무대에서 한계에 직면할 수밖에 없다. 9. 제도분야(국내와 국제)에 적극적으로 대처하여야 한다. 10. 체계적인 홍보에 관심을 기울여야 한다. 체계적인 홍보라 함은 홍보의 대상, 내용, 주기를 정하여 실력과 경험을 가진 인력이 전 산업계를 아울러서 홍보하는 것을 말한다. 한국의 자국화물 운송률은 30% 정도이다. 굳이 유엔통상개발협의회(UNCTAD)의 무역의 적정운송배분(자국과 무역상대국 및 제3국 4:4:2)을 언급하지 않더라도 한국해운의 미래는 성장 잠재력과 기회가 충분하다고 하겠다.

해운입국의 길은 사회신뢰의 초석에서 시작되어야 한다. 우리 사회가 신뢰도가 낮다는 것은 개인의 신뢰도를 사회가 제도, 문화적으로 높이는 장치가 없기 때문이다. 편의상 일을 중심으로 단계를 나누면 개인(1단계), 기업(2단계), 업계차원(3단계) 그리고 국가차원(4

단계)으로 나누면 한국의 선량한 개인은 1, 2단계의 업무수행에는 우수하다. 그러나 3, 4단계가 되면 문제가 복합적이고 차원이 달라져서 업무수행이 어렵고 더욱이 참조할 과거사례가 드물다. 우리 사회가 안고 있는 전관예우 문제(3단계)도 동일한 맥락이다. 전관에 대해서 예우를 갖추는 것은 당연하다. 그렇지만 그 예우가 예우에 그치지 않고 이권으로 흐르는 것이 문제이다. 사람은 누구나 부모 형제와 친인척, 고향, 친구, 동창, 선후배의 관계를 벗어날 수가 없다. 여기에 법, 제도, 행정 그리고 문화가 필요하며 법을 지키게 하는 사회제도와 문화가 중요하다. 우리 사회가 투명하지 못하고 의리로 뭉쳐져 있는 것을 바른 인간상이라고 인식한다면 서로를 갉아먹는 닫힌 사회로 남을 수밖에 없다. 한국은 21세기 시민사회의 단계에 와 있으며 왕조시대의 신분, 상하관계의 사회가 아님을 자각하여야 한다.

무역입국과 해운입국은 동전의 양면이다. 무역은 사람과 기업 그리고 국가가 주체이다. 여기서 가장 중요한 것은 인적 요소이다. 무역입국의 다른 말은 국제통상의 신뢰입국이다. 한국이 무역으로 살아가고 있다는 것은 전 세계가 다 알고 있다. 한국의 중앙정부 부처는 산업 현장과의 소통창구를 협회에 두고 있다. 따라서 산업상의 각종 통계, 산업현장의 실상, 업계의 필요사항 건의 등을 협회가 수행하게 된다. 한국의 조선 산업은 1993년부터 전 세계 상선부문 수주량 1위(이전 수위국 일본, 1958~1992)에 올랐다가 2008년경 중국에 그 자리를 내어준다. 그러나 2015년 한국조선업계는 매우 큰 수지악화에 직면하여 산업의 존폐를 걱정해야 하는 상상하기도 어려운 사태가 발생하였고 현재도 그 후유증은 지속되고 있다. 국제 간 산업의 선도국과 추격국은 항상 존재하기 마련이지만 한국의 조선업은 그 궤를 벗어난다. 여기에는 업계차원(3단계)의 인과관계가 반드시 존재한다. 왜냐하면 조선 산업은 이를 둘러싼 정부, 국책금융,

철강, 해운, 노조 그리고 국제시장 환경의 밀접한 관계 속에 발전되어 왔으며 단독으로 존재한 적이 없기 때문이다. 해운입국은 무역입국과 상호보완 관계에 있다. 무역이 해운을 이해하고 존중하지 않으면 해운은 설 땅이 없어진다. 해운을 소개하는 마지막이 무역이라는 것은 당연한 귀결이다. 해운의 가치는 미국 오바마 행정부가 셰일가스 수출에 미국적선을 이용할 것을 결정한 것에도 나타난다. 사실 한국은 해운산업보다 중요한 산업이 많이 있다. 지정학적인 이유로 국방산업이 튼튼해야 하고, 식량, 에너지, 철강, 전기·전자, 화학 등 셀 수 없이 많은 분야가 다 중요하다. 그러나 관점을 달리하면 해운을 포함한 그 모든 산업의 기초는 과학기술이며 과학기술의 기초는 수학과 물리학이다. 그리고 무역의 기초는 해운이다. 수학과 물리학의 발달이 과학기술을 튼튼히 하며 해운이 강성해야 우리의 생명줄인 무역이 국제무대에서 거침없이 경쟁할 수 있다. 이것이 우리가 미래로 나아가야 할 선진국의 한 단면인 것이다.

해운산업 깊이읽기

김인현 (고려대 법학전문대학원 교수)

1. 개 설

이 책은 필자가 2019년 9월부터 2020년 2월말까지 일본 동경대학교 법과대학에서 객원연구원 생활을 하던 9개월 동안 연구하고 느낀 바를 단행본으로 엮은 것이다.

「해운산업 깊이읽기」는 칼럼 형태의 가벼운 글과 학술논문으로 이루어진다. 한국 해운신문에 <일본 해운·조선·물류산업 깊이보기>라는 제목으로 6회에 걸쳐 칼럼 기고를 했다. 우리나라 해운·조선·물류산업이 극복해야할 점을 지적하고 이를 일본의 그것과 비교하는 시도를 했다.

필자는 20대일 때 일본 상선회사에 근무한 적이 있어서 일본에 어느 정도 친숙한 편이다. 그렇지만, 승선 중이라서 일본에 기항하는 경우에도 길어야 5일 정도 머물다가 떠났고, 교수를 하면서 학회에 참석하는 경우에도 2박 3일의 짧은 일정이었다. 그래서 일본을 깊이 있게 파악할 기회가 없었다. 이번 6개월 안식학기 동안 조금 깊이 있게 볼 기회를 가지게 되었다. 우리나라 주재원, 일본의 담당자, 변호사 및 교수 등을 만나면서 궁금한 사항들을 많이 해소하게 되었다.

일본 서점에 가보았을 때 200페이지 내외의 작은 책들이 전문서적임에도 불구하고 6개월에 30권 정도는 출간된 것을 보았다. 그리고 일본선주협회 건물에 있는 해사도서관에서도 월간지인 전문잡지가 20여 종은 되는 것을 보았다. 우리나라는 서적은 6개월에 5권, 전문잡지는 5권 정도가 되는 것 같다. 이러한 전문서적과 잡지의 차이에서 우리나라는 일본과 큰 차이가 나는 것을 알게 되었다. 일본은 우리와는 달리 집단지성을 발휘한다는 것이다. 누군가가 경험한 바를 책으로 엮어내어 공유하고 지식을 집적시켜 산업에 이바지시키는 작업이 우리나라가 일본에 처지는 근본적인 원인이라고 판단하게 되었다. 그래서 나는 귀국하면서 200페이지 정도의 단행본을 만들기로 했다.

평소에 인연이 있던 법문사에서 출간을 맡아 주었다. 표지는 바다의 색인 푸른색을 이용하였다. 6쇄를 찍어서 1,200권 정도가 팔렸다. 출판사에서는 해운분야가 좁음에도 불구하고 최근의 출판시장으로서는 대성공이라고 평가했다. 법문사는 이를 기회로 해운시장의 서적을 많이 만들겠다고 공언했다. 이 책의 필자인 내가 해운계에 기여한 바가 있다면 최고의 법률서적 출판사인 법문사가 해운계와 함께 하도록 했다는 것이다. 우리의 격이 올라가는 것이 된다.

2. 2018년 일본 해상법 개정내용

일본은 1898년에 제정한 상법 중 해상편을 처음으로 개정하게 되었다. 우리나라가 1962년 제정한 상법 중 해상편을 3번이나 개정한 것에 비하면 보수적인 태도이다. 120년 만에 처음으로 하는 개정이다 보니 상당한 개정작업이 필요했다.

우선 실무와 너무 맞지 않는 새로운 제도를 추가하는 작업을 했다. 정기용선, 복합운송, 선박충돌에 대한 규정을 추가한 것이 가장 눈에 띈다.

정기용선계약

정기용선계약은 1898년 제정당시에 상용화가 되지 않았던 형태의 용선계약이다. 그래서 일본 상법은 나용선만 존재했다. 이에 현실에 맞추어 정기용선에 대한 정의규정, 내부관계에 대한 규정을 추가하게 되었다. 정기용선은 선장이 승선한 채인 선박을 용선자가 선박소유자로부터 빌리는 것이다. 실무적으로는 NYPE서식이 사용되는데 항해와 관련된 사항은 선박소유자가, 상사(영업)에 관련된 사항은 정기용선자가 부담하고 권리를 가지도록 약정이 체결된다. 이에 의하면 도선사 승선, 예선의 사용, 선박연료유의 공급은 정기용선사가 부담한다. 이번 개정에서 이런 내용을 법률의 차원으로 끌어올렸다. 선장은 정기용선자의 상사사항에 대한 명령에 따르도록 규정화했다. 다만, 정기용선자의 대외적인 책임은 여전히 규정이 없다. 판례에 따라서 나용선(선체용선)에 적용되는 제703조를 유추적용하는 입장을 여전히 취하고 있다. 그런데, 일본은 정기용선계약의 법적 성질은 임대차와 유사하다고 본다. 그래서 제703조를 유추적용할 수 있다는 입장이다. 선박우선특권과 관련하여 정기용선자가 운항하던 선박에 대한 우선특권의 행사가 가능한지 문제가 된다. 학설에 맡겨져 있던 것을 이번에는 나용선규정을 준용하여 가능하게 되었다. 우리나라에서도 도입할만한 제도이다.

복합운송계약

복합운송은 한 사람의 운송인이 두 가지 이상의 운송수단을 사용하는 운송의 인수를 하는 계약이다. 복합운송은 비교적 최근에 생겨난 것이다. 복합운송에서는 손해배상책임을 어떻게 정하는지가 중요하다. 우리나라의 경우 상법 제816조는 해상구간이 포함된 복합운송에서 적용할 법률을 정해주는 기능을 한다. 손해가 발생한 구간이 확정되었다면 그 구간의 법을 적용한다고 정하고 있다. 육상에서 손해가 발생하면 육상운송법을 적용하는 것이다. 일본도 이와 같이 했다. 다만, 우리나라는 손해구간이 불명인 경우 거리가 가장 긴 구간의 법을 적용하는데, 일본은 아예 정하고 있지 않았다.

화물상환증과 선하증권

이에 비하여 신속하게 삭제하거나 위치를 옮긴 제도도 있다. 가장 눈에 띄는 것은 육상운송의 선하증권에 해당하는 화물상환증을 삭제해버린 것이다. 실무적으로 유가증권성을 가지는 화물상환증은 발행되지 않고 있기 때문에 우리나라에서도 그 효용은 오로지 뒤이어서 나오는 선하증권에 준용하기 위한 것이라고 강의하곤 한다. 따라서 해상편 선하증권에 자세한 규정을 두게 되었다. 다른 하나는 육상운송법에도 상법의 규정을 불법행위를 청구원인으로 한 경우에도 적용하게 된 것이다. 고가물의 책임은 고가물임을 운송인에게 신고하지 않은 경우 손해배상을 전혀 받지 못하는 제도이다. 이것을 불법행위를 청구원인으로 하면 고가물의 책임규정이 적용되지 않아 손해의 전액을 배상받을 수 있는 것이 한국과 일본의 입장이었다. 그러나 해상운송의 경우 국제조약에 의하여 청구원인에 관계없이 동일하게 적용한다. 일본은 이번 상법개정을 통하여 육상운송에도 불법행위를 청구원인으로 한 경우에도 적용하기로 했다. 우리나라보다 빨리 간 것이 된다.

선박충돌

선박충돌의 경우 일본은 상법에 특별한 규정을 두지 않았었다. 그래서 민법의 공동불법행위가 적용되었다. 다만, 1910년 국제조약을 비준하여 외국선박과의 충돌에서는 조약에 따랐지만, 국내선박 사이의 충돌은 상법과 민법이 적용되었었다. 그래서 화주는 민법의 연대책임규정에 따라 두 선박 모두에게 100%의 손해배상책임을 물을 수 있었다. 이번 개정을 통하여 물적 손해에 대하여 분할책임제도를 도입했다. 인적손해는 여전히 연대책임이다. 손해배상청구에 대한 소멸시효가 특이한데, 물적 손해는 2년으로 했다. 그러나 인적손해에 대하여는 민법의 그것으로 했다. 최근 민법의 개정으로 소멸시효가 5년이 되었다.

선박우선특권

선박우선특권에도 많은 변화를 가져왔다. 선박우선특권은 선박자체가 피고라는 대물(對物)소송의 관념이다. 선박충돌 시 선박이 나용선자(선체용선자)가 운항하면 피고는 나용선자이고 선박은 그의 소유가 아니므로 피해자는 선박에 대한 강제집행이 불가하다. 그런데 선박우선특권은 선박자체가 피고라고 보므로 임의경매가 가능하다. 우리나라와 일본은 유사한 제도를 가지고 있다. 선박연료유 공급채권에 대하여도 선박우선특권이 발생하는 것이 우리나라와 큰 차이점이다. 우리나라와 일본은 대인(對人)소송을 하는 국가라서 선박이 누구의 소유인지와 연결시킬 필요가 있다. 한국과 일본은 모두 나용선자가 운항 중이었던 경우 그 선박도 선박우선특권의 대상이 된다는 규정을 두고 있다. 정기용선자가 운항 중이었던 경우는 어떻게 할 것인지 문제가 있다. 우리 상법은 여전히 규정이 없어서 학설로써 해결했다. 그런데 일본은 이번에 정기용선의 경우 선박우선특권이 가능하다는 규정을 두게 되었다.

국제물품운송계약

일본은 화물운송과 관련하여 국제화물운송에는 국제해상물품운송법(國際海上物品運送法)이라는 단행법이 적용된다. 이는 헤이그 비스비 규칙을 도입한 것이다. 따라서 상법 해상편에 있는 내용은 국내운송에 적용되고 국제운송에는 국제해상물품운송법이 적용되게 된다. 항해과실면책은 국내운송에는 없고 국제운송에만 인정되어왔다. 항해과실면책은 헤이그 비스비 규칙을 통하여 도입된 것이기 때문이다. 이번 개정을 통하여 국내운송에도 항해과실 면책이 가능하도록 했다.

3. 일본의 선주사와 운항사의 구별 제도

한진해운 사태에 즈음하여 국내에서 한종길 교수(성결대) 등이 일본의 선주사 제도를 도입해야 한다는 의견을 제시했다. 우리나라는 선주사와 운항사를 겸하기 때문에 선사들이 선박을 직접소유하는 형태를 취하는데, 은행의 대출금이 많아 불경기 시에 대출금의 원리금 상환과 이자의 상환에 큰 어려움을 겪는다는 것이다. 만약, 선주사가 있다면 선주사로부터 선박을 빌려서 용선료만 지급하면 되므로 불경기를 쉽게 넘어갈 수 있다는 것이다. 나는 설득력이 있다고 보았다. 그래서 일본에 가면 반드시 선주업을 연구해볼 생각이었다. 마침 해양수산부 정책자문위원장인 나에게 문성혁 장관께서 선주업에 대한 연구를 직접 부탁했다. 그래서 더욱 탄력을 받게 되었다.

일본의 이마바리 조선소의 쇼에이기센(正榮汽船)이 대표적인 선주사라는 것을 알고 있었다. 어떻게 이들 선주사들과 만날 수 있는지 궁리를 하는 차에 선상파티에 초대를 받았다. 쇼에이기센의 담당자를 알게 되었다. 그를 통하여 실상을 알게 되었다. 또한 그 유명한 이마바리에 직접 가서 선주를 만나고 싶었는데, 지인인 다나카(田中) 변호사가 주선을 하여 2020년 2월 이마바리에 가게 되었다. 도운기센을 방문했다. 150여 척의 선박을 소유하고 있었다. 사장을 통하여 많은 것을 알게 되었다.

선주업의 요체

일본의 선주업의 요체는 이러하다. 첫째, NYK와 같은 대형운항사가 정기용선을 장기간 하겠으니 선박을 건조해달라는 부탁을 선주사에게 하게 된다. 둘째, 선주사는 이웃에 있는 이요(伊予)은행에 가서 대출을 받아 이웃에 있는 이마바리 조선소에서 선박을 건조한다. 셋째, 이 때 자신의 자본이 30%가 들어가고 나머지 70%만 대출을 받는다. 우리나라는 90%까지 대출을 받는데 이 점이 우리나라와 큰 차이점이다. 넷째, 건조한 선박은 선주사의 소유이지만 등록과 등기는 파나마 등에 편의치적을 한다. 해외의 SPC가 형식상 소유자이다. 실질 소유자인 선주사는 관리인으로 나타난다. 다섯째, SPC와 운항사 사이에는 정기용선계약이 설정된다. 은행과 SPC 사이에는 건조자금에 대한 대출계약이 체결된다. 은행은 저당권자가 되어 자신이 대출한 금액에 대한 담보를 가진다.

이렇게 제공되는 선주사의 선박은 이마바리 등에 집중되어있는데 일본 전체 운항선박의 1/3인 1,000척에 이른다.

국취부선체용선과 비교

우리나라에서 선박을 보유하게 되는 가장 대표적인 방법이 국적취득조건부선체용선(나용선)이기 때문에 두 제도를 비교해보기로 했다. 과연 어떤 장단점이 있는지 아는 것이 중요하기 때문이다.

비교의 대상은 우리나라 선사와 일본의 운항사이다. 우리 선사는 선박을 소유도 하면서 운항도 한다. 자신이 소유하게 되는 선박을 직접 운항하는 것이다. 일본의 운항사는 자신이 소유하지 않는 선박을 용선자의 지위에서 운항을 하는 것이다. 물론 일본의 운항사도 자신이 소유하는 선박이 1/3은 있다.

우리 선사는 국적취득조건부 선체용선(나용선)계약을 하여 선박을 보유하게 된다. 이런 상황을 일본의 운항사가 정기용선을 한 상황과 비교를 한 것이다.

국취부선체용선계약 하에서 선주는 직접 은행에 가서 대출을 받아 조선소에서 선박건조를 하게 된다. 선박에 대한 등록과 등기는 해외의 SPC를 이용하게 된다. SPC와 선주 사이에는 선체용선계약이 체결되지만 용선계약종료 시에 소유권을 용선자가 취득하는 형태의 계약이다. 그래서 선가 모두를 용선계약기간 중 갚아야 한다. 용선료는 할부금으로 나누어진 선가의 일부가 된다. 용선료를 모두 합하면 선가가 되는 것이다. 이렇게 되어야만 용선계약종료 시에 선박의 소유권을 인도받을 수 있는 것이다. 통상 20년 정도이다. 은행은 자신의 채권을 담보받기 위하여 선박에 저당권을 설정하게 된다.

국취부선체용선계약의 법적 성질이 문제되는데, 상법상으로는 임대차의 일종인 용선계약이지만, 선박금융법이나 도산법에서는 달리 본다. 금융리스라고 보는 것이 일반적이다. 사실상 선박을 건조하여 소유하게 되는데 소유자인 선주가 건조대금을 은행으로부터 빌리는 계약이라는 것이다. 금융의 관점에서 보면 그렇게 된다. 이런 관점에서는 비록 소유권은 SPC가 가지지만 실질적으로 소유자는 선주가 된다는 것이다. 여기서 큰 차이가 난다. 상법상 임대차이면 소유권은 임대인이 가지고 선사는 임차인에 지나지 않는다. 그러므로 소유자로서 권리나 의무를 부담하지 않는다. 금융리스로 보면 소유권은 용선자인 선사가 가지는 것이 된다. 선사가 도산이 된 경우 회생절차에 들어가면 회생을 위하여 선사가 소유하는 선박은 모두 회생절차에 따라야 하므로, 채권자들이 강제집행을 못하게 된다. 금융리스로 이해를 하면 채무자인 선사의 소유이므로 선박은 보호받게 된다. 단순한 임대차로 보면(미이행쌍무계약) 채무자의 소유가 아니므로 회생절차의 밖에 있고, 채권자들은 강제집행이 가능해진다.

일본형 선주사 제도를 이용하면 선사는 정기용선자가 되는 것이다. 국취부선체용선계약을 체결하게 되면 소유자에 근접한 지위에 놓이게 된다. 전자에서는 단순한 용선자에 지나지 않으므로 부담이 적다. 첫째, 용선료만 납부하면 된다. 국취부선체용선을 하는 경우와 비교하면 금융비용이 적게 들 수 있다. 둘째, 선원도 자기의 사람이 아니기 때문에 사용자 책임 등 불법행위책임을 부담하지 않아도 된다. 셋째, 선박관리를 하지 않아도 된다. 넷째, 부채비율을 낮출 수 있다.

선주사의 입장에서는 자신이 선박을 관리하는 입장이 된다. 자신이 선장에 대한 사용자가 된다. 이 점이 국취부선체용선에서 소유자와 다른 점이다. 큰 책임을 부담할 여지가 많다.

이러한 선주사 제도가 성공하기 위하여는 낮은 금리에 선박을 건조하여 낮은 금리로 선박을 정기용선 줄 수 있어야 한다. 일본의 경우 NYK, MOL, K-line과 같은 선사는 대형선사로서 선주사에게 선박의 건조를 의뢰할 수 있고 대출금에 대한 변제신용도 아주 높다. 이와 반대로 이런 튼튼한 정기용선자가 될 선사가 없다는 것이 우리나라에서 선주사를 도입할 때의 약점이다.

4. 일본 해운 · 조선 · 물류산업 깊이보기

정기선운항에서 정시성을 달성하자

동경대학의 연구실에서 동료교수인 하코이(箱井) 교수의 해상법 책을 읽었다. 운송인은 항해를 완성해야 할 의무를 부담함을 그는 강조하였다. 여기에는 운송물을 수하인(수입자)의 수중에까지 안전하게 정시에 가져다 줄 의무를 말하는 것이라는 점에 착안하게 되었다. 한진해운 사태에서는 이것이 이루어지지 않아서, 운송인의 의무를 다하지 못한 것이 되었다. 일본의 경우 오랜 전통에 따라 운송인의 화주에 대한 의무가 확고하다. 그런데 우리는 그렇지 못한 점이 아쉽다. 사람들이 항해를 완성한다고 할 때는 단순히 물리적으로 선박이 목적항에 도착한 경우만을 말한다. 그렇지만 목적항에 도착한 다음 수하인에게 정시에 제자리에 화물을 인도해 주는 것까지가 운송인의 의무이다. 이것을 확실히 보장할 제도를 가져야 한다. 한진해운 사태에서는 하역료 등이 미리 준비되지 않은 상태에서 회생절차에 들어갔기 때문에 하역작업이 이루어지지 못했다. 선박도 다른 항구로 이동되어졌다. 이동된 화물은 화주들이 자신의 비용을 들여 찾아가게 되었다. 정시성이 지켜지지 못한 것이다. 하루빨리 보완책을 마련해야 한다.

　나는 이미 2016년부터 하역비지급보장 기금제도를 마련하자고 주장한 바 있다. 국내 정기선사들이 한 선사가 재정적인 어려움으로 하역작업이 중단될 위기에 처한 경우 비용은 미리 갹출하여 마련된 기금에서 지급되도록 하는 것이다.

「탁월한 사유의 시선」을 읽고 – 고정관념을 깨트리자

　「탁월한 사유의 시선」이라는 책을 읽었다. 참으로 좋은 책이다. 필자 최진석 교수는 우리나라가 선진국으로 가기 위해서는 고정관념을 깨뜨려야 한다고 한다. 나는 최 교수님의 이런 사유체계를 해운산업에 대입하여 보았다. 대강 8개의 고정관념을 잡아낼 수 있었다. 이런 고정관념의 틀을 깨트려야 우리 산업이 제대로 안정화되고 선진국의 반열에 들어갈 수 있다고 보았다.

　"해운산업은 위험산업이다.", "해운산업은 선주만이 할 수 있고 선박을 보유하지 않는 운송인은 할 수 없다.", "해운과 조선은 반대 방향이다.", "해운이 국가기간산업으로 항상 보호를 받는 것이 당연하다.” 등이 그것이다.

해운산업은 위험산업이다

사람들은 해운산업은 위험산업이기 때문에 투자를 하지 않으려고 한다. 그렇지 않다. 17세기 어떤 기록에 의하면 10척의 선박이 출항을 하면 7척만 돌아왔다고 한다. 그 뒤로 목선에 돛을 이용하던 항해가 철선에 기관을 이용하는 선박으로 변경되었다. 지금은 1,000척이 출항해도 1,000척 모두가 귀항한다. 항해상의 위험은 없다. 다만 경기변동에 따라서 수입과 지출이 일정하지 않은 부분이 있다. 이것은 다양한 제도를 도입하여 경기변동의 폭을 줄이면 되는 것이다.

해운산업은 선주만이 할 수 있다

“해운산업은 선주만이 할 수 있다.”는 것은 잘못된 고정관념이다. 1991년 상법을 개정하면서 운송인이 될 수 있는 자를 확대했다. 선박소유자만 운송인이 될 수 있었던 것을 누구나 운송인이 될 수 있도록 했다. 상법이 선박소유자 중심주의에서 운송인 중심주의로 변경된 것이다. 그래서 상법은 운송주선인이 운송인이 된 경우에도 그는 상법 해상운송법의 적용을 받게 되고 그는 포장당 책임제한이 가능하게 된다. 해운법에서는 여전히 선박을 보유한 자만이 주체가 되도록 했다. 그래서 운송주선인이 운송인이 된 경우에 그는 해운법의 적용을 받지 못한다. 결국 대형화된 2자 물류회사는 해운법상의 해상운송사업자가 아닌 것이 되었다. 그들은 송하인과 해상운송계약 혹은 종합물류계약을 체결하는 자이다. 그런 다음 자신은 운송수단을 가지고 있지 않기 때문에 해상운송인에게 운송을 위탁하게 된다. 해상운송인의 관점에서 그는 화주이지만, 송하인의 입장에서는 운송인인 것이다. 이 점을 간과해서는 안 된다. 이들은

해운업의 주체로 보아서 포섭하여 해우법상의 주체가 되도록 하여
보호도 하고 규제도 하는 방안이 검토되어야 한다. 정체된 해운산
업의 범위를 넓힐 수 있는 것이다.

해운과 조선은 반대방향이다

'해운과 조선은 반대방향'이라는 말이 있다. 조선산업이 활황이라
서 선복이 많아지면 화주들의 화물을 실어 나를 선박이 많아지니 운
임은 떨어지게 된다. 그래서 조선이 활황이면 해운은 불황이 된다는
말이 나왔다. 서로 단절되어 별개로 움직이는 이유가 되었다. 또한
우리나라 조선업은 수출지향적이기 때문에 내수는 10% 내외이다.
그러다보니 국내해운이 우리나라 조선업에 미치는 영향이 낮다. 반
대로 조선경기가 나빠지면 우리 조선소의 일감은 떨어지게 된다. 해
외로부터 수주를 하지 못하기 때문이다. 일본 이마바리 조선소에서
는 쇼에이기센이라는 선주사를 자회사로 두고 있다. 약 250척의 선
박을 소유하고 있다. 불경기가 되면 발주를 하여 조선소에 일감을
만들어 준다. 우리나라도 이와 같이 하는 방안을 제안했다. 이렇게
되기 위해서는 내수비중이 20%는 되어야 할 것이다. 선주사를 육성
해서 건조를 국내조선소에 많이 하는 형식을 취하면 해운과 조선은
반대방향이 아니라 같은 방향이 될 것이다. 조선소가 자회사로 선주
사를 운영하면 해운과 조선의 연결고리가 더 튼튼해진다.

해운은 국가기간산업으로 항상 보호받아야 한다

"해운은 국가기간산업으로 항상 보호받아야 한다."는 말이 있다.
이것은 큰 오해를 불러일으킬 수 있다. 국가기간산업인 것은 맞지
만 보호를 받는 것이 당연시 되어서는 안 된다. 국가에는 아주 다
양한 산업이 있다. 해운업만 위험산업인 것은 아니고, 다른 산업도
국가기간산업이다. 해운업만 국제경쟁 하에 놓여있는 것도 아니다.

항상 보호받아야한다는 생각이 자생력을 낮추게 된다. 경기가 좋을 때에는 가만히 있다가 경기가 나쁠 때에만 국가에 손을 벌리게 된다. 경기가 좋아서 수입이 많아지면 스스로 불경기일 때를 대비하여 준비를 해야 한다. 수입을 적립하여 국민경제에 기여하는 방법을 모색해야한다.

5. 일본 「로지스틱스업계 대연구」를 읽고

동경시내에 나갔다. 좋은 책들이 있는지 알아보았다. 마침 일본 「로지스틱스업계 대연구」라는 작은 책자를 하나 발견했다. 일본의 외항해운, 내항해운, 종합물류 등에 대하여 자세한 설명이 나와 있어서 얼른 구입했다. 3번 정독을 했다. 많은 것을 알게 되었다.

일본은 종합물류업 하에 해상운송기업이 있는 것이지 별도로 해상운송기업이 존재하는 것은 아닌 것으로 판단된다. 선박은 수출입 화물의 이동을 위하여 존재한다고 해도 과언은 아니다.

가장 놀란 것은 NYK 정도만 종합물류회사가 된 것으로 알았는데, 해운생태계에 종사하는 모든 회사들이 종합물류회사가 이미 된 점이다. 예를 들면 MOL과 K라인이 물류 자회사를 가지고 있다. 미쓰이 창고와 같은 경우 및 하역전문회사로 잘 알려진 가미구미도 그렇다.

필자의 정리에 의하면 종합물류업이란 상품을 수출자의 공장에서부터 인수받아서 포장, 라벨링, 통관, 하역, 창고보관, 육상운송, 해상운송, 그리고 IT관련 정보처리까지를 모두 인수하는 영리활동을 의미하는 것이 된다. 상법에 의한 해상운송인(해상기업)은 이러한 하나의 긴 상품의 물류라는 흐름에서 단편인 해상운송의 계약을 받아서 이행을 하는 영리활동을 하는 자이다. 하역회사는 하역만을 했고 창고업자는 그 운송물을 부두 등에서 창고에 보관하고 관리하는 업무를 하는 것이다.

NYK는 이미 오래전부터 육상의 물류에 진출하였다. NYK로지스틱스라는 자회사가 육상의 물류를 하고 있다. 또한 NCA라는 항공화물운송회사를 가지고 있다. 그런데, 하역회사와 창고업자들끼리 종합물류업을 한다는 것이 놀랍다. 대량화주로부터 종합물류계약을 인수한 다음 자신이 잘하는 하역업은 자신이 행하고 나머지는 자신과 파트너십을 맺은 다른 전문영역의 회사들에게 하청을 주는 형식으로 충분히 할 수 있다고 보인다.

이러한 추세는 화주 측에서 여러 사람과 개별적인 계약을 체결하여야 할 것을 한 사람만 만나서 계약을 해버리면 되기 때문에 아주 편리하다는 이유에서 활성화가 되고 진화한 것으로 보인다. 그래서 이러한 추세는 지속될 것으로 보인다.

일본에서 종합물류화된 해운, 하역, 창고업자들은 중국 등 외국으로도 진출하여 매출을 올리고 있다는 점도 알게 되었다. 우리나라도 CJ대한통운과 같은 경우 국제적인 활동을 하고 있다.

우리나라 외항해운사, 창고업자등은 이런 수준에 도달하지 못했기 때문에 하루속히 종합물류화로 나가야 업종의 다변화를 이루고 매출도 늘어날 것으로 보인다.

이 책에서 또 하나 놀라운 일본의 현상을 발견했다. 일본의 내항해운은 참으로 튼튼한 것 같다. 지리적으로 일본은 내항해운이 우리보다 발전하게 되어있다. 일본은 아주 긴 해안선을 가지고 있다. 홋카이도에서 오키나와까지 항해를 하려면 족히 이틀은 걸릴 것이다. 내항이 아니라 원양과 버금갈 정도이다. 내항해운에 종사하는 사람도 많다. 섬 지방으로 생필품을 이동시키는 것은 모두 내항해운의 역할이다. 이런 내항해운에도 선원들이 고령화되었지만, 일본정부가 특별히 캠페인을 벌여서 내항해운 선원들의 고령화를 막았다는 것이다. 30대 선원의 숫자가 2배가 늘었다. 우리나라도 대대적인 캠페인을 실시하면 사정이 나아질 것으로 보았다.

6. 이마바리 방문기

이마바리(今治)라는 곳은 시코쿠 지방의 북쪽 에히메현에 위치한다. 세토내해에 면해 있어서 항상 바다와 연관하여 삶이 지탱되었을 것이다. 여기에서 염전을 하거나 내항해운에 종사하던 사람들이 모은 돈으로 조그만 배에 투자하여 선주가 되었다. 이렇게 된 선주는 다시 돈을 더 모아서 한 척 두 척 배를 모으게 되었다. 이마바리에는 쇼에이기센, 닛센해운, 도운기센과 같이 150척이 넘는 대형 선주들이 있는가 하면, 3척, 5척을 소유하는 선주들도 많이 있다고 한다. 이렇게 하여 이마바리를 포함하여 시코쿠에 1,000여 척의 선박을 소유하고 있다. 이들은 일본의 이마바리 선주 혹은 에히메 선주로 불리면서 일본 선사들 선복의 1/3을 제공하고 있다.

일본에 머무는 동안 꼭 이마바리를 가보고 싶었다. 2020년 2월이 되어 귀국일자도 얼마 남지 않았다. 지인인 다나카 변호사에게 상의를 했더니 자신이 이마바리에 사무실을 두고 있는데 같이 가자는 것이었다. 자신의 고객인 도운기센 사장과 만남이 주선되었다.

비행기로 다카마쓰에 내려서 기차를 타고 이마바리로 갔다. 해안가를 끼고 기차는 달렸다. 해안가로 보이는 풍경들이 해운을 하기에는 참으로 천혜의 조건을 갖추었구나 생각이 들었다.

도운기센은 평범한 1층 건물에 직원은 40명 정도가 된다고 했다. 당시에는 10명 정도만 보였다. 가정집과 같은 건물에 간판을 걸고 소박하기 그지없는 회사였다. 150척을 가진 선주회사라고는 믿기지 않을 정도였다. 사장으로부터 자세한 회사경영에 대한 이야기를 들었다. 액자에 150척 모두를 담아두었다. 한진해운에 빌려준 선박도 알려 주었다. 자신의 조부 때부터 조금씩 돈을 모았다는 것이다. 자신도 그렇고 아버지도 선원이었다고... 얼마 전 150번 째 선박을 인도받았다고 한다. 한국의 선주들은 높은 금리에 90%를 은행으로부터 대출을 받으니까 불경기를 견지지 못한다, 그렇게 해서는 도저히 안 된다고 충고했다. 자신들은 70%만 대출을 받고 30%는 선주자신의 자금으로 한다고... 그리고 일본은 대출금리도 낮다고 한다. 그래서 일본은 선주사를 할 수 있다고... 그리고 선박관리도 50%는 직접 행하는데 경쟁력이 있다고 한다.

아들 요스케를 소개해주었다. 캐나다에서 공부를 하게 해서 지금 경영수업을 한다고 했다. 저녁식사를 하러 가면서 이마바리 시청을 지나갔다. '세계최대 해사 클러스터 이마바리'라는 플래카드를 붙여두었다. 시청 앞에는 이마바리 조선소가 기증했다는 대형 스크루가 놓여 있었다. 국제호텔도 선박이 전시되어 있었고 이마바리에 방문하는 선사, 선원들을 위한 호텔로 여겨질 정도였다.

이마바리 조선소도 가보았다. 4개의 조선소가 합쳐서 이마바리 조선소가 되었다고 한다. 천혜의 요새 같은 곳에서 선박이 건조되고 있었다. 바로 지근거리에 이요은행이라는 지방은행이 있는데, 선박금융을 일으켜준다고 한다. 다나카와 같은 변호사 사무실이 5개 정도가 있고, 유명한 동경해상보험회사도 지사가 있었다. 파나마 등록처, 라이베리아 등록처도 있고 NK와 같은 선급협회도 사무실이 있다. 따라서 일본 이마바리에서는 원스톱으로 선박을 건조하고 소유하고 관리까지 할 수 있다. 다만, 운항은 동경이나 오사카 고베지방에서 담당한다. 그러니까 일본은 선박의 건조·소유와 관리는 에히메에서, 운항은 동경이나 오사카 지방에서 하는 이분화가 철저하게 이루어져 있다고 판단되었다.

우리나라 부·울·경도 선주사를 육성하면 에히메와 같이 진정한 해사크러스트가 될 것으로 보였다. 이미 조선소와 선박관리는 부·울·경이 중심지가 되어 있다.

한국해운과 해운정책 *

박종록(전 한국해양대학교 초빙교수)

1. 들어가며

우선 이러한 훌륭한 행사를 마련해주신 김인현 교수님께 감사드리고 여러분들에게 「한국해운과 해운정책」이라는 저의 부족한 책에 대해서 설명을 드리게 된 것을 기쁘게 생각합니다. 사실 이 책은 해운에 대한 입문서이기 때문에 여기 계신 분들은 대부분 아시는 내용이라는 생각이 듭니다. 그렇지만 제한된 시간 내에서 제가  개략적인 말씀을 드리고자 하니 여기 참석하신 분들은 복습하신다고 생각해주시면 감사하겠습니다.

제가 한국해양대학교에서 2017년부터 2020년까지 3년간 초빙교수로서 강의하면서 학생들에게 앞으로 해운업계에 근무하게 되면 뭔가 마인드를 가지고 일할 수 있게끔 하자는 데 초점을 맞추었습니다. 그 강의원고를 한번 책으로 정리해서 남기는 것도 큰 의미가 있겠다 생각해서 이렇게 책으로 출간하게 되었습니다. 사실 우리 해운분야에 전문서적은 많지가 않은데 「해운론」이라고 해서 박현규

---

* 제4회 '바다, 저자와의 대화'에서의 강연내용을 글로 옮긴 것이라 경어체로 되어 있다는 점을 밝혀둔다.

이사장님께서 쓰신 책이 1991년에 나왔죠. 저는 그 당시에 이 초판을 구입해서 지금도 소장하고 있는데 그 이후에 나온 책도 그리 많지가 않고 전문서적으로는 「해운경제학」이라고 Martin Stoptord의 책을 양창호 교수 등 4분이 공동으로 번역한 책이 있고, 정봉민 KMI 전 부원장께서 「해운경제학」이라는 책을 내셨어요. 한편 해운항만 분야를 공동으로 다룬 「해운항만론」이라는 책을 정준식 교수가 내셨고, 2009년에 「해운항만정책론」이라는 책이 나왔는데 이 책은 국토해양부 시절에 해운항만 전문인력 양성사업의 일환으로 해운항만에 관련된 책들을 엮어서 시리즈로 출간한 책 중에 하나였습니다. 그리고 한국해양대학교 이기환 교수께서 「선박금융원론」을 저술하셨고 해상법분야에는 김인현 교수의 「해상법」 외 여러 서적이 나와 있습니다. 그 외 여러 해운실무서적이 있긴 합니다만 사실 저도 우리나라에도 뭔가 해운정책에 관한 책이 하나 출간되어야 하지 않겠나 하는 생각을 하고 있었습니다. 그래서 제가 이번에 한국해양대학교에서 학생들에게 강의했던 원고를 나름대로 정리하여 출간하게 되었는데 강의를 통해 이 책을 정리할 수 있는 기회를 제공해 주신 한국해양대학교에 대해 감사의 말씀을 드립니다.

이 책은 전반적으로 학생들이 세계해운의 흐름을 이해하면서 뭔가 앞으로 해운업계에 근무할 때 해운경영에 대한 마인드를 심어줘야겠다는 측면에서 접근했기 때문에 해운관련 기관이나 아니면 해운업체에 근무하시는 분들과 해운관련 투자자들이 해운을 전반적으로 이해하는 데 도움이 되지 않을까 생각합니다. 또한 해운분야 공직에서 근무하는 후배들도 이 분야에 근무하게 되면 이 책을 한 번 읽어보고 업무에 임하면 훨씬 도움이 되지 않을까 생각합니다.

2. 책의 골자

책의 제목에서 알 수 있듯이 이 책은 한국해운의 성장과정과 그 과정에서 정부가 어떠한 역할을 했는지 그 공과가 뭔지 이런 것을 한번 분석해보고자 하는 내용입니다. 우선 간단하게 목차를 살펴보 겠습니다. 제1편은 한국해운의 성장과 행정조직·법령, 그리고 제2 편은 해운시장과 해운정책 개관에 대하여 살펴보고 있는데 이 앞부 분이 총론이라고 할 수 있습니다. 그리고 해운정책 개관에서 나오 는 그런 해운정책 수단별로 해서 화물확보정책, 선박확보정책, 선적 과 톤세제도, 정기선 해운정책 등 제11편까지는 각론이라고 이해하 시면 되겠습니다. 그리고 이러한 것을 종합하고 미래 한국해운의 정책방향 등을 마지막 제12편에서 정리하였습니다.

제1편 한국해운의 성장과정과 해운행정 조직. 법령인데 여기 와 계신 분들은 대부분 이러한 과정을 겪으신 분들이 많기 때문에 제 가 나름대로 정리한 것을 간단히 설명드리겠습니다. 한국해운의 성 장과정은 1950년까지 태동기, 1960년까지 기반조성기, 1970년대 양 적성장기, 1980년대 해운산업합리화를 겪은 구조조정기, 1990년대 의 자율·개방기, 2000년대의 고도성장기, 2009년 이후 우리가 겪 고 있는 문제를 극복하기 위한 위기극복기로 나누어 살펴봤습니다. 세부적인 내용은 뒷부분에서 좀 더 자세히 나오기 때문에 그때 설 명해 드리도록 하겠습니다. 그리고 우리나라 해운행정을 담당해온 정부조직도 그 동안 사실 많은 변천과정을 겪어서 오늘날 해양수산 부로 정착이 되었잖습니까? 1948년 정부수립 당시에는 이 업무를 모두 교통부에서 담당하였죠. 그러다가 1955년에 해무청이 생겨났 고 1960년대 들어서 다시 교통부로 들어갔다가 1976년에 해운항만 청이 탄생했습니다. 그게 이어져서 해양수산부가 탄생되었고 2008 년 국토해양부로 통합되면서 해양수산부가 분해되는 일이 있었지만

2013년 다시 해양수산부가 복원되는 참으로 많은 우여곡절을 겪어 오늘날 해양수산부가 존치되었는데 앞으로는 계속성을 유지하는 것이 중요하다고 봅니다. 그리고 해운 관련된 법령도 해운관련, 그리고 해사관련 법령, 항만관련 법령 등을 개괄적으로나마 살펴볼 수 있게 정리를 했습니다. 우선 우리가 해운업을 하는 데 가장 관련이 많은 것은 「해운법」이죠. 현재는 「해운법」입니다만 1963년에 「해상운송사업법」으로 시작을 해서 다시 「해운업법」으로 바뀌었다가 1993년에 「해운법」이 탄생하였습니다. 물론 그 중간과정에 해운진흥에 관한 법은 별도로 「해운진흥법」이라는 것이 1967년에 생겨났고 그 법도 이제 「해운산업육성법」으로 명칭이 바뀌었다가 1999년에 이 법이 폐지되면서 일부 내용이 「해운법」으로 편입되는 과정을 겪었습니다.

제2편 해운시장과 해운정책 개관으로 앞에서 말씀드린 대로 총론편이라고 말할 수 있는데, 해운시장에서 운임의 결정과정이라든가 해운경기의 변동과정 등은 해운분야에서 ABC입니다만 이걸 이론적으로 이해할 수 있게끔 하는 게 제 목적이었습니다. 그래서 해운시장에서의 운임의 결정과정을 그래프로 설명하고 또 이걸 실증적으로 BDI 그래프와 어떤 연관을 가지는지, 그래서 해운시장의 시기별로 어떠한 영향에 의해서 변동이 생기는지, 그러한 것을 설명해주고자 했습니다. 해운이라고 하는 것이 잘 아시다시피 호황은 단기이고 불황이 장기이지 않습니까? 어떻게 해서 이러한 현상이 생기는지 이러한 과정을 흥미롭게 보시는 분들이 많이 있습니다. 일반 제품시장처럼 금방 공장에서 물건을 찍어낼 수 있는 그런 시장이 아니기 때문에 선박을 건조하는 데 적어도 1년 정도가 걸리죠. 그러다 보니까 생기는 현상이고요, 또한 그러한 선박들이 해운시장에 투입이 되면 최하 10년 이상 시장에서 활동하기 때문에 이러한 요소들이 해운경기 변동에 영향을 미치는 과정이라고 볼 수

있겠죠. 이러한 사항은 다들 잘 아시는 것이기 때문에 간략하게 설명을 드리고요. 이어서 해운정책 전반적인 내용을 제2편에서 다루었습니다. 그래서 흔히 우리가 해운정책이 왜 필요하냐고 얘기할 때 여러 가지 사항을 드는데 그것에 대해서 타당성이 있는 주장인지 다시 한 번 짚어보았습니다. 흔히 얘기하는 국제수지 방어수단, 또 무역에 대한 지원수단으로서의 해운, 그 외에도 제4군이라고 하는 역할 등인데 그 가운데에서 가장 중요한 것을 꼽으라고 한다면 무역에 대한 지원수단으로서의 해운이라는 측면이라는 생각이 들고요, 그러한 측면에서 해운정책의 필요성을 강조했습니다. 그리고 해운정책의 기조와 해운정책 수단을 개괄적으로 설명했는데, 해운정책의 기조라고 함은 해운보호주의와 해운자유주의의 기류를 정리해 놓은 겁니다. 해운정책의 기조는 국가에 따라서 그때그때의 상황에 따라서 선택을 하고 변화시킬 수 있는 가변적인 성격의 것으로 영국이 항해조례를 채택했다가도 1850년대 들어와서는 다시 해운자유주의로 전환을 하는 과정을 보면 잘 알 수 있습니다. 해운정책의 기조 하에서 어떠한 정책수단을 선택할 것이냐 하는 문제가 제기되는데 해운정책의 수단을 제 나름대로 규제수단, 재정·금융수단, 조세수단, 인력확보 지원수단, 외교적 수단으로 구분을 했습니다. 그 외에도 이러한 수단을 혼합한 복합적인 수단이 있을 수가 있겠죠. 규제수단이라고 하면 우리가 흔히 알고 있는 면허제라든가 하는 해운업 참여에 대한 규제, 또 화물유보제도와 같이 화주에 대해서 규제를 가하는 그런 수단도 여기에 포함된다고 할 수 있습니다. 재정수단이라고 하면 보조금을 지급하는 것이 대표적인데 조세수단도 넓게 보면 재정수단의 하나라고 볼 수 있습니다. 그리고 금융수단이라고 하면 각종 금융시장의 이용, 특히 국가의 정책금융기관들의 자금을 지원한다던가 하는 수단을 말하고요, 인력확보 지원이라고 함은 해운분야에서의 선원확보라든가 전문인력 확보지원을 말합니다. 외교적 측면에서의 지원은 국가에서 해운이 국제적인 문제이기 때문에 타 국가와의 협력 또는 국제기구와의 협력 능을 통해서 해운문제를 풀어나가는 것이 여기에 해당한다고 하겠습니다.

제3편 화물확보정책, 여기서부터 각론에 들어가는데요. 화물확보정책은 앞에서 얘기하는 해운보호주의적 정책수단의 성격을 띤다고 할 수 있죠. 우리나라도 오랫동안 화물유보제도를 실시했었는데 그 역사를 보면 1950년대부터 시도했고 1959년에 웨이버제도를 도입하면서 그 제도가 1999년까지 유지되었죠. 우리나라에서 그렇게 오랫동안 실시를 했었는데 이 화물유보제도가 사실은 우리나라 해운산업을 육성하는 데 크게 기여를 했다고 볼 수 있습니다. 물론 정부에서 해운업 육성을 위해서 적극적으로 웨이버제도와 지정화물제도를 실시했었는데 사실은 이러한 화물유보제도를 하면서 저희가 국적선 적취율에 너무 집착을 많이 했죠. 화물유보제도를 통해서 적취율을 올리기 위해 많은 노력을 했는데 그런 적취율에 너무 집착을 한 것도 문제가 있었죠. 결과적으로 보면 우리가 1980년대 해운산업합리화를 겪은 이유 중에 하나도 너무 적취율에 집착을 하다 보니까 대량으로 중고선을 도입하는 과정에서 고가의 선박을 도입하는 문제가 생겼던 것이죠. 그러한 측면에서 우리가 화물유보제도를 채택했던 것이 중간에 부작용은 있었지만 그래도 큰 도움이 되었다고 평가할 수 있는데 우리 해운산업이 오늘날 이렇게 성장하는 기반을 제공하지 않았나 하는 생각이 듭니다. 그 외에도 화물배분제도, Cabotage정책 또 그 외에 간접적인 화물확보정책 등 여러 수단이 있을 수 있죠. 대량화물 화주들이 해운업에 진출하는 것을 억제하는 정책도 어떻게 보면 화물확보정책의 일환이라고 봐야 되겠죠. 이러한 것을 우리나라와 같이 법제화하고 있는 나라는 제가 보기에는 중국이 우리와 유사한 제도를 실시하고 있는 정도이지 사실은 법으로 이렇게 대량화물 화주들의 해운업 진출을 규제하는 사례

는 많지 않습니다. 그런데 대량화물 화주들의 해운업 참여에 대해서 역사적으로 살펴보면 대부분 다 실패하고 나갔죠. 석유메이저들이 그랬고 또 철광석이라던가 원료수송회사들도 잠깐 해운업에 발을 담갔다가 포기하고 나간 사례들이 많죠. 우리나라에서도 포항제철(주)이 해운업에 참여했다가 결국은 포기하고 나간 사례가 있었죠. 그래서 이것을 법제화해 놓은 것이 어떻게 보면 그러한 잘못을 반복하지 않도록 하는 작용을 한다고 볼 수가 있습니다. 사실 규제를 다루는 관련 기관에서는 수시로 이 규제가 적절한지 의문을 제기할 때가 많이 있어요. 제가 현직에 있을 때에도 이를 폐지해야 한다는 주장들이 화주들의 입장에서 화주단체를 통해서 제기된 경우도 많이 있었죠. 그러한 주장을 설득시켜서 그대로 존치를 시키고 이를 오늘날까지 유지하고 있는 상황이라 해운업계 입장에서는 그나마 든든한 뒷받침이 되지 않나 생각합니다. 그런데 우리나라의 경우 화물유보제도가 1999년 폐지되면서 모든 것이 선-화주 간의 협력에 의해서 화물을 확보해야 하는 그런 상황이잖습니까? 그래서 지금은 선-화주 간 협력을 더욱 견고하게 하는 것이 제일 중요하다고 보는데 이런 측면에서는 우리가 일본의 경우를 상당히 본받아야 하지 않을까 하는 생각이 듭니다. 2009년 이후에 상당히 이 문제가 많이 거론되고 선주-화주-조선소 간의 협력관계가 적극적으로 논의가 되면서 과거보다 많이 개선이 되지 않았는가 하는 생각이 듭니다. 그래서 지금 와서는 그래도 선-화주 간 협력이 상당히 견조해졌다는 생각이 듭니다.

제4편에서는 선박확보정책인데 선박확보만큼 중요한 것은 없죠. 사실은 우리가 1980년대 해운위기 때나 2000년대 해운호황기 때나 이 분야에서는 조금 실수를 범한 측면이 없지 않아 있습니다. 그러기 때문에 왜 경쟁력 있는 선박의 확보가 중요한지 이 책에서는 뭔가 이론적으로 그리고 실증적인 자료를 가지고 설명을 하도록 했어

요. 사실은 이 실증적인 자료라고 하는 것은 선가가 과거 2000년대 의 선가와 2006년, 2008년, 2010년 이후의 선가를 비교해 보면 성 장한 차이를 보이죠. 그래서 벌크선 같은 경우에는 2000년 대비해 서 2008년을 비교하면 거의 2.5배 수준의 선가를 보이고 있지 않습 니까? 그러한 선가가 최근에 와서는 엄청나게 떨어져서 거의 2000 년 수준으로 회귀하는 정도로 갔었죠. 그래서 그러한 자료를 가지 고 제가 설명을 하려고 했어요. 그리고 선박확보 방법의 다양화와 선박확보자금의 조달을 지원하는 정책들을 여기서 깊이 있게 다뤘 습니다. 예를 들어 우리가 역사적으로 실시했던 계획조선제도, 그리 고 우리나라에서 많이 활용되어 우리나라 선대의 80% 정도를 확보 했던 국적취득조건부 나용선(BBC/HP)을 이론적으로 설명하고 선박 투자회사제도, 그리고 우리가 최근에 해운업계 지원을 위해 실시했 던 수단들, 구조조정 선박펀드라든지 또 Sale & Lease Back 방식 등 다양한 지원제도를 이 선박확보정책에서 다루었습니다.

제5편 선적제도와 톤세제도. 사실 이 부분은 선박확보정책과도 관계가 되죠. 사실은 20세기 들어서 세계해운에서 중요한 조류, 핵 심적인 흐름을 꼽는다면 편의치적제도와 컨테이너혁명 2가지를 꼽 을 수가 있겠습니다. 이 편의치적제도가 1945년부터 본격화되어서 미국의 리버티 십(liberty ship)이라고 하는 선박을 전후에 처리하는 과정에서 탄생한 제도이지만 이 제도가 일반화되면서 세계해운에 미친 영향은 지대했죠. 이 제도가 있음으로 해서 해운 자체가 빠르 게 국제화되고 또 선원노동 시장도 국제적으로 변화되어서 선원인 력의 자유로운 이동이 이 편의치적에서 탄생한 것 아니겠어요? 그 런 것을 중심으로 해서 편의치적에 대해서 깊이 있게 살펴봤습니 다. 지금 편의치적은 영어로 Flag of Convenience라고 부르는데 이것은 조금은 부정적인 이미지가 풍기는 것이죠. OECD의 전신인 OEEC라고 하는 국제기구에서 이러한 용어를 처음 사용한 것으로

알고 있는데 UNCTAD에서는 이 명칭을 Open Registry라고 해서 개방등록의 개념으로 사용하고 있죠. 그래서 Open Registry라고 할 때는 우리가 얘기하는 편의치적뿐만 아니라 제2선적제도에 등록된 선박도 포함하여 선주와 선박의 국적이 다른 경우에는 모두 Open Registry로 분류하고 있는데 UNCTAD에서 내놓은 통계에 의하면 세계 선대의 약 70%가 이러한 Open Registry에 속하고 있죠. 사실 편의치적이 세계해운에 미친 영향은 엄청나게 컸다고 할 수 있는데, 우리가 편의치적을 부정적인 측면에서만 볼 게 아니고 초기에는 많은 문제를 야기시켰지만 결국은 원가절감을 통하여 국제무역을 촉진하는 데 큰 기능을 했다고 생각합니다. 그리고 그 다음에 편의치적에 대항해서 제2선적제도를 만들어서 국가마다 자국선대가 어떻게 하면 이러한 편의치적으로 빠져나가는 것(flagging-out)을 막기 위한 것과 이미 나가있는 선대를 다시 불러들이기 위한 re-flagging을 위한 노력이 제2선적제도와 톤세제도라고 할 수 있죠. 사실 제2선적제도를 하면서 초기에는 상당한 효과가 있는 듯 보였지만 10년 정도 흐르니까 그 효과가 미약해졌는데 이 제도는 외국인 선원을 승선시키는 것을 주된 목적으로 하는 것이었기 때문에 뭔가 조세지원 측면에서 보면 편의치적에 비하면 많이 떨어지는 것으로 볼 수 있겠죠. 이와 같은 배경 속에서 제2선적제도만 가지고는 안 되겠다고 해서 유럽국가들이 다시 1990년대에 톤세제도라는 것을 도입하기 시작했고 우리나라도 2005년에 도입을 하고 아시아국가 중에서도 일본을 비롯한 몇몇 국가가 도입한 상황이죠. 그래서 우리나라도 뭔가 국제적인 선진 해운제도를 계속적으로 도입해서 해운업계를 지원하기 위해서 많은 정책을 펼쳤다는 것을 설명했습니다.

그리고 제6편은 정기선 해운정책인데 우리로서는 가장 마음 아픈 부분입니다. 세계해운의 정기선 해운시장은 1960년대, 1970년대 초까지만 해도 선진국들이 독점한 상황이었죠. 우리가 잘 아는 해운동맹이라는 것을 통해서 정기선 해운시장을 장악하고 있는 상황이었기 때문에 그러한 정기선 해운시장을 파고 들어가는 것은 굉장히 힘들었죠. 우리나라 같은 경우에도 1960년대 정기신해운을 개척했습니다만 실제로 많은 어려움을 겪고 하면서 컨테이너 정기선도 1970년대 들어서 정부에서 적극적으로 지원을 하고 또 컨테이너선대를 확보하는 정책을 펼치고 해서 어렵게 원양 정기선해운 시장에 발을 붙이게 되었죠. 물론 해운동맹에 대해서 국제적인 반발이 많이 있었잖습니까? Liner Code라고 하는 것, 미국이나 EU에서도 해운동맹을 지속적으로 완화시키기 위해서 정기선 해운동맹 완화정책을 펼쳤죠. 우리나라의 경우에는 세계해운의 흐름 속에서 정기선해운을 육성하기 위해서 열심히 했습니다만 너무나 많은 우여곡절을 겪었습니다. 그 과정에서 1997년에 겪었던 IMF 같은 경우에는 우리나라 정기선해운업계에 미친 영향이 상당히 컸습니다. 그리고 이번 해운호황기에 선사들이 그동안 확보하지 못했던 선대를 적극적으로 확보하다 보니까 너무 과잉투자를 한 것이 문제인데, 특히 2007년, 2008년 해운호황이 거의 끝자락에 도달했던 시점에서 선대 확충을 과감하게 한 것이 어떻게 보면 지금까지 지속적으로 부담으로 작용하고 있다고 할 수 있습니다.

제7편 국제해운협력을 간단하게 설명드리면 WTO, IMO, ILO, UNCTAD 등 국제기구와 협력하는 과정을 책에 담았는데 WTO 같은 경우에는 해운과 무슨 관계가 있냐고 하겠지만 사실은 당시에 우루과이 라운드를 거쳐 WTO가 탄생했지 않습니까? 그 당시에 해운서비스협상이라는 것을 했지만 EU와 미국 간의 대립관계가 결국은 해소가 되지 못했죠. 미국에서 가지고 있는 각종 해운보호주의, 즉 Cargo Preference라든지 하는 것들을 해소하지 못했기 때문에 결국에는 지금까지도 합의에 도달하지 못하는, 그래서 국제해운시장에서는 뭔가 WTO 하에서의 국제적인 규범이 없는 상황이라고

볼 수 있죠. 반면에 IMO의 경우 국제해운시장에서 안전과 환경문제에 있어서 엄청난 기여를 하였고 ILO도 해사노동협약을 채택을 해서 상당히 기여를 하고 있죠. 이러한 국제기구와의 협력관계에 있어서 우리가 어떠한 역할을 하고 어떻게 대응을 하였는지 또 양자 해운협력, 즉 다른 국가와의 해운문제 협력을 위해서 해운협정을 체결하는 등을 언급했습니다.

제8편은 구조조정정책인데 우리가 1980년대 겪었던 해운산업 합리화정책, 1997년 외환위기로 인한 해운업 구조조정, 그리고 2008년 하반기 세계적 금융위기로 인한 해운업 구조조정을 종합적으로 살펴보는 그러한 부분이 되겠습니다. 사실은 우리나라가 이렇게 큰 위기를 겪은 1980년대와 2000년대의 해운업 위기는 비슷한 성격을 띠고 있다고 할 수 있습니다. 선박에 과잉투자하거나 고가의 선박을 매입했다고 하는 그런 측면에서는 우리가 반성해야 하는 그런 측면이 있는데 어떻게 보면 그것도 하나의 구조적인 측면이 있는 것이 아닌가 생각합니다. 우리 해운이 예를 들어 해운불황기에는 항상 선박확보하기가 어렵고 해운호황기가 돼서야 뭔가 선박금융이 가능하다 보니까 구조적으로 해운호황기에 선박을 확보할 수밖에 없는 그런 구조를 가졌던 거죠. 그래서 그로 인한 폐해를 줄이기 위해 패러다임을 바꾸자고 하는 게 현재 흘러가는 방향이라고 할 수 있습니다. 즉 과거의 패턴을 깨고 해운이 어려운 시기에 선박확보를 지원하고 그래서 선사들이 저렴한, 원가경쟁력이 있는 선박의 확보가 가능하도록 지원하는 시스템으로 전환하는 것이 현재의 정책방향이고 그것이 바람직한 방향이라고 생각합니다. 이러한 측면에서 한진해운 사태로 인한 영향이라든지 그런 것을 깊이 있게 살펴봤고, 한진해운 관련해서는 당시의 정책당국자들의 고뇌가 엄청나게 많았으리라 생각합니다. 당시에 여러 가지, 제가 이 책에서 기술한 것은 그 당시 할 수 있었던 것이 세 가지인데 둘 다 살리느

냐, 아니면 합쳐서 하나의 선사로서 경쟁력을 키우느냐, 아니면 둘 중의 하나만을 살리느냐인데 결국은 세 번째 것으로 간 거죠. 사실 저는 두 번째, 당시 국가적으로 어렵기는 했지만 양 선사를 통합해서 우리나라의 국가기간물류망으로서의 기능을 그대로 유지했어야 하지 않느냐 하는 측면을 좀 더 깊이 있게 설명했습니다.

제9편 전문인력 양성정책. 전문인력 양성분야는 선원인력 양성뿐만 아니고 우리 해운관련 분야에서의 전문인력 양성과 관련해서 깊이 있게 살펴봤습니다. 사실은 우리가 선원분야만큼 성공한 분야도 없는 거 같아요. 사실 우리가 일제로부터 독립하고 나서 남아있던 것은 몇몇 우수한 선원인력뿐이었는데 그게 중요한 자산이었죠. 그리고 그 분들이 선원인력 양성을 위해서 선원학교를 세우고 하면서 1945년과 1946년 이 때부터 굉장한 노력을 기울였잖습니까? 그것이 1960년대 와서 우리 선대가 늘어나고 또한 그동안 육성했던 선원들이 해외에 나가서 국가경제에 큰 도움을 주는 역할을 했죠. 그런 측면에서는 우리나라 선원정책만큼 성공한 정책도 보기 드물고 우리나라 선원만큼 국가경제에 기여한 사람들은 없지 않은가 하는 생각을 합니다. 그런데 반면에 우리가 선원만큼 육상에서 해운관련 부문에 종사하는 인력의 양성에 얼마나 힘을 기울였느냐 생각해보면 사실은 선원분야와 나머지 해운전문인력 양성이 너무 불균형하게 이루어지지 않았는가 하는 측면에서 살펴보았습니다. 그래서 사실은 국가적 차원에서 이러한 선원을 제외한 해운전문인력의 양성은 2005년에 해양수산부가 사업을 시작해서 지금도 계속하고 있죠. 그런 사업이 나름대로 전문인력을 양성하는 데 도움을 주고 있지 않은가 하는 생각을 합니다.

제10편 연안해운정책 분야는 연안해운 육성을 위해서 Cabotage 정책이라든가 전환운송(Modal Shift)정책, 또 연안선박 확보정책 이러한 정책을 실시하고 있죠. 특히 전환운송정책은 중요합니다, 국가

에서도 이를 적극적으로 지원할 필요가 있는데 예산이라고 하는 게 미약한 수준이기 때문에 큰 역할을 못하고 있죠. 사실은 탄소배출 저감을 위해 인천~부산, 인천~광양 간에 육송되고 있는 컨테이너를 해상으로 전환운송할 수 있게끔 국가적 차원에서 적극적으로 지원할 필요가 있다고 생각합니다. 그리고 남북해운협력 관련해서 남북해운합의서 채택 배경, 그리고 그간의 경과를 살펴봤습니다.

제11편은 해사안전정책 분야인데 해사안전정책이라고 하면 굉장히 광범위하죠. 선박운항 안전분야, 해상보안대책, 해양오염방지대책, 또 항만국통제제도 등 이러한 부분을 여기에서 한꺼번에 다 살펴볼 수 있게끔 하였습니다. 선박운항 안전정책으로 선박검사제도, 해상교통 안전관리체계, e-Navigation 등을 살펴보고 해상보안대책으로는 미국의 9·11사태 이후 도입된 각종 제도들을 소개했습니다. 그리고 해적피해방지대책과 아울러 해상에서의 사이버보안도 중요한 이슈로 등장하고 있기 때문에 그러한 부분을 설명하였습니다. 또한 해양오염 방지정책은 IMO가 편의치적 선박으로 인한 사고를 막기 위해 시작하였던 선박으로 인한 유류오염이라던가 대기오염방지와 아울러 최근에 실시하고 있는 선박평형수 배출규제 등을 소개하고 살펴보았습니다.

마지막으로 제12편에서 미래 해운정책방향에 대해서 최근의 정기선해운시장이나 부정기선 해운시장의 동향이라든가, 또 최근의 해운분야 동향 중에서 중요한 것 중에 북극항로 이용확대와 4차 산업혁명 등을 살펴보았는데, 이 중에서 제가 좀 깊이 있게 봐야한다고 생각하는 분야는 4차 산업혁명과 관련해서 자율운항선박으로, 10년이면 현실화되지 않을까 생각을 해봅니다. 그래서 우리가 이러한 새로운 분야에 대해서 뭔가 관심을 가지고 미리 대처해야 하고, 우리나라도 자율운항선박을 개발하는 사업을 적극 추진하고 있습니다만 그런 분야의 IMO 동향이라든가 또 외국의 개발동향 등을 좀 더 적극적으로 살펴볼 필요가 있다고 생각합니다. 정부차원에서도 이러한 자율운항선박이라든가 북극항로에서의 선박운항 동향 등을 적극적으로 지원해야 한다고 생각하고 제가 미래 한국해운정책 방향과 관련해서 선박이나 화물확보정책 방향이라든가 그리고 국적선사의 자본력 확충방안 등 정책방향에 대해서 개략적으로나마 언급을 했습니다.

3. 맺음말

마지막으로 우리나라 해운산업은 국가기간물류망으로서 선택적인 것이 아닌 필수적인 것으로서 정부 차원에서 각종 선진화되어 있는 해운제도를 좀더 보완 · 발전시켜나가야 한다고 생각합니다. 또 정부의 선박량 및 적취율 목표 이런 것이 상당히 폐해를 불러올수 있는 제도라는 것을 간과해서는 안 된다는 것을 강조하였는데, 과거 1980년대의 해운산업합리화 당시 저희가 국적선 적취율 목표를 50%로 설정하고 그 목표를 달성하기 위해서 계획조선으로 30%를 확보하고 나머지 70%를 해외 중고선으로 도입하고 하는 과정에서 국가경제에 큰 부담을 주는 결과를 초래했습니다. 2000년대의 경우 우리가 해운자유주의를 지향하고 있는 상황에서 선박을 언제 건조하느냐 하는 것은 선사들의 결정에 따른 것이기 때문에 결국 책임도 선사들에 귀착이 되는 것이죠. 하지만 그 당시 정부에서 내건 '세계 5위 해운강국'이라는 캐치프레이즈가 어느 정도 영향을 미쳤는지 알 수 없습니다만 사실 선사들의 의사결정에 영향을 줄 수도 있지 않았을까 생각해봅니다. 물론 제일 중요한 것은 선사들이 판단할 때 선박의 확보시점을 얼마나 과학적이고 많은 얘기를 들어가면서 결정을 했는가, 주위에서 많은 얘기를 들으면서 선박투자시기를 신중하게 결정하는 것이 제일 중요한 사항입니다. 그런 측면에서 우리나라가 해운분야 R&D에 너무 인색하지 않는가 하는 생각을 해봅니다, 그러니까 꼭 기술적인 분야만 R&D가 아니고 해운에서 국제적인 동향 같은 것을 종합적으로 분석하고 선사들에게 도움을 줄 수 있는 R&D를 많이 할 수 있는 분위기가 형성되어야 할 것 같습니다. KMI가 연구하는 것도 물론 있지만 이런 분야에 대해서 많은 선사들이 관심을 가지고 그것을 좀 적극적으로 활용하는 그런 분위기가 되어야 한다고 생각합니다.

끝으로 어려운 시기입니다만 우리가 이 시기를 꼭 이겨내고 우리 해운의 패러다임이 새롭게 정착돼서 한 단계 더 도약하는 계기가 되었으면 하는 바람입니다. 감사합니다.

생존을 넘어 번영으로

조봉기 (한국해운협회 상무)

1. 이 책은 누가 썼나?

이 책은 라스 옌센이라는 사람이 썼다. 그는 덴마크 코펜하겐 사람이다. 코펜하겐 대학에서 이론물리학으로 박사학위를 취득했다고 한다. 이후 머스크에 들어가 여러 가지 일을 한 모양이다. 시장을 분석하고 전략을 수립하는 일을 하지 않았나 싶다. 회사를 이끌어 가는 데 수학을 십분 활용하여 좋은 성과를 냈다. 십여 년 동안 머스크에서 여러 가지 경험을 쌓은 후, 회사에서 독립하여 온라인 컨테이너 운송회사를 경영하기도 하고 머스크에 온라인거래 전략을 세워주는 등의 활동을 하다가 현재는 정기선 전문 컨설팅 업체인 씨인텔리전스(SeaIntelligence) 컨설팅이라는 회사의 대표를 맡고 있다.

나는 이 사람을 잘 모른다. 저자는 링트인(LinkedIn)의 본인계정에 자기자신을 상세히 소개하고 거의 매주 정기선 해운시장에

대한 인사이트를 포스팅한다. 또한 자신의 컨설팅회사 홈페이지 (seaintelligence-consulting.com)에도 이런저런 방식으로 자신과 이 책을 소개해 놓았다.

이 책의 저자인 라스 옌센은 정기선해운에 관한 국제 컨퍼런스에 왕성하게 등단하는 연사이기도 하다. 한국에도 여러 번 방문한 경험을 가지고 있다. 부산항만공사가 매년 개최하는 국제컨퍼런스의 단골 연사이기도 하다. 코로나로 몸살을 앓았던 2020년에도 한국에서 개최한 행사에 비대면 연사로 2~3차례 초대받은 왕성한 스피커이다.

우리 해운업계에도 수학적 마인드로 중무장한 공학도, 컴퓨터도사, 게임천재 같은 청년들이 많이 들어왔으면 좋겠다. 아마 그런 참신한 청년들의 눈에는 해운업계가 관행처럼 해오는 많은 일들이 어처구니없게 느껴질지도 모른다. 너무나도 당연히 효율적으로 고쳐나갈 수 있는 일들이 널려있다고 느낄지도 모른다. 한 번도 생각해보지 못한 근본적인 의문을 제기할 수도 있고 상상을 초월하는 참신한 발상의 전환을 요구할 수도 있다.

정기선 해운산업은 그만큼 수학적이고, 전략적이며, 상상을 초월하는 정보기반산업이고, 컴퓨터 활용 잠재력이 무궁무진하다.

2. 나는 이 책을 어떻게 알게 되었나?

나는 이 책을 아마존(amazon.com)에서 처음 알게 되었다. 2017년 8월경이었다. 전적으로 우연이었다. 2016년 여름 한진해운이 법정관리를 신청하고 파산의 길을 걷고 있을 때, 왜 그럴 수밖에 없었는지, 앞으로 뭘 어떻게 해야 하는지에 대한 백가쟁명식 얘기들이 분분하던 상황이었다. 그런 상황에서 우연히 아마존을 방문했다가 눈에 띈 책이 바로 이 책이었다. 영어제목이 「Liner Shipping

2025」였고 부제가 'How to survive and thrive'였다. 나중에 번역서를 발간하면서 나는 부제를 번역서의 제목으로 채택했다. 「생존을 넘어 번영으로」라고.

컴퓨터 화면에서 미리보기로 목차와 서문 등 책의 일부분을 읽을 수 있었다. 컨테이너 정기선 해운산업이 짧은 역사에도 불구하고 어떤 역사적 성장과정을 거쳐 왔는지, 앞으로 2025년까지 어떤 변화가 예상되며, 어떻게 대비하고 준비해야하는지 알 수 있을 것 같았다. 책값도 비싸지 않았다. 일단 주문을 했다.

3. 나는 이 책을 왜 번역하게 되었나?

배송된 책은 생각보다 얇았다. 책이 얇은데다가 23개의 장으로 나누어져 있어서 읽어 나가는 데 부담이 덜했다. 글도 전혀 현학적이거나 전문가적이지 않고 평이한 에세이와 같았다. 수식이 등장하지도 않고 각주도 하나 없었다. 덴마크인인 저자에게 제2외국어였을 영어로 책을 써서인지 영어도 좀 쉬운 단어와 문장으로 이루어져 있었다.

또 하나의 특징은 아주 소박하다는 점이다. 무슨 그림이나 도표가 있는 것도 아니고 출판사가 편집에 공을 들이지도 않았다. 그저 군더더기 없는 소박함 그 자체였다. 그리고 장마다 말미에 그 장의 내용을 요약하고 토론주제를 제시하고 있었다. 마치 워크숍 교재 같았다.

난 이 책을 컨테이너 정기선사에서 일하는 사람들이 한 번쯤 읽어봤으면 좋겠다는 생각에 빠져들었다. 출퇴근하는 전철에서 가볍게 읽고 본인이 몸담고 일하는 회사가 앞으로 어떤 방향으로 나가야 할지 생각해보는 계기가 될 수 있다는 생각이 들었다. 그리고 이 책은 팀별로 토의과제에 대해 서로 대화를 나눌 수 있는 불쏘시

개 역할을 하기에도 안성맞춤으로 보였다.

그리고 바로 번역을 시작했다.

4. 덤으로 알게 된 사실

이 책의 저자인 라스 옌센은 2017년 이 책을 펴내기 전인 2014년에 이미 다른 책을 썼다. 그 책의 제목은 「Culture Shock in Maersk Line」이고 부제는 'From Entrepreneurs and Kings to Modern Efficiency'이다. 「머스크라인의 문화충격」이라고 번역할 수 있겠다. 부제는 뜻이 좀 모호한데 '기업가와 왕으로부터 현대적 효율성으로'라고 번역할 만하다. 머스크라인이 어떻게 체질을 강화하고 일류선사로 도약할 수 있었는지에 대한 책이다.

더 놀라운 것은 이 책이 이미 한국어로 번역, 출간되었다는 사실이다. 한국어 번역서의 제목은 「1825일의 트랜스포메이션」이며 보스턴컨설팅그룹 서울오피스가 번역자로 되어있고 한국경제매거진이라는 출판사가 2014년 10월 간행하였다. 아이러니 한 것은 해운업계에는 거의 알려지지 않았다는 사실이다. 머스크는 2008년 금융위기 이후 2013년까지 5년(1825일) 동안 일일단위로 치열하게 110년된 기업문화의 근본적인 변화를 이끌어냈고 그 결과가 현재 머스크라인의 압도적인 위상이 아닌가 싶다.

이런 책이 있다는 사실과 한국어 번역서의 존재도 이번 번역 과정에서 알게 되었다.

5. 이 책이 담고 있는 내용은?

이 책의 내용을 소개함에 있어 몇 가지 키워드를 중심으로 삼는 것이 하나의 좋은 방법이다.

Disruption

붕괴라고 번역했다. 요즈음 산업의 변화양상을 흔히 제4차 산업 혁명이라는 말로 표현하듯이 양적으로나 질적으로 엄청난 변화가 진행되고 있다는 점에 모두 공감하고 있다. 하지만 이런 변화는 늘 있어왔고 새롭지 않다는 시각도 있다. 그런 시각에서 제4차가 아니라 제3차 산업혁명의 말기 정도로 생각하는 사람들도 있다.

붕괴는 얼핏 생각하기에 이전 것이 사라지는 것으로 생각하기 쉽다. 카세트테이프, 비디오테이프, 카메라 필름, 이제는 볼 수 없는 사라진 물건들이다. 하지만 다시 생각해보면 그저 사라졌다고 하기 보다는 다른 것으로 진화했다고 보는 시각이 맞다. 전자적인 저장 장치로 진화했다. 컨테이너 정기선 해운산업도 변화의 흐름에 주의를 기울여야 한다.

컨테이너운송은 없던 게 새로 생긴 것 같아 보이지만 사실은 선창에 수북하게 쌓아서 운송하던 물건들을 박스에 담아서 운송하는 방식으로 진화한 것이다. 마크 레빈슨의 「박스」에 따르면 1956년 4월 26일, 미국 동안의 뉴어크 항만에서 알루미늄으로 만든 58대의 트럭짐칸이 기중기로 들려 제2차 세계대전 때 미군이 사용하던 유조선을 개조한 아이디얼엑스(Ideal X)호에 실려 휴스턴으로 운송되었다고 한다.

그러던 것이 지금은 매년 1억5천만 개(TEU)의 컨테이너박스가 배에 실려 지구 위를 다니는 세상이 되었다. 붕괴는 변화에 다름 아니다. 변화의 양상에 주목해야 한다.

컨테이너 화물은 박스에 담기지 않은 채 직접 배에 실려 운송되던 물건들이 박스에 담겨서 운송되는 변화 속에 생긴 화물이기 때문에 변화의 양상이 에스(S)자 모양을 띤다. 박스 규격을 표준화하고 박스에 맞는 배를 설계하고 박스를 들어 올리는 크레인과 부두를 만들고 박스를 싣기 좋은 트럭과 기차를 준비하는 지난한 과정을 거치는 동안 컨테이너 운송시장의 성장세는 오랫동안 지지부진하였다.

폭발적으로 시장이 팽창한 것은 80년대 이후, 2008년 금융위기가 터지던 약 30년 동안의 일이다. 70년대까지는 더딘 증가세를 보였고 2008년 이후도 성장세가 눈에 띄게 둔화된 모습이다.

Commoditization

상품화라고 번역했다. 내가 번역한 말 중 가장 맘에 안 드는 번역이다. 하지만 딱히 다른 번역어를 찾기가 힘들다. 'commodity trap'을 '범용화의 늪'으로 번역하기도 한다는 점에서 범용화로 번역할 수도 있겠다. 이 말에는 컨테이너 운송서비스가 클릭 한 번만하면 누구나 살 수 있는 흔해빠진 서비스 상품이 되어버렸다는 정기선 해운산업에 대한 역사적인 가치판단이 포함되어있다.

바나나를 한 번 생각해보자. 바나나는 아무 가게나 가면 큰 돈들이지 않고 쉽게 살 수 있는 상품이지만 원래부터 그렇진 않았다. 80년대 이전만 해도 큰돈을 줘야 하는 열대과일이었고 보통 가게에서는 찾아볼 수 없었다. 세월을 더 거슬러 올라가면 후추가 그랬다. 믿기 힘들지만 후추 한 알갱이도 비싸게 거래되던 시절이 있었다. 상품은 상품이지만 흔해빠진 상품이 아니라 아주 귀한 상품이었다. 엄밀한 의미에선 상품이라고 할 수도 없다. 지난한 상품화과정을 거쳐 오늘날의 상품이 된 것이다.

컨테이너 운송서비스도 마찬가지다. 말콤 퍼셀 맥린(Malcome Purcell McLean)의 어린아이 같은 원초적인 아이디어가 최초로 현실화된 것이 1956년이고 박스의 표준화를 거쳐 70년대부터 본격적으로 범용화 되었다고 치면 50년이라는 짧은 세월동안 컨테이너 운송서비스도 계속해서 상품화의 길을 걸으면서 진화하고 있다.

Differentiation

차별화디. 누구가 비슷비슷한 컨테이너 운송서비스를 생산하는 시장에서 내가 할 일은 차별화다. 어떻게 내 서비스를 차별화할 것인가가 바로 생존의 길이고 또 번영의 길이다. 차별화의 길에서 중요한 점은 뭔가 구태의연하고, 불편하고, 효율이 떨어지는 분야를 재빨리 감지하는 능력이다. 차별화의 가능성이 바로 그 분야에 숨겨져 있기 때문이다.

감지만 해선 안 된다. 고객인 화주와 관계사들, 경쟁사들과 협력업체들이 매일매일 생산해내는 데이터들로부터 가치를 찾아내는 능력이 차별화의 힘이고, 늘 있게 마련인 비상상황에 민첩하게 대응하는 능력도 차별화의 힘이다. 이 책에서 말하는 모든 것이 어찌 보면 자신을 차별화시키는 힘에 대한 얘기다.

Transparency

투명성이다. 정기선 해운산업은 점차 투명해지는 쪽으로 진행한다. 투명해진다는 것은 무슨 의미인가. 암표장사도 없어지고 나의 거래가 최적의 거래라는 확신이 생기는 것이다. 내가 구매한 운송서비스가 지금 어떻게 진행되고 있는지 훤히 들여다볼 수 있게 되는 것이다.

2020년도 4분기부터 세계적으로 컨테이너 운송 수요가 폭발적으로 늘어나고 있다. 선복도 부족하지만 컨테이너 박스가 품귀현상을 보이고 있다. 도대체 컨테이너 박스가 어디에 처박혀있는지 실시간으로 파악하기가 난감하다. 다 쓴 공컨테이너가 회수되지 않는 경우도 많다. 앞으로는 박스마다 위치정보를 알게 해주는 지피에스(GPS)시스템을 부착해서 박스의 효율을 끌어올려야한다는 얘기가 많다. 내 화물이 어디만큼 가고 있는지 훤히 알게 될 날이 멀지않았다.

Enforceability

이행강제력이다. 시장이 혼란스럽고 비효율적인 가장 큰 이유는 선주와 화주가 약속을 지키지 않기 때문이다. 짐을 싣겠다고 예약을 해놓고 부도를 내는 일이 비일비재하다. 그러다보니 다 실을 수도 없을 만큼 많은 화물을 실어주겠다고 예약을 받는다. 그러다가 실을 자리가 없어 못 싣는다고 나자빠진다.

몇 년 전에 미국에서 한 승객이 비행기에서 끌려 내려지는 일이 벌어졌다. 승객은 정상적으로 예약하고 좌석 티켓을 샀는데 그 좌석을 산 사람이 한 사람 더 있는 상황이었다. 비행기를 꼭 타야 한다고 거칠게 항의하는 승객을 강제로 끌어 내리는 해프닝이었다.

안타깝게도 컨테이너 해운서비스 거래시장에서는 늘 발생하는 일이다. 더 싸게 운송해주겠다고 하면 약속은 헌신짝처럼 팽개친다. 노쇼가 빈번하고 화물을 실을 자리가 없어 다음 항차에 운송되는 사례도 흔한 일이다. 전부 약속을 지키지 않아 생긴 일이다.

식당은 어떻게 하나. 점차 노쇼가 사라지고 예약문화가 자리를 잡아나가고 있다. 약속을 못 지킬 상황이면 미리 통지를 하고 못가더라도 협의를 통해 정한 최소인원에 대해서는 보증금을 지불한다. 기차표를 예약하더라도 일정시간 동안 결제가 안 되면 예약은 취소된다. 예약을 유지하려면 돈을 지불해야 한다. 골프장 부킹은 예약했다가 부도를 내면 치명적인 벌칙을 부과한다.

약속을 지키는 문화가 자리 잡기까지 약속에 대한 이행을 강제할 수 있는 제도가 필요하다. 적어도 최소운송물량에 대해 개런티하는 제도가 필요하다. 노쇼를 줄여나가고 예약문화를 정착시키는 출발점이다.

Perishability

소멸성. 해상운송 서비스뿐만 아니라 서비스상품은 전부 소멸성을 특징으로 한다. 유형의 물건처럼 재고를 쌓아둘 수가 없다. 서비스는 시간이 지나가면 사라져버린다. 늦게 도착해 기차를 놓치면 아까운 표를 날릴 뿐만 아니라 내 좌석이라는 서비스가 쓰이지도 못하고 소멸된다. 이런 소멸성 때문에 약속의 이행이 더욱 중요하다. 또 이런 특성 때문에 다른 상품과는 다른 가격정책이 필요하다.

Yield management

수익관리. 예전 극장들은 매일 첫 번째 상영하는 영화표는 조조할인이라고 반값만 받았다. 이런 전술은 좀 더 많은 관객이 들어 반값만 받더라도 총액은 더 많아진다는 계산이 깔린 전략이다.

항공기 좌석은 언제 예약하고 언제 결제하는지에 따라 가격이 크게 달라진다. 가격이 달라지는 복잡한 시스템이 전산화되어 작동한다. 코로나로 여행업계가 힘든 상황이다. 여행업계는 코로나가 극복될 내년도 여행상품을 지금 초저가로 판매하기도 한다. 그런가 하면 출발날짜가 임박했는데도 모객이 충분치 않을 때에는 원가에도 못 미치는 가격으로 판매하기도 한다.

이런 의사결정들이 주먹구구식으로 이루어질 것 같지만 그렇지 않다. 수익관리라는, 컴퓨터의 도움 없이는 해결할 수 없는 고도의 수학적 알고리즘을 작동시켜 얻은 결과들이다. 항공사의 수익을 극대화시키기 위해 개발된 수익관리가 정기선 해운산업에도 점차 깊숙이 들어오고 있다. 컴퓨터 없이는 안 되는 시대가 왔다는 사실이 실감난다. 컴퓨터는 선택의 문제가 아니다. 얼마나 더 가치 있게 사용하느냐의 문제일 뿐이다.

Digitalization

디지털화. 선사가 운송서비스를 화주에게 제공하기까지의 여러 가지 과정과 각 과정마다의 의사결정에 디지털화라는 도구가 광범위하게 도입되어야 한다. 원가관리, 서비스 공정관리, 가격관리, 판매관리 등 어떻게 이런 것도 가능한지 의아스러울 만큼 모든 절차에 디지털화라 강력한 스킬이 요구된다. 그렇다고 디지털화가 만능은 아니다. 자세한 내용은 본서를 살펴보시길 권하고자 한다.

얼마 전 이세돌과 알파고의 대국이 큰 뉴스거리였다. 재미있는 상상은 이세돌과 달리 알파고에게는 왜 그런 착점을 했느냐고 물어볼 수가 없다는 사실이다. 알파고의 착점을 보고 바둑판에 알을 놓는 사람은 "어? 왜 여기다 놓지?"하는 의아스러움이 있었다. "알파고, 여기다 놓으면 안 돼!"라고 훈수를 두고 싶어도 그럴 수 없는 상황이 참 재미있었다.

알파고와 또 다른 알파고가 대국을 벌이는 상상도 해봤다. 어떤 결과가 나올까도 궁금하지만 그보다 더 아찔한 상상은 알파고 끼리의 대국은 과연 몇 초 만에 승패가 갈릴까, 승패를 가른 원인은 어느 돌에 있을까, 이런 저런 재미있는 상상이 펼쳐진다. 서비스의 디지털화에 있어서 신뢰의 문제는 과연 어떻게 풀려나갈지 의문이 드는 포인트이다.

6. 그밖의 얘기들

키워드로 이 책의 일단을 소개했다. 소개 못한 부분이 훨씬 많다. 디지털화, 항로문제, 틈새시장, 문화적인 변화 등 여러 가지 흥미로운 주제를 많이 다루고 있다. 일독을 권하는 바이다.

남들이 천 원 벌 때 우리는 백 원밖에 못 벌었는데도 남들이 천 원이나 벌었다는 사실을 몰라(혹은 모른 척하고) 우리가 백 원이나 벌었다고 좋아한다면 미래가 암담하다. 남들이 오백 원 벌게 될 때 우리는 사백 원이나 까먹게 될 테니 말이다.

같은 서비스를 최소한의 비용으로 생산할 수 있다면 그보나 좋은 일이 어디 있겠는가. 이 얘기가 그저 뭔 얘기로 들리는 것이 아니라 바짝 가깝게 다가오는 얘기로 들리게 만드는 책이다.

7. 끝으로

끝으로 숫자를 끊어 읽기 편하게 하는 구두점에 대한 얘기다. HMM에서 보유한 24000TEU급 컨테이너선에 대한 뉴스가 많은데 숫자 24000을 24,000과 2,4000 중 어떻게 표기해야하는지에 대한 얘기다.

영어로 표기할 때는 24,000이 맞지만 한국어로 작성할 때는 2,4000이 맞다. 영어서적에서 나온 24,000이라는 숫자를 한국어로 번역하려면 2,4000이라고 구두점의 위치도 한국어로 번역해주어야 한다. 구두점은 숫자를 읽을 때 편리함을 주기 위한 도구일 뿐이다. 영어를 쓰는 사람은 '트웬티포 싸우전즈(twenty-four, thousands)'라고 읽지만 한국인들은 '이만 사천'이라고 읽기 때문이다. 한글엔(중국어나 일본어도 마찬가지이다.) '만'이라는 말이 있지만 영어엔 '만'이라는 말이 없다.

이런 취지를 살려 번역서에 나오는 숫자들은 구두점도 한국어로 번역했다. 세 번째 찍혀있는 구두점을 네 번째로 옮겨놓았다.

나는 커피를 마실 때 물류를 함께 마신다

이성우(한국해양수산개발원 종합정책연구본부장)

1. 들어가며

과거 항만, 철도를 근간으로 한 전통산업 중심의 기업형 물류가 교통혁명, 통신혁명을 거쳐 다가온 디지털 혁명이라는 변화로 새로운 소비자 중심의 물류 형태로 진화하고 있다. 과거 물류는 항만과 항만, 항만과 공장을 오고가는 부분을 물류라 지칭하고 소비지 근처 물류거점부터 소비자에게 이르는 구간을 유통으로 지칭

했었다. 그러나 이제는 두 영역의 구분은 없어지고 하나로 통합된 물류개념으로 'First mile'와 'Last mile' 정도의 물류과정을 구간으로 구분하기도 한다. 특히 라스트 마일로 지칭되는 소비자 물류체계는 디지털 혁명과 함께 더욱 커지고 발전하고 있는 상황이다. 한편 최근 창궐한 코로나19는 이러한 현상의 촉매제가 되어 얼마 전까지 마트로 향하던 소비자의 자가용 수요를 물류창고에서 소비자의 집으로 향하는 트럭 행렬로 바꾸면서 교통수요가 물류수요로 급변하는 계기가 된 것이다. 과거 B2C 위주의 산업물류가 B2C, O2O, C2C 등 소비자 중심의 다양한 형태의 라스트 마일 물류가

우리의 생활에 밀접하게 스며들고 변화시키고 있다.

1990년대 후반, 물류에 대한 전문지식이 없던 저자는 엄청난 크기의 선박과 컨테이너 야적장을 보면서 주눅이 들기도 했고 국가를 위해 중요한 일을 한다는 사명감도 가지며 전국 항만을 누비며 이 산업에 입문하게 되었다. 항만 그리고 해운업에 종사자하는 사람들은 대부분 매우 폐쇄적이고 거친 반면 자신들의 일에 큰 자부심과 사명감을 가지고 있었다. 자신들이 수출로 먹고 사는 대한민국의 최전선에서 일하고 있는 중요한 사람들이라고 스스로 생각하고 있었고 나 역시 그렇게 그들을 바라봤다. 이런 시각으로 지난 20여 년간 전국 항만, 공항, 철도, 내륙물류기지, 물류센터를 돌아다니며 많은 공부와 경험을 쌓았다. 그러나 2000년 이후 점차 해운, 항만 물류 분야는 내가 생각하는 만큼 국민들이 중요하다고 인지하고 있지 못했다. 왜 이럴까? 무엇이 문제인가 서서히 고민을 시작했고 2016년 한진해운 사태를 바라보며 내가 가진 생각에 확신을 가지게 되었다. 보이지 않으면 알 수가 없고 알 수 없으면 관심이 떨어지고 소외가 된다는 것이다. 국민들은 해운산업이 철강, 조선, 금융업과 연결되어 있는지도 정확히 인지하지 못하고 있고 화물연대가 물류를 막아서 동네 마트에 물건들이 사라지지 않는 이상 관심이 없는 대상이다. 해운, 항만물류업에 종사하는 분들도 우리나라 수출입의 99.7%를 우리가 하고 있다는 말만 되풀이하고 정작 국민들이 어떤 시각을 가지고 있는지 모르고 있거나 알아도 그대로 지나치고 있다.

저자는 처음 대형 선박과 거대한 크레인만 쳐다보면서 물동량 추정과 항만 계획을 수립하기 시작하였으나 점차 항만을 통해 움직이는 상품들이 어디서 어디로 가고 있는지 어떤 과정을 거쳐서 가는지 관심을 가지게 되었다. 처음에는 곡물, 석유, 석탄, 목재 등과 같은 벌크화물부터 시작하여 점차 커피, 와인 등 가공품, 수산물,

전자제품, 자동차 등 우리 실생활에 가까운 상품의 물류지식을 익히는 기회가 되었다. 현장에서 직접 발로 뛰면서 본 물류의 세계는 너무나 재미있고 신기한 것 투성이었다. 저자는 지금 국민들이 물류 특히 항만, 해운물류가 본인들에게 어떻게 영향을 미치고 얼마나 생활에 밀접한지를 생활 가까이 있는 주제들을 통해서 알려주고자 했다. 또한 라스트 마일의 변화가 해운, 항만물류에 어떠한 변화와 전화를 가져다주고 있는지도 관련분야 종사자들에게 알려주고 싶어서 이 글을 쓰게 되었다.

이제는 글로벌 환경이 크게 바뀌었다. 국민들이 물류를 생각하는 정도도 달라졌고, 4차 산업혁명이 물류를 우리 생활 깊숙이 다가오게 했으며, 미세먼지, 코로나 19 감염병, 지구온난화와 이로 인한 기후환경 변화 모두 물류에 대한 국민들의 관심을 높이고 있는 상황이다. 이 장의 내용들은 저자가 출판한 「나는 커피를 마실 때 물류를 함께 마신다」(바다위의 정원, 2020. 8)를 요약하여 재정리하였다. 이 장은 우리가 쉽게 접촉하고 즐기는 일상생활과 연계된 물류를 시작으로 한반도, 유라시아 그리고 지구 전체의 물류와 관계되는 흥미로운 주제들을 다루었다. 친숙한 상품의 특성과 연계된 물류, 우리 환경과 연결된 물류, 디지털 환경 속에서 변화하는 물류, 세계와 지역차원의 물류구조 변화 등을 모두 담고 있다.

2. 우리 삶 속으로 파고든, 물류

와인은 우리 일상 속에서 쉽게 접하는 대중주가 된지 꽤 오랜 시간이 흘렀다. 그런데 우리가 마시는 와인이 물류와 밀접한 관계를 가지고 있다는 것을 아는 사람이 그렇게 많지 않다. 와인과 물류 사이에는 어떤 관계가 있을까? 와인의 이동과 그것이 와인 가격에 미치는 영향을 보면 쉽게 이해될 것이다. 와인이 생산국에서 소비국까지 이동하려면 대략 보험료를 포함해 40퍼센트의 물류비를 지불해야 한다. 산지에서 1만 원 하는 와인이 소비국에 오면 1만 4,000원이 된다는 뜻이다. 왜 이렇게 많은 물류비가 발생하느냐 하면 와인처럼 저도수 주류는 온도에 민감하고, 병 상태로 운송되어 충격에도 약하기 때문이다. 그래서 고급 와인은 전력공급을 통해 냉장 보관이 가능한 리퍼(Reefer) 컨테이너에 실리게 되고, '선박 하단 적재나 적도 통과 기피, 하절기 운반 금지' 등의 추가 사항을 물류 업체에 요구하게 된다.

그림 1. 와인의 냉장 물류 서비스가 표기된 라벨

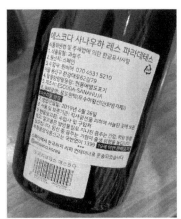

당연히 물품 운송에 요구 조건이 많아지게 되면 물류비는 상승할 수밖에 없지만, 와인은 잘 관리돼 운송되니 신선도가 유지되고 충격 등으로 인한 손실률도 낮을 것이다. 이제 1만 4,000원이 된 수입 와인은 소비국으로 들어오자마자 세금이 매겨진다. 우리나라는 세금을 부과할 때 종가제를 적용하므로 1만 4,000원에 58퍼센트(관세 15퍼센트, 주세 30퍼센트, 교육세 3퍼센트(주세의 10퍼센트), 부가세 10퍼센트 등)의 세금이 붙는다. 그러면 최초 수입상이 판매를 위해 산정한 와인 원가는 2만 3,000원 정도가 된다. 여기에 국내 유통을 위한 물류비와 이윤 등에 따라 30퍼센트, 도매상 10퍼센트 그리고 소매상 역시 운송, 보관, 전시 등 물류 활동과 이윤을 위해 30퍼센트를 와인 가격에 추가 부가한다. 자연스럽게 산지에서 1만 원 하는 와인은 우리나라에서는 약 5만 원에 팔리게 되는 것이다.

주류에 적용되는 높은 세금과 복잡한 유통 구조가 와인 가격을 올리는 주요 이유지만, 물류비 역시 와인 가격을 높이는 주요 요인이다. 와인을 마시는 이유는 그 맛과 향을 음미하기 위해서다. 당연히 사람들은 산지의 맛을 그대로 느끼고 싶을 것이고, 따라서 원래의 맛을 완전히 전달하기 위해서는 와인의 품종과 용량에 따라 맞춤형 고급 물류 서비스가 필요할 수밖에 없는 것이다. 우리가 마시는 와인 가격에 포함된 물류비 비중은 30퍼센트 정도로 높다. 결국 "우리는 와인을 마실 때 물류를 같이 마신다."고 할 정도로 와인 유통에서 물류는 다른 상품에 비해 더 큰 비중을 차지한다.

커피 역시 최근 우리 생활에 없어서는 안 되는 상품이다. 전 세계인이 하루에 16억 잔을 마신다는 커피는 생각보다 오래전부터 음용됐다. 대한제국 말 고종이 커피를 즐겨 마셨다는 기록이 우리나라 커피의 시작점이라면, 본격적으로 대중이 커피를 접한 것은 한국전쟁 이후다. 커피는 짙은 쓴맛, 가벼운 신맛으로 평가되는 미각과 풍부한 과일 향, 진한 아몬드 향으로 평가되는 후각 등 국적과 품종에 따라 그 특징이 다르다. 또한 커피는 로스팅과 블렌딩 정도, 관리와 운송 기간에 따라 그 특성이 또 달라지면서 다양한 맛과 느낌으로 우리 국민의 사랑을 받고 있다. 그런데 이 향기로운 커피가 어떻게 식탁, 회의실, 커피숍으로 와서 우리를 풍요롭게 해주는지 아는 사람은 별로 없다. 더구나 그 주인공이 물류라는 것을 아는 사람은 더더욱 없다. 가끔 커피 브랜드 가운데 지역 이름을 딴 것이 눈에 띈다. 자바, 자메이카, 케냐 등등. 그저 슬쩍 "그곳에서 온 커피인가?" 하고 넘기지만, 어떻게 그 먼 곳에서 내 앞에 와 있는지를 생각하면 갑자기 궁금증이 인다. 우리나라는 커피가 생산되지 않아 해외 산지에서 커피를 들여올 수밖에 없다. 그런데 커피 브랜드는 케냐인데, 원산지는 미국 혹은 일본이라고 적힌 라벨을 보면 "이게 뭐지?" 하는 의문이 생기기도 한다. 커피가 태어난 곳은 케냐인데, 어떻게 원산지가 미국이 될 수 있을까? 그 이면에는 커피가 물류를 통해 재탄생되는 이야기가 숨어 있다.

그림 2. 커피 라벨

커피는 에티오피아에서 기원한 것으로 알려져 있다. 18세기 아랍 상인에 의해 상품화가 되고 19세기 서아시아와 유럽으로 퍼지면서 소수의 귀족을 위한 고급 기호식품으로 인식돼왔다. 20세기 이후 소득 수준이 향상된 유럽과 미국의 중산층을 통해 커피는 빠르게 퍼져 나가기 시작했다. 커피 수요 증가는 커피를 생산하는 기법의 발전을 가져왔다. 커피의 파운드당 생산 원가가 120센트였던 1980년대에 비해 2000년 초반에는 파운드당 40센트까지 떨어졌는데 대량 생산과 물류비 절감으로 대중들의 기호식품이 될 수 있었다.

커피콩은 11~14퍼센트의 수분 함량을 유지할 경우 휴면 상태가 되어 그 특유의 성분과 품질을 유지할 수 있다. 수분 함량이 그 이상이면 커피는 휴면 상태에서 호흡 상태로 바뀌게 되어 효소 활동이 일어나고 점차 상품의 질이 떨어진다. 커피에는 '3의 법칙'이 있다. 잘 건조된 생두는 3년, 로스팅된 원두는 3개월 그리고 분쇄된 원두 가루는 3일 이내에 소비해야 원래의 맛이 손상되지 않는다는 것이다. 즉 커피의 품질을 좌우하는 핵심 요소는 바로 '물류'라고 할 수 있다. 에드워드 휴스(Edward Humes)는 그의 책 「배송 추적」 (Door to Door)에서 "커피 한 잔은 9만 킬로미터를 달려온 원두들의 융합 상품"이라고 했다. 커피는 맛과 향기를 높이기 위해 강·중·약으로 로스팅되어 블렌딩을 통해 브라질, 자메이카, 케냐 그리고 베트남 커피 등이 비율별로 섞여 그 품질을 유지하게 된다. 커피 한 잔에 전 세계에서 온 원두가 각각 품질을 유지하면서 섞여 이동하는 거리가 9만 킬로미터 내외라는 것이다. 이 엄청난 과정을 물류가 담당하고 있다. 감미로운 커피 한 잔이 물류업계의 노력에 의해 만들어진 산물인 셈이다.

우리 생활수준이 높아지며 좋아하기 시작한 고급 횟감인 참치 역시 물류의 혜택을 받고 우리의 생활 속으로 왔다. 참치는 미국, 유럽 그리고 일본에서 중량 기준으로 볼 때 최고가의 식자재다. 참치의 부상은 초밥과 관계있다. 초밥의 기원은 동남아시아다. 먹기 위한 밥이 아니라 생선을 오래 보관하기 위해 쌀밥의 당분을 이용한 데서 유래한다. 지금도 베트남, 캄보디아, 라오스에서는 이와 유사한 음식을 먹고 있으며, 우리나라의 가자미식해나 명태식해도 비슷한 원리로 만든다. 더운 지방에서 생선을 오래 보관하기 위해 쌀밥을 넣어 삭히는 개념으로 초밥이 시작된 것이다. 쌀밥의 당분과 생선의 아미노산이 결합하면서 장기간 보관할 수 있고 맛이 좋아지는 효과를 인류의 조상은 알고 있었다. 그러다가 근대 이후 초밥은 일본에서 서민층도 저렴하게 빨리 먹을 수 있는 간편식으로 진화했다. 이 무렵 일본의 경제발전이 이어지면서 일본인의 입맛노 날라졌다. 과거에는 담백한 생선을 좋아하다가 점차 기름진 생선을 찾게 됐고, 참치가 이들의 입맛에 맞아떨어지면서 참치와 초밥의 만남이 이루어진 셈이다. 대략 1960년대 이후 일본의 참치 수요가 급증하기 시작했다. 하지만 물류와 냉동 기술의 한계로 참치 초밥은 제한된 계층만 즐길 수 있는 음식으로 고급화의 길을 걷게 됐다. 한편 일본에서 참치수요가 획기적으로 성장하게 된 것은 물류업에 종사하는 일본항공(JAL) 직원의 노력과 우연이 겹쳐서 가능하게 된 것이다. 1970년대에 일본은 고가의 전자, 기계 제품을 생산해 미국으로 수출하면서 경제성장을 했다. 이러한 고가의 상품은 항공기에 실려 수출됐는데, 돌아올 때 실어올 화물이 없어서 높은 물류비를 부담할 수밖에 없었다. 결국 화주 기업은 물류 기업인 항공사에 운임 인하를 압박하게 됐고, 일본항공은 미국에서 자국으로 수입이 가능한 상품을 찾기 위해 미국과 캐나다 시장을 뒤지기 시작했다. 일본항공 직원이 몇 달을 돌아다니다가 캐나다 북동부 해안에서 참치낚시를 하는 한 무리의 사람들을 만나게 됐다. 북미인은 낚시의 손맛과 잡고 난 이후 거대한 몸집을 과시하기 위한 오락이나 고양이 사료로만 참치를 인지하고 있었다. 일본항공 직원은 이런 상황에 충격을 받았지만, 곧바로 새로운 가능성을 인지하고 참치 수입을 시작했다. 점차 냉동기술과 포장기술의 발전으로 인해 전 세계에서 잡힌 참치가 일본 도쿄의 수산물 시장인 쓰키지(築地) 시장에 판매되기 시작했고, 현재에 이르렀다. 2000년대 이후 참치 물류는 또 다른 변화에 직면했다. 고가의 참치가 대중화의 길을 걷기 위해 좀 더 저렴한 물류 수단을 찾기 시작한 것이다. 그리하여 항공운송을 해상운송으로 바꾸기 시작했다. 컨테이너의 보편화, 냉동·냉장 컨테이너의 발전 그리고 선박의 대형화·고속화로 저렴하고 신속하며 안전하게 참치를 해상으로 공급할 수 있게 된 것이다. 참치의 생산·유통 지역과 소비 지역이 확대된 것도 해상운송을 촉진했다. 과거에는 주로 일본이 생산·집적·유통을 주도했으나 우리나라가 그 기능을 병행하게 됐고, 주요 소비지도 일본에서 유럽과 미국으로 확대되면서 참치는 명실상부한 글로벌 식자재로 자리매김하고 있다. 울트라 프리저(Ultra Freezer)라고 불리는 냉동·냉장 컨테이너는 선박을 통해 참치 혹은 온도 민감 화물을 전 세계로 보내는 데 큰 역할을 한다. 최근 코로나 백신이 운송용으로 부상하고 있는 급속냉동 컨테이너 기술도 참치 냉동기술에서 나온 것이다.

3. 생명과 엮인, 물류

최근 사람들 간에 전염되는 코로나19(COVID-19, 코로나바이러스 감염증)로 인해 전 세계적으로 방역에 골머리를 앓고 있다. 그런데 항만 역시 다른 형태의 방역으로 오랫동안 고민을 하고 있다. 몇 해 전 화제가 됐던 붉은불개미는 어떻게 우리나라에 유입됐을까? 최근 우리나라 꿀벌의 천적인 등검은말벌은 어떻게 유입됐을까? 라는 의문을 가져 본 분들이 계실 것이다. 외래종은 우리나라의 생태계를 교란하고, 이는 결국 우리의 건강과 재산을 해친다. 최근 등검은말벌이 우리 농가와 생태계에 미치는 피해가 연간 1,750억 원이라는 전문 기관의 발표가 있었다. 등검은말벌은 2003년 부산 영도에서 처음 발견됐고 이후 전국으로 확산된 것으로 보인다. 부산항을 통해서 처음 유입됐을 가능성이 높다. 붉은불개미, 등검은말벌 같은 외래 병해충은 대부분 항만을 통해 유입돼 화물을 매개로 우리나라 물류망을 따라 이동했고 그 경로로 퍼지고 있다. 우리가 유념해야 할 것은 항만은 사람과 화물이 이동하는 공간으로, 특별한 방역과 추적 체계가 없다면 외래 병해충이 전국으로 퍼지는 것은 시간문제라는 것이다. 그래서 항만을 통한 방역 체계의 구축이 매우 중요한데, 사실 붉은불개미의 유입, 확산 사태에서 보았듯이 우리나라의 항만 방역 체계와 관리 시스템은 아직 미흡하고 국민의 관심 대상 사각지대에 있어 우리의 건강과 경제 손실의 위험이 항상 도사리고 있다고 볼 수 있다. 항만을 통해서 유입되는 외래종이 경우에 따라 우리나라 생활환경과 생태계를 위협하는 사례를 많이 목격하였다. 이제는 눈에 보이지 않는다고 무시할 것이 아니라 국민 수준에 맞춘 항만의 방역체계 구축이 필요하다.

최근 우리나라 기후를 '삼한사미(三寒四微)'라고들 하는데, 한반도를 뒤덮는 미세먼지를 과거 겨울 날씨를 말하는 '삼한사온(三寒四溫)'에 빗대 하나의 기후 현상으로 이야기하는 신조어다. 초기에는 미세먼지를 일시적 대기오염으로 받아들였으나 이제는 일상화돼 심각하게 국민 건강을 해치는 재앙 수준이 된 것이 사실이다. 환경부의 발표에 따르면 경유 차량은 수도권 미세먼지 배출원 1위를 차지한다. 경유 차량 중 운행 빈도가 가장 많고 생활 밀착형인 1톤 트럭은 전국에 약 230만 대가 운행 중이다. 중국 오염원, 발전소, 공장 등 거대 오염물질 배출원보다 가까이에 있는 소형 배출원이 오히려 우리 건강을 더 해치고 있을지도 모른다. 최근 소비자 니즈의 변화 그리고 코로나19로 인한 외출 감소 등으로 택배의 급증을 경험을 하고 있다. 그러나 이 택배 차량들이 미세먼지를 유발하는 조력자가 되기도 한다. 인구가 많은 대도시에서 이러한 현상이 더 심한 것이 현실이다. 과연 우리가 이용하는 택배는 어디에서 오는 것일까? 부터 확인해 볼 필요가 있다.

정부는 국가물류기본계획을 5년 단위로 수립하고 매년 실행 계획을 세워서 변화하는 환경에 따라 수정 작업을 한다. 우리나라의 국가물류기본계획은 당연히 물류 수단별로 물류 기능을 구분하고 수출입 선두에는 항만, 이를 연결하는 배후 물류 수단으로 철도와 도로가 역할을 하도록 돼 있다. 인구가 밀접한 대도시에는 지역별로 공동물류센터를 두고 대형 트럭이 항만, 공항 등에서 실어온 화물을 하역, 집적, 보관한다. 마지막으로 소형 트럭이 지역공동물류센터에서 화물을 실어 고객에게 이송하는 것이 계획상 물류의 흐름이다. 그러나 도시 내 공동물류센터나 공동물류단지는 지역 주민이 기피하는 주요 시설 중 하나다. 서울과 수도권 외곽 원거리에 위치한 물류센터는 결국 수도권 전체가 미세먼지에 시달리게 하는 주요 원인이 된다. 한편, 국립환경과학원의 조사에 따르면 부산, 인천, 울산 등 주요 항만도시는 내륙도시보다 환경오염이 더 심각한데, 접안 선박이 배출하는 미세먼지와 항만을 오가는 화물 차량으로 인해 이중으로 대기오염에 시달리기 때문이다. 주요 항만도시의 초미세먼지 배출 중 항만 관련 비중(비도로 이동 오염원)은 부산 77퍼센트, 인천 33퍼센트, 울산 36퍼센트로 전국 평균 18퍼센트보다 월등히 높다. 항만도시의 경우 정작 가장 큰 오염원이 될 수 있는 항만보다 육상 위주의 환경관리 정책이 만들어진 이유인 것이다. 우리나라 인구의 절반 이상이 항만도시에서 직간접적으로 살고 있다고 할 수 있다. 우리에게 경제성장의 기반이 됐고 지금도 우리나라 경제의 중추 역할을 하는 항만 시설이 항만도시에 사는 시민에게는 환경적으로 부정적 영향을 미치고 있는 것이며, 그 대응이 시급한 상황이다. 항만도시의 심각한 대기 환경 문제를 인지한 유럽, 북미 그리고 중국까지도 자국의 항만도시 환경을 개선하기 위해 국제해사기구의 환경 규제 혹은 자체 환경 규제를 적용해 대기오염물질배출관리구역(Emission Control Area, ECA)[1]이라는 해양공간대기관리제도

---

1) 특정 항만, 특정 연안 지역에 환경오염을 유발하는 선박의 출입을 규제하는 제도. 대상 지역에서 기준을 정하는 연료 혹은 그에 상응하는 대기오염 발생

를 시행하고 있다. 우리나라 역시 해양환경관리법을 개정해 환경을
개선하려는 노력을 기울이고 있다. 그러나 정작 선박이 집중적으로
출입하는 항만에 대해서는 ECA와 같은 강력한 관리제도를 도입하
지 못하고 있다. 우리나라 경제는 아직도 수출에 크게 의존하고 있
고 최근 경기 침체로 국민 생활이 힘들어지는 상황에서 ECA와 같
은 환경보호제도를 도입한다면 또 다른 문제를 발생시킬 수 있기
때문이다. 결국 지금 우리는 오염된 환경에서 살면서 경제를 살릴
것인가, 아니면 깨끗한 환경에서 살면서 조금 더 경제적 부담을 질
것인가 하는 선택의 기로에 놓여 있는 것이다. 지금은 정책의 우선
순위 문제이자 분배의 합리성에서 해답을 찾아 봐야 한다. 생활수
준이 높아진 우리 국민은 이제 기꺼이 환경 개선을 위해 비용을 지
출할 의향을 가지고 있다. 다만 지출 방식의 합리성과 효율성이 중
요한 의사결정 기준이 될 것이다. 현재 우리나라에서 발생하는 육
상과 해상 오염 모두에 대한 제대로 된 분석과 효과적인 분배를 통
한 오염원 관리가 필요한 것이다.

의약품은 관리가 까다롭고 유통에 많은 노력이 필요해서 물류산
업에서는 중요한 미래 사업분야로 새로운 부가가치 창출 분야로 손
꼽힌다. 의약품 중 최근 특히 증가세인 바이오 의약품은 온도뿐 아
니라 충격, 진동, 습도, 일사 등 대부분의 외부 요인에 영향을 받을
정도로 민감한 물품이다. 바이오 의약품은 인체 내에서 작용하는
것이기에 우리 몸의 일부처럼 여겨져 모든 외부 요인에 영향을 받
는 것이다. 특히 백신, 인슐린, 혈액 등은 이동 과정 중 최소 48시
간, 최대 168시간 동안 모든 외부 위험 요인을 차단할 수 있어야
한다. 아직은 드라이아이스와 스티로폼 박스와 같은 단순한 운송

정도를 충족할 때에만 선박 입항을 허락한다. 유럽은 IMO에서 인정한 ECA
를, 중국은 자체 기준에 따라 ECA를 운용한다.

형태를 통해 다수의 바이오 의약품이 운송되는데, 운반 도중 대략 15~30퍼센트의 손상 및 변질이 있다는 보고가 있다. 현재 우리나라는 의약품 운송 과정에서 엄청난 경제적 손실을 입을 뿐만 아니라, 생명과 직결되는 위험한 상황에 우리 국민 역시 노출돼 있다고 할 수 있다. 최근 외국계 글로벌 물류 기업이 국내 의약품 물류 유통 사업에 본격적으로 진출하면서 해당 기업의 화주인 글로벌 제약사가 요구하는 수준을 맞추기 위해 우리나라의 물류 기업은 국가의 약품 유통관리 규정인 KGSP(Korean Good Supplying Practices) 대신 국제 의약품 유통 관리 규정인 GDP(Good Distribution Practice) 적용을 준수하겠다고 밝혔다. KGSP의 관리 수준이 낮기 때문이다. 결국 해당 기업의 협력 업체가 되는 우리나라의 물류 기업은 그들이 요구하는 GDP 규정에 의거해 대상 의약품을 국내에 공급해야 하는 상황이다. GDP는 온도, 입출고, 재고, 포장 및 재포장, 생물학적 제재 포장, 샘플링, 반품, 폐기 절차, 창고 출입, 병충해 방지, 안전, 일사, 충격, 습도 등 의약품 물류 과정의 모든 부분을 철저히 규정하고 있다. 만약 대상 의약품이 2도 이상 혹은 이하의 변화가 있을 경우 자동 알람 시스템을 구축하게 돼 있으며, 4시간 안에 이 문제를 완벽하게 해결해야 한다. 해당 기업은 이러한 시스템을 통해 전 세계의 의약품 물류 시장을 주도하는데, 최근 독감백신의 변질과 일부 코로나 백신의 경우 영하 70도에서 이송이 되어야 하는 등 큰 이슈가 되고 있는데 우리한테 주는 시사점이 크다. 사람의 생명과 직결되는 의약품 물류는 우선 윤리적 차원에서 매우 엄격하게 관리돼야 하는 중요한 부분이다. 또한 윤리 차원을 넘어서 경제적으로도 부가가치와 고용 창출이 큰 미래 산업이다. 이 산업의 핵심은 기술이지만, 이 기술을 통해 생산된 제품의 안정적인 보관과 운송관리는 또 하나의 부가가치 물류비즈니스 모델이다.

1. 바다 고속도로를 가다

세계의 전쟁과 무역의 역사를 돌아보면 운하와 해협은 중요한 역사의 장면마다 거의 공통적으로 등장한다. 전쟁과 무역은 그 성격이 매우 다르지만 이면을 들여다보면 연결된 지점도 많다. 세계 열강이 자국의 경제적 이익을 위해 전쟁을 일으키고 굴복한 나라를 자원 수탈의 대상이자 자국의 생산품 시장으로 이용해온 것이 지난 400년 전부터 반세기 전까지 세계에 만연했던 식민주의 역사의 기본 원리였다. 21세기 현재 이러한 노골적 침략과 식민지화는 사라졌으나 선진국의 경제적 종속화 전략과 무역전쟁을 통한 자국 이익의 극대화라는 기본 원리는 그대로 남았다. 이런 맥락에서 운하와 해협은 아직도 세계의 주도권을 잡기 위한 국가들의 주요 확보 수단으로 그 역할을 하고 있다. 특히 유럽이 주도했던 상업혁명[2] 이후 글로벌 해상무역이 촉발된 시기부터 지금까지 중요한 역할을 하고 있으며, 현재 중량 기준으로 세계 교역량의 80퍼센트 이상이 해상운송으로 이루어지는 만큼 그 중요성은 여전하다고 할 수 있다. 유라시아 대륙과 아프리카 대륙 사이를 뚫어 아프리카 남단의 희망봉을 돌아야 아시아로 갈 수 있었던 뱃길을 1만 킬로미터나 단축한 수에즈(Suez) 운하가 대표적인 예이다. 수에즈 운하는 지중해와 홍해를 연결하는 162.5킬로미터의 운하이다. 파나마 운하 역시 수에

---

2) 15세기 초부터 대항해시대에 콜럼버스는 신대륙 항로를, 바스쿠다가마는 아프리카 남단을 회항(回航)하는 동양항로를 개척했다. 그 결과 지중해·북해·발트해를 중심으로 하는 이탈리아 상인이 쇠락하고, 그 대신 스페인의 신대륙, 즉 서인도무역과 포르투갈을 중심으로 하는 동양, 즉 동인도무역이 활발해졌다. 상권은 세계적 규모로 확대됐고, 약 1세기 동안 두 나라가 지배하게 됐는데, 이런 변화를 상업혁명이라고 한다. 이는 결과적으로 유럽의 상업자본 발전에 혁신을 가져왔고, 네덜란드·영국의 상업자본이 주로 동인도 상업권에 침투해 영국의 식민지로 대표되는 제국주의 시대를 여는 역할을 했다. 자료: 두산백과(2018년 12월 14일 검색)

즈 운하와 마찬가지로 뱃길 단축을 위해 사업이 시작됐다. 기존 태평양과 대서양을 통해 오가던 배가 남아메리카를 돌아서 오는 경우보다 1만 5,000킬로미터를 단축하게 되는 혁신이 일어나게 됐고 이후 2016년 6월 확장 공사가 완료되면서 4,000TEU급 이하 선박만 통항이 가능하던 것이 1만 5,000TEU급도 통항하게 되는 큰 변화를 가져왔다. 현재 파나마 운하는 연간 1만 5,000척 이상의 선박이 이용하고 있다. 이처럼 당시 세계를 지배하던 국가가 주도권을 지속적으로 확보하기 위해 인공적으로 운하를 개발·건설했고, 정치적·경제적 이익을 동시에 취하면서 세계의 지배권과 영향력을 미치는 데 큰 기반으로 활용했다. 해협과 운하는 이처럼 한 국가 혹은 몇 개의 국가가 지역이나 세계의 패권을 잡기 위한 중요한 수단이었고, 해운(海運)의 힘이 그 근거를 제공해주었다. 세계는 여전히 해협과 운하를 지키고 빼앗으면서 자국의 이익을 극대화하기 위해 노력하고 있다. 최근 미국과 이란의 갈등 속에서 호르무즈(Hormuz)해협 봉쇄설이 흘러나왔고, 그에 따라 국제 유가가 요동쳤다. 호르무즈해협은 페르시아만과 아라비아해를 연결하는 요충지로 폭이 50킬로미터에 불과해 통과하는 선박의 통제가 쉬운 곳이다. 이외에 러시아와 우크라이나 사이의 케르치(Kerch)해협, 유럽 대륙과 아프리카 대륙 사이의 지브롤터(Gibraltar)해협, 아시아와 유럽을 나누는 보스포루스(Bosporus)해협, 앞에서 언급한 호르무즈해협과 믈라카해협 등 세계 곳곳에서 해협과 운하는 역사의 한 획을 그으면서 정치적, 경제적 흥망성쇠의 핵심 역할을 했고 지금도 하고 있다. 최근 부상하는 북극항로 중 북동항로와 북서항로[3] 역시 하나의 해협 개념으로 볼 수 있으며, 향후 아시아와 유럽을 연결하는 경제적 지름

---

3) 북극항로(North Pole Route)는 동북아시아에서 러시아 연안을 통과해 북유럽으로 가는 북동항로(North Sea Route)와 북미에서 캐나다 연안을 통과해 대서양의 북미 동안으로 가는 북서항로(North West Passage)로 구분된다.

길이자 군사적 전략 지역으로 그 주도권 확보를 두고 주목을 받고 있는 상황이다. 한편 해당 운하와 해협의 길목을 지킨다는 것은 한 도시 혹은 나라의 흥망성쇠를 좌지우지할 만큼 강력한 것이다. 대표적인 사례가 서남아시아와 동남아시아를 연결하는 믈라카해협을 지키는 싱가포르다. 싱가포르는 믈라카해협의 입구에 위치한다. 믈라카해협을 통하지 않으면 수천 킬로미터의 험한 바닷길을 돌아가야 하므로 이 해협은 경제적 운항을 위해 꼭 통과해야 하는 전략적 지름길이다. 싱가포르는 인구 600만 명의 작은 도시국가지만, 세계적인 경제 강국이며 해운 비즈니스를 기반으로 세계 1, 2위를 다투는 항만을 건설하여 다양한 무역·금융·물류 산업을 연결해 현재의 모습으로 성장했다. 그렇다면 해협과 운하는 우리나라와 어떤 관계가 있고, 우리에게는 어떤 기회가 있을까? 우리나라는 삼면이 바다이고 서해는 중국과 무역으로, 남해는 아메리카와 유럽을 오가는 세계의 간선항로와 면한다. 반면 동해는 한반도의 단절, 중국의 동해 출해구 봉쇄, 러시아의 극동 지역 소외, 일본의 태평양 연안 중심 개발 등으로 침묵의 공간으로 남아 있다. 그러던 동해가 남북 화해 분위기(현재는 단절 상태), 러시아의 극동 지역 개발을 위한 신동방정책, 북극항로의 상용화 가능성 증가 등으로 인해 많은 사람의 기대를 품게 하고 있다. 크게 보면 동해는 북극항로가 기존의 세계 간선항로와 연결되는 곳으로, 러시아 사할린과 일본 홋카이도 사이의 소야(Soya)해협과 우리나라 부산과 일본 쓰시마섬 사이의 대한해협을 통과하는 전략적 운하이자 해협의 개념으로 부상할 가능성이 높다. 한반도를 유라시아 대륙과 육상으로 연결하는 것도 중요하지만, 세계 경제의 흐름을 주도할 해상로에도 관심을 가져야 한다.

5. 세계가 변한다, 물류가 달라진다

코로나19는 우리 모두의 생활을 바꾸어버렸다. 시장이나 대형마트에 직접 가서 장을 보던 사람들은 접촉의 위험을 줄이기 위해 온라인 쇼핑으로 구매 패턴을 변경했고, 가능한 한 비대면 접촉을 통해 소비 생활을 하고 있다. 그러나 코로나19와 같은 감염병이 오기 전부터 스마트폰을 통한 우리의 소비 패턴은 이미 변화하고 있었다. 1인 가구가 많아지고 옴니채널(omni-channel)[4]을 통해 오프라인에서 쇼핑하고 온라인에서 구매하는 실용적인 소비자가 증가하면서 우리 주변의 교통 수요가 물류 수요로 크게 바뀌는 현상은 거의 10년 전부터 진전되고 있는 중이다. 소비자가 직접 차를 몰고 가서 물건을 사오는 교통 수요가 상점이나 물류 창고에서 택배 차량을 통해 물건을 배달해주는 물류 수요로 빠르게 바뀌고 있는 것이다. 1인 가구 증가, 개인주의 심화, 편리성 강화 등으로 소비자는 내가 필요한 상품이 필요한 양만큼, 필요한 시점에 내가 있는 곳으로 배달돼 오기를 바라게 된 것이다. 이러한 현상은 최근 이마트나 롯데마트의 오프라인 매장에 대한 본격적인 구조조정이 증명해주고 있다. 최근 4차 산업 기술을 장착한 IT 기업이 세계 시장을 주름잡고 있다. 지금 세계 시장을 주도하는 기업은 4차 산업 기술과 고객의 정보를 감성적 관점에서 연결, 가공, 활용하는 기업이다. 이들 기업은 뇌에 해당하는 정보, 심장에 해당하는 감성 그리고 근육에 해당하는 장비를 조합해서 진화하고 있다고 봐야 한다. 과거 단품종, 대량생산에 치중하던 화주 중심의 생산 체계가 다품종, 소량생산 체

---

4) 라틴어의 모든 것을 뜻하는 '옴니'(omni)와 제품의 유통 경로를 의미하는 '채널'(channel)의 합성어로 소비자가 온라인, 오프라인, 모바일 등 다양한 경로를 넘나들며 상품을 검색하고 구매할 수 있도록 한 서비스다. 자료: 에듀윌 시사상식

계의 소비자 중심으로 바뀌면서 소비자의 니즈에 맞추기 위해 기존 정보기술과 감성 요인이 합쳐지면서 성장한 기업이다. 그러나 우리나라의 기업은 과거 소프트웨어보다 하드웨어에 치중했던 것처럼 현재도 기술과 장비 개발에 집중하고 정보와 연결된 감성 요인에 대한 접근이 미흡한 것으로 보인다. 한편 최근 글로벌 시장에서 가장 주목할 기업은 정보 플랫폼 기업이다. 아마존, 알리바바로 대표되는 정보 플랫폼 기업과 이와 경계가 모호한 구글 그리고 페이스북은 고객의 니즈, 즉 감성을 이해하기 위해 정보를 모으는 데 노력의 대부분을 쏟아붓고 있다. 또한 공유 개념을 통해 성장해 나가는 공유 택시 우버(Uber)나 세계에서 가장 큰 숙박 공유 서비스 업체인 에어비앤비(Airbnb)는 기본 사항인 차량이나 부동산 없이 수익을 창출하기 위해 고객의 니즈를 파악하는 감성 정보 확보 비즈니스 모델을 추구한다. 결국 4차 산업 기술은 감성 연계 정보를 통해 소비자의 니즈를 제대로 파악하고 대체할 수 있어야 제대로 된 기술이 될 수 있어 최근 IT 기업은 정보 플랫폼을 통해 소비자의 니즈를 맞추기 위해 초연결(hyperconnectivity)과 초지능(superintelligence) 기술을 접목하고 있다. 이는 기존의 산업혁명에 비해 더 넓은 범위(scope)와 더 빠른 속도(velocity)로 확산하고 성장하기 때문에 이 정보 플랫폼을 선점하는 기업이 주도권을 계속 가질 수밖에 없을 것으로 보인다. 결국 현대 물류산업이 추구하는 소비자 맞춤형 전략은 규모와 범위의 경제를 추구해야 하는데, 초연결과 초지능을 감성에 접목한 유통·물류 정보 플랫폼 기업이 승자독식 구조로 갈 수밖에 없는 것이다. 대표 기업인 아마존이 구축한 정보 플랫폼은 이미 유통·물류 시장을 장악하고 주변부 시장까지 수직 그리고 수평으로 통합 및 연계하고 있다. 아마존은 2014년 4월 운송비 절감을 위한 자체 물류 서비스를 도입했고, 2015년 약 10억 개의 자사 물품을 직접 배송했으며, 2019년에는 페덱스보다 더 많은 물량을 처리할 계획도

세웠다. 또한 2016년 1월에는 중·미 간 해상운송 포워더 등록까지 마치면서 그들의 플랫폼을 이용한 다양한 연계 비즈니스를 하고 있다. 또 아마존은 2017년 6월 미국의 최대 콜드체인 유통 업체인 홀 푸드 마켓(Whole Foods Market)을 인수했다. 콜드체인 분야에서 고객의 니즈를 파악하기 위해 15조 5,000억 원을 투자한 것이다. 이는 기업 입장에서 고객의 마음을 읽을 수 있는 중요한 수단이 되기도 한다. 아마존은 이렇게 소비자의 생각을 읽기 위해서 통 큰 투자를 한 것이다. 우리나라 유통·물류 산업에 이러한 정보 플랫폼 기업의 성장이 큰 영향을 미치고 있다. 조만간 포워딩 서비스를 주로 하는 국제물류주선업이 사라질 것이다. 또 전문 물류 기업, 육상 및 해상 물류 기업, 항만 운영사 간의 갑을 관계에서 정보 플랫폼 회사의 참여로 정보 플랫폼 회사, 전문 물류 기업, 육상 및 해상 물류 기업 그리고 항만 운영사 등의 순으로 새로운 먹이사슬이 만들어질 가능성도 부정할 수 없다. 물류 기업이 주도해온 기존 공급사슬 관리 체계가 정보 플랫폼 유통 회사의 비즈니스 모델 속으로 들어가면서 육상 및 해상, 항만 그리고 전문 물류 기업을 대상으로 하는 위협으로 다가오고 있는 것이다. 고객의 니즈와 관련된 정보 수집은 그들의 플랫폼에서만 가능하기 때문이다. 이제 우리의 전문 물류 기업, 육상 및 해상 물류 기업, 항만, 국제물류주선업체 모두 과거의 비즈니스 관행에서 벗어나 소비자의 니즈와 감성에 맞출 수 있는 새로운 전략을 수립하지 않으면 조만간 거대 정보 플랫폼 유통 기업에게 종속되거나 사라질 수밖에 없을 것이다.

2019년 초 열풍을 몰고 왔던 가상화폐 비트코인은 해당 분야의 전문가나 투자자가 아니더라도 많은 국민의 관심을 받고 있다. 블록체인 기술의 여러 열매 중 하나가 비트코인이나 이더리움으로 대표되는 가상화폐이고, 이외에도 다양한 분야에 블록체인이 접목되고 있다. 특히 물류는 블록체인이 접목되기에 아주 유리하고 광범위한 분야로, 일반인이 쉽게 블록체인 개념을 이해하는 데 도움이 된다. 왜 물류·유통 분야에 블록체인을 접복하는 섯이 용이안 깃일까? 그것은 상대적 효과가 크고 사업화의 가장 큰 장애 요인인 기득권 세력과의 충돌이 상대적으로 적기 때문이다. 또 블록체인은 글로벌 유통·물류 플랫폼 기업을 견제하는 대안으로도 그 가능성을 주목받고 있다. 최근 확산 중인 '디지털화(digitalization)'란 전통 제조 기업의 관리 과정에 대한 자동화에 머물지 않고 기업 내부의 혁신과 외부 기업과의 협력 관계를 재설정함으로써 전체 공급사슬의 초융합, 초연결, 초지능화를 추구하는 것이다. 이 대목에서 초융합, 초연결 그리고 초지능화를 실현하기 위해 가장 필요한 장치 중의 하나가 안정적인 보안 체계 구축이고, 이를 지원하는 기술이 블록체인인 것이다. 결국 현재 공급사슬을 주도하고 지원하는 유통·물류 분야에서 블록체인이 주목받을 수밖에 없는 것이다.

공급사슬 면에서 블록체인 개념을 다시 살펴보면 다음과 같이 설명할 수 있다. 글로벌 시대의 공급사슬은 다양한 형태를 띠는 입체적 상태에서 전 세계와 연결된다. 그 때문에 다양한 형태의 분쟁이 발생한다. 이런 분쟁을 해결하기 위해서는 저비용으로 투명성과 신뢰성을 보장할 수 있는 해결책을 찾아야 하는데, 블록체인이 이러한 니즈를 충족해줄 수 있는 가장 확실한 방법이다. 특히 전통적인 시장의 통제자, 중개자 그리고 시장 교란자를 최소화하거나 완전 제거를 통해 투명성과 신뢰성이 보장되는 거래 체계를 구축할 수 있다. 기존 공급사슬 체계에서 통제자와 중개자는 하향 형태의 감시를 하는데, 블록체인은 참여자가 모두 상향 형태의 감시를 할 수 있는 체계를 가진다. 이러한 형태가 가져오는 장점은 공급사슬 체계의 투명성과 신뢰성뿐만 아니라, 아마존과 알리바바 등 디지털 플랫폼 기업에 대한 견제도 가능하다는 것이다. 블록체인 기술이

유통·물류 분야에 적용되는 예는 식료품에서 쉽게 확인할 수 있다. 와인은 유통 관리가 잘 되느냐, 아니냐에 따라 생산지에서 맛볼수 있는 풍미를 먼 지역에서도 유지할 수 있다. 와인은 주산지인미국, 칠레, 프랑스 등지에서 동북아까지 먼 거리를 트럭, 기차 그리고 선박을 통해 운송되는데, 그 과정에서 통과하는 지역의 기후, 유통의 관리 상태 등에 따라 각종 영향을 받는다. 특히 와인은 온도에 민감한데, 비용 등의 이유로 온도 조절용 컨테이너 대신 일반컨테이너를 사용하는 경우가 빈번하다. 이런 경우 유통 과정에서신뢰성 제고를 위해 냉장관리된 와인이라는 라벨을 붙이는데 여전히 소비자는 와인을 구매할 때 운송 시간이 얼마나 걸리는지, 어떤유통 과정을 거치는지 알 수 없다. 그런데 블록체인 기술은 이 문제를 단번에 해결할 수 있다. 블록체인을 도입하면 산지의 와인 생산자, 와인 유통과 물류 담당자는 해당 상품의 생산·포장·이동·유통 과정을 실시간으로 관리할 수 있고, 중간 단계에서 문제가 발생하면 그 행위자에게 책임을 지게 할 수 있다. 결론적으로 블록체인을 적용하면 앞서 언급했듯이 제품에 대한 가시성과 투명성을 동시에 추구할 수 있고, 제품의 생산 혹은 관리에 문제가 생겼을 때원인 파악에 몇 주, 몇 달이 걸리던 것을 수분 안에 파악할 수 있는 것이다. 블록체인과 식품 유통·물류의 만남이 가져다주는 가능성은 바로 세계 1위의 유통 기업인 월마트와 IBM의 제휴로 이어졌다. 대상은 중국으로 인구 14억 명이 먹는 신선 식료품의 손실률이25퍼센트라는 것은 아프리카의 기아를 모두 해결하고도 많은 양이남아 그대로 버려진다는 뜻이다. 이러한 심각성을 인지한 중국 정부의 적극적인 지원과 월마트의 세계 최대 시장 개척 의지 그리고IBM의 기술 적용 확대 전략이 연계돼 중국 내 망고와 돼지고기의유통·물류에 블록체인이 적용되고 있다. 월마트는 중국 시장에서큰 폭으로 소비가 증가하는 망고에 대해 원산지에서부터 성장, 숙성, 가공, 포장, 수송, 유통, 진열에 이르기까지 당도, 숙성도, 부패도 등 모든 과정을 블록체인 시스템으로 관리해 부패율과 판매율을 개선하고 있다. 이는 월마트와 IBM이 구상한 블록체인 기반 '식품 물류 투명성 증진 시스템'의 결과이며, 식품 안전에 문제가 생겼을 경우 몇 주가 아닌 몇 초, 몇 분 사이에 추적 시스템을 통해 문제를 해결하고 있다.

그림 3. 월마트의 블록체인 기술 적용 사례(망고)

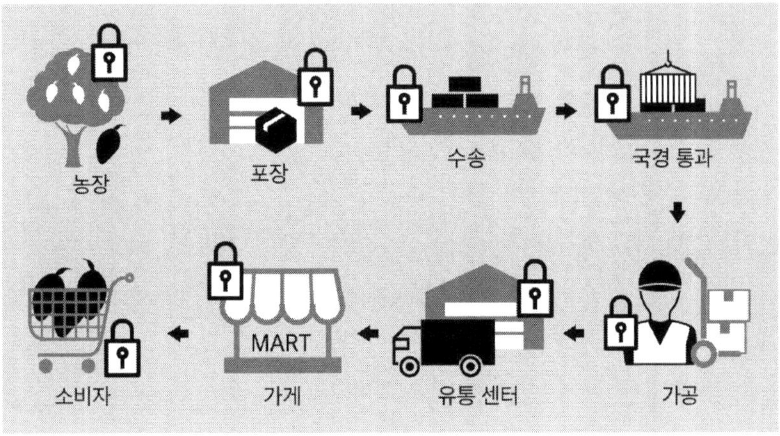

출처: Frank Yianna & 월마트 발표 자료, 2017.

아직 블록체인이 만들어갈 미래가 어떤 것인지 완전히 전망하기는 어렵다. 그러나 블록체인 기술이 유통 · 물류 분야의 미래에 큰 혁명을 일으키면서 새로운 방향으로 우리의 발걸음을 인도할 것임은 틀림없어 보인다. 따라서 지금부터라도 다수의 물류 관련 이해관계자의 블록체인에 대한 개념 이해와 적극적인 참여가 필요하다.

최근 유통업은 4차 산업 기술을 장착한 전자상거래 기업의 플랫폼을 통해 주로 성장하고 있으며, 물류업은 이러한 유통 체계 변화에 따라 라스트 마일 서비스에서 신속, 정확, 저렴한 물류에 초점을 맞추게 되어 물류 체계 전체가 변화하고 있다. 보통 소비자는 저렴한 가격으로 자신이 원하는 시간에 즉시 그리고 안전하게 상품을 받으려 하고, 유통 기업과 물류 기업은 생존을 위해 그들의 요구에 적극 대응할 수밖에 없다. 일반적으로 상품을 빨리 받기 위해서는 높은 물류비를 지불해야 하고 배송 속도가 느릴 경우 대부분 저렴한 물류 수단을 선택한다. 그러나 소비자는 둘 다 만족시키기를 원하고, 이에 더해 정확성과 안정성까지 요구하는 이기적인 구매 패턴을 보인다. 하지만 유통 및 물류 업체는 생존하기 위해서 이러한 변화에 그들의 사업 구조를 맞출 수밖에 없다. 유통·물류 기업이 소비자의 상충되는 이 두 요구를 동시에 만족시키기 위해서는 결론적으로 정보와 기술의 힘을 빌릴 수밖에 없다. 사실 소비자가 유통·물류 기업 위에서 군림할 수 있는 것도 스마트폰이라는 통신 기술의 산물이 중요한 역할을 하기 때문이다. 스마트폰은 고객이 상품을 구매할 때 다양한 선택권을 가질 수 있도록 채널을 열어준다. 스마트폰 앱이 제공하는 정보를 통해 어떤 상품이 어느 곳에서 가장 싸고 가장 빨리 배송되는지 비교할 수 있는 것이다. 이로 인해 백화점, 쇼핑몰, 홈쇼핑 등 기존의 유통 형태가 약화되는 결과로 나타나고 있다. 예를 들어 A는 상품을 구매할 때 백화점, 쇼핑몰, 할인점 등을 돌며 눈으로 상품의 상태, 기능 그리고 질 등을 확인한다. 그러고는 스마트폰으로 해당 상품이 가장 싼 곳을 찾아서 연결된 결제 시스템을 통해 바로 구매를 한다. 결국 큰돈을 투자해서 상품을 진열하는 기존의 유통 형태는 수익을 전자상거래 플랫폼 기업에 빼앗기는 형국이 되고 있다. 이는 스마트폰과 같은 정보 통신 기술의 힘이 소비자에게 권력을 준 것이다. 소비자의 소비 패턴 변화가 유통 구조의 변화를 가져오고 물류 체계의 변화까지 이끌어내는 상황에서 이제는 물류 수단 선택에도 영향을 미치는 것으로 보인다. 현재 전자상거래 시장에서 주로 판매되는 상품은 책, 옷 등 소형 제품이지만, 최근 가구, 전자제품 등 중대형 상품군으로 이동하는 추세다. 또 대부분의 전자상거래 상품은 80퍼센트 이상이 항공 운송으로 전 세계 소비자에게 배송되는데, 빠르게 운송된다는 장점 외에 대륙을 넘어 이송되는 원거리 상품이 많기 때문이다. 그런데 항공 운송은 항공 물류의 취약점 때문에 비용 대비 적절한 시간 절감 효과를 실질적으로 발휘하지 못하고 있다. 항공 운송은 물류 과정에서 사람, 건물 그리고 특정 지역의 테러 가능성이 상대적으로 높기에 엄격한 통관 과정을 거쳐야 한다. 하지만 해상운송 상품의 경우 통관 과정을 항공 운송처럼 엄격하지는 않다. 이는 제한되고 분리된 항만이라는 공간만 오가는 선박과 달리 항공기는 하늘로 날아가기에 테러에 훨씬 쉽게 노출되기 때문이다. 그래서 비싼 항공 운송보다 저렴한 해상운송이 상황에 따라 가성비가 높을 수도 있는 것이다. 결론적으로 국가 간, 대륙 간 전자상거래의 복합 물류 체계는 소비자의 니즈를 충족시키기 위해 구축돼야 한다. 다만 여전히 해운 물류의 시간적 약점은 풀어야 하는 숙제다. 그런데 이러한 숙제를 풀 수 있는 해답이 등장했다. 바로 전자상거래 전용 풀필먼트(fullfilment) 물류센터다. 현재 아마존은 주요 물류 거점에 풀필먼트 물류센터를 활용한 전략적 물류 체계를 구축해 경쟁 기업보다 우월한 서비스와 저렴한 비용을 동시에 추구하고 있다. 풀필먼트 물류센터가 소비자가 인접한 항만에 만들어진다면 상품은 빅데이터, 사물인터넷 등을 활용해 해당 물류센터에 보관될 것이고 소비자의 주문과 함께 인공지능이나 로보틱스 기술이 적용된 무인화 물류센터에서 신속하게 상품을 배송하게 될 것이다. 이로써 현재 해운 물류 체계가 갖고 있는 단점을 극복할 수 있을 것이다. 결국 미래에는 소비자가 있는 지역의 여건과 그들의 니즈에 맞춘 맞춤형 물류 체계가 갖춰져야 하고, 이는 현재 항공 중심의 전자상거래 배송 체계가 해운 물류 수단이 포함된 복합 물류 체계로 바뀌는 동인이 될 것이다.

벌새효과(hummingbird effect)란 하나의 혁신적 발명이 합리적인 예상을 뛰어넘어 사회 전체의 변화로 연결되는 포괄적 혁신을 지칭한다. 한 분야의 혁신이 다른 분야의 변화를 이끌어내는 일은 물류 산업에서도 비일비재하게 일어난다. 대표적인 사례가 컨테이너화(containerization)다. 컨테이너는 19세기 말 미국에서 화물을 넣어 실어 나르는 용기로 사용됐다. 그러나 초기 컨테이너는 천차만별인 크기로 인해 그 효과가 미약했다. 항만은 배후 물류 체계인 철도 및 도로와 연결 상태가 좋지 않았고 표준화도 되어 있지 않아 철도, 도로 종사자는 화물을 던지다시피 항만 뒤에 놓아두고 사라졌다. 항만 배후에 던져진 화물을 오로지 인력으로 선박에 싣다 보니 엄청난 노동력이 필요했다. 이는 당시 해상운송비의 절반이 인건비였다는 사실만으로도 알 수 있다. 결국 상품 이송에 드는 엄청나게 비싼 물류비는 무역 구조에도 영향을 미쳤다. 당시는 국제무역이 거의 없었고 자국 내에서 제품을 생산하는 체제였다. 다만 생고무, 커피, 향신료, 위스키, 금, 은 같은 미국에서 생산되지 않거나 제한적으로 생산되는 제품 수입에만 비싼 해운을 이용했다. 그런데 미국의 운송 사업가인 맬컴 매클레인(Malcom McLean)이 컨테이너를 표준화하고 보급 확대하는 등 컨테이너화를 주도하게 됐다. 컨테이너화는 1980년대 들어 무역 자유화와 함께 글로벌 공급망이 구축되는 동기가 됐다. 과거에는 상품의 물류비가 너무 비싸서 한 곳에서밖에 생산할 수 없었지만, 컨테이너화로 촉발된 저렴한 물류비는 생산자에게 원하는 곳에 공장을 세우거나 생산 공정을 분리해서 유리한 곳에 공장을 분산 배치하는 글로벌 공급망을 만들 수 있게 해주었다. 인건비 비중이 높은 제품이나 부품은 인건비가 싼 곳으로,

기술력이 필요한 제품은 기술력이 뛰어난 국가로, 원자재 수급이 중요하거나 시장에 인접할수록 유리한 상품은 그곳에서 생산하는 형태로 생산 거점을 옮기게 된 것이다. 더 나아가 싱가포르처럼 부품을 조달하기 가장 좋은 물류 거점에 본사를 두고 글로벌 공급망을 관리하는 경우도 생겼고, 애플처럼 글로벌 공급망을 활용해 중국에서 제품을 주로 생산하고 자국에서는 R&D와 마케팅만 담당하는 기업도 생겨나게 됐다. 각국의 개별적 특성과 상품의 특성에 맞춰 글로벌 공급사슬 체계가 구축되게 해준 것이다. 그러나 컨테이너화로 촉발된 글로벌 공급망 구축은 국지적 리스크가 글로벌 리스크로 확대되는 부작용도 낳았다. 2011년 3월 11일 발생한 동일본대지진은 이러한 국지적 리스크가 글로벌 공급망에 미치는 영향을 보여준 대표적 사례다. 리히터 규모 9.0의 강진이 이 지역을 초토화했고 현지에 있던 공장은 대부분 파괴되거나 작동을 멈추었는데, 며칠 후 우리나라와 다수의 국가에서 자동차, 전자, 기계 관련 공장이 감산을 하거나 생산을 일시 중지하게 됐다. 이는 일본 후쿠시마 인근에 있던 공급 업체가 동일본대지진의 여파로 생산을 중지하게 되어 부품을 공급하지 못하게 됐기 때문이다. 결국 컨테이너화로 촉발된 글로벌 공급망 체계는 공급망이 지나가는 곳의 국지적 리스크로 인해 가능한 한 좁은 공간으로 이동하는 지역 공급망 체계로 전환하거나 민첩성(agility) 강화를 통한 위기 대응 능력을 강화하는 형태로 변하고 있다. 미국 트럼프 대통령의 자국 우선주의 정책은 이러한 변화에 기름을 부은 격이 되어 기존에 크게 영향을 미치지 못하던 정치적 리스크까지 추가되면서 더욱 큰 동력을 가지게 됐다. 한편 최근 발생한 중국발 코로나19 사태 역시 중국 내 부속 공장 폐쇄로 인한 글로벌 공급망에 큰 영향을 미쳤다. 글로벌 감염병인 코로나19의 창궐은 2018년부터 시작된 미국과 중국 간 무역 전쟁, 한국과 일본 간 무역 갈등 등으로 드러난 글로벌 공급망의 취약성을 다시 한 번 확인하게 해주었다. 코로나19 감염으로 인한 두려움이 사람의 이동뿐 아니라 상품의 이동까지 경색시켰고, 이로 인한 글로벌 공급망의 붕괴와 경제활동 침체는 공항과 항만의 물동량 감소로도 이어지고 있다. 국가 간 이동 화물의 감소는 글로벌, 지역 물류 네트워크를 위축시키면서 대규모 실업과 함께 글로벌 경제 위기로 다시 이어지는 악순환이 진행되고 있다. 전 세계 경제활동에서 글로벌 감염병 확산 현상으로 부상되는 중요 문제는 기존 중국으로 집중된 글로벌 공급망의 위험도가 크게 높아졌다는 것이다. 중국에 집중돼 있던 글로벌 공급망이 중국의 불투명한 코로나19 대응, 미중 무역 분쟁 등으로 인해 리스크가 급증하면서 '비용 중심의 효율성'에서 '안정 중심의 유연성'을 확보할 수 있는 방향으로 변화하고 있다. 결국 안정 중심의 유연성은 기업의 입지 선택이나 상품 재고 방식에 새로운 기준을 제시하고 있다. 한 예로 애플은 올여름부터 새로운 공급망관리(SCM) 실험에 나선다. 최근 신형 아이폰 모델을 미리 생산한 후 재고를 쌓아두고 판매한다는 전략이다. 이는 물류 분야의 적시생산(JIT, just-in-time) 방식과 정반대되는 개념으로, 비용적 효율성에 배치된다. 이는 애플의 글로벌 공급망이 가지는 취약성 때문으로, 경쟁사인 삼성과 크게 비교된다. 기존 애플의 SCM 전략은 적시생산 방식을 탄생시킨 토요타보다 더 발전시켜 나간 것이라며 시장에서 지지를 받았다. 그러나 비용 효율성, 즉 중국으로 글로벌 공급망을 집중시킨 이 자랑할 만한 전략은 미중 무역 갈등으로 1차 충격을 받고 코로나19로 2차 충격을 받자 이른바 구형 방식으로 전환할 수밖에 없게 된 것이다. 애플은 그동안 제품 설계나 상품 디자인과 같은 지식 집약적 초고부가가치 부분만 미국에 남겨두고 생산 비중의 90퍼센트를 중국에 집중시켜왔다.[5] 반대

---

5) 코로나19(코로나바이러스감염증-19)로 인한 중국 폭스콘 공장 폐쇄로 생산이 중단되고 재가동 후에도 중국 다른 지역의 부품 조달 문제로 신제품 출시가

로 삼성은 전 세계 37곳에 생산시설을 분산했고 중국에서 생산되는 비중은 15퍼센트 이내로 코로나19, 미중 무역 분쟁에서 비교적 자유롭게 글로벌 공급망을 관리하고 있다. 애플의 비용 중심 효율적 공급망은 공급망의 간소화나 단일 생산기지 집중으로 코로나19와 같은 세계적 감염병 유행이나 미중 무역 분쟁과 같은 정치적 문제로 공급망 리스크가 높아진 반면, 삼성의 공급망 다변화와 분산형 생산기지는 공급망의 유연성을 높여 리스크 관리에 유리하다. 애플의 감성 마케팅과 효율성 SCM체계와 삼성의 기술 마케팅과 유연성 SCM 간의 경쟁이 어떤 양상으로 변해갈지 궁금하다.

국제 에너지 가격의 결정에는 경제 논리로 포장된 정치 공학이 숨어 있다. 즉 글로벌 패권을 쥐기 위한 열강, 특히 군사력을 기반으로 한 미국이 글로벌 물류 길목을 지키면서 상황에 따라 자국에 유리한 방향으로 다양한 전략, 전술을 펼치기 때문인 것이다. 미국은 1975년 사우디아라비아와 페트로-달러협약을 맺으면서 걸프 지역은 자국의 '에너지 기지', 일본·한국·중국은 '상품-제조업 기지'로 연결해 글로벌 패권을 유지하기 위한 기둥을 공고히 세웠다. 미국은 자국과 동맹을 맺은 국가에 안정적인 에너지 수급을 보장하면서 원유 구매 시 달러를 사용하게 함으로써 달러의 힘을 더욱 강화해 글로벌 금융을 완전히 장악할 수 있는 기회를 가지게 됐다. 또 원유 공급을 무기로 삼아 동맹국을 관리할 수 있는 더 강력한 힘을 가지게 됐다. 미국은 연간 5000억 달러(600조 원)를 투자해 수에즈 운하, 파나마 운하, 걸프만, 믈라카해협, 남중국해협 등의 주요 해상 물류 루트를 군사력을 동원해 지키는 대신 중동과 동북아시아 3국으로 하여금 미국의 국채를 사들이게 하여 그 부담을 분담하는

한 달 이상 지연됐다.

다양한 형태의 연결고리 정책을 펼쳐서 자국의 이익을 극대화했다. 또한 1990년대 초 소련의 붕괴는 미국이 에너지와 상품 기지를 기반으로 글로벌 패권을 잡는 데 결정적 기여를 했다. 미국은 걸프라는 에너지 기지와 동북아시아라는 제조업 기지를 분리해 성장시킨 게 아니라, 중동 국가들의 에너지에 동북아시아의 제조업 기지가 의존하도록 가치사슬을 만들어놓은 것이다. 동북아시아 3국은 초기에는 이러한 기형적 에너지 수급 구조에 순응할 수밖에 없었으나, 국가 경제가 성장할수록 왜곡된 에너지 수급 구조는 세 나라 모두에 부담스러운 상황이 되어갔다. 한편 이 무렵 세계 에너지산업에 큰 변화가 일어나기 시작했다. 첫 번째는 셰일 혁명을 통한 미국의 에너지 자립이다. 미국의 에너지 자립은 중동의 전략적 가치 하락으로 연결됐다. 두 번째는 중국의 부상과 러시아의 재부상이다. 중국은 미국의 제조업 기지 역할을 통해 축적한 자본을 기반으로 성장하고 있고, 러시아 역시 북극권과 시베리아의 풍부한 에너지 자원을 무기 삼아 재도약을 노리고 있다. 세 번째는 원유 중심의 획일적인 세계 에너지산업이 천연가스와 재생에너지로 넘어가게 되면서 에너지 공급사슬 체계가 변화하기 시작한 것이다.[6] 이 세 가지 요인은 에너지 자원을 달러와 연동해 글로벌 금융을 장악하고 군사력을 기반으로 해상 물류 거점과 루트를 확보한 미국에 큰 도전이 되고 있고, 세계 질서 재편으로도 이어질 수 있는 국면을 만들고 있다. 에너지 자원을 수출입하기 위해서는 물류가 필요하다. 물류는 결국 글로벌 에너지의 공급 사슬을 책임지는 중요한 수단이 되는 것이다. 미국이 수백조 원 대의 돈을 투자하면서 지키는 요충지는 모두 물류 거점이다. 반대로 미국이 해당 물류 거점을 쥐고 있는

---

6) 김연규, <변화하는 '미국 주도 패권 질서' 동북아에 기회인가, 위기인가 – 중동의 전략적 가치 하락과 동북아 패권 구도 재편 이미 시작됐다>, 여시재 블로그, 2019년 5월 3일. www.yeosijae.org/posts/607(검색일 2019년 5월 14일), 수정 후 인용함.

동안 가장 큰 고통을 겪어온 국가가 중국과 러시아다. 이 두 나라
는 글로벌 패권을 놓고 미국에 도전하고 있는데, 전략적 물류 거점
의 주도권을 빼앗긴 상태에서는 사국의 국력을 외부로 확장시키지
못한다는 것을 잘 알고 있다. 최근 러시아는 기존의 유럽 중심 정
책을 포기하고 아시아 중심 정책으로 선회하면서 북극항로라는 새
로운 물류 루트 개발과 천연가스(LNG) 및 재생에너지로의 글로벌
에너지 구조 재편을 기반으로 글로벌 패권에 재도전하고 있다. 이
는 미국의 견제를 벗어나 북극항로라는 물류 루트와 극동러시아라
는 물류 거점을 기반으로 새로운 에너지 물류를 만들어보려는 의도
다. 한편 2010년 이후 국력에 자신감을 가진 중국은 '일대일로'라는
국가 전략을 통해 미얀마 차우퓨항,7) 파키스탄 과다르항8) 등을 개
발하면서 미국이 지키는 동남아시아의 믈라카해협을 우회해 중동과
아프리카의 자원을 확보할 수 있는 물류 거점을 만드는 중이다. 미
국은 글로벌 패권을 지속적으로 확보하고 싶어 한다. 지난 수년간
국토를 초토화시킨 시리아전쟁은 미국과 러시아 간 힘의 충돌이라
고 할 수 있는데, 중동의 전략적 가치 하락으로 이 전쟁은 더욱 갈
피를 잡지 못하고 장기화되는 상황이다. 미국은 자국의 셰일가스를
기반으로 에너지 가치사슬 구조를 변화시키고 있고 중동의 원유 대
신 자국의 셰일가스 수출에 노력을 기울이고 있다. 에너지 공급사
슬 변화로 촉발된 글로벌 패권 경쟁이 에너지 최대 수입 지역인 동
북아시아로 빠르게 이동하고 있다. 글로벌 에너지의 최대 소비지인
동북아시아는 과거 중동 의존 정책에서 벗어나 에너지 다변화 정책
을 추진하고자 준비하고 있고, 중국은 다양한 전략을 통해 실행 중
이다. 일본 역시 미국의 눈치를 보면서도 자국의 에너지 안보와 이

---

7) 미얀마 북부 리카인주에 있는 항만. 이곳에서 중국 쿤밍까지 송유관, 철도, 도
   로를 연결하는 대규모 사업을 펼친다.
8) 중국의 카스와 도로, 철도로 연결되는 물류거점. 중국의 중동 진출을 위한 신
   물류루트로, 일대일로 정책의 대표적인 사업이다.

익을 위해 최선을 다하고 있다. 그러나 우리나라는 격동하는 글로벌 에너지 패러다임 변화에 미흡한 대응을 보이고 있다. 또한 에너지 패러다임을 주도해 나갈 수 있는 전략적 물류 거점이나 물류 루트 개발에 소극적이다.

우리나라의 근대 해운이 태동한 것은 1883년으로, 고종의 지시에 따라 통리교섭통상사무아문(統理交涉通商事務衙門)이 영국, 중국(청), 미국, 독일 등의 선박 기항을 허용하는 형태로 이루어졌다. 광복 이후 조선기선주식회사를 인수함으로써 해운산업이 시작됐다. 이후 조선기선주식회사는 미국 정부로부터 일부 선박을 대여 받아 해운 기업으로서의 기반을 갖추었다. 당시 우리나라가 보유한 대형 선박은 총 33척이고, 이 중 민간 선박은 조선기선주식회사의 여섯 척에 불과했다. 반면 해외 원조로 대량의 물자와 소비 물자가 수입돼 인천항과 부산항을 중심으로 해상 물동량이 100만 톤 이상 급증했다. 정부는 무역을 외국 선사에 의존하는 문제를 해결하고자 국책 해운회사 설립을 모색했다. 1949년 12월 우리나라 최초의 국적 해운회사인 대한해운공사가 공식 출범했다. 대한해운공사는 민간 기업의 외항 진출이 불가능했던 시기에 국제무역 화물을 국적선으로 수송할 수 있는 길을 열었다. 이후 정부 차원의 대한해운공사 민영화가 논의됐고, 1968년 11월 대한해운공사가 민영화됐다.[9] 우리나라의 해운산업은 1970년대에 들어와 현대적인 모습을 갖춘 이후 크게 세 번의 대내외 경제위기와 함께 위기를 겪게 됐다. 첫 번째 위기는 1978년 말 발생한 제2차 석유파동이었다. 제2차 석유파동은 석유 가격을 배럴당 10달러 대에서 30달러 대로 단기간에 세 배 이상 급등시켰다. 세계 경제가 침체되면서 해상 물동량도 감소한 반면,

---

9) 한국선주협회, 「한국해운 60년사」, 2007, 322~323쪽.

선박 공급량은 1982년 하반기부터 1984년 초반까지 공급 과잉 상태가 되어 선복량 과잉이 심각해졌다. 이때 해운 기업은 1976년 77개에서 1983년 115개사로 증가했다.[10] 이처럼 외형적 성장을 추구해온 우리나라 해운은 제2차 석유파동으로 1982년부터 우리나라 해운업계는 엄청난 적자를 기록하면서 다수의 선사들이 도산했다. 당시 정부는 다수의 선사 간 과당 경쟁으로 해운업 재건은 어렵다고 판단해 해운산업을 '합리화 대상 기업'으로 지정하고 선사 통합을 유도하는 해운산업 합리화 조치를 추진했다. 한편 기회도 찾아왔다. 1984년 미국의 해운법 개정 이후 세계 컨테이너 시장의 구조 변화로 선진국이 지배해온 원양 정기선 시장이 우리나라를 비롯한 개발도상국의 참여 기회가 되었다. 이 기간 중 대한해운공사가 한진해운에 흡수 합병됐으며, 고려해운의 원양 부문을 현대상선에 양도함으로써 현대상선도 글로벌 해운 선사로 발돋움하게 됐다. 두 번째 위기는 1997년 하반기 아시아 금융위기 때 왔다. IMF 외환위기로 통칭되는 이 금융위기는 시작은 동남아 국가였으나 우리나라에 큰 영향을 미쳤다. 대기업들의 줄도산과 함께 금융기관이 구조조정에 들어갔고, 자금 사정이 악화돼 수출입 해상 물동량이 감소했으며, 결국 해운업의 수익성 감소로 이어졌다. 현대상선은 IMF 관리 체제 이후 자금 유동성 문제로 어려움을 겪었는데, 유동성 위기에 따른 경영난을 해결하기 위해 주요 자산을 매각했다.[11] 한진해운은 유동성 위기에 봉착하지는 않았으나 정부의 부채 비율 방침에 따라 다수의 선박을 매각했다.[12] 2000년대 초중반 국내 해운 기업은 큰 성장을 이루었는데, 한진해운은 2000년 세계 전체 선복량 4위, 현대상선은 세계 15위를 기록했다.[13] 세 번째 위기는 2008년 찾아온 미

---

10) 한진해운, 「한진해운 60년사」, 2010, 94쪽.
11) 한국선주협회, 앞의 책, 800~802쪽.
12) 한진해운, 위의 책, 269~270쪽.
13) 한국선주협회, 앞의 책, 948~949쪽.

국발 금융위기에서 시작됐다. 2000년대 초중반 우리나라의 외항 선박은 1,372만 톤으로 당시 세계 상선대의 약 2.2퍼센트를 차지하는 세계 8위였다.[14] 당시 우리나라의 해운 기업은 2004년 73개에서 2008년 177개로 늘어났고, 선박 보유 척 수도 471척에서 819척으로 늘어나 규모 면에서 크게 성장을 이루었다. 그러나 이러한 외형적 성장이 2008년부터 닥쳐온 위기 상황에 더욱 대응하기 어려워지는 원인이 됐다. 2008년 5월 20일 1만 1,793포인트였던 해운운임지수(BDI)가 동년 하반기에는 663포인트로 급락하면서[15] 우리나라 해운 시장에도 악영향을 주었다. 금융위기로 인해 자금 조달이 어려워지고 운임 하락으로 수익이 적자로 전환되면서 선가도 급락하는 악순환 구조가 해운 기업에 들이닥치게 된 것이다. 다수의 국적 해운 기업이 2008년 이후 대부분 비슷한 이유로 도산했다. 한진해운 역시 이러한 여파로 2017년 2월 파산하게 됐다. 한편 우리 정부는 해운 위기 때마다 다른 형태의 정책을 통해 국적 해운 기업을 지원하고자 노력했다. 1970년대 해운 위기와 1997년 위기 시에는 직접금융 지원 정책을 펼쳤으나, 2008년 이후 위기 때는 대응 방법을 바꿔 간접 형태의 지원책으로 전환했다. 현재 우리 정부는 2008년 글로벌 금융위기 이후 지속되는 해운산업의 불황에 대비하고자 한국해양진흥공사를 설립해 적극적으로 대응하고 있다. 그러나 지금의 우리나라 해운산업의 위기는 과거와 많이 다르다. 우선 세계 경제위기가 너무 오랫동안 지속된다는 것이고, 이 위기가 미국과 중국 간 무역과 환율 갈등, 한국과 일본 간 무역 갈등으로 리스크가 증폭되고 확산되고 있다는 것이다. 과거의 위기는 중동의 유가 폭등으로 인한 금융위기, 아시아의 환율 관리 부족과 부채 증가로 인

---

14) 한국선주협회, 앞의 책, 1068쪽.
15) 한국해양수산개발원, Measures to recover from the current recession and prevent repeated crisis of the Korean Shipping Industry, 2009, p. 3.

한 경제위기였지만, 미국에서 시작된 이번 금융위기는 지속성과 함께 당사자인 미국이 위기를 벗어나기 위해 다른 국가에 부담을 전가하는 형태로 확장되는 경향이 있다. '글로벌 해운 킹국 재건'이라는 기치 아래 정부는 HMM을 중심으로 국적 원양 선사의 글로벌 선사 지위 회복을 노리고 있고, 최근 글로벌 운임 급상승으로 올해 흑자경영을 달성할 가능성이 높아졌다. 그러나 우리나라 해운산업이 과거의 영광을 회복하기 위해서는 아직 미흡한 점이 많다. 여전히 양적 성장과 단순한 비즈니스 모델로 해운 운임에 지나치게 의존하고 있는 우리나라 해운 선사와 달리 경쟁 관계에 있는 글로벌 선사들은 4차 산업 기술 접목으로 비용 구조 개선과 부가가치 중심의 다양한 비즈니스 모델 창출에 노력을 기울이고 있어 격차가 더 벌어지고 있는 듯하다. 이에 대한 장기적이고 넓은 시각의 고민이 필요한 듯하다.

제 2 부

조선 · 해양플랜트

해양강국의 길*

안충승(전 현대중공업 사장)

1. 1장 한반도 평화와 공동 번영의 길

3번의 남북정상과 3번의 북미정상회담을 거치며 북한이 핵과 미사일을 포기하고 한반도의 평화가 이루어지면 북한도 베트남처럼 발전하는 길을 모색하고 남북이 공동으로 번영하길 바랐으나 현실적으로 어렵게 되었다.

2. 2장 조선업 세계최강국으로 재탄생

1970년 초 한국은 선박 건조 경험이 있느냐고 묻자 정주영 회장이 오백 원 지폐에 그려진 거북선을 보여주면서 1500년대 철갑선을 지어 일본을 물리친 경험이 있다며 영국 은행에서 융자를 받아 대형 조선소 건립과 그리스 레바노스 선박왕으로부터 대형 유조선(VLCC) 2척을 주문 받은 유명한 에피소드를 필두로 20여년이 지난 1993년 신규선박 830만GT를 수주하면서 당시 조선 시장을 지배하던 일본(753만GT)을 누르고 당당히 세계 1위에 오르는 쾌거를 올렸

---

* 이 글은 저자가 2019년 4월 「해양강국의 길」을 출판하고 그 후 코로나 팬데믹을 거치며 주요 사항을 업데이트하여 강의한 내용이다.

다.

1999년 1,184만GT를 수주해 세계 시장 점유율 40.9%로 세계 1위 조선왕국으로 자리잡고 그후 20년 가까이 현대, 대우, 삼성 중공업이 세계 1, 2, 3위 자리를 지켜왔다. 2008년 금융위기 이후 나타난 경제 불황으로 중국과 1, 2위를 놓고 엎치락뒤치락 하고 있다.

2019년 1월 현대중공업이 산업은행과 공동으로 대우조선해양을 인수함으로써 지배구조가 많이 바뀌었다. 우선 현대중공업지주(상장)가 약 28%를 소유하고 산업은행이 약 7%와 우선주 1.25조를 소유하는 한국조선해양(상장)을 만들고 그 산하에 실제 100% 소유의 사업을 주도하는 신 현대중공업(미상장), 80.5%의 삼호중공업, 42.4%의 미포조선, 약 68%의 대우조선해양을 두었다.

그래서 최근 현대중공업 그룹의 조선 지주사인 한국조선해양과 대우조선해양과의 인수합병은 중국, 싱가포르, 카자흐스탄의 승인은 났으나 EU, 한국, 일본에서는 승인이 늦어지고 있지만 영업은 종전대로 하고 있다. 국내에서는 대우조선해양 민주노총과 거제시장이 합병을 반대하고 있다.

국내 조선업계가 고부가가치 친환경 선박을 연이어 수주하며 코로나 팬데믹 와중에도 2020년 세계 선박 수주량 1위를 차지하고 있다. 지난 2018년, 2019년 수주 1위에 이어 3년 연속 1위를 달성하였다. 2020년 전 세계 선박 발주량 1,924만CGT 중에서 한국은 42.6%인 819만CGT를 수주해서 다시 한 번 세계1위를 차지하고 국내 조선업계는 작년 상반기 코로나19로 인해 잠시 주춤했으나 연말 동안 고부가가치 선종인 LNG 21척, 초대형 원유 운반선 6척, 대형 컨테이너선 10척을 수주하며 세계 1위를 되찾은 것이다.

2020년 한국이 총 183억 달러, 중국이 145억 달러, 러시아 46억 달러, 일본 26억 달러로 수주금액에도 당연 1위를 달성했다. 한국은 설비가 잘 갖추어진 대형 조선소들이 품질이 우수한 LNG선, 친

환경 초대형 컨테이너선, 특화된 친환경선 종들에는 당분간 경쟁력
이 있다.

중소 조선소 등을 돕기 위해서는 정부의 금융지원이 필요하다.

한국 조선소들은 매출 규모가 큰 신조선에만 신경을 쓰고 수리
와 개조 등의 틈새시장을 소홀히 하는데 일정한 물량을 연중 확보
할 수 있는 수리 조선에도 신경을 써야 한다.

3. 3장 해양플랜트산업

해양플랜트 산업은 해양에서 원유와 가스(OIL&GAS)자원을 탐사,
시추, 개발 및 생산 운용하는 전 과정에 필요한 기술과 소요장비
및 시설물을 제작하고 운송 설치, 관리하는 서비스를 제공하는 사
업을 말한다.

그동안 한국 3대(현대, 대우, 삼성) 조선소는 시추회사 및 석유회
사들로부터 대형 프로젝트를 수주해 많은 실적을 올렸다. 조선과
해양플랜트는 근본적으로 큰 차이가 있다. 조선은 표준화가 되어있
어 기본, 상세, 생산설계가 잘 되어 있지만 해양플랜트는 매 프로젝
트가 달라서 기본 및 상세설계가 안 되어있어 외주 전문업체를 사
는 데 효과적으로 이용 못하는 실정이다. 기자재도 조선은 95%가
국산화가 되어있는 반면 해양 플랜트는 20% 내외이다. 저자가
1978년 현대중공업에 합류하면서 해양사업을 시작해 일본, 미국,
유럽 회사 등을 제치고 세계적 해양사업 회사로 자리잡기까지 고충
도 많았지만 보람도 있었다. 2002년부터는 FPSO(생산저장시설),
FLNG(부유식 액화 저장시설) 등 대형화되면서 척당 2~30억 달러씩
되어 계약관리에도 신경을 무척 써야 했다.

2012년까지 한국 3대 조선소가 거의 7~80%의 프로젝트를 수주
함으로써 이득도 많이 보았지만 3사 경쟁으로 손해도 많이 보았다.

그 후 경쟁력도 많이 떨어져 싱가포르와 중국 합작회사에 수주를 놓치기도 했다.

지금은 미국의 셰일가스 혁명으로 미국이 가스 수입국에서 수출국으로 전환되면서 아예 해양 프로젝트가 전멸하다시피 됐다. 그래도 가끔씩 나오는 프로젝트를 서로 경쟁하기보다는 FPSO는 현대중공업이, FLNG는 삼성중공업이 경험이 많으니 서로 분할 수주하고, 현대중공업은 설치장비가 있으니 새로운 장비에 투자하고 삼성중공업은 엔지니어링 쪽에 투자해서 기본 및 설계능력을 길러 두는 것이 좋을 듯하다.

4. 4장 해양자원개발

자원빈국인 한국은 재생에너지(수력, 태양광, 풍력) 10%, 친환경이 아닌 석탄 35%, 원자력 30%, 나머지 25%는 석유와 가스를 외국에서 수입해 들여와야 한다.

2002년 동해 가스 생산시설(Platform) 제작, 설치, 울산터미널까지 해저파이프라인을 설치하는 공사를 현대중공업이 체결하고 2004년 생산을 시작하여 저자가 현대중공업 사장으로 있을 당시 세계 95번 째 산유국 대열에 들어가는 감격적인 준공식을 가졌다.

'동해-1' 가스전에서 생산된 천연가스는 가스공사를 통해 하루 평균 5.000만 입방피트가 울산 및 경남 지역의 가정과 발전소 등에 공급되고 있다.

전국 LNG 일일소비량 5만 톤의 약 5%에 달하는 천연가스로 턱없이 부족하다. 북한 서한만 근처에는 최대 1,430억 배럴의 석유자원이 있다고 하는데 남북한이 공동 개발사업에 참여한다면 상당한 시너지 효과를 불러일으킬 수 있으나 현실적으로 어렵게 되었다. 독도 인근에 청정에너지 메탄하이드레이트(불타는 얼음)가 집중적으로 매장되어 있는데 삼성중공업과 대우조선에서 지은, 인도되지 않은 시추선을 이용하여 개발사업에 참여하는 것이 좋겠다.

5. 5장 해운강국

해운산업은 국가기간산업으로 국가경제에 미치는 영향이 막대하고 국토안보에도 핵심적인 역할을 한다. 국내 수출입 물동량의 99.7%가 해운으로 처리되고 조선항만 등 연관 산업에도 큰 파급효과를 가져온다.

한진해운의 파산을 계기로 우리나라는 안정적인 수출입 물류서비스를 확보하기 위해 경쟁력 있는 국적선사를 육성해야 한다는 당위성을 혹독한 대가를 치르고 깨닫게 된 것이다.

정부는 해운 조선 협력 네트워크를 설치해 해운 조선 간 정보를 공유하고 수요공급을 원활히 해야 한다. 또한 노후 선박의 조기 폐선을 유도해 친환경, 고효율 선박을 신규로 건조해 조선소에는 일감을 제공하고 선사의 선대 경쟁력을 강화할 필요가 있다.

우리나라 컨테이너 해운산업의 시장 여건이 급변하고 있는 가운데 수출입 물류 기간산업으로서 지속 발전하기 위해 종합적인 해운산업 정책을 추진해야 한다. 특히 국내외 수출입 화주에 대한 원스톱 일괄 서비스를 제공해야 한다. 그리고 원양선사는 글로벌 대형 선사로, 근해 선사는 인프라 아시아 중견 선사로서의 역할을 명확히 분담하고 협력할 필요가 있다. HMM(구 현대상선)은 한진해운사태 이후 글로벌 화주의 신뢰를 회복하는 과정에 있고 2020년 대형 컨테이너선을 도입하고 원가 경쟁력 확보를 목전에 두고 있다.

현재 HMM이 처한 혹독한 사업환경, 그리고 이를 극복하기 위한 한국 해운업 재건을 위해 취하고 있는 전사적 노력에 국가적 차원의 지속적인 지원이 절실히 필요하다.

6. 6장 세계의 해양수도 부산항

부산항은 천혜의 입지를 바탕으로 동북 아시아 허브항이라는 위상을 세계적으로 떨치고 있다. 부산항은 북항과 신항, 감천항, 다대포항으로 구성되어 각각의 특화된 기능을 수행하고 있다.

부산항은 국내 대표 항만이자 싱가포르 다음으로 세계 2위의 환적항, 세계 6위의 컨테이너 항만으로 세계적인 허브 항만의 위상을 견고히 하고 있다. 부산항은 국내 수출입 화물의 62%를 처리하는 대한민국의 관문항으로 주요 글로벌 선사 동맹이 모두 기항하며 주 536회의 컨테이너 정기 서비스 제공을 통해 세계 150여국의 500여개 항만을 연결하고 있다.

7. 7장 해양 전문 인력 양성

해양대학은 2차 대전 이후 절망적인 경제상황에서 국립대학으로 출발해 전국적으로 총명한 인재들을 모아 조국의 미래 해양강국의 꿈을 심어 주었다.

해대 출신들이 배에 승선해 운영하면서 시스템을 공부하고 낡고 고장난 배를 수리하면서 익힌 실력으로 조선해양 플랜트, 엔진사업을 세계 최고 수준으로 끌어올리는 데 일익을 담당했다고 자부한다.

특히 해양대학 출신 백춘기(전 현대미포 사장) 현대조선사업추진 팀장은 세계에서 제일 큰 규모의 조선소 건설과 당시 한국 최대형 선박인 26만 톤급 VLCC건조에 중요한 역할을 했다. 해양대학 출신들은 어렵고 열악한 초기 해양환경을 극복하면서 해사행정, 선박검사, 해난사고처리, 항만운영 등 여러 해사업무에도 굉장한 공을 세워나갔다.

해양대학은 부산 조도에 자리를 잡은 이후 종합대학인 '한국해양대학교'로 승격해 해사대학, 공과대학, 해양과학기술대학, 국제대학을 두고 여러 해양 전문 및 교양과목을 가르치면서 한국 해양 강국 건설에 이바지하고 있다.

현재 해양대학 졸업생들은 조선해양플랜트 운영, 시공, 운송, 설치 등 다양한 분야 산업현장에 진출하고 있다.

해양플랜트 운용 인력을 실무적으로 운용하기 위해 대우와 삼성 중공업에서 지어놓고 찾아가지 않은 시추선, 해양플랜트(부록)에도 승선시켜 산 교육을 시킬 필요가 있다.

8. 결언 한반도 평화와 해양 강국 건설

한반도 안보 지형과 관련 우리에게 무엇보다 중요한 축으로 여겨지는 것이 한미동맹이다. 북한은 북미정상회담을 세 번씩이나 하고도 북핵과 제재문제를 풀지 못한 분풀이를 남한에 하느라 개성 남북 공동사무실을 폭파했다. 남한도 북한에 무조건 베풀기만 하는 자세에서 탈피하여 보다 엄격한 자세를 보여야 한다.

안보와 대북 전략은 미국과 보조를 맞춰 차분히 해결해 나가야 한다. 중국은 우리에게 경제적으로는 밀접한 기회의 장이므로 미중 갈등에서 실사구시를 택해야 한다.

과거사 문제를 속 시원히 인정하지 않는 일본은 민주주의와 시장경제를 공유하는 이웃임에도 불구하고 미래지향적 동반자로서의 해법을 찾지 못하고 있는데 미국은 한미일 공동의 자세를 압박하고 있다.

우리나라와 같이 기술 집약과 막대한 자금이 필요한 기간산업 육성에는 대통령 직속 '해양강국 건설 추진위원회'를 두어 국가기간 산업인 조선, 해양, 해운, 해양자원, 인재육성의 기획, 지원과 육성조정 역할까지 담당하여야 한다.

〈첨　언〉

문재인 대통령님의 성공을 위해서

　제가 한국해양대학을 나오고 연습선 일등 항해사 겸 교관을 하다가 MIT에 가서 "컴퓨터를 이용한 태풍의 진로예측"으로 기상학 석사를 하고 "심해 잠수함의 자동운항"으로 조선공학 석사도 하고 "동적 충격에 의한 탄성 구조물의 반응"으로 해양공학박사를 했습니다. 기상, 조선, 해양공학 분야의 석·박사를 하면서도 기계, 토목, 지질 등 여러 분야의 과목들도 많이 이수했습니다. 72년 해양공학박사를 마칠 무렵 대형석유회사, 조선검사소(ABS) 등 여러 곳에서 채용 의사가 들어왔는데 그 중에서도 2차 대전 중 MIT 전기과 교수 세 명이 만든 EGG라는 대형 엔지니어링 회사에서 부동식 원자력 발전소를 설계 중인데 도대체 얼마를 줘야 데려갈 수 있냐고 물어왔습니다. "나는 그동안 대학과 연구소에만 있어서 회사에서 나의 가치가 얼마나 되는지는 몰라도 6개월 후에 제대로 평가해 주면 좋겠다."라고 했더니 그것이 동양의 겸손(oriental modesty)냐고 물어왔습니다. 보통 박사들보다는 좀 높게 staff engineer로 채용되어 6개월 후 '응용연구실장'으로 승진시키며 5천 달러를 올려주었습니다. 그동안 한국에서도 서해안 조력발전소 건설 문제로 해양연구소에서 가로림만, 천수만 등 실사를 하고 자문을 해 주었습니다.

　원자력 발전소는 많은 양의 냉각수가 필요해 대개 연안에 건설합니다. 저는 미국원자력위원회(AEC)에서 연구 자금을 받아 「Envie-onmental Impact of nuclear power constrution at coastal Area」라는 책을 냈습니다. 업계에서는 저의 이름이 알려져 서로 데려가

려고 했습니다. 저는 뉴욕에 있는 EBASCO라는 대형 건설회사에 principal engineer로 옮겼습니다. 필리핀 원자력발전소 입지 선정 문제로 여러 번 출장을 갔습니다. 한국원자력연구소 윤용구 소장도 앞으로 한국에도 48기의 원자력발전소를 지을 계획이니 입지 선정을 위해 좀 와 달라고 해 고리, 월성, 한빛 등 여러 연안을 답사하기도 했습니다. 몇 년 후 현대 그룹에 상임고문으로 합류했는데 국방, 내무, 상공 세 장관의 공인이 찍힌 '요인증'도 함께 발급해 주어 정부로부터 신변 보호를 받으며 근무했습니다. 그때가 카터 대통령이 미군 철수를 거론하자 박정희 대통령이 월성에 CANDU(중수로) 원자력 발전소를 짓기로 결정할 무렵이었던 것 같습니다.

현대중공업 사장을 거쳐 KAIST 특훈교수(Distinguished professor)로 재직 중 18대 대선을 앞두고 문재인 후보 캠프에서 도와달라는 연락을 받고 갔더니 '정책자문위원장' 임명장을 주었습니다.

저는 TV로 생중계되는 자리에서 김부겸 전 행자부 장관 소개로 연단에 올라 1,219명의 교수, 지식인, 공학자 그리고 엔지니어들을 대표해 지지연설을 한 바가 있습니다.

저는 인사말에서 "기본적으로 저는 6개월 전만 해도 중도보수에 속한다고 생각했습니다. 저는 문재인 후보님이야말로 북한과 대화할 수 있고 경제 민주화를 실천하여 중소기업을 잘 살릴 수 있고 동서화합을 이룰 수 있는 드문 정치지도자이며 문재인 후보님은 이념을 뛰어넘어 미래 한반도를 평화와 번영의 길로 이끌 수 있는 분이라고 확신하기 때문에 자문위원장 자리를 흔쾌히 맡았습니다."라고 했습니다.

결과는 간발의 차이로 박근혜 후보에게 지고 말았지만 전화위복으로 19대 대통령이 된 지금은 성공한 대통령으로 마감하길 바랍니다.

이제 한국 발전소의 종류와 특성에 대해 간단히 설명하겠습니다.

우선 한국의 재생 에너지는 수력(2,757mw), 양수발전(4,700mw), 조력(254mw), 태양광(38mw), 풍력(220mw)인데 다 합쳐도 7,269mw로서 전체 발전 용량의 10.1%수준입니다. 여기서 수력은 한계치를 다개발했고 태양광은 장소를 많이 차지하고 풍력은 바람이 안정적으로 불어줘야 하기 때문에 산 정상이나 해상에 설치하는데 비용이 만만치 않습니다. 미국은 땅도 넓고 독일, 스위스는 바람도 어느 정도 안정적으로 불어 주어 대용량의 전력을 생산할 수 있습니다. 원자력 발전소는 월성에 중수로 4기를 빼고는 다 경수로인데 핵폐기물도 적고 이제는 한국의 원자력 발전기술이 특출해서 안전하고 비교적 청정에너지로 운용합니다. 일본 후쿠시마 원전과는 달리 지진, 쓰나미에도 강합니다. 탈원전 정책으로 원자력 발전소를 대폭 줄이고 재생 에너지로 충당하기에는 한국 실정에 맞지 않습니다.

현재 가동 중인 원자력 발전소의 용량은 18,578mw로서 25.7%입니다.

한국과 같이 부존자원이 없는 반도 국가에서 석탄이 주된 전기 생산 원료가 될 수밖에 없었습니다. 현재 석탄 발전소의 전기 생산 용량은 26,340mw로 36.5%입니다.

석탄 화력 발전소에서 발생하는 CO_2 양은 500mw급 1기에서 1년에 대략 300만 톤입니다. 한국이 세계 7위의 온실가스 배출 국가로 2030년까지 전망치 대비 37% 감축을 약속했고 심각한 미세먼지로 국민 건강을 해치기 때문에 탈석탄 정책은 맞지만 탈원전 정책은 맞지 않습니다.

정부는

1. 기존의 석탄 화력 발전 60기 중 30기를 폐지하고 LNG 24기로 전환 한다는 것인데 한국은 LNG 전량을 수입해 와야 하므로 자원 빈국인 한국은 엄청난 비용이 들어갑니다.

2. 원자력 발전기 26기 중 17기로 점진적으로 감축한다는데 감

축 비용도 만만치 않지만 한국은 원자력 발전기술이 뛰어나서
안전하게 친환경적으로 운용할 수 있고 무엇보다 가장 경제적
입니다.

3. 신 재생 에너지 설비를 10.1%에서 15년 만에 40.8%로 크게
성장시킨다는데 너무 지나친 이론적 과장이고 한국 실정에
맞지 않습니다.

2020년 5월 기준 연료비 단가(원/KWH)도 그렇고

원자력	유연탄	무연탄	유류	LNG
6.04	53.65	62.74	188.3	84.95

9차 전력 수급 계획을 보면

	원전	석탄	LNG	신재생에너지	기타
2020	19.2	27.1	32.3	15.1	6.3
2030	11.7	18.1	32.6	33.1	4.0
2034	9.9	14.9	31.0	40.0	4.1

현재 운영하는 원전을 급속도로 줄이지 말고 철저하게 관리해서
최대한 가동 수명을 늘리고 국내 태양광, 풍력 발전은 여러 가지
불리한 한국의 지리적 조건을 감안해서 속도 조절을 해야 합니다.
대략적으로 생각해도 적정 전력 수급 계획안은 아래 표의 수준이어
야 합니다.

	원전	석탄	LNG	신재생
2020	25.7	36.5	27.6	10.1
2030	35.6	18.7	32.6	13.1
2034	33.6	14.9	31.0	15.1

미국에는 에너지장관(Secretary of Energy)이 따로 있어 에너지 문제를 독립적으로 다룹니다.

한국도 에너지 문제가 너무 중요하므로 전문적 지식을 가진 에너지장관을 별도로 두어 장기적 에너지 정책을 종합적으로 세울 필요가 있습니다.

(중략)

그래야 문재인 대통령님이 지지층만 바라보는 정치에서 벗어나 현실을 직시하고 내 편 밖에 외연을 넓혀야 정권 재창출도 가능하고 대한민국 전체의 성공한 대통령이 되는 것입니다.

공학박사 안충승

(2020년 12월 18일 YOUTUBE 방송)

업장동(業場動) 탐험 - 한국조선해양산업의 세계화*

신언수(전 대우조선해양 전무)

1. 저작 배경 및 책 소개 / 목차

2014년 4월16일 발생한 세월호 참사!

꽃다운 학생들이 바다에 수장되는 상황을 실시간 TV 중계로 장시간 목격하면서 대한민국의 산업화가 어떻게 이루어졌는데 저렇게 비참하게 우리의 자식들을 바다에 수장시킬 수 있는가? 그 자괴감으로 오랫동안 괴로웠습니다. 그 성찰의 결과로 대한민국의 바다와 관련된 산업이 하루아침에 이뤄진 것이 아니라 도전, 창조, 희생 정신으로 생명과 안전을 보장하는 목적을 가지고 올바로 지난 50여년에 걸쳐서 세계화 속에서 이루진 것이라는 산업화의 여정 특히 대우와 함께 이룬 그 기록을 정리해 후세들에게 알려주어야겠다는 결심을 했습니다. 당시는 제가 대우 세계경영연구회 임원으로 봉사하고 있을 때였으므로 내가 조선해양산업분야를 기록하면 다른 누군가가 다른 산업분야들을 또 정리해서 대우가 이룬 세계경영 기

---

* 제8회 '바다, 저자와의 대화'에서의 강연내용을 글로 옮긴 것이라 경어체로 되어 있다는 점을 밝혀둔다.

록을 함께 정리해 나갈 수도 있겠다는 희망으로 이 책을 집필하게 되었습니다. 따라서 이 책은 대우세계경영연구회 추천도서이기도 합니다. 이 책은 세월호 참사 후 집필을 시작해서 1년간에 걸쳐 완성해 2015년 5월 출간되었습니다.

추천사를 장병주 회장님, 정성립 사장님, 조영호 교수님 등 세 분들이 써 주셨습니다. 당시 아주대학교 대학원장이셨던 조영호 교수님은 이 책을 읽고 "그리스의 대문호 호메로스의 서사시 「오디세이야」를 보는 것 같다. 바다는 우리의 희망이고 미래다. 저자가 쓴 대한민국 조선해양산업의 도전사가 이제 우리 젊은이들에게 희망을 주는 메시지가 될 것이다."라고 추천하고 계십니다. 이 책의 저자는 '70년대 대한민국 공학도였는데 '대한민국 공업의 어제, 오늘 그리고 내일'이라는 물음을 청년시절과 직장생활 내내 가지고 살았던 청년이었습니다. 그 청년이 대우의 세계화, 대한민국의 산업화라는 두 개의 수레바퀴가 달린 하늘로 올라가는 성장 사다리를 만나게 됩니다. 세계화와 산업화 이 성장 사다리를 타고 10,000년 인류 문명의 역사 여행을 함께 하면서 과학과 기술문명을 만나고 대한민국의 산업화 여정을 걸으면서 이 청년은 세계화에 도전을 합니다.

50년에 걸친 대한민국의 산업화는 1960~70년대 태동기(起), 1980년대 격동기(承), 1990~2000년대초 도약기(轉), 2000년대 성장 및 혁신기(結)로 이루어 졌습니다. 이 책은 기승전결(起承轉結)의 궤적과 함께 제1장은 태동기 업장동(業場動) 입문, 제2장 격동기 장(場)의 확대, 제3장 도약기 업(業)의 진화, 제4장 성장기 고유가 시대, 제5장 혁신기 동(動)의 혁신으로 구성되었고 제6장 경륜(經綸) 세계경영으로 마무리하고 있습니다. 2015년 저작 그 후 시장과 산업의 Fundamental이 급격히 바뀌었습니다. 이 Fundamental의 변화를 반영하여 '저작 그 후 한국조선해양산업의 활로를 찾아서'라는 장을 추가해서 오늘 말씀 드리도록 하겠습니다.

2. 제1장 태동기, 업장동(業場動) 입문

대한민국 공업화의 반추로 이야기를 시작합니다. 대한민국의 공업화는 생필품을 공급하는 것에 초점을 맞춰서 경공업으로 출발합니다. 우리는 아직 석유와 철기 시대에 살고 있습니다. 생필품은 석유화학원료로 만들어집니다. 또한 철기시대, 철은 공업의 쌀입니다. 이러한 이유로 울산석유공단이 제1차 5개년경제개발계획(1962~1966)에, 포항제철단지가 제2차 5개년경제개발계획(1967~1971)에 각각 반영되어 건설됩니다. 바야흐로 대한민국의 공업화가 소재공급으로 시작된 것입니다. 1964년 12월 일산 3만 배럴 정유공급으로 울산석유공단이, 1973년 7월 연산 103.2만 톤 제강 규모로 포항제철단지가 각각 운전을 시작합니다. 급기야 제3차 5개년경제개발계획(1972~1976)에서 박정희 대통령은 경공업에서 중화학공업 중심으로 대한민국 경제개발을 전환합니다.

박정희 대통령은 농업국가 대한민국을 일자리를 많이 창출하고 연관산업으로 확대가 용이한 조립산업을 통해 공업국가로 바꾸고자 했습니다. 1972년 경부고속도로와 조선소 건설이 동시에 추진된 것에는 이러한 시대의 영도력이 있었던 것입니다. 10^5산업인 조선과 플랜트 중공업산업이 1970년대에, 10^4산업 자동차 / 10^3산업 전자산업이 1980년대에 각각 시작합니다. 이렇게 일자리를 많이 창출하는 제조업에 바탕을 두고 1960~80년대까지 대한민국 산업화는 기반을 조성합니다. 박정희 대통령과 함께 중화학 중심 공업화 입국과 영웅시대를 이끌어간 다섯 분이 계십니다. 포스코 박태준 신화와 철강공업 입국, 중공업과 건설산업의 종가 정주영, 종합상사수출과 해외건설로 성장동력을 확보한 대우그룹 김우중, 한국비료와 유통업에서 중공업을 시작한 삼성 이병철, 현재 두산중공업의 시조 현대양행 정인영, 이 다섯 분 영웅들의 이야기가 이 책에 잘 정리되어 있습니다.

저자는 기술과 물질문명을 통해 인문학 시대에서 과학시대로 전환해간 인류문명을 통찰합니다. 그리고 기술이란 무엇인가? 근본적인 질문을 던집니다. 이 질문을 통해 과학과 공학과 기술의 관계를 밝힙니다. 기술진화는 시장과 시대의 변화를 이끕니다. 이 변화를 주도해 패권을 차지한 팍스 로마나, 팍스 브리테니카, 팍스 아메리카나 역사의 흐름도 저자의 생각과 함께 펼쳐집니다. 기술변화와 문명의 관점에서 한국산업화의 전개과정을 고찰합니다. 이 고찰은 제품(Product), 프로젝트(Project) 그리고 산업(Industry)에 대한 코드를 풀어 '사업은 어떻게 성장하는가?' 하는 질문을 던집니다. 결국 사업은 개별적으로는 기업이지만 국가적으로 산업입니다. 사업이 국가적으로 도약하는 과정이 산업화입니다. 이 산업화는 시장과 연결되어 세계화하면서 확대됩니다. 대한민국은 산업화를 먼저 이루고 1987년 이후에 민주화를 이루었기에 50년이라는 짧은 기간에 세계 10위 경제대국으로 발전할 수 있었다는 사실을 발견하게 됩니다. 서구 산업화는 민주화 이후 증기기관의 발명(1765년)을 기점으로 250년이라는 긴 시간 동안 산업화가 이루어집니다. 즉 서구는 민주화가 먼저였고 산업화가 나중이었기에 시간이 많이 걸렸던 것입니다.

전략은 가치와 기술이 만들어내는 사고의 틀입니다. 사업은 가치(y축)와 기술(x축)을 독립변수로 하여 만들어지는 혁신의 세계(필드)입니다. 따라서 사업전략은 가치-장(場)의 확대(y축), 기술-업(業)의 진화(x축), 동(動)의 혁신(필드)를 통합하는 사고의 틀이 됩니다. 즉 시장전략(y축), 기술전략(x축), 혁신전략(필드)을 통합하는 것이 사업전략입니다. 이 업장동(業場動) 메커니즘에 따라 자기의 표준으로 세상을 지배하면 산업의 표준이 만들어지고 국가가 발전합니다.

3. 제2장 격동기, 장(場)의 확대

1980년대는 내외적으로 격동과 진통의 시기였습니다. 세계적으로는 신자유주의와 자원민족주가 충돌합니다. 오일－달러 페그제로 미국 달러화가 금에서 석유로 갈아타게 되어 석유는 선물시장을 통해 거래되고 에너지시장이 세계단일시장이 됩니다. 급기야 미국은 석유를 저유가로 통제할 수 있게 됩니다. 그 결과 공산주의 소련은 패망하게 되고 미소냉전체제와 공산주의는 역사에서 퇴장합니다. 국내적으로는 1979년 12월 박정희 대통령이 서거하고 1980년 광주사태로 민주화 운동이 점화되고 급기야 1987년 민주화 항쟁이 범국가적으로 진행되어 대통령 직선제를 토대로 한 헌법 개정이 1987년 이루어져 현재의 5년 단임 대통령직선제 공화제가 시작됩니다.

대한민국 산업화도 격동과 진통에 휘말립니다. 박정희 대통령의 죽음으로 다섯 분 영웅들의 운명도 갈리게 됩니다. 조선과 중공업의 종가 현대는 1970년대 고유가 시대에 중동에서 벌어들인 오일달러 덕에 순항을 하지만, 고금리 시대에 조선과 중공업을 떠맡은 대우는 고전을 합니다. 현대양행은 한국중공업으로 이름을 바꿔 달고 대우 손에 잠시 머물러 있다가 산업은행 소유가 됩니다. 한국비료와 유통 중심의 삼성은 상황을 관망하며 중공업을 소규모로 현상유지하면서 전자로 주력을 바꿉니다. 포스코는 광양제철단지로 확장해 1980년대에도 대량소비 철강재 중심으로 조강능력을 키워 1992년 연산 2,860만 톤, 2012년 연산 4,000만 톤까지 조강능력을 확장해 갑니다. 포스코는 조선해양, 플랜트, 건설, 자동차, 전자 등 조립산업에 소재를 공급하면서 연관사업 덕분에 함께 성장합니다. 포스코는 일본 제철산업 보다 가격경쟁력을 갖고 있습니다. 이에 힘입어 소재산업과 조립산업이 함께 Win－Win하며 생존게임에서 일본을 이기고 성장합니다.

저자는 대우그룹과 대우조선해양(DSME)이 겪은 격동과 진통을 이 장에서 서술하면서 DSME 경영정상화 과정을 고찰합니다. 15% 고금리 시대에 박정희 대통령의 지시로 조선공사가 건설하던 옥포조선소를 인수한 대우는 자본금을 3배나 늘리면서 옥포조선소를 준공해 1980년 상업운전을 시작하고 조선사업을 운영하지만 경영정상화에 실패합니다. 1987년 부채는 1.5조 원을 넘어섭니다. 자본금을 6,000억 원까지 늘려 투자해 총자산 2.1조 원의 옥포조선소는 매출액 5,000억 원에 머문 부실 조선소였습니다. 1987년 6월 민주화 항쟁의 중심이 된 대우 옥포조선소! 김우중 회장께서는 대우그룹의 모든 역량을 옥포조선소에 집중시키십니다. 본인 스스로 옥포에 상주하며 직접 경영해서 1994년 코스피에 상장시키는 데 성공합니다. 상장을 통해 그 동안 투자했던 자본을 모두 회수한 대우그룹은 그 여력으로 1995년부터 본격적으로 세계경영에 매진합니다.

1980년대 한국 조선산업은 일본과 생존경쟁을 벌입니다. 조선산업의 1차 생존게임은 영국과 일본 간에 일어납니다. 세계2차대전이 끝나고 1950년대 일본이 전후 복구와 산업을 재건하면서 영국과 일본 조선산업의 생존게임은 시작됩니다. 이 1차 생존게임에서 일본이 용접기술로 영국을 제압합니다. 이때부터 영국 제조산업은 쇠락하고 일본은 1970년대까지 30년 동안 조선산업 1등국이 되어 여타 제조업과 함께 제조산업혁명을 주도하면서 전세계 GDP의 15%를 점유하는 제품수출 1등 선진국이 됩니다. 일본은 1964년 도쿄 올림픽을 기점으로 비약적으로 성장하면서 중화학산업 중심의 산업화 선진국에 등극합니다. 농업국가 한국이 1970년대 국가주도의 중화학중심 산업화를 시작하면서 한국 조선산업은 1980년대 세계화 과정에서 일본과 생존경쟁을 벌이게 됩니다. 내외적으로 격동과 진통을 겪는 1980년대에 활로를 장(場)의 확대를 통해 세계시장에서 찾으려고 하니 급기야 한국과 일본의 조선산업은 운명을 건 생존게임을 치르게 된 것이지요. 이것이 한일 간에 벌어지는 2차 생존게임입니다. 1980년대 일본 중공업들은 7배가 성장하는 일본 내수 발전시장에서 성장동력을 찾으면서 한국과의 경쟁에서 어려워진 조선산업 비중을 축소하게 됩니다. 급기야 한국조선 수주량은 1993년 일본을 추월하게 되고 그 이후 한국이 조선산업에서 강국으로 부상합니다. 한편 중국이 2003년부터 중화학중심의 대국굴기를 시작하면서 조선산업은 한중 간 제3차 생존게임으로 이동합니다. 이렇게 산업은 도약하면서 세계시장에서 국가 간 생존경쟁을 벌이며 세계화되는 과정에서 성장하는 것입니다. 한국의 자동차, 전자 산업도 조선이 간 생존게임의 길을 10년 시차를 두고 따라 오면서 세계화에 성공해 오늘날 세계적인 산업으로 자리를 잡은 것입니다. 한국의 자동차 산업은 미국, 독일, 일본 기업들과 생존게임을, 한국의 전자산업은 한일 간 생존경쟁을 했습니다. 한국조선이 일본을 이겼던 1993년에 삼성 2세 이건희 회장께서는 혁신을 내걸고 반도체와 전자에 올인해 2007년에 일본 소니를 이기고 세계 1등을 합니다. 이렇게 한국 산업화 생존게임은 세계화 과정에서 살아남아 세계 1등 산업으로 성장했으며 그 길을 조선해양산업이 맨 앞에서 이끌어 오늘에 이릅니다.

어려웠던 농업국가 대한민국에서 살기 위한 길, 활로(活路)를, 세계시장에서 찾겠다고 나서신 수출영웅은 대우그룹의 김우중 회장님이십니다. 김우중 회장님은 한국의 산업화를 수출을 통해 세계화로 이끄신 영웅입니다. 「세계는 넓고 할 일은 많다」, 김우중 회장님의 명저입니다. 그분은 옥포조선소를 1980년대에 직접 경영하시면서 사업의 포트폴리오를 조선대 비조선 5:5로 설정합니다. 이에 힘입어 비조선인 해양사업이 확대되기 시작합니다. 때마침 해양에너지 시장이 부상합니다. 1973년, 1979년에 일어난 OPEC이 주도한 오일 쇼크로 석유가격이 급등해 세계 Merchandise Market의 침체를 불러오지만 오히려 Captive Market은 활성화됩니다. 서유가격 급등으로 석유자본에 의한 투자시장(Captive Market)이 1970년대에 생겨난 것입니다. 중동 산유국에 쌓인 오일 달러는 대대적으로 OPEC 산유국에서 석유개발설비투자를 촉진시킵니다. 이것이 제1차 중동 붐입니다. 또한 중동에서 밀려난 선진국 오일 메이저들은 북해에서부터 해양석유개발을 시작합니다. 급기야 1980년대에는 동남아시아와 인도에서도 해양유전이 본격적으로 개발되기 시작합니다. 바로 해양에너지시장이 열린 것입니다. 또한 수에즈 운하가 1975년에 확장되면서 선박이 대형화됩니다. 1980년대 한국 조선산업은 일본과 생존게임을 벌이면서 선종을 대형화하고 해양시장을 개척하면서 마침내 1993년 극일(克日)에 성공합니다.

바다는 Chart Datum을 경계로 해상(Marine)과 해저(Subsea)로 구성되어 있습니다. 해운과 조선은 Marine이 활동영역입니다. 해양(Offshore)은 Marine, Subsea, Sea Bed & Below 모두를 대상영역으로 하고 있습니다. 따라서 Offshore Project 개발은 ① Exploration, ② Drilling, ③ Subsea Installation, ④ Station Keeping (Marine), ⑤ Petroleum & Refinery Processing, ⑥ Construction & Production Technology 이렇게 6개 장르 기술이 결합되어야 하기 때문에 고유기술을 가진 여러 기업들이 수평적으로 분업을 해서 추진됩니다. 그러나 조선은 선박제품을 건조해서 해운 선주에게 인도하는 사업이기 때문에 수직계열화가 가능한 사업입니다. 비조선사업인 해양사업은 한국 조선산업을 세계에너지 시장으로 인도합니다. 1970년대 1, 2차 오일쇼크의 영향으로 때마침 1980년대에 석유대체에너지인 Middle-stream 개발이 촉진되고 천연가스(LNG/PNG) 시대가 열립니다.

저자는 한국 조선산업이 해양사업을 통해 해양시장 및 에너지시장으로 확대해 간 과정을 이 책에서 상세하게 서술하는데 그것은 공학도였던 청년 저자가 걸었던 세계화의 길입니다. 저자는 말레이시아 남지나해, 중동, 인도양 해양시장을 거치면서 마침내 1992~94년 기간 중 인도 ONGC SHG/SHW Project에서 성공해 7,500만 US\$ 흑자를 달성합니다. 이것은 당시 조선수주가 없어 도크가 비어 일감이 끊긴 옥포조선소에 일감을 해양프로젝트로 채워 조업하고 3년간 연속흑자달성이라는 코스피 상장조건을 충족시키게 됩니다. 코스피 상장에 결정적인 공헌을 한 것입니다. 그 공로로 약관 39세의 나이에 저자는 1995년 1월에 종업원 30만 명 임원 1,200명의 세계적인 Conglomerate Daewoo Group 최연소 임원으로 발탁됩니다. 마침내 대우 세계화와 대한민국 산업화의 성장 사다리를 타고 청년 공학도였던 저자가 대우그룹 입사 15년 만에 장의 확대 과정에서 인도양에서 출세를 한 것이지요. 이 성공으로 1996년 아프리카로 진출해 대서양에서 미국과 유럽 5대 Oil Major (Chevron, Exxon, Shell, BP, Total)들의 Captive Offshore Market에 입문하게 됩니다. 이때 현대는 아직 아시아 시장에 머물러 있었습니다. 바로 대우그룹 세계경영이 대우조선해양㈜을 현대중공업㈜보다 먼저 아프리카로 진출시키는 원동력이 된 것입니다.

그림 1. ONGC SHG Platform, 1994년 4월28일 인도

GAS COMPRESSION P/F	21,580 MT
● GAS COMPRESSION:15.0 MMSCFD (5 +1)	
● GAS DEHYDRATION : 16.0 MMSCMD(2+0)	
● OIL PROCESSING : 100,000 BOPD	
● POWER GENERATION: 24.6 MW (2+1)	
HP/ LP FLARE P/F	970 MT
BRIDGE (3 EA)	520 MT
SUBSEA PIPELINE	190 km

CLIENT	ONGC, INDIA
CONTRACT AWARD	25 JANUARY 1992
DELIVERY	2Q 1994
SCOPE OF WORK	DETAIL ENGINEERING, CONSTRUCTION ENGINEERING, PROCUREMENT, FABRICATION, LOAD-OUT, SEAFASTENING, INSTALLATION, HOOK-UP & COMMISSIONING

그림 2. Commissioning Completion Certificate 서명식
– 아양2호, 1994년 4월27일, 서명하는 이가 필자

그림 3. SHG Flare Boom 전경, 1994년 4월27일

4. 제3장 도약기, 업(業)의 진화

1974년 박정희 정부가 선택한 한국 중화학산업의 특징은 ① 기술중심이라서 진입장벽이 높다, ② 시설, 기술, 자본, 노동 집약적이라서 고용창출이 크다, ③ 조립산업이라서 연관산업 파급효과가 크다, ④ 현금흐름이 느리다, ⑤ 업의 진화 속도가 느리다, 이 5가지로 요약할 수 있습니다. 이러한 산업의 특징은 아시아금융위기

(IMF 사태) 상황에서 한국 Big3의 운명을 뒤바꿔 놓게 됩니다. IMF 사태는 국가가 부도를 낸 유동성위기입니다. 중공업 비중이 컸던 대우와 현대는 큰 유동성 위기에 휘말립니다. 반면에 유통과 전자 산업으로 주력을 옮겨 현금흐름이 상대적으로 좋은 삼성에게는 행운이 다가 옵니다. 대우는 그룹이 해체되고 각 주력기업의 주인이 바뀝니다. 현대는 쪼개집니다. 그러나 삼성은 비약적으로 성장하는 기회를 잡습니다. 산업화에 성공한 대한민국의 GDP는 대략 1조 달러 규모입니다. 수출이 50%를 상회하고 수입이 50%를 하회합니다. 그 차이로 무역수지 흑자를 내 약 4,000억 달러의 달러를 보유하고 있습니다. 한국은 연간 약 1,000억 달러의 에너지를 수입합니다. 이에 상응해 조선해양, 육상플랜트, 철강 등 중공업이 약 1,000억 달러를, 정유와 유화 등 석유화학산업이 1,000억 달러를 수출합니다. 중화학산업이 2,000억 달러를 수출하는 것입니다. 즉 한국은 중화학산업이 Infra이면서 수출의 40%를 점유하는 경제구조입니다. 중화학산업이 국민들에게 생필품을 제공하고, 전기를 공급하고, 일자리를 주고, 연관산업들이 필요로 하는 소재와 기술과 서비스를 제공하면서 여기에 수출까지 전체의 40%를 기여하고 있는 것입니다.

　현재 우리나라에는 중공업 Big4가 있는데 현대, 대우, 삼성은 조선해양이 주력사업이고 두산은 발전사업입니다. 2012년에 조선해양 Big3는 매출이 각각 10~20조 원을 했는데 두산은 7조 원에 머뭅니다. 1970년대 함께 같은 규모로 출발했는데 왜 이들 기업의 규모가 한 세대 안에 배로 갈렸을까요? 그것은 시장이 다른 것입니다. Merchandise Market인 해운이 세계단일시장이니 조선도 그 범주에 있습니다. Captive Market인 에너지 시장도 오일달러 페그제로 세계단일시장이 됩니다. 즉 조선해양은 세계단일시장인데 발전은 국가단위시장입니다. 그 결과 조선해양 Big3와 두산중공업의 규모가 갈리게 된 것입니다. 저자는 이 책에서 한일 간의 생존게임에서 한

구 조선해양산업이 기술적으로 어떻게 일본을 이겼는지 업의 진화를 통해 밝히고 있습니다. 한일 간 생존게임에서 조선해양을 줄이고 발전을 늘려간 일본의 중공업과 국가가 발전을 한국중공업(오늘의 두산)에 몰아주니 오로지 활로를 조선해양에서 찾아야 했던 한국의 조선해양 Big3! 그 승리의 비결은 오로지 혁신을 통한 업(業)의 진화입니다. 조선산업을 일본에 넘겨준 선진국들은 1970년대 Classification & Standardization을 통해 해운과 조선의 지배력을 유지하려 합니다. 한국과 생존게임에 걸려든 일본은 CIMS & Optimization을 통해 경쟁력을 유지하려고 안간힘을 씁니다. 한국은 떠오르는 Blue Ocean 시장인 가스와 해양 에너지 시장에서 솔루션을 개발합니다. 재래선종도 대형화하면서 도크회전율을 연간 3회에서 12회로 향상시키면서 400% 생산성을 혁신해 디테일화에 성공합니다. 상류화, 흐름화, 대형화, Tact화라는 NSC(New Shipbuilding Concept)로 오늘날의 IHOP(Integration of Hull, Outfitting, Painting) Shipbuilding Production Lane을 갖추게 됩니다. 여기에 Project 사업인 해양 솔루션을 입히면서 조선에서 '조선＋해양으로 Hybrid화' 합니다. 즉 해양은 조선의 디테일화, 표준화를 배우고 조선은 해양의 Project화를 배우면서 한국의 조선산업은 조선해양산업으로 고부가가치화합니다. 1990년대 한국조선해양산업은 21세기 고유가 시대 시장변화에 대응하면서 가스(Middle-stream)와 심해(Deep sea) 에너지시장에서 솔루션을 개발할 만큼 업(業)이 진화합니다.

5. 제4장 성장기, 고유가 시대

1945년 미국주도로 출범한 브레튼 우즈 레짐은 1970년대 위기를 맞습니다. 금본위제가 폐지되고 오일쇼크로 중동의 자원민족주의와 충돌합니다. 위기의 미국은 리더십 회복을 위해 1980년대 신자유주

의를 선택합니다. 신자유주의는 달러화가 기축통화가 되는 미국의
경제패권 전략입니다. 이 전략이 사우디와의 협력으로 오일달러 페
그제로 연결되어 달러화가 금에서 석유로 갈아타면서 미국의 패권
이 안정화됩니다. 달러와 석유! 적과의 동침입니다. 오일달러 페그
제로 유가를 저유가로 통제하게 된 미국은 마침내 독일을 통일시키
고 공산주의 소련을 붕괴시킵니다. 이로써 미국 1극체제가 1990년
에 이루어집니다. 곧바로 미국은 강달러 정책을 취하면서 중동에서
에너지패권전쟁을 일으킵니다. 그러나 유가는 2002년 배럴당 40달
러를 갱신하면서 미국의 손에서 벗어납니다.

1990년대는 지식문명이 수평화 시대(Flat World)를 만들어낸 시기
입니다. 인터넷이 발명되어 그 운영체계가 개인용 컴퓨터에 탑재되
고 1980년대 전 세계 광케이블 인프라가 완성되었으나 이를 건설한
통신회사들이 몰락해 공짜로 광통신을 할 수 있는 시대가 열리게
됩니다. 즉 인터넷이 공짜 광통신을 타고 흐르면서 IT에서 ICT 시
대로 전환된 시기가 바로 20세기말입니다. 이 ICT 문명으로 중국의
경제개발이 가속화됩니다. 따라서 중국이 에너지 소비대국으로 등
장하면서 에너지 폴리틱스가 미국의 통제를 벗어나게 되는 것입니
다. 공산품이 대량생산체제가 되어 공급이 넘쳐흘러 1980년대에 소
비자중심의 Buyer's Market으로 바뀌어 CS(Customers Satisfaction)가
새로운 시대적 가치로 등장했는데 에너지 시장은 그 반대로 Seller's
Market으로 변환된 것입니다.

1990년대 독립한 소련의 위성국가들과 러시아가 모두 석유와 가
스개발에 몰입하면서 키스피해, 코카서스, 중앙아시아가 석유개발을
본격화 합니다. 러시아가 미국 록펠러에게 배워 에너지 사업을 수
직계열화 합니다. 즉 Upstream(석유)-Downstream(정유)를 지역별
로 통합해 한 회사가, Middle-stream(가스)을 국가단위로 통합해
다른 한 회사가 각각 운영하는 것입니다. 그리고 대륙의 Pipeline

Network가 소비국인 서유럽과 중국에 연결을 완성합니다. 대륙철도도 완성됩니다. 이로써 H/W 수송과 에너지 물류가 대륙을 연결하면서 동시에 S/W ICT 통신이 완성되는 것입니다. 바야흐로 이제 세계는 빛의 속도로 통신하면서 물류와 지식 모든 면에서 수평화 시대를 만들어 갑니다. 이에 힘입어 중국이 부흥하고 러시아가 재건되면서 대륙의 BRICS가 연합해 미국 1극 패권과 경쟁을 하게 됩니다. 급기야 중국은 2003년 중화학 중심의 대국굴기를 선언하고 경제발전을 본격화 합니다. 미국은 QUAD로 일본, 호주, 인도와 손잡고 해양세력을 만듭니다. 이제 달러가 미국으로 회귀하지 않고 중국에 쌓이게 되는데, 대륙세력 중국과 해양세력 미국은 어떻게 될 것인가? 제6장 경륜에서 다루게 될 것입니다.

Seller's Market이 된 에너지시장에서 5대 Oil Majors들은 국영석유회사들에게 밀려 Non-OPEC 지역인 아프리카로 이동해 대서양에서 심해개발을 본격화합니다. 그리고도 모자라는 석유공급을 늘리기 위해 1990년 말 대형화합니다. 2002년 유가가 배럴당 40달러를 갱신해 2003~2004년 Oil Money 1조 달러가 사우디와 OPEC에 쌓이자 제2차 중동 붐이 일어납니다. 이른바 Stock Utilization Investment입니다. 이것은 전 세계 투자 붐을 일으켜 2005년 이후 신조 선박과 모든 플랜트는 값이 2배가 오릅니다. 업의 진화에 성공한 한국 조선해양산업은 동의 혁신으로 대응합니다.

6. 제5장 혁신기, 동(動)의 혁신

IMF사태로 대우그룹이 해체되고 산업은행으로 주인이 바뀐 대우조선해양(이하 DSME)은 Work out에 들어갑니다. Work out 졸업을 위해서는 성장동력 개발이 절실했습니다. Blue Ocean 사업전략을 수립해 에너지시장에서 승부를 겁니다. ExxonMobil은 카타르에서

LNG Train에 투자해 Oil Major에서 Gas Major로 변신을 꿈꾸고 있었는데, DSME가 MOU를 맺어 종래의 LNGC(130,000M^3)의 2배를 수송할 수 있는 LLNGC(Large LNG Carrier, 260,000M^3)를 개발해 70척을 공급하는 계약을 맺습니다. 이로써 DSME는 Membrane Type LLNGC 솔루션으로 LNGC 조선시장을 독점하게 됩니다. 또한 해양 시장에서는 그 동안 추진해온 천해(Shallow Water) 시장을 줄이고 심해(Deep Sea) 솔루션 개발에 몰두합니다. 1995년에 대우 그룹 최연소 임원으로 승진한 저자는 2001년 DSME의 COO가 되어 해양 특수선 본부장으로 비조선 사업부분 성장엔진개발에 몰두합니다.

저자가 1995년 인도양 ONGC Projects를 끝내고 임원으로 승진해 한국으로 돌아왔을 때 미국은 OPEC 저항에 부딪쳐 중동 유전에서 Non-OPEC 지역인 아프리카로 이동합니다. '80~'90년대 아시아 국영석유회사 자원 시장에서 Oil Majors들의 아프리카 시장으로 가야 영속할 수 있겠다는 당시의 시장 흐름을 읽습니다. 저자는 '96년 미국 Oil Major EPC Turn Key 공사를 아프리카에서 처음으로 수주합니다. DSME와 저자는 아프리카 해양시장에 진출한 첫 번

그림 4. West African Model FPSO*

STORAGE	2,160,000 BBLs	
	OIL	250,000 BOPD
PRODUCTION	WATER	450,000 BWPD
	GAS	450 MMSCFD
HULL DIMENSION	320 m (L) x 58.4 m (W) x 32 m (H)	
	HULL	69,700 MT
WEIGHT	TOPSIDE	33,798 MT
NO. OF RISER	18 (FUTURE 14)	
NO. OF UMBILICAL	4 (FUTURE 6)	
NO. OF SPARE	4	

CLIENT	STAR DEEP WATER PETROLEUM LTD. (OML 216 & 217)
CONTRACT AWARD	22 FEBRUARY 2005
DELIVERY	2Q 2008 (COMPLETION OF CTM-3)
SCOPE OF WORK	FEED VERIFICATION, DETAIL ENGINEERING, CONSTRUCTION ENGINEERING, PROCUREMENT, CONSTRUCTION, TRANSPORTATION, INSTALLATION, MOORING, HOOK-UP & COMMISSIONING

째 한국인입니다. 저자는 COO로 DSME를 퇴임하기 전까지 10년 ('96~'06년) 기간 중 Oil Major들로부터 12개 Turnkey Projects를 수주하여 성공적으로 수행하여 모두 적기 인도합니다. 또한 고유가 시대를 예견하고 2000년부터 기본설계 모델을 개발하여 심해 6세대 시추선 시장을 개척합니다. 이와 같은 도전에 힘입어 DSME와 저자는 West African Model FPSO와 6세대 시추선 솔루션 개발에 성공합니다. [그림 4.]와 [그림 5.]는 저자가 DSME COO 재직 중 마지막으로 했던 Projects로 FPSO 20억 달러, 심해 시추선(Semi-Drilling Rig) 6억 달러 시대를 열었던 계약입니다. 동시에 6세대 Drillship도 개발합니다. 이에 힘입어 미국 Drilling Operation Company Transocean과 Drillship 5척을 계약합니다.

West African Model FPSO는 'Topside Plant 250,000 BOPD Production, 10 Days Storage 2.5 Million Barrel with Offloading' 능력을 가진 바다 위에 떠 있는(Floating) 솔루션으로 Project 당 약 20억 달러 규모입니다. 6세대 시추선은 수심 3,000M에서 12,000M

그림 5. 6세대 시추선(Semi-drilling Rig)

MODEL (No of Unit)	GVA 7500
PRINCIPAL DIMENSION	
LENGTH OVER ALL	ABOUT 117.90 m
BEAM OVER ALL	ABOUT 96.70 m
HEIGHT, TO BOX BOTTOM	36.50 m
HEIGHT, TO UPPER DECK	45.00 m
POTOON	108.80 m x 16.00 m (B) x 10.24 m (H)
CAPACITIES	
MAX. WATER/ DRILLING DEPTH	10,000 ft / 35,000 ft
DECK LOAD/ DISPLACEMENT	6,686 MT / 55,133MT
DERRICK	SINGLE
ACCOMMODATION	158 PERSONS
CLASS	DNV

CLIENT	SUBSEA DRILLING (III) & (IV) LTD. (SUBSIDIARY OF SEADRILL LTD.)
CONTRACT AWARD	16 SEPTEMBER 2005 / 15 JANUARY 2006
DELIVERY	1Q 2009/ 4Q 2008
SCOPE OF WORK	ENGINEERING, PROCUREMENT, CONSTRUCTION, COMMISSIONING

시추장비를 탑재한 '6th Generation Drilling Rig'로 척당 약 6억 달러입니다. 이 심해 솔루션으로 한국조선해양산업은 2005년 이후 고유가 시대에 세계 1등을 하게 됩니다.

아프리카로 진출하면서 COO가 된 저자의 상대는 국영석유회사에서 미국과 유럽의 5대 오일 메이저들로 바뀝니다. 심해개발을 하면서 FEED에서 상세설계까지 통상 22개월이 걸렸던 것을, 모든 이해당사자들과 소통할 수 있는 채널을 갖게 된 COO가 된 저자는 이들의 Risk & Input을 FEED 단계로 상류화하여 미리 반영하는 이른바 FEL(Front-End Loading)로 7개월을 단축시켜 15개월 만에 완성하는 데 성공합니다. 이때 가장 문제가 되었던 것이 오일 메이저가 먼저 선택한 Exploration, Feasibility Study with Pre-FEED, FEED(Front-End Engineering Design) 등 초기설계 결과물에 대한 Engineering Endorsement Risk Taking(이하 EERT)입니다. 즉 오너인 오일 메이저들은 자기들의 결과물을 그대로 계약자가 인수받아 100% 책임을 지고 프로젝트를 완성해 주기를 바라기 때문에 EERT에서 이해충돌이 있습니다. 이 EERT를 처음에는 계약자가 Risk를 지지 않는 Reimbursable 방식으로 하다가 설계를 통해 Risk & Scope가 명확해 지면 Lump Sum with Unit Rate 라는 Contract Scheme으로 Risk Sharing을 하는 방식으로 전환해 언제나 협상이 가능하도록 유도합니다. 이것은 저자가 많은 도전과 해외여행을 하면서 이들의 역사와 문명을 공부하고 어떻게 하면 서구 문명을 이기고 성장할 것인가? 물음을 던지며 공부했던바 윈스턴 처칠의 철학 'Everything is negotiable'이라는 것을 내 것으로 체화한 까닭입니다. 저자가 해양시장을 개척하며 살았던 30년을 다르게 표현한다면 그것은 프로젝트 협상(Project Negotiation)입니다.

'70~'80년대는 초기단계로 Engineering Company들이 제일 잘 아니 이들이 주 계약자가 됩니다. 선진국 5대 오일 메이저 뒤에는 이들이 항상 이웃집으로 붙어 있습니다. 그런데 이들은 머리로는 알지만 몸으로 알지는 못합니다. 머리가 아니라 체험을 통해 몸이 기억해야 그것이 진짜 아는 것입니다. '80년대 말이 되니 실제로 체험한 H/W를 가지고 있는 Fabricator와 Offshore Installation 회사들이 주 계약자가 됩니다. 여기까지는 천해개발입니다. 그런데 '90년대 후반부터 심해로 해양에너지시장이 바뀌자 'Station Keeping (Marine) Technology with Construction & Production Technology'를 갖고 FEL과 EERT로 무장한 한국 조선해양 야드가 부상하기 시작합니다. 저자와 DSME가 Chevron을 통해 아프리카 대서양 심해시장을 개척하자 연이어 ExxonMobil, Shell, BP, Total이 모두 한국 조선해양 Big3로 무대를 옮깁니다. 이들은 '90년대 말 대형화·합리화로 다시 태어난 5대 오일 메이저들입니다. 이들이 한국을 찾으니 설계회사, 장비와 자재공급 Vendor, 해상 및 해저 설치회사 등 Captive Market의 모든 Value Chain 회사들이 한국을 찾아옵니다. 한국 조선해양산업은 2005년 이후 불어 닥친 세계 에너지시장의 투자 붐 속에서 세계 1등 조선해양산업으로 부상합니다. 1999년까지 한국 조선해양산업은 연간 100억 달러 수출을 넘지 못합니다. 2005년 이후 세계 1등을 하면서 연간 600억 달러를 수출합니다. 그런데 배럴당 150달러로 유가가 최고로 치솟았을 때 2008년 9월 미국에서 리먼 브라더스가 파산하고 미국 발 금융위기가 터지고 맙니다. 이 금융위기는 2010년 EU로 전이되고 전 세계는 수렁 속으로 빠져듭니다. 고유가 시대는 2014년까지 지속됩니다. 이 책은 그 때까지의 기록입니다.

7. 제6장 경륜(經綸)

〈금융과 시장 그리고 산업〉

1990년대 통화주의를 선택한 미국경제는 통화가 실물경제를 주도합니다. 이때부터 저축보다는 소비가 선(善)이 됩니다. 때마침 공산주의 소련이 패망하고 1극 제국주의가 된 미국은 강달러 정책을 표방하면서 통화주의를 앞세워 달러화를 무진장으로 뿌리면서 소비를 진작시키고 뿌려진 달러화가 미국으로 회귀하도록 하는 정책을 씁니다. 그러나 이것이 OPEC 자원민족주의와 충돌해 2002년부터 고유가시대가 유발되어 달러가 회귀하지 않고 중동으로 흘러들어 Oil Money가 되고, 중국이 부흥해 세계제조기지로 미국에 수출을 늘리면서 달러가 중국으로 흘러 들어가 마침내 쌍둥이(무역과 재정) 적자가 심화돼 2008년 미국 발 금융위기로 거품이 터집니다. 이때 유가는 배럴당 150달러로 정점을 찍습니다. 미국 달러화 기축통화 시대는 석유에너지를 타고 이렇게 열린 것입니다. 12세기 은화가 대량으로 뿌려지면서 유럽이 한 경제공동체가 되었듯이 21세기는 석유를 타고 흐른 미국 달러화로 G7과 G20를 넘어 50억 인구가 미국 달러화 경제권에 편입되어 바야흐로 전 세계가 한 경제공동체가 된 것입니다. 통화시대에 미국달러화와 함께 세계경제는 2008년 이후 수렁에 빠지게 됩니다. 그 이후 통화시대 패권은 미중패권전쟁으로 세속화됩니다.

그런데 천운을 가진 미국은 2008년 금융위기 시점에 시추에서 수평파쇄기술을 발명합니다. 이 기술로 Shale Oil & Gas 유전 개발이 본격화되어 2014년 미국은 일산 1,000만 배럴 이상을 생산해 사우디아라비아, 러시아와 함께 3대 Large Oil & Gas Producer가 됩니다. 이로써 OPEC의 영향력이 감소하고 유가를 미국이 통제하게 되면서 저유가 시대가 다시 시작됩니다. 2025년이면 석유와 가스가 5:5가 됩니다. 석유의존도가 줄어든 결과입니다. 러시아의 가스는 대륙의 PNG Network를 타고 유럽과 중국으로 흘러갑니다. 호주가 개발한 가스는 모두 LNG로 중국으로 갑니다. 미국의 세일가스 LNG는 PNG와 경쟁하면서 유럽과 동북아시아 3국(중국, 일본, 한국)으로 수송됩니다. 여기에 PNG와 LNG 경제학이 있습니다. 운송거리가 길수록 LNG가 유리합니다. 이렇게 통화시대에 에너지시장의 Fundamental이 2014년을 기점으로 급격히 바뀐 것입니다.

또한 산업은 2009년 스티브 잡스가 아이폰으로 정보의 플랫홈을 완성하면서 4차산업혁명이 가속화됩니다. 산업간 경계가 허물어지고 융합이 일어나면서 새로운 시대로 전환되기 전의 새벽을 맞습니다. 2014년 이후 한국경제와 세계경제는 통화시대 금융환경변화, 에너지시장의 Fundamental 변화, 4차산업혁명 환경변화라는 3대 상황변화에 직면합니다. 이로써 기존산업은 시장절벽과 산업절벽 상황에 놓이게 됩니다. 미국은 금융위기의 강을 건넜고, 유럽은 위기의 한가운데를 지나고 있습니다. 그러나 중국과 일본 그리고 한국과 신흥국들은 아직 강에 뛰어 들지 않고 빚을 늘리며 살고 있습니다.

아포리아 상태에 놓인 한국해운/조선해양산업

2020년의 한국 해운·조선해양산업은 아포리아 상태에 놓여있습니다. 철학과 지도력을 상실한 상태가 아포리아입니다. 금융과 시장과 산업의 변화를 읽고 선제적으로 대응하는 것이 국가경영과 기업경영입니다. 그러나 한국 정부는 통화시대에 대응하는 금융정책과 산업정책이 없습니다. 또한 한국 해운·조선해양산업은 시대변화에 대응하지 못하고 있습니다. 특히 IMF 사태 기간 중 자가소유 선박을 팔도록 했던 해운정책은 2005년 이후 호황기에서 용선을 늘리는 원인이 되었고 2008~2010년 미국 및 유럽 금융위기상황에서 늘어난 용선으로 한국 해운산업 전체가 위기를 맞게 했습니다. 국가해운정책의 실패로 한진해운이 도산하고 한국 해운산업이 부실화된 것입니다.

한편으로 한국 조선해양산업은 2005~2008년 기간 중 해운호황과 고유가 에너지시장 붐으로 이 호황기에 선박과 해양플랜트 가격이 2배가 오르면서 고비용 구조가 됩니다. 2008~2010 세계해운시장이 붕괴되고 선가가 급격히 하락하면서 구조혁신의 기회를 맞지만, 구조혁신 대신에 해양플랜트를 통한 외형성장을 선택해서 고비용 구조가 더욱 악화됩니다. 또한 2008년 KIKO로 자본비용이 증가하면서 2008~2010년 기간 중 고비용 구조가 심화됩니다. 2013~2014년 기간이 구조조정 마지막 기회였으나 STX, 성동 등 2군 조선소 Work out을 선택해 구조혁신을 연기시켰고 급기야 2015년 이후 수주절벽과 산업절벽에 직면해 수렁에 빠지게 됩니다. 2012년 600억 달러를 수출하던 한국 조선해양산업은 2020년 반 토막이 난 상태로 300억 달러 언저리에서 사양화되고 있습니다.

해양플랜트사업 실패원인 분석

해운시장붕괴로 조선수주가 어려워지자 해양중심으로 수주해 2011~2013년 기간 중 해양플랜트 Backlog 900억 달러가 됩니다. 그 중에서도 특히 DSME는 Heavy Tail 조건의 시추선을 많이 수주합니다. 2010년까지 한국 조선해양 Big3는 조선과 해양 6:4 Product Mix를 유지했습니다. 그런데 2011~2013년은 2:8이 되었고 급기야 2014년부터 해양에너지시장이 붕괴되자 Backlog 900억 달러 중에서 100억 달러 적자를 냅니다. 특히 시추선을 많이 수주했던 DSME가 유동성위기로 침몰합니다. 해양사업이 실패한 원인은 앞서 동(動)의 혁신에서 말씀 드린 EERT 실패가 40%, FEL 실기

30%, Political Risk Taking 실패 20%, Product Mix 변화에 따른 자원 재교육 및 재배치 실패 20%로 분석할 수 있습니다. 한마디로 표준화된 조선과 Project화된 해양은 사업특성이 다른 것인데 조선 대 해양 Product Mix를 6:4에서 2:8로 변환하니 해양을 모르는 사람들이 해양사업을 수행하면서 적자가 심화된 것입니다. 특히 뼈아픈 것은 통화시대에 현금흐름이 제일 중요한데 Heavy Tail 조건의 시추선 수주는 2014년 이후 해양시장의 붕괴로 건조한 배(시추선)의 인수를 의도적으로 발주처들이 지연하니 급격히 유동성 위기를 재촉한 것입니다. 즉 Political Risk Taking에 실패한 것이지요.

상황과 문제 진단

아포리아 상황에 빠진 한국 해운·조선해양산업은 미중패권의 세속주의 상황에서 시장절벽과 산업절벽을 마주하고 있습니다. 이 상황에서 ① 산업생태계가 무너지고 있고, ② 성장엔진이 보이지 않고 있으며, ③ 현재 상황을 구제할 국가의 금융과 산업 정책도 없습니다. 특히 4차산업혁명으로 산업절벽을 맞이한 기존산업은 새로운 성장동력을 개발하기 위해 시간과 돈이 필요합니다. 이것은 1970년대 박정희 정부가 산업화를 시작할 때와 같이 산업의 재구조화를 위해서 국가가 나서야 하는 상황입니다. 그런데 국가의 금융과 산업 정책이 부재합니다. 산업금융정책을 책임지고 있는 산업은행은 부실기업에 투자하는 것이 본업인 양 그 역할을 망각하고 있습니다.

〈한국 해운·조선해양산업의 활로를 찾아서〉

통화시대 금융이 솔루션이다

조선산업은 Builder's Risk Taking으로 영위되는 산업입니다. 선주들은 15% 선수금만 내고 조선소가 보증한 RG로 금융을 일으켜

선박을 조선소에 발주합니다. 이 발주된 선박은 건조계약으로 해운
선물시장에 등록되어 미래의 화주와 운송계약을 체결합니다. 즉 국
가가 조선소에 보증해준 RG가 해운시장과 조선시장을 연결하는 것
입니다. 한국은 1970년대 박정희 정부가 수출보험공사를 만들어 보
험으로 보증해 주고 이를 담보로 수출입은행과 산업은행이 선박의
건조금액 85%를 RG로 보증해 줄 수 있었기 때문에 세계 1등하는
조선산업국가가 된 것입니다. 해양플랜트도 석유회사들의 Buyer's
Credit으로 한국수출입은행과 산업은행이 85% 제작금융을 Project
Financing 해 주면서 플랜트 수출을 할 수 있었습니다. EPCM 기능
을 하고 있는 조선소만으로는 Project Financing을 일으킬 수 없습
니다. Off-Taker인 해운 혹은 운영회사와 연결이 되어야 상환
(Repayment) 고리가 연결되어 Project Financing을 일으킬 수 있습
니다. 시장절벽과 산업절벽 상황에서 국가금융이 매개가 되어야 해
운산업, 조선산업, 해양산업이 연결되어 Project를 일으킬 수 있습
니다. 한반도 역내시장인 '동북아 에너지 허브', '연해주·북태평양',
'동남아 에너지 시장'에서 금융을 통해 사업을 일으키면 단기적으로
사양화되는 한국 해운·조선해양산업은 재기할 수 있을 것입니다.

성장엔진 개발과 4차혁명 솔루션

현재 한국 조선해양 Big3는 IMO 2050을 충족하는 'Decarbon-
ization 연료전지'를 개발해 차세대 추진력을 가진 선박을 개발하는
데에 집중하고 있습니다. 그러나 이것만 가지고는 부족합니다. 원자
력이 미래에너지를 주도할 것입니다. 한국형 APR1400 원전이 미국
US NRC DC 코드승인을 2020년에 취득했습니다. 미국을 등에 업
고 한국형 Modular APR1400 Nuclear Plant를 개발해 BMPP(Barge
Mounted Power Plant) 형태로 특화시키면 미래의 성장동력이 될 것
입니다. 또한 4차산업혁명 시대에 현재의 건조 중심에서 PLC(Product

Life Cycle) 중심으로 사업모델을 혁신해가야 할 것입니다. 이를 위해 PLC Platform 구축(아래 [그림 6.] PLC Platform Framework 참조)을 통해 제품과 조선소가 스마트화를 추구해야 합니다.

그림 6. PLC Platform Framework

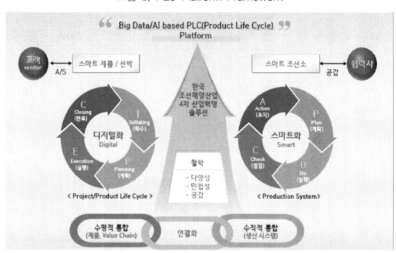

세계를 움직일 10대 바다 기술

이수호 (동일조선㈜ 기업부설연구소장, 공학박사)

1980년대 말까지만 해도 석유고갈론이 거론될 정도로 바다에 대한 이해나 개발은 매우 제한적이었다. 석유고갈론의 배경은 개발한계수심을 200m 내외인 대륙붕까지로 설정한 데다 탐사기술의 정확도에 한계가 있었기 때문이다.

2010년 셰일가스 개발로 촉발된 세계 에너지 시장의 패권이 러시아와 중동지역에서 미국으로 넘어가면서 한때 유가는 배럴당 120달러에서 최저 16달러까지 내려갔다가 현재 40달러를 조금 상회하는 데 머물고 있다.

바다에서는 어업이나 양식, 소금채취 등의 활용은 물론 점점 다양한 자원 및 새로운 기술개발이 시도되고 있으며 대상지역도 심해로 확장되고 있다.

바다의 자원은 전통적으로 ① 해양생물자원, ② 해양광물자원, ③ 해양공간자원, ④ 해양에너지자원, ⑤ 남극과 북극의 자원으로 분류하였다. 그러나 기술개발 속도가 가속화되고 있고 인간의 수요도 변화가 커 바다의 자원에 대한 새로운 정의가 필요한 시점이다.

심해의 정의도 다시 정립할 필요성이 크다. 파동역학이나 연안공학에서는 파고가 파장의 절반이 넘을 때 천해파라고 한다. 하지만 그 옛날에는 보조기구 도움을 받지 않는 맨몸잠수에서 20~30m가 넘으면 심해라고 하였지만 3,600m까지 개발 가능한 지금은 적어도

그림 1. 해양의 단면구조와 전통적인 자원 분류

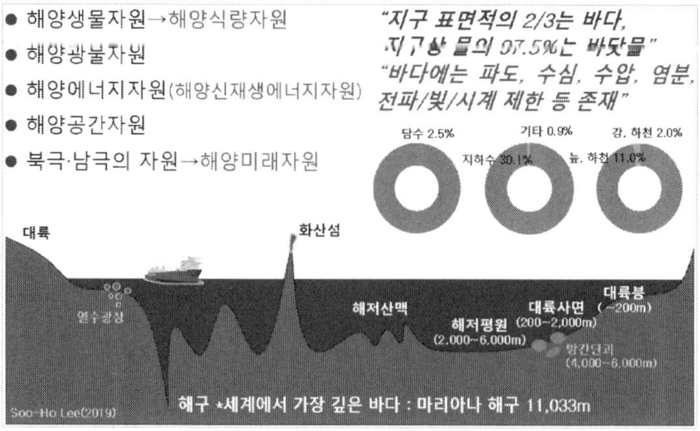

1,000m 이상을 심해로 정의한다.

따라서 바다의 관습적 시각에서 벗어나 앞으로 세계 경제를 이끌어갈 바다의 잠재력을 기준으로 새로운 10가지 핵심기술들을 소개하고자 한다.

그림 2. 수심대역별 해양자원 개발 및 활용 상황

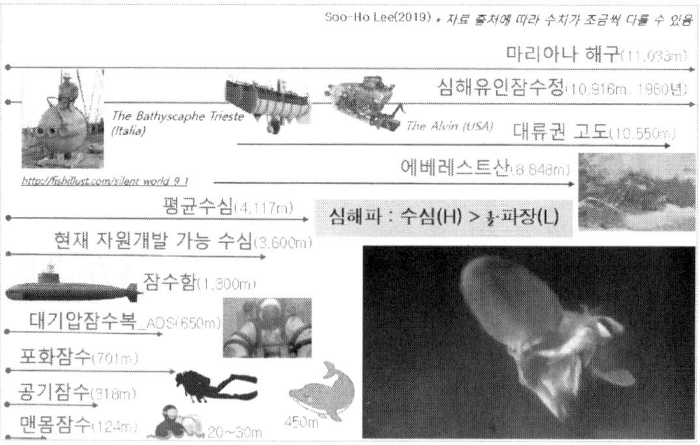

1. 해상수송 기술

인간이 바다를 최초로 이용한 것은 연안의 해초류 채취와 어업 그리고 소금일 것이다. 이후 배를 만들면서 수송이 대세가 된다. 선박의 기능은 부양성, 이동성, 적재성으로 대표되는데 오늘날 선박의 정의는 기관의 탑재를 필수로 한다.

즉 더 많은 부력을 확보하여 화물을 많이 실을 수 있으며 파도와 해수의 저항을 줄여 에너지 소모를 줄이는 데 기술개발의 초점이 맞추어져 왔다.

해상수송 기술에 있어 가장 큰 특징은 대형화이다. 1957년 등장한 컨테이너선은 2010년 1만TEU급에서 2019년 2만TEU급이 운항에 들어갔으며 최대 3만TEU급으로 길이 553.5m인 선박의 출현이 눈앞에 와 있다. 대형화 추세와 함께 지금은 ICT 기술발전을 바탕으로 무인화 자율운항과 친환경 추진연료 개발로 경쟁을 벌이고 있다.

여기에다 석유나 천연가스 등 해양자원 개발 붐을 타고 적재성(빈 공간)이 아닌 어떻게 하면 더 많은 기계장비들을 효율적으로 탑재하여 생산량을 늘릴 수 있을 것인지로 관심이 옮겨가게 되었다. 바다 위의 공장인 셈이다.

선박의 설계 및 건조 품질을 감리하는 선급의 경우도 2000년대를 전후하여 선박 대상, 경험칙에 의한 코드 중심에서 바다 위에서의 모든 인공구조물을 대상으로 확대하였으며 코드가 아닌 엔지니어링 기반의 감리로 전환을 하였다.

일반적으로 조선해양산업은 10년 주기 경기순환 사이클이 이루어진다고 한다. 하지만 1990년대 초부터 2010년대 중반까지 약 25년 동안 계속 성장세를 유지한 배경에는 육지의 시설을 바다로 옮겨 새로운 산업을 창출한 공로가 크다. 물론 1997년 IMF 위기는 다른 사업군에서는 악재였지만 조선해양산업에서는 일본을 뛰어넘을 수 있는 힘을 실어준 외부요인이었음을 부인하기 어렵다.

그림 3. 세계 최대크기 선박과 육상고층 건물 비교

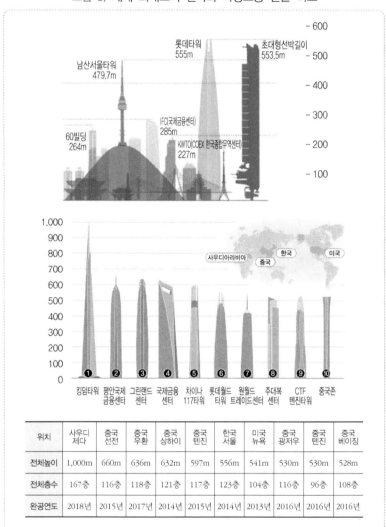

위치	사우디 제다	중국 선전	중국 우환	중국 상하이	중국 톈진	한국 서울	미국 뉴욕	중국 광저우	중국 톈진	중국 베이징
전체높이	1,000m	660m	636m	632m	597m	556m	541m	530m	530m	528m
전체층수	167층	116층	118층	121층	117층	123층	104층	116층	96층	108층
완공연도	2018년	2015년	2017년	2014년	2015년	2014년	2013년	2016년	2016년	2016년

* 현존 최대 해양부유식 구조물은 Prelude FLNG로 길이 488m, 폭 74m, 높이 110m이며 2017년 삼성중공업이 건조하였다.

액화천연가스의 경우 전통적인 방법은 해저유정에서 생산된 천연가스를 일차 전처리한 후 해저파이프라인을 통해 가장 가까운 육지 또는 섬으로 보내 액화공정을 거쳐 부피를 1/600로 줄여 소비지 육상저장시설로 이동하는 것이었다.

그림 4. 해양 액화천연가스 개발기술의 진화

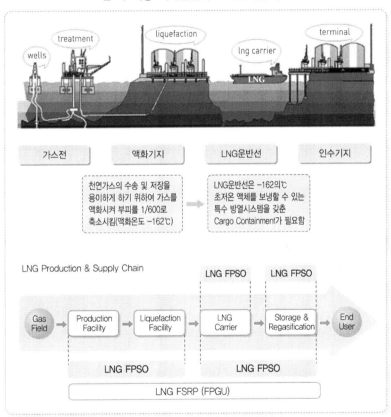

액화천연가스저장시설을 바다로 옮긴 것이 LNG FSRU이고, 이동성까지 갖춘 저장 및 공급시설은 LNG RV이다. 전처리와 액화공정까지 갖춘 시설인 LNG FPSO(FLNG)까지 상용화되었고 아예 해저

유정 상부 부유식 구조물에서 생산된 천연가스로 발전을 하여 해저 케이블로 전달하는 LNG FPGU(FSRP)가 곧 시장에 나올 것으로 예상된다.

2. 선박 추진에너지

국제에너지기구(IEA) 자료에 따르면 전 세계 1차 에너지 공급량은 2016년 기준 137.6억toe 수준인데 우리나라는 1/50을 담당하고 있다.

선박의 에너지 소비량은 현재 석유와 천연가스에 국한되기 때문에 육지의 조달상황과 무관하게 보일 수도 있다. 그러나 대형선박의 경우 발전기관은 집채만한 크기에 수십 MW를 발전하는 소형발전소이다. 소비연료의 변화가 석유에서 액화천연가스 혼소엔진(FGSS: Fuel Gas Supply System)으로 급격히 변화하는 가운데 이 추세는 앞으로 10여 년 정도 이어질 것으로 예상된다.

174개국의 회원국을 두고 있는 국제해사기구(IMO)는 2020년부터 모든 선박 연료의 황 함유량 기준을 현재 3.5%에서 0.5% 이하로 대폭 규제하고 있다. 황산화물(SOx)은 질소산화물(NOx)과 이산화탄소(CO_2)와 함께 3대 대기오염물질이다. 황산화물 배출을 줄이기 위해서는 저유황유 사용, 탈황설비 설치, 천연가스 사용 등 석유 사용을 줄이는 것이 현재로서는 해답이다.

이 외에도 액화석유가스(LPG)와 암모니아, 메탄올, 바이오연료, 수소, 연료전지, 해수전지, 축전지 등 새로운 추진 에너지원의 발굴도 다양하고 활발하게 이루어지고 있다. 원자력추진엔진의 탑재 시도도 꾸준하게 이루어지고 있다.

그림 5. 전세계 에너지 종류별 공급 비중

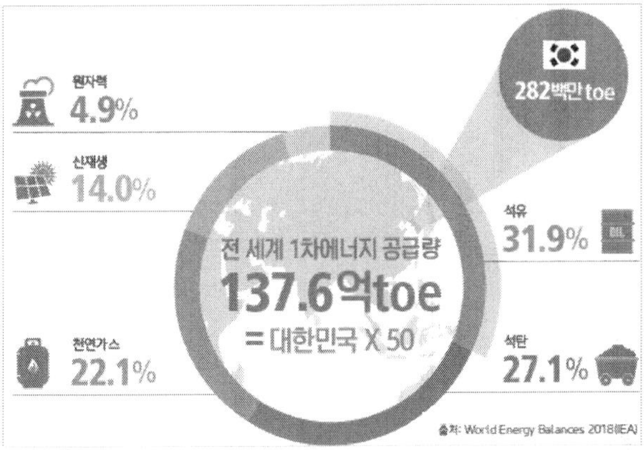

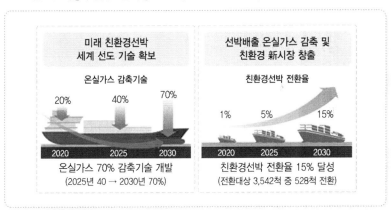

자료: IEA, 2016 기준.

그림 6. 해양수산부 한국형 친환경선박 기본계획(2021~2030) 추진목표

3. 심해저 에너지 부존자원

심해저 에너지 부존자원은 대표적인 것이 광물자원으로 분류되는 원유, 셰일가스, 메탄하이드레이트(Methane hydrate) 등 화석연료와 망간단괴가 있다. 열수광상이나 해저금광 등도 거론되지만 부존량이 많지 않다.

이들 부존자원 가운데 주목받는 것은 1990년대 초 개발이 시작되어 2025~2030년 이내 상용화 생산이 예상되는 망간단괴와 아직 개발잠재력만 확인된 메탄하이드레이트이다.

망간단괴는 수심 4,000~6,000m의 대륙평원 바닥에 흑갈색 자갈모양으로 넓게 분포하고 있으며 크기는 몇 mm에서 몇 cm가 보통이지만 2m에 이르는 거대한 것도 있다. 망간단괴는 망간을 주성분으로 하고 있지만 구리·니켈·코발트 등의 희귀비철금속이 소량으로 들어 있다. 현재의 소비량을 기준으로 볼 때 망간은 2400년, 구리는 640년, 니켈은 1600년간 사용할 수 있을 것으로 예상하고 있다.

메탄하이드레이트 또는 가스하이드레이트는 우리나라 독도 주변 해역을 비롯한 전 세계 해저에 광범위하게 분포하고 있다. 섭씨 0℃에서 26기압, 10℃에서 76기압의 압력이 가해지면 천연가스와 물분자가 결합되면서 얼음처럼 흰 결정을 이룬다. 수압이 높은 심해에서는 천연가스가 물 분자 사이사이의 공간을 채우면서 가스하이드레이트가 만들어지며 주성분은 메탄이다. 메탄하이드레이트 생산 기술은 아직 시험단계이며 경제성이 부족하다. 또한 메탄하이드레이트가 상용화되지 못하고 있는 이유는 분리되는 과정에서 다량의 메탄가스를 배출해 지구온난화를 가속화시킬 수 있고, 부존층이 사라지면 해저 퇴적층이 붕괴되어 큰 재해를 일으킬 수 있기 때문이다. 상용화 개발에 성공하면 셰일가스가 등장했을 당시 충격은 찻잔 속의 태풍에 비교될 정도로 혁명적 기술파괴가 일어날 것이다.

그림 7. 지구상 유기탄소 부존량 비교

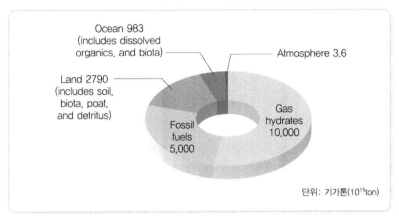

자료: 해양수산개발원, 2020.

4. 해양신재생에너지

세계 각국이 지구환경변화에 적극 대처하기 위해 온실효과를 유발하는 인자로 지목받고 있는 이산화탄소(CO_2) 배출억제 정책에 적극 나서고 있다. 2020년 말 우리 정부도 2050년 탄소제로를 선언하였다.

국가 온실가스 배출량의 87%를 차지하는 에너지 분야의 탄소중립 추진전략에서는 원자력발전을 제외했다. 에너지 분야에서 탄소 배출을 없애려면 석탄과 액화천연가스(LNG) 등 화석연료 사용을 최대한 줄여야 하며, 선진국들은 재생에너지 확대와 원자력발전 이용을 필수적인 것으로 보고 있다. 조 바이든 미국 대통령도 원전 활용 방침을 밝혔다. 영국과 일본 등도 마찬가지이다. 지난해 말 정부 여당에서 입법한 '해외석탄발전투자 금지법 4법'은 강도가 높다. 공기업의 해외수출 즉시 금지와 국내 신규투자 금지 및 운영 중단을 담고 있다.

앞으로 30년 이내에 원자력과 화력 발전을 완전히 배제하고 수력과 신재생에너지만으로 에너지 자립기술을 확보할 수 있어야 한다. 기술적, 환경적 그리고 국가경제제적으로 이를 담보할 충분한 능력이 있는지 검증되지 않은 상태에서 입법에 나선 것은 성급했다는 비판이 나오는 것도 이 때문이다.

현재 풍력과 태양광을 제외하고는 조력, 파력, 온도차, 염도차 발전은 걸음마 단계이고 기자재국산화율이 중국제품에 밀려 고전하고 있다.

우리나라의 경우 고정식 해상풍력발전단지 시범 사업이 종료되었고 1기당 최대 24MW급 부유식 해상풍력발전단지 상용화를 위한 기초연구가 지난해부터 시작되었다. 파력발전, 조류발전 설비, 수소자동차 등도 시험 가동을 완료했다.

미국이 에너지패권을 확보한 상태에서 유럽연합(EU)의 최대 주주인 독일과 북유럽 국가 및 다국적 에너지기업들이 풍력발전 등 신재생에너지 개발에 사활을 걸고 있다. 그러나 급한 걸음과 달리 완전한 해답은 아직 찾지 못하였다.

그림 8. 해상풍력발전 설치 방식 구분

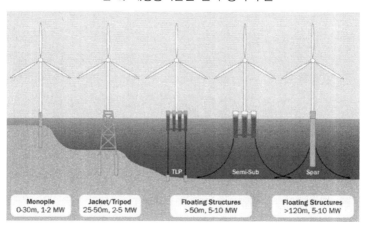

자료 : JKSCOE, 이진학.

5. 북극과 남극

영하 50℃를 넘어서기도 하는 남극과 북극은 인간의 활동이 지극히 제한되어 있다. 바다표범이나 물개도 있고 에스키모도 살고 있지만 여전히 남극과 북극은 인류를 위한 마지막 자원의 보고이다. 1980년대만 하더라도 남극에 주목했다. 남극대륙은 빙하와 만년설로 덮여있지만 학자들은 지구역사에 대한 물리적 연구와 식량자원으로서 고단백질원인 크릴새우 활용에 관심을 가졌다.

2000년 이후 남극에서 북극으로 관심의 지렛대가 급속히 쏠리고 있다. 지구기후 변화로 북극의 얼음이 녹아 항로개설이 가능해진 덕분이다. 또한 빙하 밑 바다에 저장되어 있는 원유와 천연가스 매장량은 상상을 뛰어 넘는다.

쇄빙항로의 경우 2010년 초까지만 해도 선박건조 가격 상승, 유지비 및 연료비 추가 등을 걱정하는 목소리가 높았지만 국내 조선소들이 쇄빙유조선은 물론 쇄빙액화천연가스운반선을 건조하여 인도함으로써 기우임을 증명하였다.

유럽노선은 운항기간 단축이 10일, 미주노선은 6일 가능하여 40~60% 기간단축이 가능하다. 주목할 부분은 세계물동량처리 6위에서 7위로 추락할 정도로 경쟁력 확보에 애로를 겪고 있는 부산항의 부활이다. 수에즈운하나 말라카해협처럼 세계 해상물동량의 요충지이자 중심항구로 도약이 가능하다. 이를 위해서 부산항 내 또는 인접지역에 선박길이 400m 이상의 초대형선박수리조선소를 확보하여야 한다. 초대형선박수리조선소 입지는 부산 가덕도로 이전 계획되었지만 갑론을박이 심하다. 부산항이 완전한 안전항구가 되기 위한 필수 요건이다. 북극해에는 약 1조 5천억 배럴의 원유(인류가 60년 정도 사용할 분량)과 48조㎥의 천연가스가 매장되어 있는 것

그림 9. 북극항로의 개설과 거리단축 효과

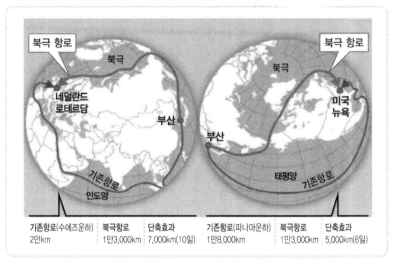

기존항로(수에즈운하) 2만km	북극항로 1만3,000km	단축효과 7,000km(10일)	기존항로(파나마운하) 1만8,000km	북극항로 1만3,000km	단축효과 5,000km(6일)

출처: 부산발전연구원.

으로 알려지고 있다. 1980년대 이전 석유고갈론은 기술의 한계로 탐사와 개발수심 및 장소가 협소하고 대체자원의 출현 등을 예상하지 못하였기 때문에 나온 기우였다.

6. 해수자원

바닷물은 그 자체로 지구 및 인간의 생존 바탕이다. 어머니 자궁 속 염분의 농도가 바닷물과 같다는 이야기처럼 굳이 과학진화론을 들먹이지 않아도 바다의 중요성에 많은 사람들이 관심을 기울이고 있다. 바다를 활용하기에 앞서 보호하는 일은 지구에서 인간이 번영을 누리기 위해 필수불가결한 요소이다.

인간은 바닷물에서 소금을 얻었고 근대에 와서 사막이 많은 중동 등지에서는 담수화플랜트를 통해 식수와 공업용수를 확보했다, 바닷물 속에는 산업용 또는 미용 및 의료용으로 활용되는 희귀용존

금속이 미량이지만 존재하고 있다.

2005년 강원도 고성에 선박해양플랜트연구소 산하 해양심층수연구센터가 운영 중이다. 지역산업과 연계하여 심층수 식품 및 미용제품, 농업 및 양식 등 새로운 지역산업을 창출하고 남태평양의 피지 등과 해수온도차발전 등 국제협력사업에도 적극적이다. 해양심층수란 태양광이 도달하지 않는 수심 200m 이상의 깊은 곳에서 존재하며 유기물이나 병원균 등이 거의 없을 뿐 아니라 연중 안정된 저온을 유지하고 있다. 해양식물의 성장에 필수적인 영양염류가 풍부하고 청정성, 저온성, 부영양성, 고미네랄 등 4대 특성과 함께 장기간 숙성된 해수자원으로 표층수와 분리된 고유수층을 형성하고 있다.

2011년 강원도 강릉에 '해수용존 리튬추출 연구센터'가 문을 열었다. 이곳에서는 리튬뿐 아니라 붕소, 마그네슘, 우라늄 등 해수용존 희소자원 회수 기술 연구와 희소자원의 화합물 제조공정 연구를 함께 수행하고 있다.

그림 10. 강원도 고성 해양심층수 융·복합 클러스터사업(2015~2024)

7. 공간자원

해양에서의 활동은 해수표면, 해중, 해저, 해저하 지층에서 이루어진다. 넓은 의미에서는 해류와 더불어 대기의 순환까지를 포함하며 어족류의 이동 등도 포함될 것이다,

전통적인 해양공간 이용은 수송통로 기능과 어업과 양식 등 소극적이었다. 지구의 역사 45억년, 인류의 역사 50만년 가운데 100년이 되지 않는 시간 속에서도 비약적 발전을 이루어 낸 것이다. 현재 실현되지는 않았으나 부유식 해상도시 구상이 계속 시도되는 이유는 인구증가에 따른 거주공간 부족, 투발루와 같이 해수면 상승, 정치적 목적 등 절실한 원인들이 거론되고 있지만 수상도시가 이미 존재하듯이 해상도시 또한 존재하지 못할 이유는 없을 것이다.

그림 11. 해양공간 활용 범위 및 종류

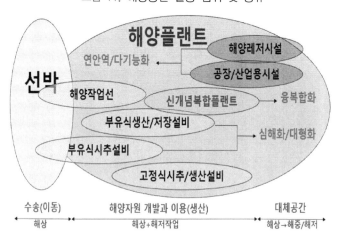

그림 12. 인류 역사와 해양 개발 역사의 비교

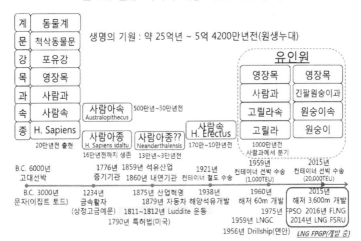

8. 해중공간 이용기술

아직까지 바다를 이용한다는 것은 해수표면에서의 작업이 대표적이고 해중 또는 해저 공간 활용은 산업용(자원개발)과 군사용(잠수함)으로 활용되고 있다. 이외에도 포집된 이산화탄소(CO_2)를 폐유정에 주입하여 저장하거나, 원자력발전소, 해중도시 등 극한 엔지니어링(Extreme Engineering)의 시도가 있다.

원유 또는 천연가스 개발작업은 시추공 설치와 해수표면의 작업선 또는 육상기지로의 관로연결(Subsea URF: Umbilical, Riser and Flow Line) 등으로 이루어진다. 해저에서는 해저 통신 또는 전력 케이블 등도 설치되고 있다.

기대되는 미래기술은 현재 해수표면에서 이루어지는 해저자원의 시추 공정 일부를 해저 4,000m 바닥으로 내려 보내고 이를 원격으로 통제하는 기술들이다.

그림 13. 수직시추공법(a, 왼쪽)과 수평시추공법(b, 오른쪽)

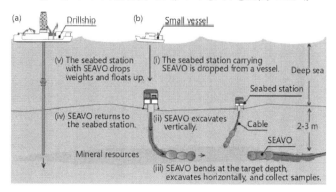

자료: SEAVO, 2019.

그림 14. 해저유정 오염방지 시스템

자료: Green Means Go, 2012.

9. 생물자원

우리나라에서 현재 수산업은 사양산업으로 분류된다. 특히 어업이나 양식, 염전 등은 계속해서 생산량이 줄어들고 있고 주변의 중국, 러시아에 한참 밀린다. 작업자는 대부분 선장을 제외하면 제3국에서 온 사람들로 채워진다. 농업과 어업 등 1차 산업의 붕괴를 눈앞에 보는 듯하다.

이러한 열악한 환경조건 속에서도 국립수산과학원의 역할은 국내 수산업의 든든한 받침대가 되어 주고 있다. 사라졌던 대구가 90년대 말부터 치어방류사업의 성과로 돌아오고 해수의 온도 상승으로 참치와 대방어를 남해안에서 잡을 수 있는 시절이 되었다.

특히 지방대 수산생물 및 식품 관련 전공이 아직까지는 인기를 끌고 있지만 동남아시아나 아프리카 등에서 온 유학생들을 통해 국가적 미래네트워크 형성에 귀중한 기여를 하고 있기도 하다.

제주대 정석근 교수는 Sea Around US의 자료를 인용하여 "우리나라 수산업이 가장 활발했던 1970년대에는 우리나라가 오히려 중국보다 어획을 많이 한 것으로 보인다. 1980년부터 2016년까지 황해에서 중국 어획고는 약 50만 톤에서 2백만 톤으로 4배 가량 늘었으나 우리나라 어획고는 약 80만 톤에서 40만 톤으로 반 토막이 났다. 그러나 북한을 포함한 황해 전체 어획고를 보면 1990년대 말 이후로는 약 270만 톤 수준에서 거의 일정한 것을 볼 수 있다. 즉 북서태평양과 마찬가지로 황해에서만 보더라도 적어도 지난 25년 동안 어획고는 일정했기 때문에 수산자원량이 줄어들었다고 보기는 힘들다. 즉, 남획이 일어났다는 증거는 없다."며 수산정책의 단견을 지적하고 있다.

정 교수의 이론은 전체수산자원량은 치어의 남획에 좌우된다기보다는 어류의 먹이가 되는 플랑크톤의 생산량과 일치하기 때문에 지구의 기후변화와 에너지 평형이 더욱 중요한 근원적 과제임을 제시하고 있다.

우리나라에서 바다산업은 정부정책 여하에 따라 첨단산업으로 재탄생할 수 있는 유망산업이기도 하다.

어구 및 어법의 현대화, 고부가가치 어종의 양식기술, 첨단어선 설계기술 확보 및 기자재산업 육성에 대해 더욱 관심을 가져야 한다. 어선감척사업과 역행하는 측면이 있으나 수출시장 개척으로 활로를 열 수 있다. 군산이나 목포 등 지역 균형개발 측면에서 적극 검토가 필요하다.

그림 15. 북서태평양 국가별 연간 어획고 70년 변동 추이

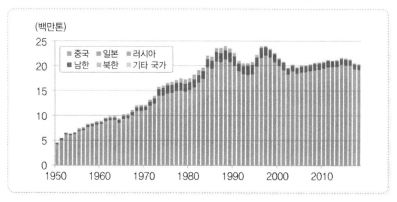

자료 : FAO.

산업에는 흥망성쇠가 있고 어떤 산업은 성장기 → 포화기를 지나 쇠퇴하거나 새로운 전환기를 찾아 부활한다. 바로 잡는 어업에서 기르는 어업으로의 전환이 여기에 해당할 것이다.

10여 년 전부터 외해에 설치되는 부유식 양어장 개발에 많은 관심을 보이고 있다. 2017년 중국이 핀란드에 발주한 50여 척의 부유식 양식장이 제작에 착수하여 지난해 말 인도되었고 2020년 7월에는 싱가포르에서 약 50억 원 규모의 시설이 만들어졌다. ICT 및 IoT 그리고 AI가 결합되고 생산자동화시스템까지 갖추어진 첨단 공장이다. 구조형식은 선박형, 반잠수형, 바지선형, 가두리형 등 다양하다.

그림 16. 중국애서 발주하여 핀란드에서 건조된 부유식 양어장

그림 17. 해양산업의 사계 및 사업별 진행 단계

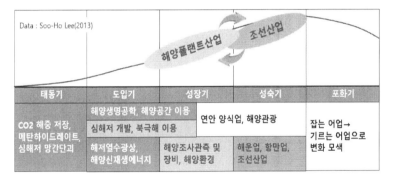

10. IT 및 환경보호 기술

바다에서의 기술발전은 크게 ① 대형화, ② 극한환경(심해, 극지) 극복, ③ 융·복합화, ④ 지역특수성 반영(Glocalization), ⑤ 안전과 친환경·고효율화와 함께 육상에서도 대세인 ICT 기술발전을 바탕으로 자율운항과 친환경 추진연료 개발로 경쟁을 벌이고 있다. 국내외에서는 e-Navigation, 그린십과 스마트십 그리고 스마트십야드, 친환경연료 등 기술개발에 박차를 가하고 있다.

먼저 자율운항의 핵심은 인공지능(AI)과 IoT기반 빅데이터를 활용한 ICT 기술의 접목이다. 육상의 자동차가 도로를 따라 선형적인 운동을 한다면 바다 위의 부유체나 수중의 구조물은 비행기와 동일한 6자유도 운동을 한다. 또한 시계의 제한, 무선통신 거리의 제한, 에너지의 자체조달, 무한한 자연력 앞에 인위적인 안전 등을 달성해야 하는 기술적 어려움이 있다.

지금까지 선박이나 해양구조물 관련 선박생애주기(Life Cycle)를 반영한 유지 · 보수 · 운영(MRO: Maintenance, Repair and Operation) 관점에서 생성되는 개별데이터를 어떻게 빅데이터로 모을 것인가에 초점이 맞추어져 왔다. 사람의 경우 생체정보를 활용하여 건강 관리, 질병 예방 및 치료에 활용하는 빅데이터의 연구가 활발한 것처럼 바다의 구조물 또한 같은 방법으로 최적의 운항효율과 경제성, 안전을 달성하는 것을 목표로 하고 있지만 각기 다른 국가 사이의 표준과 환경, 이해관계로 인해 데이터로 모으고 소통하는 것이 쉽지 않다.

보수적 관점에서 의료정보와 마찬가지로 개인정보 보안(Security) 문제 해결이 관건처럼 논의되지만 본질적 접근 포인트는 전생애주기 관점에서 EPCIC and MRO, De-commissioning(설계-제작-조달-설치-시운전-유지 · 보수 · 운영-해체)까지를 포괄하는 선박전생애주기 빅데이터 구축으로 전환되어야 할 것이다.

환경과 관련해서는 친환경 · 고효율이라는 경제적 목적 달성뿐만이 아니라 육지로부터 유입되는 연간 3,000조 원으로 추산되는 해양쓰레기 피해, 보험의 한계를 넘어서는 대형 유정 폭발이나 원자력발전소 사고 등에 대응하여 어떻게 사회적 안전망을 구축할 것인가가 핵심이 되어야 할 것이다.

그림 18. e-Navigation(위)과 바다쓰레기 처리 시스템(아래)

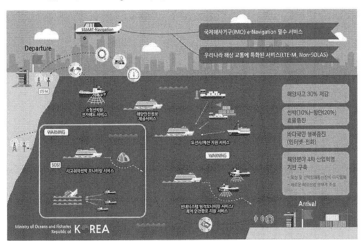

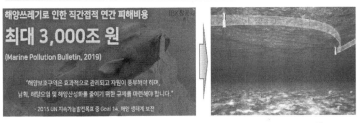

11. 요약 및 맺음말

바다가 지구 표면적의 2/3를 차지하고 있고 에너지균형을 맞추는 중요한 역할을 하고 있지만 정작 육지에서 주로 활동하는 우리는 바다의 질서를 잘 알지 못하거나 육지적 관습에 얽매여 고정관념으로 바다를 대한다.

바다와 육지는 상호 소통하며 지구 및 지구상에 존재하는 생물 및 무생물의 서식처로써 기능하며 그들이 생존에 필요한 에너지를 공급한다.

얼마 전 경북 어느 포구를 찾아갔다가 놀라운 사실 하나를 발견했다. 해안선에 인접한 학교 운동장이 지진과 지진해일 대피장소로 지정되어 있었던 것이다. 지진이 발생하면 건물의 붕괴에 대비하여 넓은 공터로 대피하는 것은 상식이다. 그러나 이름은 비슷하지만 지진해일은 전조를 보이고 난 뒤 10여 분 안에 항구 전체를 쑥대밭으로 만들어 버린다. 그럼에도 불구하고 바다를 알지 못하는 사람은 지진해일이 오는 것을 구경하다가 빠져나오지 못해 변을 당하기도 하고 [그림 19.]처럼 죽음의 장소로 대피하는 어이없는 일이 일어날 수 있다.

바다의 위력에 대한 갑론을박에서 가장 중요한 것은 Glocal-ization 입장을 견지하는 것이다. 과거 통계자료가 제대로 작성되지 못하는 시기에 있어 연안공학을 다루는 엔지니어들은 설계가 끝나면 최종 감수 방법으로 그 동네에서 가장 오래 산 어른들을 찾아 자문을 구했다. 어느 해에 얼마만큼 비나 태풍이 왔는지, 피해는 어땠는지 조사하고 반영했다. 얻을 수 있는 가장 신뢰성 높은 정보이다.

그림 19. 경북 포항 모초등학교 앞 지진해일 대피 안내 사례

그림 20. 태풍 마이삭으로 해변가 터널로 떠밀려 온 테트라포드(2020.9)

2003년 9월 태풍 매미가 왔을 때 거제도는 수백 대의 승용차가 침수되고 대형조선소에 계류된 선박들의 고박줄이 끊어져 항내로 여기저기 떠다니고 있었고 시민들은 2주 동안 단전·단수의 고통을 겪었다.

2020년 9월 태풍 마이삭은 울릉도와 동해안에 막대한 피해를 초래하였는데 방파제에 쓰이는 50톤 중량의 테트라포드가 파도에 떠밀려 터널로 밀려드는 진기한 모습이 연출되었다. 이처럼 자연력 앞에서 인간의 저항은 무기력하다.

이동하는 선박과 한 곳에 위치를 고정하는 해양구조물은 근본적으로 주변환경에 절대적인 지배를 받는다. 선박은 북해나 북극해와 같이 특별하게 험난한 조건이 아니라면 국제해사기구(IMO)나 국제선급협회(IACS)의 규정을 공통적으로 따라도 무난하지만 해양구조물은 그 지역 특수성을 반영해야 하기 때문에 자연환경, 사회문화적 환경을 두루 반영하는 Glocalization 전략이 필요하다.

일례로 우리나라가 부유식 해상풍력발전 기술개발을 시작한 지

약 10년이 되는데 많은 연구자와 기술자들이 유의파고(설계파고)의 정의와 어떤 주기의 파를 사용해야 할지 철학적 준비가 되어 있지 않다는 걱정이 들 때가 있다.

어느 기술선진 회사가 50년 주기 유의파고를 썼다고 그것을 인용한다면 그 작품은 결정적인 하자가 되어 바다에 나가보지도 못하고 사장될 가능성이 있다. 연안구조물은 지금까지는 50년 주기 유의파고를 설계규칙에 근거를 두고 사용했지만 바뀐 자연조건으로 100년 주기로 상향 조정이 예상된다. 바다에서는 '나 자신을 아는 것'이 실패와 시행착오를 줄이는 최선의 방법이다.

바다의 자원을 전통적인 분류인 ① 해양생물자원, ② 해양광물자원, ③ 해양공간자원, ④ 해양에너지자원, ⑤ 남극과 북극의 자원에서 앞으로 세계 경제를 이끌어갈 바다의 잠재력을 기준으로 새로운 10가지 핵심기술들을 소개하였다.

① 수송기술
② 선박 추진에너지
③ 심해저 에너지 부존자원
③ 해양신재생에너지
⑤ 북극과 남극
⑥ 해수자원
⑦ 공간자원
⑧ 해중공간 이용기술
⑨ 생물자원
⑩ IT 및 환경보호 기술

국내 정치계에서는 세계기후변화와 관련하여 바다의 역할에 주목하고 있다. 염려스러운 것은 우리가 주체가 되지 못하고 기술선진국들에게 끌려가고 있다는 것이다. 조선해양산업의 경우 제조분야에서는 자타가 인정하는 세계 1위이지만 얼마 전까지만 해도 액화천연가스운반선 1척을 건조하면 선가의 5%에 해당하는 기술로얄티(척당 약 100억 원)를 저장탱크에 관한 특수기술을 보유한 GTT란 엔지니어링컨설팅 회사에 지불했다. 배 한 척당 영업이익률이 7%대에 불과한 조선소로서는 불가항력이지만 뼈아픈 아킬레스건이었다.

중국과 동남아의 거센 도전도 넘어야 할 산이다. 인건비 경쟁력뿐만 아니라 노동생산성, 설비생산성, 전문관리생산성, 기술생산성 등 우리가 장점을 가진 부분을 극대화해야 한다. 특히 신기술 개발과 전문관리생산성에 주목해야 한다.

해양플랜트산업의 침체기에 3가지 핵심 프로젝트를 준비한 적이 있고 현실은 녹록하지 않지만 최선을 다하려 한다.

첫째가 국내외에서 통용될 수 있는 표준계약서를 작성하는 것이었다. 육상공사나 선박에서 당연시 되는 이 일이 국제공정무역에 저촉될 가능성이 있다는 이유로 작성계획에 대한 공식발표 하루 만에 전격 취소된 것은 너무 아쉽다.

둘째, 중량추산 프로그램을 만드는 일이었다. 책임소재를 걱정하는 내부 반발이 컸고 바다에 대한 이해가 부족한 공동연구팀을 설득하느라 에너지 소비가 많았다. 실적선들의 데이터 확보가 중요했지만 조선소의 협업은 불가능했다.

셋째, Glocalization에 대한 이해부족은 협상에서 절대 불리하게 작용했다. 외국 자료라면 앞뒤 따지지 않고 신뢰하는 풍토도 한계였다. 그래서 저자는 2010년에 주관하여 출판하였던 세계 유일의 「한·영·러 조선해양공학 용어사전」 개정판을 출간하고자 한다.

그림 21. 오일 메이저의 택스트의 왜곡(왼쪽)과 우리 현실(오른족) 비교 예

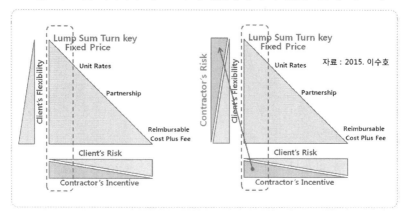

그림 22. 필자의 저서와 작품

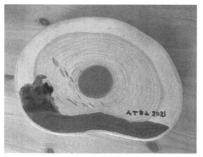

LNG 밸류체인[*]

최병열(한진중공업 과장)

"밸류체인은 시장구조와 흐름의 합이다"¹⁾

1. 밸류체인, 경계를 넘는 대화를 위한 최소공약수

LNG 시장은 구조뿐만 아니라 그 세찬 변화의 흐름을 같이 관찰해야 합니다. LNG는 천연가스에 이동성을 부여하였고, 그 이동성이 새로운 시장을 생성하고 이끌어 왔습니다. 천연가스를 액화시켜 부피를 줄이면 물리적인 이동성이 부여됩니다. 이를 선박 등으로 운송 가능케 하여 원거리인 타국가에서도 사용할 수 있도록 합

니다. 그리고 이 물리적인 이동성은 이내 시장가치의 이동성으로 발전했고, 곧이어 그 시장가치는 세찬 속도와 역동성을 보이며 발

---

* 제9회 '바다, 저자와의 대화'에서의 강연내용을 글로 옮긴 것이라 경어체로 되어있다는 점을 밝혀둔다.

1) 마이클 포터 교수는 기업의 부가가치를 창출하는 과정이 사슬처럼 이어져 있다는 점에서 가치사슬(Value Chain)이란 단어를 사용한 바 있습니다. 또한 일반적으로 'LNG 밸류체인'이라는 단어는 LNG와 그 주변시장을 지칭하는 용도로 사용되기도 합니다. 본지에서는 '구조'와 '흐름'이라는 두 가지 키워드를 하나로 표현하기 위해 밸류체인이라는 단어를 채택하였고, 독자의 이해를 돕기 위해 위와 같이 밸류체인을 새롭게 재정의 하였습니다.

전했습니다. 처음에는 변화라 불리었으나 이내 곧 혁명이라 불렸습니다. 그리하여 셰일 혁명과 LNG 혁명이라는 별칭이 태어나게 되었습니다.

LNG는 명사가 아니라 동사와 같습니다. 그리고 그 시제는 아직 현재진행형입니다. 미래에너지이자 탈화석연료의 주연으로 꼽히는 수소에너지 또한, 천연가스 및 화석연료를 개질하여 생성된 수소인 그레이수소로부터 영향을 받고 있습니다. LNG가 창출해온 세찬 흐름이, 앞으로도 천연가스를 기반으로 한 다수의 시장에 지속적으로 긍정적인 영향을 미칠 것인지, 그리고 미래에너지라 꼽히는 수소에너지에도 어떠한 긍정적인 영향을 미칠 수 있는지 가늠할 필요가 있습니다. 그리고 이를 위한 논의를 위해서는 LNG 시장의 구조와 함께 그 시장내부의 흐름을 이해할 필요가 있다 하겠습니다.

LNG 시장의 구조와 흐름의 이해는 경계를 넘는 대화를 조력할 수 있습니다. LNG 시장의 격변기인 2013년부터 2018년까지 만 5년의 기간은 LNG 시장구조와 흐름에 대한 기본을 관찰하기에 좋은 시간입니다. LNG 생산시장의 구조와 의사결정의 논리부터, 거래의 발전, 이를 기반하여 태동되는 시장 등을 짚어볼 수 있습니다. 이를 통해 LNG 시장의 저변구조와 변화의 흐름을 알 수 있습니다. 학계와 산업계, 금융계와 정부기관 등 한국의 지성인들과 의사결정자들, 그리고 미래를 이끌어갈 주역이신 청년들과 현업 담당자들, 모두가 함께 같은 이해를 가질 필요가 있습니다. 이를 기반으로 소통할 때, LNG 시장에 대한 적절하면서도 효과적인 접근이 가능하고 생각됩니다. 이를 위한 최소공약수로서의 저변지식을 얻는 차원에서 LNG 밸류체인을 알아보는 것은 의미가 있다 하겠습니다.

2. 시장구조 3요소: 액화, 운송, 재기화

LNG는 가스시장의 중류에 해당합니다. 천연가스 시장은 생산을 위주로 하는 상류, 운송을 위주로 하는 중류, 소비자와 직결된 하류 세 가지로 나눌 수 있습니다. LNG는 천연가스를 운송하기 위한 형태이므로 중류에 해당합니다. 그리고 이는 ① 액화, ② 운송, ③ 재기화 3가지의 시장으로 나눌 수 있습니다. 액화시장은 천연가스를 영하 163℃ 이하로 온도를 낮춰 액화하는 시장을 의미합니다. 운송시장은 LNG를 해상에서 운송하는 시장을 의미하고, 재기화 시장은 LNG의 온도를 다시 높여서 재기화하여 천연가스를 공급하는 시장을 의미합니다.

그림 1. 주요 회사에 따른 LNG 밸류체인 분류[2]

---

2) Clarksons Raw Data (2018년 11월)를 일부 참고하여 저자가 구성하였습니다. 해운조선산업에 집중하기 위해 육상 액화·재액화 기업은 배제하였습니다. LNG벙커링 시장은 Ship to Ship 시장에 초점을 맞추어, 연료 소비시장이 아닌 LNG 운송시장으로 분류하였습니다.

3. 가스혁명과 LNG 혁명, 그리고 신시장의 발전

셰일혁명은 LNG 혁명을, LNG 혁명은 신시장을 낳았습니다. 천연가스 생산시장에서 발생한 셰일가스혁명은, 수압파쇄공법이 개발됨에 따라 셰일층에서 가스채굴하는 비용이 낮아지면서 천연가스의 공급량이 폭증한 것을 의미합니다. LNG 혁명은 LNG의 공급량과 수요량이 높아지면서 LNG의 운송량이 늘어난 것을 의미합니다. 동시에 LNG 시장의 계약구조가 유연해지고, 수요처가 다각화 되면서 LNG 트레이딩, 소형 LNG 수송이라는 신시장이 나타났습니다. 환경규제의 강화뿐만 아니라 LNG 가격경쟁력의 강화는 LNG 연료추진선과 이에 대한 LNG 벙커링 시장이라는 신시장을 낳았습니다. 대형 수상 액화시설과 수상 재기화시설 위주로 전개되었던 액화·재기화 시장 또한, 소형시설이 점차 증가하게 되었습니다.

에너지 신시장의 중요 논리 중 하나는 경제성입니다. 이러한 신시장의 발전은 셰일 혁명과 LNG 혁명이 새로운 시장에 경제성이라는 숨을 불어넣었기 때문입니다. 2013~2018년 시장 격변기 다수 시장이 성공적인 발전 성과를 보였지만, 경제성을 잃어버린 시장도 있었습니다. 그 중 하나가 소형 수상액화시설입니다. 고유가 및 높은 LNG 가격을 기반으로 태동했던 동 시장은, 격변기 이후 LNG 가격의 하락으로 인해 경제적인 타당성이 부족하여 시장 발전이 잘 이루어지지 못했습니다. 액화시설의 경우 가스전의 성질에 따라 처리시설까지 함께 갖춰야 하는데, 낮은 LNG 단가로서는 이를 위한 경제성이 부족했기 때문입니다. 이러한 경제성의 논리는 LNG 수출국들에 중요한 축이 되어 왔습니다.

4. 시장 패권, 물들어 올 때 노 저어라

LNG 시장의 패권을 신속히 잡으려는 생산국들의 경쟁은 과잉공급을 낳았습니다. 2011년경 미국에서 생산이 본격화된 셰일에너지는, 석유의 수출과 함께 LNG의 수출을 넘보게 되었습니다. 2013년, 미국 에너지부는 자국이 러시아와 사우디를 제치고 세계 1위의 석유가스 생산국이 될 것이라는 전망을 내비쳤고, 2014년에는 미국 하원을 중심으로 LNG 수출 프로젝트의 신속승인을 촉구하는 움직임이 발생했습니다. 당시에는 아직 셰일가스 기술이 미국에서만 활발하게 이루어지고 있었습니다. 아직 타국이 셰일혁명을 잘 활용하지 못한 지금, 빠르게 시장진입을 진행한다는 논리였습니다. 선두효과를 통해 상업적 기회를 선점하고 고객을 선점해야 더 많이 시장점유율을 가져갈 수 있다는 논리였습니다. 세계 LNG에 투자하려는 투자자들의 자금 또한 그 분량이 있을 것이고, 이 자금들을 먼저 확보하여야 한다는 논리였습니다. 시간이 지나 셰일가스 기술은 타국에서도 본격적으로 활용되게 되었고, 생산량의 증가에 기반한 점유율 확보 필수 논리는, 미국뿐만 아니라 러시아, 호주에도 대두되었습니다. 그리고 이후에는 카타르 또한 생산경쟁에 참여함으로써 LNG 장기공급과잉이라는 시장환경이 조성되었습니다. 이는 앞으로도 LNG의 낮은 가격이 상당히 지속할 것이라는 기대를 낳았습니다. 이는 LNG가 에너지원으로서 가격경쟁력을 장기간 유지할 수 있을 것이라는 시장기대를 형성하였습니다.

5. 크림반도 위기, LNG 시장에 호재로 작용하다

2014년 러시아가 크림반도를 자국의 영토로 편입한 사건은 LNG 시장에 호재로 작용했습니다. 유럽 대부분의 국가는 러시아에서 공급하는 천연가스를 주 에너지원 중 하나로 사용합니다. 러시아이 천연가스 생산단가가 매우 낮을 뿐만 아니라, 파이프라인을 통해 손쉽게 유럽으로 운송할 수 있기 때문입니다. 다만, 러시아가 서방과의 관계 악화 시, 원유 또는 가스공급을 중단하면 유럽의 에너지 안보에 악영향을 미칠 수 있다는 단점이 있습니다. 2014년 발생한 크림반도의 러시아 편입사건과 그로 인한 서방과 러시아의 갈등으로 인해, 유럽의 러시아에너지 의존도 감축은 큰 이슈로 떠올랐습니다. 당시 서방제재가 가해지자 러시아는 유럽에 2차례의 가스공급 중단을 감행하였기 때문입니다. 독일의 경우는 거의 전적으로 러시아에 가스를 의존하다시피 하는 구조를 가지고 있었고, 이는 유럽연합이 러시아에 대해 일관된 목소리를 가지는 데 장애로 작용할 수 있었습니다. 독일은 러시아 가스 추가 도입 계획을 지속 진행하였고, 이에 반대하여 덴마크는 자국영토를 지나가는 독일로 향하는 가스 파이프라인의 건설허가를 취소시키는 등, 유럽연합 내 심각한 갈등이 유발될 정도로 러시아 가스 의존도 감축은 유럽연합 내 중요한 정치문제가 되었습니다. 이러한 과정을 겪어나가며 유럽 내 다수의 LNG 수입터미널 증설 계획이 세워졌고, 발트해 지역에도 라투아니아 LNG 수입터미널과 주변국을 중심으로 소형 LNG 생태계가 조성되는 등, 에너지 안보라는 목적에 힘입어 LNG 수요가 증가하였습니다. 안보 목적의 에너지원 다각화 노력은 아시아 등 타 주요국에서도 이어지면서 LNG 수요는 점차 더욱 증가할 수 있었습니다.

6. LNG 시장을 흔든 미국의 한 수, LNG 수입자유화

미국이 서두르긴 했어도, 먼저 선수를 친 나라는 호주였습니다. 2009~2011년 약 3년은 카타르가 LNG 액화설비를 폭발적으로 증설한 기간이었다면, 2016~2018년 약 3년은 호주가 액화설비를 폭발적으로 증설한 기간이었습니다. 미국은 상대적으로 1~2년 늦은 2017~2019년이 되어서야 액화설비를 증가시킬 수 있었습니다. 러시아, 인도네시아, 카타르, 호주 등 기존의 생산국들은 LNG 가격을 유가에 연동시키는 유가연동가격제를 적용하여 계약을 체결했습니다. 그런데 셰일혁명으로 LNG의 물량은 넘쳐났고, LNG의 실질 가격은 낮아졌습니다. 그럼에도 불구하고 유가연동가격제로 인해, 수출국들은 여전히 실질가격보다 높은 가격으로 가스를 수입해야 했습니다. 또한 계약상 도착지가 정해져 있는 계약을 체결했기에, 남는 LNG를 재수출하는 것도 불가능하였습니다. 이점에 착안하여, 후발주자인 미국은 LNG의 가격을 유가가 아닌 천연가스 자체의 가격지표에 연동하는 계약을 제시했으며, 도착지를 지정하지 않는 유연한 계약형태를 제공했습니다. 게다가 미국은 LNG의 수입처가 확보되지 않은 상황에서도 LNG 액화시설을 계속 증설했습니다. 과거에는 LNG 생산은 수입처 확보를 전제하다시피 했는데, 미국은 수입처 확보와 상관없이 LNG를 생산할 수 있게 하였고, 이에 따라 시장에 유입되는 여유물량을 대폭 증가시켰습니다. 여유물량의 증가는 트레이딩이라는 시장수요를 낳았습니다. 이러한 자유거래시장의 발전에 수입국들은 새로운 계획을 세웠습니다. 트레이딩의 가격기준과 거래표준을 제시할 수 있는 LNG 허브 조성이 바로 그것이었습니다.

7. 수입국도 가격협상력을 가질 수 있다: 가스허브

가스허브는 파이프라인이 지나가는 물리적인 허브를 의미합니다. 이 물리적인 허브를 기반으로 시장으로부터 신뢰받는 거래소를 만들면 이것이 가스거래소가 됩니다. 그러나 대체로 우리나라에서 '가스허브'라 하면 거래소를 포함한 가스허브를 지칭하므로, 본지에서도 그러한 의미로 '가스허브'란 용어를 사용하겠습니다.

가스허브는 수입국을 도와줍니다. 수입국들이 모여 가스허브를 조성하면 가격협상력을 보유할 수 있는 장점이 있습니다. 러시아 가스 수입국들인 유럽국가들은 유럽연합 내 가스허브를 조성하였습니다. 여기서 규칙과 계약이 표준화된 쌍방거래 및 가격지표형성, 선물거래 등이 이루어지게 하였습니다. 신뢰할 수 있는 시장은 신뢰할 수 있는 가격기준을 낳았습니다. 러시아와의 가스도입계약 시 가격협상에도 동 가격기준이 영향을 미치게 하는 효과가 있었습니다. 유럽에서는 1996년 영국이 NBP(National Balancing Point)에서 가스시장을 개설함으로써 천연가스가 시장에서 거래되게 하였습니다. 이후 2000년에는 벨기에가, 2002년에는 독일이, 2003년에는 네덜란드와 이탈리아가, 2004년에는 프랑스가, 2005년에는 오스트리아가 물리적인 가스허브 시설을 조성하였습니다. 여기서 가장 신뢰받는 가스거래소를 형성하는 데 성공한 국가는 가장 처음 가스허브를 만든 영국입니다.

가스허브는 수출자도 도와줍니다. 미국에서도 1990년 물리적인 허브인 Henry Hub의 가스거래를 표준화하면서 천연가스 거래소가 생겼습니다. 2010년대 중반 미국이 LNG 수출시장에 진출하면서, LNG 수입자유화라는 새로운 접근방식을 활용할 때, 기존과는 다르지만 신뢰할만한 가스가격지표를 제공할 필요가 있었습니다. Henry Hub가 제공하는 가격지표는 그 역할을 충분히 감당하였고, 미국의 신규 LNG 수출자들이 기존과는 다르면서도 합리적이면서도 신뢰할 수 있는 가격구조를 제시하는 데 큰 도움이 되었습니다.

가스허브의 조성에는 물량이 필요합니다. 그리고 신규 LNG 수출자는 이를 제공합니다. 위와 같이 유용성이 높은 가스허브의 형성에는 가스의 수송설비가 물리적으로 존재한다는 것이 중요합니다.

물리적이고 안정적인 물량의 공급 없이 신뢰할 수 있는 가격이 형성된다는 것은 쉽지 않은 일이기 때문입니다. 미국 등 LNG 생산국가들은 점유율경쟁을 하는 중이었습니다. 이에 수입자를 확보하지 않고서도 LNG 생산시설을 확충하였습니다. 시장에는 지속적인 LNG 물량 공급에 대한 기대감이 증가했습니다. 이러한 환경 없이는 아시아 국가를 위주한 수입국들의 LNG 허브 조성 시도가 어려웠을 것입니다.

그럼 전통적인 LNG 수출국들은 어쩌다가 신규 LNG 수출국이 시장을 바꿀 수 있도록 틈을 보인 것일까요? 단지 셰일혁명만이 신규 LNG 수출국이 시장에 진입할 수 있었던 배경이었을까요? 이를 알아보기 위해서는 전통적인 LNG 수출 강자가 누군지, 그리고 이를 둘러싸고 어떠한 속사정이 있었는지 알아볼 필요가 있습니다.

8. 잠룡 카타르, 이란을 기다리다

전통적 세계 LNG 1위 강자는 카타르입니다. 세계 가스매장량의 60%를 차지하고 있는 3대 천연가스 매장량 보유국은 러시아, 이란, 카타르입니다. 이 중 러시아와 이란은 상대적으로 LNG 수출이 미미했습니다. 오직 카타르만이 LNG 수출을 활발히 하여 세계 LNG 수출시장의 약 30% 가량을 점유했습니다. 카타르는 세계가스 매장량의 13%를 차지하는 비수반 가스전인 North Field를 보유하고 있습니다. 비수반 가스전은 채굴 시 많은 처리과정 없이 곧바로 천연가스를 얻을 수 있는 가스전으로 생산 소요비용이 낮은 편입니다. 그리하여 카타르는 세계에서 가장 낮은 손익분기점을 가진 LNG를 생산할 수 있는 국가가 될 수 있었습니다.

카타르는 오랜 기간 이란을 기다렸습니다. 카타르는 2005년 수립한 대량의 가스 개발계획을 수년간 진행하여 마친 후, 2017년까지 개발금지조치를 내렸습니다. 그 이유는 카타르가 이란과 한 가스전을 함께 가지고 있기 때문에, 카타르가 과도한 가스개발을 먼저 진행할 경우 상대적으로 뒤쳐진 이란이 잠재적인 손해를 입을 수 있기 때문으로 추정됩니다. 카타르는 종교적인 분파로는 사우디에 가깝지만, 외교적으로는 이란에 가깝습니다. 이란은 LNG 수출길인 호르무즈해협의 입구를 봉쇄할 수 있는 나라이기 때문입니다. 가스전을 기반으로 한 카타르의 경제권에 큰 영향을 주는 나라는 이란이었고, 카타르는 이러한 이란과 보조를 맞추며 가스를 개발하려 했던 것으로 보입니다. 카타르가 기다려 주었지만 이란은 결국 LNG 개발을 성공적으로 진척하지 못했습니다. 그러나 이러한 기다림도 2017년 카타르에 국가적 위기가 닥치면서 끝나게 됩니다.

9. 사우디, 단교사태로 잠룡 카타르를 잠 깨우다

2017년 6월, 카타르 단교라는 초유의 사태가 발생합니다. 카타르는 사우디를 필두로 한 다수의 국가들에 의해 국경이 봉쇄되어, 이란을 통한 길을 제외하고는 하늘길, 바닷길, 육로 모두 막히게 됩니다. 악화되는 지정학적 환경으로 인해, 카타르는 더욱 강력한 경제력이 필요했습니다. 이에 카타르는 LNG 개발계획을 신속하게 단행합니다. 곧바로 7월에 이란과 카타르 양국은 LNG 생산시설을 대폭 확대할 계획을 발표합니다.

사우디의 단교 조치는 파격적이었습니다. 라마단 단식 기간에 같은 종교 교파 국가끼리의 이러한 집단적인 외교조치는 이례적인 것이었습니다. 그 배경 중 하나로는 사우디 '왕자의 난'이 꼽힙니다. 사우디는 형제간 왕위를 계승하는 전통을 가지고 있었고, 자국의 석유산업을 민간에 맡겨 왕권다툼에 악용되지 않도록 하는 전통을 가지고 있었습니다. 그러나 이 두 가지의 전통을 모두 깨고, 사우디

7대 국왕인 살만은 자신의 아들을 석유장관 및 왕세자로 선임했습니다. 이 과정에서 그간 OPEC을 세계 최고의 석유카르텔로 만들었던 알리 알 나이미가 사퇴하게 되었습니다. 그 이후로 약 5년이 지나가는 지금까지 사우디와 OPEC 카르텔은 석유산업 내에서 예전의 영향력을 되찾지 못하고 있는 것으로 보입니다.

그로 인해 사우디 왕가는 내부의 귀족들에게 환영 받지 못했습니다. 이에 사우디 왕가는 내부적으로는 귀족보다는 민중들의 지지를 받을 수 있는 정치를 펼치고, 외부적으로는 이란과의 대립각을 심화시키면서 왕권의 강화를 꾀하였습니다. 한편, 카타르는 그간 적극적으로 이란과 동행하며 실리적인 외교를 꾀했기 때문에 주변국과 갈등이 있었습니다. 이러한 배경 속에서 사우디 왕가는 카타르와의 단교라는 강수를 선택하였습니다.

이러한 사우디의 조치는 카타르에게 국가적인 위기를 제공했을 뿐만 아니라, LNG 수출개발을 더 추진할 정당성을 제공하였습니다. 카타르는 여전히 이란과 함께 LNG 개발을 진행할 것이라는 입장을 발표합니다. 이쯤 되면 매장량이 많은 이란이 이번에는 카타르와의 협력으로 LNG 개발을 성공할 수 있을지 궁금해집니다. 이란은 가스 매장량이 많을 뿐만 아니라, 세계 1 위의 LNG 생산국인 카타르에 큰 영향을 미치는 나라입니다. 이러한 이란이 LNG 시장에 성공적으로 진입한다면 시장에 새로운 물결을 일으킬 수 있는 주역 중 하나가 될 수 있을 터입니다. 이란의 LNG 시장 진입과 LNG의 과잉공급 증대가 현실화 될 수 있을지 알아보기 위해서는, 먼저 이란이 왜 그간 LNG를 개발 못했었는지 알아볼 필요가 있습니다.

10. 37년, 집요한 제재와 이란 LNG 산업의 성장장애

2016년 1월, 37년이라는 긴 시간동안 지속되었던 이란 경제제재가 해제되었습니다. 1979년, 이란에서는 이슬람 혁명이 발생하여 친미성향의 팔레비 왕조를 몰아내고 혁명 정부가 들어섰습니다. 이로써 시작된 공식적인 경제 제재는 계속 이어졌습니다. 1984년, 미국은 이란을 테러 지원국으로 지정하고 이란제재법을 만들었습니다. 1995년, 미국은 이란과의 모든 무역거래를 사실상 중단합니다. 2005년, 이란이 핵개발에 착수하자 서방측의 입장이 단합되었습니다. 2006년부터 2015년까지 7차례에 걸쳐 이란 핵개발 저지를 위한 서방측의 결의가 이루어집니다. 2010년에는 UN, EU, 미국이 합작하여 제재법을 발표합니다. 2011년 12월 31일에는 미국이 강력한 대이란 제재 법안인 국방수권법을 발표한 데 이어, 2012년 1월 유럽연합이 이란의 원유·가스·석유화학 수입을 금하고 금융거래 및 이란의 금융자산을 동결하는 제재를 통과합니다. 이란은 2012년 이후 석유수출에 큰 장애를 겪게 되었고, 마이너스 성장을 겪게 되었습니다. 2010년부터 진행된 고유가 덕분에 이란은 재무적인 혜택을 얻을 수 있었지만, 셰일오일의 석유시장 진입 등으로 과잉공급 우려가 확대되자 고유가마저 끝났습니다. 2015년 본격적인 저유가로 힘겨워하던 이란은 2016년 핵무기포기를 선언합니다. 이란에게는 서방제재에 더해 저유가라는 고통이 주어졌던 것입니다.

그 고통을 가중시켰던 나라가 사우디입니다. 당시 사우디의 석유부는 아직 알리 알 나이미가 석유장관으로 있어 민간에게 맡겨져 운영되고 있었습니다. 알리 알 나이미는 12세에 Aramco 인재프로그램으로 일찍부터 석유산업을 시작했던 인물로, 1995년부터 2016년까지 21년간 석유장관직을 유지하며 OPEC을 세계 최고의 석유 카르텔로 만드는 데 중요한 역할을 수행한 인물입니다. 사우디 석유부는 석유시장이 2015년부터 본격적으로 저유가시기로 진입하자 점유율 확대 정책을 펼치며 유가 치킨게임을 펼쳤습니다. 약 1년이 지난 뒤 2016년에는 이란의 핵무기 포기선언이 이어집니다. 그리고 이후에 사우디의 알리 알 나이미는 다시 유가를 부양시킬 계획을 세웁니다. 다만, 2016년 중반 사우디의 왕권다툼이 발생하면서 사퇴하였기 때문에, 결국 알리 알 나이미는 직접 유가부양계획을 실행해 보지 못했습니다.

서방과 사우디의 합작은 이란의 에너지 산업에 타격을 입힙니다. 팔레비 왕조 당시인 1979년에는 6백만bpd(barrel per day)였던 이란 원유생산량이 2012～2013년에는 2.5～2.7백만bpd로 축소되었고, 이러한 저조한 생산량 수준이 2016년 핵포기 시점까지 이어졌습니다. 이 와중에 이란의 가스산업은 발전할 동력이 없었습니다. 풍부한 가스 매장량에도 불구하고 가스개발을 하지 못해 세계 가스시장에 대한 점유율은 극소한 수준에 불과했습니다. 이란은 LNG산업에 순탄하게 진입할 수 없었습니다.

11. 이란 LNG 성장장애의 내부적 요인: 이원적 권력구조

2010년 대한조선 인수전에 참가한 것으로 알려진 Ghadir를 아실지 모르겠습니다. Ghadir는 이란의 이원적 권력 구조를 잘 알려주는 펀드입니다. 이란은 종교혁명으로 새롭게 세워진 나라입니다. 이에 대통령을 필두로 한 통상적인 국가기구 외에, 최고종교지도자를 필두로 한 별도의 조직이 있습니다. 최고종교지도자의 조직은 이란 정계 최고 조직이며, 이란 방위 최상위 조직인 Armed Forces Group으로 대변됩니다. 이 Armed Forces Group 아래는 군부세력인 혁명수비대(The Islamic Revolutionary Guard Corps, IRGC)와 정규군, 보안경찰이 조직되어 있습니다. 그리고 Armed Forces Group은 사실상 국부펀드인 Ghadir의 50% 이상 지분을 보유하여 통제하고 있습니다. Ghadir는 이란의 연기금 등 4대펀드의 지분 90% 가량을 보유하고 있으며, 혁명수비대가 보유한 이란 최대건설사

Khatam 및 최대 조선수 SADRA의 자금줄 역할을 하는 것으로 추정됩니다.

이란의 이원적인 구조로 인한 정치다툼은 에너지사업에 영향을 주었습니다. 이란에는 혁명수비대를 필두로 한 급진파와 온건파가 대립각을 보이고 있었습니다. 이란 에너지산업의 대표격인 국영 석유공사 NIOC(National Iranian Oil Co), 국영 탱커선사 NITC(National Iranian Tanker Company) 등은 혁명수비대에 완전히 넘어가지 않았습니다. 온건파 대통령이 당선되면 석유장관과 NITC의 경영진도 온건파로 바뀌고, 급진파 대통령이 당선되면 마찬가지로 석유장관 및 NITC의 경영진도 급진파로 바뀌곤 하였습니다. 이러한 내부적인 갈등도 LNG산업의 성장에 장애로 작용했을 것으로 추정됩니다.

이란의 대내적인 우환은 여전히 현재진행형으로 보입니다. 2018년 이란제재가 복원되었고, 이란의 이원적 권력구조는 여전합니다. 환경적인 요인을 고려할 때 이란의 LNG 산업 성장은 쉽지 않아 보입니다. 그럼에도 불구하고 만약, LNG 시장에 높은 의지를 가지며 과잉공급을 주도하고 있는 카타르, 러시아, 미국, 호주 4개국의 대열에 막강한 매장량을 가진 이란이 합류한다면, LNG 시장은 안정적인 물량과 가격을 공급받을 수 있을 것입니다. 이는 자라나고 있는 LNG의 신규 시장기회들에 유익하게 될 것입니다.

12. LNG의 신규 시장기회: 소형화

LNG 신규 시장기회 중 하나는 소형시장입니다. 물량 측면에서는 LNG의 공급량이 수요량을 초과하였습니다. 가격 측면에서는 과거대비 저렴해졌을 뿐만 아니라, 원유대비 가격 변동성이 낮아 안정적인 가격수준을 보여줬습니다. 소형이라는 특징에 기술적인 난이도 또한 낮았습니다. 대형 액화시설 시장에서는 높은 기술수준을 가진 KBR, JGC, Chiyoda, Technip, Bechtel 등 5개의 엔지니어링 회사가 LNG Club라고 불리며 그들만의 리그를 펼치고 있었지만, 소형 액화시설 시장에는 상대적으로 낮은 기술수준으로도 진입이 가능하다는 기대감이 있었습니다. 환경규제 또한 배출가스의 청정화 쪽으로 무게중심이 기울어지며 LNG 선박연료 활용성이 부각되었고, 이를 위한 소형운송 및 LNG 벙커링 시장의 수요도 증가하였습니다. 이에 지중해 군도를 위한 소형 LNG 계획이 진행되는 등, 각 정부의 정책도 신시장 육성을 위해 정책적인 힘을 실어주었습니다.

13. LNG의 신규 시장기회: 트레이딩

LNG 시장의 주요 변화 중 또다른 하나는 계약구조 유연화입니다. 신규 수출자의 유입으로 인해 계약의 도착지, 공급기간, 기준가격 등의 측면에서 거래조건이 유연화 되면서 LNG Trading의 시장기회가 열렸습니다. 이에 많은 시장관계자들이 관심을 가졌지만, 동 시장형성의 초반인 2014~2017년 동안 가장 먼저 약진을 보인 회사는 에너지 트레이더인 Trafigura였습니다. Trafigura는 동기간 1.7백만 톤(Million Metric Tonnes, MMT)에서 8.1백만 톤으로 거래량이 약 4.8배 증가하였습니다. 2017년에는 세계 LNG Trading Top 4 회사로 Trafigura, Vitol, Glencore, Gunvor 등이 꼽혔습니다. 에너지 트레이더들은 석탄 등을 중심으로 다수 국가들과 거래를 하며 판매망을 구축해왔으며, 이를 기반으로 LNG Trading의 거래수요를 차지할 수 있었던 것으로 알려졌습니다.

일본과 같은 LNG 재판매자의 경우 Spot시장에 매각하면서 파생시장을 통해 가격 헷지 등을 하기를 원했고, 이러한 성숙한 거래를 도와줄 수 있는 주체도 이와 관련한 경험이 많은 트레이더였다고 합니다. 석탄시장의 붕괴를 겪어본 트레이더들도 수입원의 다각화 및 가스를 위주로 한 새로운 에너지 시대의 가능성을 고려하여 적극적으로 동 시장에 진출하였다고 합니다.

14. 가스, 수소에너지의 원료

LNG는 에너지시장의 발전이라는 연장선 안에 있습니다. 신규 에너지에 대한 기술과 시장수요의 발생으로 신규시장기회가 발생할 때, 이에 대한 수혜를 누리기 위해서는 기존 에너지 시장의 구조와 흐름에 대한 이해가 필요합니다. 기존의 트레이더들이 신규 LNG Trading의 시장을 쉽게 차지할 수 있었던 것은 그 사례 중 하나일 것입니다.

천연가스는 이 시대 마지막 화석연료의 위치를 가진다고 볼 수 있습니다. 천연가스의 시장규모와 창출가치는 다른 화석연료인 LPG, 에탄올, 메탄올 대비 상대적으로 큽니다. 이를 고려할 때 석유의 뒤를 잇는 에너지는 천연가스라 할 수 있습니다. 천연가스의 뒤를 이을 에너지이자 친환경에너지로는, '제로탄소' 연료인 암모니아, 수소 등이 언급되고 있습니다. 수소는 벌써부터 선박연료로서의 가능성도 언급되고 있습니다.

현재 천연가스는 수소의 원료 역할을 하고 있습니다. 그래서 낮은 LNG 가격은 수소에너지의 가격경쟁력을 조력합니다. 에너지의 안정성과 경제성은 에너지시장의 발전에 중요한 역할을 합니다. 셰일혁명과 LNG 혁명은 천연가스와 액화가스 가격을 안정시키고 물량을 공급함으로써 LNG 시장 내 다양한 시장의 발생을 조력하였습니다. 수소시장 또한 낮고 안정적인 가격으로 풍부한 물량이 제공되면 시장의 발전을 이루는 데 도움이 될 것입니다. LNG는 수소의 원료인 가스가 세계 각국에 낮은 가격으로 풍성한 물량이 제공되도록 돕습니다. 이는 수소 밸류체인 발전에 도움이 될 것입니다.

석탄, 석유, 가스 모두 밸류체인을 가진 연료입니다. 주요 화석에너지들은 발전과 연료만을 담당한 것이 아니라, 다양한시장과 가치의 흐름을 조성하는 데까지 이르렀습니다. 수소가 주된 에너지 자원이 되기 위해서는 이러한 밸류체인을 갖춰야 할 것입니다.

15. LNG 밸류체인, 신규시장을 노린다면 필수과목

밸류체인은 시장구조와 흐름의 합입니다. 시장구조가 현재는 어떻게 흘러가며 미래에는 어떻게 흘러갈지 지속적으로 논의할 필요가 있습니다. LNG가 발전, 수송연료, 트레이딩, LNG허브를 넘어 파생시장까지 형성할 정도로 발전할지, 아니면 단순히 에너지 패러다임전환기의 중간연료로서 더 이상 추가적인 시장가치를 창출하지 못하고 다음 연료들에게 자리를 넘겨줄지, 아니면 다른 에너지와 병존하거나 서로 상생의 관계가 될지, 논의와 담론을 나누는 것은 시장의 발전을 위해 중요합니다.

이해를 기반으로 한 소통은 중요합니다. LNG 밸류체인에 대한 이해의 확대는 새로운 에너지 시장에 대한 담론에 긍정적인 기여를 할 수 있을 것입니다. 앞서 말씀 드린 LNG 시장의 구조, 각 세부시장의 발전과정과 그 역학관계, 각 생산국들의 의사결정 경제논리, 에너지 안보를 둘러싼 지정학적 갈등, 각 수출국의 이해관계의 차이, 가스허브의 기능, 산유국간의 정치외교적 관계, 신규에너지 시장기회의 탄생과정 등, LNG 밸류체인을 둘러싼 각 구성요소들을 구석구석 이해한다면 더욱 생산적이고 깊은 논의와 연구결과가 창출되어 그에 따른 신시장 기회 확보 가능성에 대한 조력이 기대됩니다.

제3부

역사 속의 바다·해운·물류

삼국유사에 나타난 우리 민족의 해양지향성

최광식(고려대 명예교수, 전 문화체육관광부장관)

고려시대 일연스님이 지은 「삼국유사」를 보면 김부식이 지은 「삼국사기」에 보이지 않는 우리 민족 구성원의 해양과 관련된 기록들이 많이 남아 있다. 「가락국기」를 인용하여 가야 김수로왕의 부인 허황후가 인도의 아유타국에서 건너왔다는 사실, 삼국을 통일한 문무왕이 동해 입구에 해중릉을 만들어 일을 경계하도록 했다는 점은 해양지향성을 잘 보여주고 있

다. 연오랑과 세오녀가 일본에 가서 일본의 왕과 왕비가 되었다는 사실과 장보고가 한·중·일 삼각 무역의 중심이 되어 서해 바다를 장악한 큰 해상세력이었다는 것도 알 수 있다. 왕건이 후삼국을 다시 통일할 수 있었던 것도 해상세력으로서 군사력과 경제력을 바탕으로 하여 영산강지역의 해상세력과 연결하여 견훤의 후백제를 아우를 수 있었기 때문이다. 고려시대에는 벽란도에 아라비아 상인이 드나들었으며, 이들을 통하여 서양에 고려의 존재가 알려져 'Coree'라고 불리다가 지금은 'Korea'라고 불리고 있는 것이다. 그러나 조선시대 농본억상주의 정책을 취하게 되어 '농자천하지대본(農者天下

之大本)'의 농업활동이 중심이 되고, 바다를 통한 해상활동은 억제되고, 왜구들을 막기 위해 섬을 비우는 공도정책이 이루어져서 해상활동은 더욱 위축되게 되었다. 그러다가 대항해시대를 맞이하여서 서양의 해양세력이 동진함에 따라 식민지로 전락하여 일제강점기를 맞이하게 된 것이다. 그러나 해방 이후 전 세계와 소통하고, 1970년대 이후 수출 주도정책을 취하게 됨에 따라 해상활동이 활발해지고 반도국가로서 바다를 활용하여 전 세계와 네트워크를 구축하게 되어 21세기에 들어와서는 '해자천하지대본(海者天下之大本)'의 해양국가로서 발돋움하고 있다.

1. 선사시대의 해양생활

구석기시대에는 중국 대륙과 한반도와 일본열도가 육지로 연결되어 있었다. 그러나 1만 년 전쯤 기후가 따뜻해지면서 해수면이 상승하여 중국 대륙과 한반도 사이에 서해가, 한반도와 일본열도 사이에 동해가 생겨나게 된 것이다. 따라서 신석기 시대에는 사람들이 주로 바닷가나 강가에 살면서 고기잡이로 먹거리를 충당하였다. 지금까지 발견된 신석기 유적의 대부분이 바닷가나 강가에서 발견되었다. 신석기인들은 농경생활을 하기 시작하였으나 사냥이나 고기잡이를 병행한 것이다. 그래서 우리나라 신석기 시대의 특징은 사냥이나 농경생활보다 고기잡이를 주로 하였다고 할 수 있다. 농경생활을 하면서 정착생활을 하게 되고 잉여생산물을 담을 그릇이 필요해져서 흙으로 빚은 토기를 생산하게 되는 것이다. 그러나 우리나라의 경우 농경생활을 하기 전에도 토기를 사용하였던 유적들이 많이 나타나고 있다. 농경생활 이전에도 잉여생산물이 있었으며, 이를 담을 토기를 생산하였다는 것이다. 이를 통해 농경생활을 하지 않았지만 정착생활을 하며 일정한 생산물을 정기적으로 취하였다는 것을 알 수 있는 것이다. 사냥은 일정한 시기가 지나면 식량자원이 고갈되어 이동을 하게 된다. 그러나 고기잡이는 지속적으로 식량자원을 취할 수 있기 때문에 정착생활을 할 수 있는 것이다. 그리고 다량으로 고기를 잡게 되면 이를 다 먹지 못하고 남겨 나중에 식량으로 활용할 필요가 있기에 이를 담을 그릇이 필요하게 되었다. 따라서 식량생산을 하지 않더라도 잉여 식량자원을 담을 토기를 생산하게 된 것이다. 부산의 동삼동 패총을 비롯한 여러 바닷가와 강가에서 발견되는 신석기 유적이 이를 말해주고 있다. 경남 창녕에서는 신석기시대의 배가 발견되어 신석기시대인들이 어로생활을 하였다는 것을 확인시켜주고 있다. 더구나 울주의 반구대 암각화에서는 고래와 그물, 배와 호랑이, 멧돼지 및 사슴 등이 돌에 새겨져 있어서 신석기 시대에 조상들이 무엇을 먹고 살았는지 알 수 있다. 반구대 암각화는 왼쪽에 해상동물, 오른쪽에 육상동물들이 돌에 새겨져 있어서 신석기인들이 사냥과 고기잡이를 생업활동으로 하였다는 것을 보여주고 있다. 암각화에는 의례를 드리는 사람과 가면이 새겨져 있는데 신석기인들이 돌에 육지동물과 해상동물을 새기고, 암각화 앞에서 제사의례를 드리며, 사냥과 고기잡이가 잘 되기를 바라는 주술적인 의례를 행하였다는 것을 알 수 있다. 또한 암각화에는 돌고래, 밍크고래 등 여러 종류의 고래가 새겨져 있으며, 고래를 작살로 잡은 장면, 고래 뱃속에 새끼를 묘사하여 선사시대에 해상활동이 활발하였다는 것을 리얼하게 보여주고 있다.

2. 「삼국유사」에 보이는 해양활동

「삼국유사」를 보면 우리나라 최초의 국가는 고조선으로 나오는데 고조선이 한반도 남쪽에 있는 진국과 중국의 한나라가 바다를 통하여 직접 교류하려하는 것을 견제하고 있는 것을 볼 수 있다.

이는 고조선이 서해안의 해상권을 장악하고 있었다는 것을 보여주고 있는 것이다. 그래서 한나라의 무제가 진국과 바다를 통하여 직접 통교를 하고자 위만조선을 침략하여 멸망시키고 한사군을 설치한 것이다. 특히 낙랑군은 변한 지역과 바다를 통하여 무역을 하여 철을 교역하였다는 기록이 있다. 변한은 낙랑군과 왜에 철을 매개로 교역을 하며 남해안의 해상권을 장악하였다고 할 수 있다. 이 당시 철은 무기와 농기구를 만드는 중요한 자원일 뿐만 아니라 화폐로서의 기능을 가지고 있었다.

한편 「삼국유사」 <가락국기>에 의하면 석탈해가 바다를 건너와서 왕위를 빼앗고자 하자 김수로왕이 능력을 발휘하여 이를 물리쳤다는 이야기가 실려 있다. 탈해가 바다를 건너와서 금관국의 궁궐에 찾아와서 김수로왕에게 "내가 왕의 자리를 빼앗고자 하여 왔다."라고 하자 수로왕이 "나는 하늘이 명하여 왕위에 올랐으므로 천명을 어길 수 없다."고 하자 탈해가 그러면 술법을 겨루자고 하여 수로왕이 이기니 탈해가 중국의 배가 와서 닿은 물길을 따라 신라의 지역으로 도망갔다는 내용이다. 여기서 탈해가 금관국에 올 때 바다를 건너왔으며, 신라 지역으로 도망갈 때도 바다를 통해 도망갔다는 것을 알 수 있다. 탈해가 바다를 통해 세력을 키우고 활동하는 해상세력이라는 것을 알 수 있으며, 그 능력을 활용하여 마침내 신라의 왕위에 올랐다는 것을 볼 수 있다.

한편 가야의 신하들이 김수로왕에게 자신들의 딸 중에서 선택하여 왕후로 삼을 것을 건의하였으나 김수로왕은 하늘이 배필을 정해줄 것이라고 하고 신하를 보내 인도의 아유타국에서 바다를 건너온 허황옥을 맞이하여 황후로 삼았다. 이 설화는 단순한 설화가 아니라 역사적 사실일 수 있다는 주장이 학계에서 제기되었다. 김수로왕의 왕릉에 가면 물고기가 두 마리 서로 마주 보고 있는 문양인 쌍어문(雙魚紋)이 나오는데, 이것이 인도 아유타 지역의 문장이라는 것이다. 지금도 이 지역 사람들은 쌍어문으로 된 티셔츠를 입고 다니고 있을 정도로 이 지역의 상징이라고 할 수 있다. 또한 허왕옥이 올 때 가져왔다고 전하는 파사석탑의 석재가 우리나라에는 없는 것이며, 오히려 현재 인도의 아유디아 지역에서 나는 석재라는 점을 근거로 삼는다. 이는 이미 이때 가야는 인도와 교역을 하고 있었다는 것을 말하는 것이다. 그리고 가야는 인근 연안지역 해상세력의 딸을 왕비로 맞이하지 않고, 머나먼 인도양에서 왕비를 맞이해 올 정도로 해양국가였다는 점이 중요한 시사점이다.

「삼국유사」에 기록된 신라의 건국신화나 시조신화를 보면 박혁거세신화는 박혁거세가 하늘에서 내려왔다는 것을 알 수 있으며, 김알지신화도 김알지가 하늘에서 내려왔다는 것을 알 수 있다. 그런데 석탈해신화는 탈해가 하늘이 아니라 바다에서 건너왔다고 되어 있어서 해양세력이라는 것을 알 수 있다. 더구나 연오랑과 세오녀설화는 신라가 해상 강국이었다는 것을 보여주고 있다. 「삼국유사」의 연오랑세오녀조는 제8대 아달라왕 4년(157) 동해 바닷가에 연오랑과 세오녀 부부가 살다가 일본으로 건너가 왕이 되어 신라에서 해와 달이 광채를 잃게 되어 세오녀가 보낸 비단으로 제사를 지냈더니 해와 달이 이전과 같아졌다는 이야기이다. 신라인 연오랑과 세오녀가 일본에 가서 본왕은 아니고 소왕이라 하더라도 왕이 되었다는 것은 신라가 일본보다 훨씬 발달된 항해기술과 조선기술을 갖고 있었다는 것을 말해주고 있다.

「삼국유사」 나물왕김제상조는 눌지왕이 일본에 가 있는 동생 미해와 고구려에 가 있는 보해를 보고 싶어 하자 김제상(박제상)이 고구려에 가서 보해 왕자를 구해오고, 일본에 건너가서 미해 왕자를 구해왔다는 이야기이다. 그런데 이야기에서 보해 왕자와 미해 왕자 모두 바다를 통해 돌아왔다고 되어 있는 것을 보면 신라가 당시에 해상로와 항해술이 상당히 발달해 있었다는 것을 알 수가 있다.

<광개토왕릉비>를 보면 고구려가 수군을 양성하여 서해이 해상권을 장악하고 있는 것을 알 수 있는데 신라는 동해의 해상권을 장악하고 있었던 것 같다. 그러나 태종 무열왕이 당나라에 여러 차례 왕래하면서 나당연합군이 백제를 멸망시키고, 고구려를 멸망시키면서 서해의 해상권도 신라가 장악하려 하였다. 그러나 당나라가 이를 막고자 신라와 전쟁을 벌여 결국 신라가 676년 당항성 전투에서 승리함으로써 서해의 해상권을 장악하게 된 것이다.

한편 삼국을 통일한 신라의 문무왕은 선진문화를 가진 백제인들이 많이 건너간 일본이 장차 통일신라의 큰 우환이 될 것을 염려하였다. 특히 신라보다 국토가 세 배나 커진 통일신라의 지배층의 기강이 해이해질 것을 우려하여 동해바다에 자신의 무덤을 만들면 후손들이 제사를 지내기 위하여 일 년에 네 번 자신을 찾아 동해바다로 올 때 일본을 경계할 것으로 생각했다. 그래서 동해바다에 나의 무덤을 만들라고 명했고, 오늘날 감포 앞바다에 해중릉을 조성하였는데 대왕암이 그것이다. 「삼국유사」 문무대왕조에는 왕이 당나라 군대와 함께 고구려를 멸망시킨 이야기와 당나라 군대를 명랑법사의 '문두루비법'으로 물리친 이야기가 기록되어 있다. 한편 문무왕이 서거하자 왕의 유언으로 화장을 하여 동해 입구에 있는 큰 바위에 뿌려 동해의 호국룡이 되었다는 이야기가 실려 있다. 이는 삼국통일을 이룬 후 기강이 해이해질 것을 우려하여 동남쪽에 있는 일본에 대한 침입에 대해 경각심을 갖게 하기 위한 조처였다고 할 수 있다. 이 기사 모두 바다에 대한 관심이 컸다는 것을 알 수 있으며, 해상권을 장악하는 것이 당시에 얼마나 중요한 것인가를 보여주고 있다. 문무왕은 재위 18년(618) 바다의 중요성과 수군의 중요성을 인식하고 '선부(船府)'라는 부서를 별도로 두어 이를 관리하도록 하였을 정도로 바다에 대한 관심이 지대하였다.

「삼국유사」의 헌강왕처용랑망해사조에는 제49대 헌강왕대에 왕이 개운포에 유람하여 동해의 용의 일곱 아들 중 하나를 데리고 서라벌에 와서 정사를 보게 하였는데 그의 이름은 처용이라고 하였다. 그의 아내가 아주 아름다웠으므로 역신이 흠모하여 밤에 그의 집에서 몰래 자고 있는 것을 처용이 보고서 노래를 부르고 춤을 추고 물러났다고 한다. 이에 역신이 처용이 노여움을 나타내지 않은 것을 보고, 처용의 모습을 그린 것만 보아도 그 문에 들어가지 않겠다고 하여 사람들이 처용의 형상을 문에 붙여서 사악한 것을 피하였다고 한다. 왕은 영축산 동쪽 기슭에 절을 세우고 망해사라고 하였는데 용을 위해서 세운 것이라고 한다. 헌강왕도 바다를 중요시하여 동해안에 가서 해상세력을 상징하는 용왕의 아들 처용을 데리고 와서 신하로 삼았다는 것은 해상세력과 일정한 유대관계를 가졌다는 것을 알 수 있다. 더구나 처용은 아라비아상인의 아들이라는 견해들이 있어서 통일신라시대에 이미 남중국을 통해 아라비아지역과 교역을 하였다고 할 수 있다.

「삼국유사」 민장사조는 경덕왕대에 장춘이라는 청년이 실종되었다가 돌아왔다는 이야기이다. 경덕왕 4년(745) 우금리의 가난한 여자 보개의 아들 장춘이 바다의 장사꾼을 따라가서 오랫동안 소식이 없자 어머니가 민장사 관음보살 앞에 가서 이레 동안 정성스럽게 기도를 드리자 장춘이 갑자기 돌아왔다고 한다. 바다에서 회오리를 만나 판자 한쪽을 타고 오나라(남중국) 지역의 해변에 닿게 되었는데 어느 날 고향에서 온 듯한 승려가 그를 데리고 동행하였는데 바로 서라벌에 도착하였다고 한다. 이 이야기를 듣고 경덕왕이 절에 밭을 시주하였으며, 재물을 바쳤다고 하는데 불교의 영험함에 임금이 감동하여 시주하였다는 것을 기록하고 있다. 이 이야기는 설화로 되어 있지만 당시에 중국의 오나라(남중국)에 대해 알고 있었으며 교류를 하고 있었다는 것을 보여주고 있다.

「삼국유사」 귀축제사조는 아리나발마를 비롯하여 천축(인도)에

갔던 스님들에 대하 이야기이다. 「구법고승전」에 의하면 아리나발마는 신라인으로 중국에 건너갔는데 정관(627~649) 연간에 장안을 떠나 천축에 가서 나란타사에 머물면서 불경 공부를 하고 고향에 돌아오고 싶었으나 이루지 못하였다고 한다. 그 뒤를 이어 혜업, 현태, 구본, 현각, 혜륜, 현유와 이름이 없어진 두 법사가 석가의 교화를 보려고 중천국(중인도)에 갔으나 현태를 제외하고 당나라에 돌아온 이는 없었다고 한다. 혜초스님은 당나라로 돌아와서 「왕오천축국전」을 지었는데 여기에 빠져있는 것을 보면 더 많은 승려들이 인도에 가서 불법을 배웠다는 것을 알 수 있다. 8세기 초에 혜초는 인도에 갔다 온 구법기 「왕오천축국전」을 남겼는데 20살에 떠나서 24살에 돌아왔다. 광저우, 말레이시아, 싱가포르, 인도를 거쳐 중앙아시아를 거쳐 돈황과 장안으로 돌아왔다. 인도로 갈 때는 해상 실크로드를 이용하였으며, 중국으로 돌아올 때는 오아시스 길을 이용하였는데 이는 이미 이때에 신라가 해상 실크로드를 이용하고 있었다는 것을 알 수 있다.

그리고 9세기가 되면 동아시아의 해상권을 신라의 장보고가 장악하게 된다. 「삼국유사」 신무대왕 염장 궁파조를 보면 제45대 신무대왕이 왕위에 오르기 전에 장보고에게 왕위를 차지하면 장보고의 딸을 왕비로 삼겠다고 약속을 하였으나 귀족들이 반대하여 어렵게 되자 장보고가 반란을 일으키려 하였다. 이 때 장군 염장이 왕에게 장보고를 제거하겠다고 하고 청해진에 있는 장보고에게 가서 그에게 거짓말로 접근하여 함께 술을 마시고 취하게 하여 장보고를 제거하여 아간의 벼슬을 얻었다는 이야기이다. 장보고는 청해진을 중심으로 서해의 해상권을 장악하였으며, 바다 건너 산동반도에도 신라방, 신라촌을 건설하여 당나라와 신라 및 일본 삼국의 무역에 대한 해상권을 장악하였다. 일본 승려들이 당나라에 갈 때 장보고의 선박을 이용할 정도였는데 이는 일본의 승려 옌닌의 「입당구법

순례행기」에 잘 나타나 있으며, 일본사를 전공하는 미국의 라이샤
워 교수는 장보고를 '해상왕'이라고 평가하였다. 최치원의 「계원필
경집」을 보면 신라 말에도 산동성에 신라인들이 많이 살았으며, 신
라인들의 마을과 절들이 있었던 것을 알 수 있다.

3. 해자천하지대본 (海者天下之大本)

고려를 건국한 왕건은 개성의 해상세력으로 남쪽의 해상세력을
이용하여 후백제 깊숙이 자리 잡은 나주를 고려의 땅으로 삼았다.
선박을 이용한 통로가 마련되지 않고는 후백제의 땅에 영토를 가질
수가 없었는데 나주 오씨 세력이 도와서 왕건이 후삼국을 통일하는
데 큰 역할을 하여 그 집안의 딸이 왕비가 되었다. 왕건은 송악 지
방의 호족 출신으로 혈구진을 비롯한 해상세력과 밀접한 관련을 갖
고 있었다. 그가 궁예의 휘하에 들어가 수군을 이끌고 서남해 방면
으로부터 후백제 지역을 공략하여 나주를 점령한 것은 해상활동의
경험에서 비롯한 것이다. 왕건은 918년 궁예로부터 왕위를 빼앗아
고려를 건국하고, 다른 호족들을 아우르면서 호족연합 정권을 구축
하였다. 그리고 935년 경순왕으로부터 신라의 귀부를 받고, 936년
마침내 후백제를 멸망시켜 삼한을 재통일하였다. 후삼국을 통일하는
데 있어서 그가 해상세력이었다는 것이 결정적인 역할을 하였다.

고려 건국자 왕건의 선조에 대한 기록은 김관의가 지은 「편년통
록」에 실려 있으나 지금은 전하지 않고, 「고려사」의 ＜고려세계＞
에 실려 있다. 왕건의 6대조 호경(虎景)으로부터 아버지 용건(龍健)
에 이르는 6대의 신이한 사적을 기술하고 있다. 왕건의 할아버지
작제건의 탄생설화는 산신과 관련된 내용과 당나라 숙종과 관련된
내용으로 구성되어 있다. 산신은 백두산과 부소산이 나타나는 것을
볼 때 고구려와 백제를 아우른다는 상징성을 엿볼 수 있다. 한편

당나라 숙종 이야기는 픽션일 텐데 아마 해상세력으로 중국과 교통하여 새로운 선진문명을 받아들이고 있다는 개방성을 나타내고자 한 것으로 해석할 수 있다.

여기서 용의 등장을 눈여겨보아야 한다고 생각한다. 용의 존재가 왕권과 관련하여 처음 나타나는 것은 <광개토왕비>에서 보이지만 외부의 해양세력과 관련하여 나타나는 것은 문무왕의 수중릉과 관련되어 나타나고 있다. 문무왕대 해룡은 일본세력을 방어하기 위한 동해의 호국룡으로 등장하고 있다. 「삼국유사」의 '거타지 설화'에서 나타난 용은 서해를 관장하는 용이며, 이는 중국과 관련되어 나타나는 것이 특징이다. '거타지 설화'가 강주(진주) 지역을 중심으로 성립된 설화라면 왕건의 할아버지 '작제건 설화'는 송악(개성) 지역을 배경으로 한다. 즉 남해 해상세력의 '거타지 설화'에 비해 '작제건 설화'는 서해 해상세력의 존재와 활동을 담고 있다. 남해 지역은 나주와 영암지역을 통한 사행길이 막힌 이후 신라는 강주와 김해를 통한 남해 해상통로에 의존하게 되었으며, 이에 강주세력의 활발한 활동이 나타나게 된다. 한편 서해의 송악지역은 당나라의 등주(登州)로 향하는 길목으로 직접 당나라와 연결이 가능하여 신라의 사행도 이 지역을 경유하게 되었다. 최치원도 이 지역을 통하여 당나라에 사행을 갔을 것이다. 강주와 송악 이 두 곳이 상인들의 활동과 진출이 다른 곳보다 활발하였기 때문에 이와 같이 용과 관련된 설화가 나타났을 것이다. 9세기부터 강주는 일본과의 교섭에서 신라의 대외창구 역할을 담당하여 해상무역의 기반을 쌓아가고 있었다. 그 후 강주지역의 해상활동은 일본과의 교역에서 점차 중국과의 교역으로 확장되었을 것이다. 장보고 사후 신라의 대외교역 창구는 강주와 김해를 비롯한 남부 해안지역이 중요시되었다. 한편 서해를 장악한 고려는 서남해의 해상권을 둘러싸고 각축전을 벌이고 있었다. 그러다 고려의 수군이 강주의 해상세력을 무찌르고 남해의 해상권을 장악하게 되었다. 이와 같이 동해와 서해 등 신라의 변경과 관련되어 나타나는 용은 그 이전의 성격과는 다른 호국적 성격을 갖고 있다.

「삼국유사」의 진성여왕거타지조에 궁수 거타지 등 사신 일행이 서해로 나가던 중 배가 곡도(백령도)에 이르렀을 때, 풍랑으로 뱃길이 막혀 며칠을 묵게 되었는데 꿈에 한 노인이 나타나 섬에 궁수 한 사람을 남겨두고 가면 뱃길이 무사하리라고 하여 거타지가 남게 되었다. 한 노인이 못 속에서 나와 거타지에게 해 뜰 무렵이면 사미승 한 사람이 하늘에서 내려올 테니 활을 쏘아 달라고 간청을 하여 그 사미승을 쏘아 죽였다. 이에 노인이 나타나 거타지에게 치하하고 그의 딸과 혼인할 것을 청하므로 그는 그녀와 결혼하였다. 그 노인은 바로 서해 용왕이었으며, 용왕은 거타지를 사신의 배를 따라가게 하여 당나라 임금에게 비범한 인재로 환대를 받고 귀국하여 용녀와 행복하게 살았다는 이야기이다.

이는 '작제건 설화'와 아주 비슷하며, 서해 용왕과 관련되는 것이 중요한데 이는 해상세력과 관련이 되는 것이다. 한편 당나라 황제와 연결되는 것도 같은 모습이라고 할 수 있으며, 이것도 선진문물을 받아들이는 개방성을 보여주고 있는 것이라고 하겠다. 왕건의 가문은 송악 지방에 일정한 세력 기반을 가지면서 서해와 밀접한 관련을 맺고 있다는 것을 설화의 내용을 통해 살펴볼 수 있다. 여기에 토지를 중요시하는 풍수사상을 곁들여 중세사회의 탄생 설화를 복합적으로 구성하고 있는 것이다. '왕건설화'는 신성성의 근거를 천신과 같은 초월적 존재에서 구하지 않고 신라의 성골, 당나라 황제와 같은 실제적인 존재와 관련을 시키고 있다. 또한 백두산과 부소산 등 고구려와 백제를 상징하는 지역과 관련시키며, 풍수지리설을 활용하고 있는 것이다. 건국자인 태조 왕건 자신을 신성화하지 않고 풍수지리설 등을 활용하여 선대 조상을 신성화하는 방식의 중세신화는 조선의 건국자인 태조 이성계의 서대 조상을 신성화하는 <용비어천가>에 이어진다고 하겠다. 물론 <용비어천가>에서도 용이 등장하지만 이는 유교적 합리주의에 입각한 천(天)의 관념에 따른 것이라고 하겠다.

송나라 사신 서 긍이 지은 「고려도경」에 송나라 사절단이 1123년에 항해하였던 항해일기가 기록되어 있다. 절강성의 영파를 떠나서 목포지역으로 올라와서 섬을 따라서 개경으로 갔다. 한편 1970년대 신안 앞바다에서 난파되었던 배를 발굴하여 이 배가 일본 교토(京都)의 동복사(東福寺)에서 주문한 도자기를 비롯한 물품들이 서해안을 경유하여 교토에 가려다 풍랑을 만나 난파되었다는 것을 알게 되었다. 이와 같이 고려시대에 송나라와 일본 사이에 이루어진 무역의 양상을 알 수 있다. 일본은 중국과 직접 교류하는 것이 아니라 고려를 통해서 교역을 하였던 것이며, 이 항로를 따라 아라비아 상인들이 고려와 교류를 하였던 것이다. 한편 원나라와의 전쟁에서 바다를 활용하여 강화도로 피난을 하였기 때문에 원나라의 속국이 아닌 부마국이 되었다. 몽골족은 말은 잘 다루었지만 바다에는 약해서 해전은 잘하지 못하였다. 그래서 바다 건너에 있던 일본뿐만 아니라 고려도 원나라의 식민지를 면할 수 있었다. 삼별초의 항쟁도 바다를 중심으로 이루어졌으며, 이들은 진도와 제주도로 피하였으며, 마침내 오키나와에 까지 이르렀다. 고려는 바다를 중시하였으며, 국제항구인 벽란도도 있어서 고려가 'Coree'로 세계에 알려지게 되었다.

그러나 조선시대에는 농본억상정책으로 해금정책을 실시하여 바다로의 길이 억제되었다. 임진왜란 때 다행히 수군이 강해서 일본의 침략을 이겨내었으나 공도정책을 펼쳐서 해양을 무대로 한 해상활동이 위축되어 항해술이나 조선술이 더 발달되지 못하였다. 다만 실학자인 정약전 선생은 흑산도에서 물고기를 잘 관찰하여 「자산어

보」를 남겼지만 '사농공상(士農工商)'의 신분제사회에서 커다란 영향
을 미치지 못했다. 특히 농본주의정책으로 농민은 우대하고 상인은
천시하는 '농자천하지대본'의 입장이 조선시대 말까지 지속되어 개
화기에 서양의 문물을 적극적으로 받아들이지 못하고 쇄국정책을
펼쳤다가 결국 일제의 식민지가 되어 나라를 잃게 되었다.

그러나 해방 이후 세계에 대한 개방정책을 펴고, 특히 70년대
이후 수출을 가장 중요한 경제정책으로 하면서 해상활동이 활성화
되고, 21세기에 들어와 세계 10대 무역대국이 되었다. 따라서 이제
는 농민들이 산업의 중심이 되는 '농자천하지대본'의 사회가 아니라
해운업과 조선업 및 수산업에 종사하는 사람들이 산업의 중심이 되
는 '해자천하지대본'의 사회로 변화되고 있다.

4. 맺음말

구석기시대에는 중국대륙과 한반도 및 일본열도가 육지로 연결
되어서 바다를 통한 교류보다는 육지를 통한 이동이 가능하였다.
그러나 1만 년 전쯤부터 기후가 따뜻해지면서 해수면이 상승함에
따라 중국대륙과 한반도 사이에 서해가, 한반도와 일본열도 사이에
동해가 생기면서 바다를 통한 교류가 활발해졌다. 세계 문명사적으
로 볼 때 신석기시대에 농경생산을 통하여 정착생활을 하면서 잉여
생산물을 담기 위하여 토기를 생산하는 것이 보편적인 데 반해서
우리나라는 신석기시대에 바닷가나 강가에서 어로생활을 통하여 지
속적으로 식량자원을 취하여 잉여물을 담기 위하여 토기를 생산하
였다. 신석기시대에 농경생활과 사냥을 하였지만 가장 중요한 생업
활동은 어업이었다고 할 수 있다. 이는 동삼동패총 등에서 발견된
패총을 통해 알 수 있으며, 창녕에서 발견된 선박과 울주 반구대
암각화에 새겨진 고래잡이 장면을 통해 알 수 있다. 반구대 암각화

에는 위쪽에 해상동물, 오른쪽에 육상동물들이 돌에 새겨져 있어서 신석기인들이 사냥과 고기잡이를 생업활동으로 하였다는 것을 보여주고 있다. 암각화에는 돌고래, 밍크고래 등 여러 종류의 고래가 새겨져 있으며, 고래를 작살로 잡은 장면, 고래 뱃속에 새끼를 묘사하여 선사시대에 해상활동이 활발하였다는 것을 리얼하게 보여주고 있다.

우리나라 최초의 국가인 고조선은 서해의 해상권을 장악하고 한나라와 진국이 직접 교역하는 것을 견제하다가 한나라의 침입으로 멸망하고 한사군이 설치되었다. 변한지역의 철은 마한이나 진한뿐만 아니라 낙랑군과 일본과 해상을 통하여 교역을 하여 가야국이 건국되고서도 지속되었다. 가야의 수로왕은 인근지역의 연안 해상세력이 아닌 머나먼 인도로부터 바다를 건너온 대양세력을 상징하는 허황옥을 황후로 삼아 해양문명을 발전시켰다. 고구려나 백제 및 신라 모두 바다의 해상권에 관심을 가지고 수군을 양성하였으며, 특히 고구려의 수군은 수나라와 당나라의 침입을 막아내어 서해의 해상권을 장악하였다.

「삼국유사」에 보이는 석탈해설화, 연오랑세오녀설화, 박제상설화는 신라가 일찍이 바다에 대한 관심을 가지고 바다를 통한 해상활동을 활발히 하였다는 것을 보여주고 있다. 특히 통일전쟁에서도 수군의 역할이 지대하였으며, 문무왕은 바다를 총괄하는 '선부(船府)'를 별도로 설치하고, 죽어서도 일본에 대한 경계를 늦추지 않기 위해 바다에 자기의 왕릉을 조성하였다. 나당연합군이 삼국을 통일하고 나서 당나라가 신라마저 속국으로 삼고자 하였으나 당항성에서 이를 물리쳐 서해의 해상권을 장악하였다. 서해를 통하여 많은 대당유학생들이 당나라에 가서 새로운 선진문물을 익히고 받아들였다. 또한 구법승들이 서해를 통해 중국에 가서 불법을 전수받고 귀국하거나 인도에까지 이르러 불경을 배우고 불도를 닦았다. 혜초스님은 광저우에서 출발하여 바다를 통하여 베트남, 말레이시아, 싱가폴을 거쳐 인도에 가서 4년간 머무르다가 중앙아시아를 거쳐 당나라로 돌아왔다. 갈 때는 해상실크로드를 이용하였으며, 돌아올 때는 오아시스 길을 이용한 것이다. 헌강왕이 동해 용왕의 아들 처용을 데려다 신하로 삼았는데 처용은 아라비아상인의 아들이라고 보고 있다. 한편 장보고는 청해진을 중심으로 서남해안의 해상권을 장악하여 당나라와 일본을 연결하는 삼각무역을 통해 막대한 부를 축적하여 왕위쟁탈전에도 뛰어들어 새로운 왕을 세우기도 하였다. 일본의 승려들이 당나라에 갈 때 장보고의 선단이 이끄는 선박을 이용할 정도여서 일본사를 전공한 라이샤워 교수는 장보고를 '해상왕'으로 평가하였다.

고려를 건국한 왕건은 해상세력이어서 해상활동을 통해 군사력과 재력을 확보하였으며, 다른 해상세력과의 연합을 통해 세력을 확장하고 나아가 후삼국을 통일할 수 있었다. 따라서 고려시대에는 활발한 해상활동을 전개하여 중국과 무역을 확대하였을 뿐만 아니라 예성강의 벽란도에는 아라비아 상인들이 드나들 정도였다. 이 아라비아 상인들을 통하여 'Coree'가 서양에 알려져 지금 'Korea'로 된 것이다. 1970년대 신안 앞바다에서 발견된 선박의 해저유물은 일본 교토의 동복사에서 주문한 물품으로 영파에서 출발하여 한반도를 거쳐 일본으로 가다가 난파되었다는 것을 알려주고 있다. 고려왕조는 세계를 제패한 몽골족이 세운 원나라의 침입을 받고서도 강화도로 천도하여 바다를 활용하여 그들의 속국이 되지 않았다.

그러나 조선왕조가 건국되어 농본억상정책을 취하면서 해상활동이 위축되고, 공도정책에 따라 조선술과 항해술이 더 이상 발전하지 못하였다. 임진왜란 때 수군의 활약으로 왜군을 물리칠 수 있었으나 그 이후에도 농본주의 정책으로 해상활동은 더 이상 발전하지 못하였다. 개화기에 서양세력이 문호를 개방하기를 원하였으나 쇄국정책을 고수하다가 결국 일제의 식민지로 전락하였다. 해방 이후 문호를 개방하고, 1970년 수출주도 정책에 따라 무역이 활발해지면서 해운산업과 조선산업 및 수산업이 활발해지면서 이제는 '농자천하지대본'의 사회가 아니라 '해자천하지대본'의 사회로 변화하고 있다.

고려시대 바다와 해운

이진한(고려대 한국사학과 교수)

1. 들어가며: 한반도의 지형과 교통

소·말·노새·나귀 등의 축력을 이용
하여 바퀴를 단 달구지를 끄는 것은 인력
을 쓰는 것보다 짐을 운반하는 데 훨씬
효율적이었다. 그러나 우리나라는 지평선
이 있는 곳이 김제평야뿐이라고 할 정도
로 넓은 평지가 매우 드물어서 바퀴가 제
기능을 하며 큰 탈 없이 다닐 수 있는 길
이 흔하지 않았다. 「대동여지도」 등 조선

시대 고지도에는 각 고을을 직선으로 연결하는 도로를 그리고 10리
마다 표시를 해놓았지만, 실제 도로는 곧바르지 않았다.

중국은 가도 가도 산이 없는 대평원 지역이 넓게 펼쳐져 있어서,
진시황 때 수레가 다니기 편리하도록 하기 위해 수레 바퀴 폭을 전
국적으로 통일한 바 있으나, 우리나라에서는 수레의 사용이 극히
제한되었기 때문에 정책 담당자들이 중국과 같은 시도를 할 필요성
을 느끼지 못했다. 평탄하지 않고 굴곡이 있는 도로를 곧게 만드는
작업조차도 화강암 등 바위가 많은 우리나라의 지질로 인해 쉽지
않았다.

그와 더불어 직선화된 대로를 조성하면 사람의 왕래에 편리하고

물건의 이동이 수월해져 상업의 진흥에 도움이 되겠지만, 이적이 침입에 속수무책일 수밖에 없다. 예를 들어 1010년 거란 2차 침입 때 음력 11월 10일에 거란군이 압록강을 건너고, 11월 25일에 그 선봉군이 개경을 공격하였다. 거란군은 도중에 서북면 흥화진(興化鎭: 평북 신의주 일원), 통주(通州: 평북 통천군 일원) 등에서 고려군의 저항을 받았지만, 주요한 성을 점령하지 않은 채 우회하여 고려 국왕이 있는 개경을 급습한 것인데, 압록강에서 개경까지 15일 밖에 걸리지 않았다. 거란·몽골·합단적·홍건적·왜구 등 많은 외침을 겪은 고려가 외적에게 개경으로 향하는 침략 루트를 안내하는 역할을 하는 대로를 닦을 리 없다. 고려에서 예성항에서 개경에 이르는 길 한 곳 정도만이 조세와 각종 물품을 운반하기 위해 잘 닦여져 있었을 것이다.

실제로 1123년 송 사신단의 일원으로 고려에 왔던 서긍(徐兢)은 당시의 교통 상황에 대해 "(고려에서는) 무거운 짐을 끌고 먼 곳을 갈 때는 수레와 말을 쓰지만, 토지가 낮고 좁은데다가 도로에는 모래와 자갈이 많아 중국과 비교할 수 없으며 수레의 형태와 말을 부리는 법도 다르다 … 고려는 산길이 많아서 수레가 가면 덜컹덜컹 흔들려서 쓸모가 없다."라고 기록하였다(『高麗圖經』 권15, 車馬). 이러한 우리의 도로 사정에 비추어 보건대, 바퀴 달린 수레나 달구지를 인력이나 축력으로 끄는 것이 아니라 소나 말의 등에 짐을 얹어 운반하는 것이 현실적인 방법이었다. 길이 제대로 나 있지 않고, 조금만 가면 언덕이나 큰 고개가 나오는 우리 지형 조건에 맞는 것이 바리[駄]이다. 소나 말의 등에 짐을 실어 운반하면 달구지를 끄는 것보다는 짐은 적어도, 어지간한 길은 전부 다닐 수 있었다. 이에 서긍은 "고려에서는 산이 많고 도로가 험하여 수레로 운반하기에 불리하다 … 그래서 이것저것 실을 때는 말을 많이 이용하는데, 두 개의 용기를 좌우로 묶어서 말 등에 걸치고 사용할 물건을 그 안에 넣어둔다."(「高麗圖經」 권15, 車馬 雜載)라고 고려의 실상을 전하고 있다. 그런데 소나 말은 아주 비싼 가축이었고, 겨울철에는 영양가 있는 곡류와 말린 풀을 먹이는 데 많은 노력과 비용이 들어갔다. 더욱이 말은 군사용으로, 소는 농경용으로 우선 활용되기 때문에 운송에 쓰는 것은 극히 제한적이었다.

좁고 구불구불하며 굴곡이 심한 우리의 험악한 도로 환경에 가장 적합한 운송 수단은 지게였다. 지게는 짐을 싣고 사람의 힘으로 이동하는데 큰 짐을 나를 수 없으나, 사람이 다니는 곳은 거의 다 다닐 수 있다. 논두렁이나 밭두렁과 같은 아주 좁은 길이나 나무로 가득 찬 거칠고 험한 산을 다닐 수 있다. 하천을 만나면 물이 많을 때는 나룻배로, 겨울에는 섶다리를 밟고 건널 수 있으니 지게로 못 가는 곳은 없다고 해도 과언이 아니다. 조선 후기에 장시를 다니며 장사를 했던 많은 상인들이 지게를 이용하였던 것은 우리 지형에 그것만큼 효율적인 운송 수단이 없다고 생각했기 때문이다.

이상에서 서술한 바와 같이 우리의 육로 교통 환경은 좋지 않았다. 하지만, 우리 조상들이 아주 불편하게 살았던 것은 아니다. 바로 배가 있었기 때문이다. 배는 물 위를 다니며 육지와 육지를 연결해주는 교통수단이다. 중국에서 대운하를 건설한 것에 대해 "강남과 화북이 연결되었다."거나 "서에서 동으로 흐르는 황하·회수·장강이 하나로 이어졌다."라고 표현하였는데, 사실은 운하가 아니라 그곳을 다니는 배가 그러한 기능을 한 것이다.

한반도는 삼면이 바다로 둘러싸여 있고, 압록강·두만강·대동강·한강·금강·영산강·낙동강 등 수량이 풍부한 하천이 실핏줄처럼 국토의 곳곳을 연결해주고 있었으므로 자연히 교통은 육상보다는 바다와 강을 경유하는 수상교통이 중심이 되었다. 그러므로 서긍은 수레를 그다지 사용하지 않고 배를 교통수단의 중심으로 운용했던 고려를 '해국(海國)'이라고 표현한 것이었다(「고려도경」 권15,

거마). 배는 수레나 지게보다 큰 짐을 빠르게 운반할 수 있었으며, 우리나라를 둘러싸고 있는 삼면의 바다는 교통의 대동맥을 이루고, 강이 내륙의 각지를 모세혈관처럼 연결해주는 구실을 하였다. 바다는 대량의 화물을 빠르게 나를 수 있는 고속도로였으며, 큰 강은 간선도로이고, 작은 하천은 지선의 기능을 하였던 것이다.

이러한 교통 사정으로 인하여 전근대 사회에서 짐을 나르는 일이나 사람의 이동은 두 가지 방식이 결합되었다. 즉, 큰 배는 주로 바다를 운항하고, 중간 크기의 배들이 강을 다니며, 작은 배들이 작은 하천이나 얕은 개울을 다니며 짐을 실어 날랐다. 최종적으로 배에서 내려진 짐은 나루터에서 지게나 달구지 — 대체로 지게 — 로 옮겨 실어 사용자에게 전달되었다. 화물의 목적지를 고려하여 배로 갈 수 있는 데까지 최대한 접근한 후 짐을 내리고 그것을 지게에 싣고 가는 것이 가장 빠르고 안전하게 물건을 옮기는 운송 체계였던 것이다. 우리나라의 전근대 교통을 육로 중심으로 보면 아주 답답해 보이지만, 배를 이용하는 수로 교통을 포함하면 매우 능률적인 면이 있었다.

신석기 시대의 주요 거주지가 바다와 강의 부근에 있었으므로 다른 부족과의 교류를 위해 배를 타고 가서 교역을 통해 필요한 물건을 얻었다. 강원도 양양에서 발견된 돌칼의 재료인 흑요석은 백두산 지역에서 나는 것이었으니, 생산지인 백두산에서 강과 바다를 경유하여 사용지인 양양까지 연결되는 교역망(交易網)이 있었다는 뜻이다. 철기시대 경남 사천의 늑도 유적은 이미 교역 대상이 한반도를 벗어나 주변의 일본까지도 확대되었음을 알려준다. 삼한시대에 지금의 평안도와 황해도 지역에 있었던 낙랑군과 대방군은 물론 함경도 지역에 있었던 옥저와 김해 지역과 교역이 이루어졌으니 해상 활동의 범위가 동·서·남해의 모든 바다에 걸쳐 있었다고 할 수 있다.

삼국시대에도 고구려·백제·신라가 한결같이 바다를 건너 중국과 외교를 하였고, 9세기에 장보고는 완도 청해진을 거점으로 중국 황해 연안 도시와 일본을 연결하는 국제 무역을 통해 동아시아 해상무역의 패자가 되기도 하였다. 최근에 고려시대에 침몰된 배들이 안산 대부도, 마도, 태안 대섬, 보령 원산도, 군산 십이동파도, 군산 야미도, 비안도, 무안 도리포, 신안, 목포 달리도, 안좌도, 진도(통나무배), 완도, 제주 신창리 등의 서남해 여러 지역에서 발견되고 있다. 특히 경기만에서 충청 서해안, 전라도 서해·남해안에 집중적으로 침몰선이 분포하고 있으며, 이것은 고려 수도인 개경을 다니는 배가 대부분 이곳을 빈번하게 왕래하였다는 사실과 관련된다. 고려시대에 서해안에서 해난 사고가 많았다는 것은 역설적으로 서해야

그림 1. 고려선 해저 발굴 지역

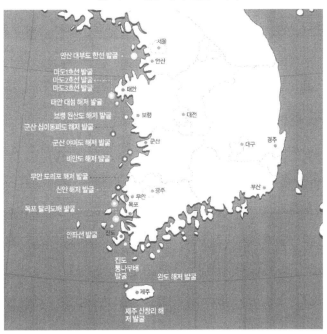

자료: 국립해양문화재연구소, 「해양유물전시관 안내」, 2013, 17쪽.

말로 당시 가장 통행량이 많은 제일의 교통로였다는 점을 말해주고 있는 것이다.

2. 고려의 수도 개경과 조운 체계의 성립

고려 왕조의 수도 개경의 형세는 도읍을 지키는 진산(鎭山) 송악산(松嶽山)을 북쪽에 두고, 좌우에 동강(東江: 임진강과 한강의 합류인 파주의 祖江)과 서강(西江: 예성강)을 끼고 있다(「고려사」 권56, 지리지 1, 왕경 개성부). 이 두 개의 강 가운데 더욱 중요한 것은 예성강이었으며, 개경에서 서쪽으로 약 36리 정도에 떨어져 있는 예성강 하류에 개경의 관문 항구이자 국제 무역항으로 널리 알려진 예성항이 있었다. 지금의 북한 개성직할시 개풍군 서면 지역이다.

예성항이 고려 왕조와 인연이 있게 된 것은 태조 왕건의 조상인 성골장군 호경(虎景)이 백두산에서 내려와 개경 근처인 부소산에 살았고 그 아들 강충(康忠)이 서강(西江) 영안촌(永安村)의 부잣집 딸인 구치의(具置義)를 아내로 맞아 오관산(五冠山) 아래 마하갑(摩訶岬)에서 거주하면서부터이다. 그 후 후손인 보육·작제건 등이 이곳을 근거지로 해상무역을 전개하여 유력한 호족이 되었고, 태조의 아버지 용건(龍建: 王隆, 世祖로 추존)은 궁예가 후고구려를 건국한 뒤에 그에게 귀부하고 자신의 근거지인 송악을 수도로 삼도록 하는 데 영향력을 발휘하기도 하였다. 용건은 사후에 예성강 부근에 묻혔으며 고려가 건국한 뒤에 무덤을 창릉(昌陵)으로 높였다.

그리고 예성항은 고려의 대외 관계가 이루어지는 시발점이었다. 고려와 송은 거란이 북쪽에 있어 육지로 사신을 왕래할 수 없어서 바다를 통해 외교를 하게 되었는데, 고려 사신이 송에 조회하러 갈 때에 예성항에서 배를 타고 갔기 때문에 '사대의 예가 이루어지는 곳'이라는 의미에서 예성항이라는 이름이 유래했다고 한다. 뒤에 거

란의 1차 침입을 받고 강화의 조건으로 고려가 송과의 외교를 단절
하였다가, 문종의 대송 통교 방침에 따라 1071년부터 외교를 재개
하면서 송상의 도움을 받아 거란을 피해 안전한 장강 이남의 명주
(明州: 지금의 절강성 영파시)로 고려 사신을 보내게 되었다. 여러 차
례 양국의 사신이 왕래하면서 고려 예성항과 송의 명주는 양국을
이어주는 상대 항구가 되었다.

고려시대 예성항은 중국과 고려를 연결하는 국제 항구였고, 지방
에서 거둔 세곡을 실은 조운선이 도착하는 곳이었으며, 전국 각지
에서 생산된 곡식과 수공업품이 집결하는 곳이었으므로 자연히 많
은 배들로 붐볐다. 이에 고려후기에 정포(鄭誧)의 시에서, "바람 고
요한 긴 강이 기름을 뿌린 듯 푸른데, 가는 돛 하나하나 조수 머리
에 모여 드네. 사공이 불을 놓고 북을 울리니, 동남쪽에서 온 장삿
배임을 알겠네." 라고 하였다(「신증동국여지승람」 권4, <개성부> 상).
그리고 14세기 말에 이숭인은 한강을 읊은 시에서 "예성 항구는 바

그림 2. 고려 개경(조선의 개성) 부근의 강과 바다(「대동여지도」)

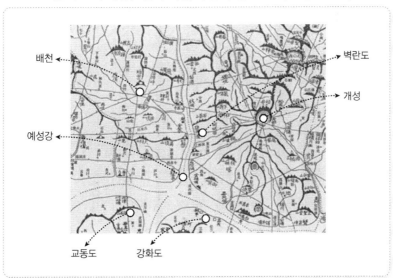

로 바다의 문호라서[禮成港口是海門], 고깃배와 상선이 베틀의 북처럼 많이도 들락거렸다[漁舟價舫多如織]".고 표현하였다(「도은집」권1, 漢江謠). 두 시에서 묘사된 것과 같이 예성항은 동남쪽 먼 바다의 배가 드나들고, 고깃배와 상선이 빠르게 자주 들락거리는 번성한 항구였다.

하지만, 고려 멸망 후 조선 왕조의 수도가 한양으로 정해지게 되자, 예성항의 기능은 크게 축소되었고, 개성에서 황해도 배천(白川)으로 가는 주요한 길목에 있는 나루터로 격하되었다. 결국 예성항이라는 이름을 잃어버리고, 대신 이곳에 있던 두 개의 정자의 이름인 좌우벽란정(左右碧瀾亭)의 벽란을 따서 벽란도(碧瀾渡)라고 불리게 되었다. 예성항은 고려시대의 명칭이고, 벽란도는 조선시대의 명칭인데, 예전의 초중고 교과서에서 양자를 혼동하여 중국을 비롯한 아라비아 상인이 왕래하였던 고려시대 예성항을 벽란도라고 서술하였기 때문에 지금도 많은 사람들이 '고려시대 무역항 벽란도'라고 잘못 알고 있는 실정이다.

태조 왕건의 조상들이 배의 편리함을 알고 바다를 누비며 해상 무역으로 나라의 기틀을 마련한 것처럼, 태조를 비롯한 고려의 역대 왕들은 물길의 효용성을 이해하고 각 지역의 조세나 공물을 바다와 강으로 운송하는 체계를 마련하였다. 그것을 조운이라고 하며 그 중심 항구가 예성항이었다. 왕건이 정변을 일으켜 태봉의 궁예왕을 몰아내고 고려를 건국하였을 때 한반도의 중북부 지역을 차지하고 있었으므로 주로 경기와 충청지역의 세곡은 바다를 통해, 내륙 지역은 남한강·북한강·임진강 등을 통해 배로 운송하는 작은 규모의 조운 체계를 운영하였을 것이다.

뒤에 발해가 멸망하고, 신라가 고려에 항복을 하였으며, 936년에 고려가 군사를 내어 후백제를 정벌하여 후삼국의 통일을 이루었다. 이에 고려는 확장된 영토를 포함하는 광역화된 조운 체계를 새롭게 구상하였을 것이다. 그런데, 동고서저의 한반도 지형으로 인해 큰 강은 서해로 흘러들었고, 서해는 여러 강들을 연결하는 통로의 구실을 하였다. 또한 한강은 한반도의 중앙에 위치한 데다가 남한강과 북한강의 유역 면적이 넓어서 광범위한 중부 내륙 지역 교통에 주요한 역할을 하였기 때문에 개경이 국가 경영의 중심지로서 기능하는 데 전혀 문제가 되지 않았다. 그러므로 국경 지역인 서북면과 동북면의 양계를 제외하고, 각 지역에서 수취된 조세와 공물은 배에 싣고 강과 바다를 경유하여 개경의 관문 항구인 예성항으로 나르고, 그곳에서 하선하여 육로로 개경으로 옮겨지는 조운 체계를 본격적으로 시행하였다.

고려가 전국 각지에 포구 또는 조창을 두고 배로써 세곡을 운반하는 조운 체계를 운영하였지만, 그것을 고려가 창안한 제도라고 할 수는 없다. 중국에서는 진나라가 이미 강을 통해 조운하는 방식을 시작하였고, 수양제는 대운하를 연결하여 강남지방의 세곡을 편리하게 수도로 옮기는 데 성공하였다. 우리나라의 경우 고조선과 부여 등의 수도가 강을 끼고 있었고, 배를 이용하여 신속하게 지방에 정보를 전달하고 지방에서 인원과 물자를 수도로 실어날랐다. 백제는 처음에 한강을 도읍지로 삼았고, 고구려의 공격을 받아 남하한 뒤에 웅진과 사비 등 금강 유역에 수도를 건설한 것은 강을 통해 서해와 연결하여 비옥한 옛 마한 지역을 지배하고 조세와 공물을 거두는 것과 더불어 중국과 통하는 데도 편리하였기 때문이다. 백제의 방식은 삼국 통일 이후 신라에게도 전해져 국가 운영에 활용되었다.

또한 고려가 스스로 계승했다고 하는 고구려는 압록강 본류와 지류가 만나는 곳에 수도 국내성을 두었는데, 이곳은 압록강의 지류를 통해 중국 동북지역 및 함경도 지역과 연결되었을 뿐 아니라 압록강 본류를 내려가 발해만을 건너 여순반도, 요동반도, 산동반도 등 중국의 주요 지역을 갈 수 있었던 요충지였다. 장수왕이 남하하여 대동강변에 세운 수도인 평양도 강과 바다를 통해 고구려의 영역을 지배하는 데 적합한 곳이었다. 고구려는 유목 민족의 전통과 같이 일정한 곳에 머물며 농사를 짓는 삶을 지향하지 않아서 보다 적극적으로 외부와의 교역을 추진하였으므로 강과 바다를 이용한 수상 활동이 어느 왕조보다 활발한 편이었다. 유목민이 초원과 숲 사이에 길을 두지 않고 점에서 점으로 이동하듯이 강과 바다를 이용한 수상 활동도 특정한 도로가 없이 지역과 지역을 연결한다는 공통점이 있었다. 조선 왕조가 계룡산 부근을 포기하고 조운이 편리한 한양으로 천도한 것도 고려와 그 이전 역대 왕조가 시행했던 국가 운영의 방식과 전통을 이었다고 해도 과언이 아니다.

3. 고려 조운 체계의 정비

고려 왕조는 조운의 중요성을 인식하고 전국적으로 확대하면서 조운 체계를 정비해나갔다. 바다와 강을 끼고 있는 주요한 수상 교통 요지에 세곡 등의 수취와 수송을 위해 국가가 관리하는 60개의 포구가 운영되었다. 992년에는 세곡 등을 개경까지 운송하는 조운선에 지불할 배 삯[漕船輸京價]을 정하였다. 고려 각지에 산재한 포구 가운데 개경에서 가장 멀리 있는 통조포(通潮浦: 경남 사천시 일원)와 나포(螺浦: 경남 창원시 일원)는 5석당 1석이었고, 개경에서 비교적 가까운 한강 하구에 있는 광통포(廣通浦: 지금의 서울시 양천구 일원)와 양류포(楊柳浦: 경기도 김포시 일원) 등은 가장 낮은 21석당 1석의 수경가를 지급하였다(『고려사』 권79, <식화지> 2, 조운). 60포구의 나머지 포구들도 바다와 강의 소재 여부, 원근, 위험도 등을 종합적으로 고려하여 5석에서 21석의 범위 내에서 조운선에 배 삯을 지급하였다.

남해안 동쪽에서 서쪽 순으로, 서해 남부에서 중부 순으로 수경가가 적었고, 한강은 한강 상류에서 하류 쪽으로서 가면서 수경가가 점차 적어졌다. 주목할만한 점은 충주와 원주 등 남한강 포구의 수경가가 지금의 전남 광양, 순천, 여수 해안의 포구와 같이 6석당 1석을 받았다는 것이다. 강의 유속이 느리고 강선이 해선에 비해 용적이 작아서 1척당 수익이 적었으므로 비교적 높은 운송 비용을 쳐주었던 것이다.

60포 제도를 시행한 뒤 세곡을 운송하는 포구가 너무 많아 행정적으로 불편하고 관리하기도 불편해지자 지역별로 통폐합을 단행하였다. 개경 남쪽에 바다와 강을 끼고 있는 고을[水郡] 12곳에 조창(漕倉)을 짓고 주변 지역의 세곡과 공물을 모아 보관하다가 겨울이 지나 예성항으로 조운하는 방식으로 바뀐 것이다. 그 명칭은 충주 덕흥창(德興倉), 원주 흥원창(興元倉), 아주(牙州) 하양창(河陽倉: 경기도 평택시 일원), 부성(富城: 충남 서산시 일원) 영풍창(永豐倉), 보안(保安: 전북 부안군 일원) 안흥창(安興倉), 임피(臨陂: 전북 군산시 일원) 진성창(鎭城倉), 나주(羅州) 해릉창(海陵倉), 영광 부용창(芙蓉倉), 영암 장흥창(長興倉), 승주(昇州: 전남 순천시 일원) 해룡창(海龍倉), 사주(泗州: 경남 사천시 일원) 통양창(通陽倉), 합포(合浦: 경남 창원시 일원) 석두창(石頭倉)이라 하였다. 문종(文宗: 1046~1083)대에 서해도(西海道) 장연현(長淵縣: 황해남도 장연군 일원) 안란창(安瀾倉)을 추가하였으며 각 조창에는 판관(判官)이라는 관원을 두어 관리를 강화하였다.

조운 규정에 따르면 주군(州郡)의 세곡은 수확하여 탈곡과 도정의 과정을 거친 후 농민의 요역 노동으로 지정된 여러 조창으로 운반하였다. 조창의 위치는 하천과 바다가 만나는 지역에 있었고, 육로와 배로 운송이 이루어졌으며, 조창의 관할 구역도 그다지 넓지 않았다. 다만 남한강 상류의 원주 흥원창과 충주 덕흥창은 내륙 지역에 있어 해당 지역에서 육로를 통해 서해의 해창으로 옮기는 일

그림 3. 고려시대 13조창의 위치

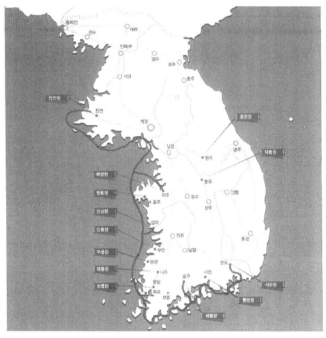

자료: 국립해양문화재연구소, 「해양유물전시관 안내」, 2013, 13쪽.

이 백성들에게 불편을 끼쳤을 뿐 아니라 한강의 수량이 비교적 풍부하여 배로 충분히 운반할 수 있어서 주변 지역의 조세가 모이는 조창으로 선정되었다. 특히 충주 덕흥창은 충주목뿐 아니라 경상도 안동부, 상주목, 동경 계수관에 속하는 지역 넓은 지역을 포괄하고 있었다. 경상도에서 거둔 세곡은 배에 실어 낙동강 수계를 타고 북상하여 다시 육상 운송한 뒤 남한강 수계에서 다시 배로 옮겨지는 복잡한 과정을 거쳐야만 했다.

조창에 모인 세곡을 본격적으로 조운하기 시작하는 것은 수확한 이듬해 2월이었으며, 가까운 지역은 4월까지, 먼 지역은 5월까지 경창(京倉)으로 운반을 마치게 하였다. 각 조창에서 출발한 조운선은 예성항에 도착하여 하선한 뒤, 개경으로 육상 운반되어 관리의 녹봉으로 지급되는 좌창(左倉: 광흥창)과, 국가 경비에 사용되는 우창(右倉: 풍저창) 등에 전달되었다. 기한 내에 조운선을 보냈으나 바람으로 인해 피해를 입어 초공(梢工: 사공) 3명 이상, 수수(水手: 하급 선원)·잡인(雜人) 5명 이상, 아울러 미곡까지 침몰한 경우에는 책임을 묻지 않았다. 반면에 기한 외에 배를 보냈는데 초공·수수의 1/3이 익사[敗沒]한 경우에는 해당 관청의 색전(色典: 향리)·초공·수수 등에게서 잃어버린 것의 일부를 징수하였다(「고려사」 권79, <식화지> 2, 조운).

조운의 시기는 2월에서 5월로 한정되어 일시에 많은 배가 필요했기 때문에 전용 조운선 이외에 때에 따라서는 주변의 군선(軍船)이나 관선(官船), 사선(私船) 등도 동원되었을 것이다. 각 지역의 조세 수취와 조운의 기일을 엄수하도록 하기 위해 기한 내에 출발한 경우에는 바람 때문에 일정 수준 이상 인원과 곡식의 손상을 입었어도 책임을 면제해주었으나, 기한이 지나 출발할 때는 작은 손실에 대해서도 색전·초공·수수 등 관련자에게 배상하도록 정하였던 것이다.

이어 정종(靖宗: 1034~1046) 때에 12창 조운선[漕船]의 수를 정하였는데, 석두창·통양창·하양창·영풍창·진성창·부용창·장흥창·해룡창·해릉창·안흥창에는 각각 배 6척[艘]을 두었고, 이곳의 초마선(哨馬船) 1척에는 1,000석을 실을 수 있었다. 덕흥창에는 20척, 흥원창에는 21척을 두었는데, 이곳에 배치된 평저선(平底船) 1척에는 200석을 적재할 수 있었다. 고려 초마선의 적재량을 19세기말 조선의 조운선이 1척당 쌀과 콩 1,160석 정도를 실었던 것과 비교하건대 큰 차이가 없었다고 할 수 있다. 이것은 고려시대에 비해 조선시대에 조선술과 항해술이 발달하였어도, 배의 크기를 더욱 크게 하는 것은 파선 시에 그만큼 더 큰 피해가 발생할 뿐 아니라 비가 많이 내리지 않는 봄철에 한강 유역에 들어왔을 때 수심이 낮

아 큰 배가 운항하기 어려운 점도 고려되었을 것이다. 참고로 남한
강 상류의 흥원창과 덕흥창의 평저선은 적재량이 200석으로 바다를
다니는 초마선 1,000석에 비해 1/5 정도에 불과했는데, 갈수기에
여울이 많은 한강의 사정을 반영하여 바닥을 매우 평평하게 하고
흘수를 줄였던 것이다. 수운(水運)에 이용된 평저선은 안전을 우선
한 것이며, 대신 두 강창(江倉)에는 해창에 비해 3배 이상 많은 평
저선 21척과 20척을 소속시켜 일시에 나르는 데 지장이 없도록 하
였다.

고려 전기에 완성된 조운 제도는 무신정권기 이후에도 그대로
유지되었다. 몽골이 고려를 침입하였을 때 최씨 정권이 강화도로
천도를 결정한 것은 몽골에 대한 항전 의지를 보여주고자 했을 뿐
아니라 조운을 통해 서남해안 곡창 지역의 세곡을 전쟁의 영향을
받지 않고 안전하게 받아들일 수 있기 때문이었다. 1270년에 원종
이 개경 환도를 결정하자, 삼별초가 반란을 일으키고 진도를 거점
으로 삼고 해상 경략을 활발히 한 것도 개경 정부의 조운 체계에
타격을 주고 남해안 지역을 자신들의 영향력 아래 두고자 했던 것
이다. 고려 말에 왜구가 고려의 해안에 횡행하며 노략질을 하자, 국
가 재정을 운영하는 데 큰 어려움을 겪었다는 것은 국가 운영에서
차지하는 조운의 중요성을 잘 알려주는 사건이다.

4. 고려시대 해상 운송과 상업

앞서 언급한 바와 같이 최근에 서해 해저에서 많은 침몰선이 출
수되면서 고려시대 해상 운송의 실상을 파악할 수 있게 되었다.
1207~1208년 즈음에 전라도 남서 해안에 있는 회진현(會津縣: 나주
시 일원), 죽산현(竹山縣: 해남군 일원), 수령현(遂寧縣: 장흥군 일원) 등
에서 생산된 청자, 젓갈류, 곡식 등을 싣고 예성항으로 가다가 난파

된 배가 충남 태안군 마도 앞 해저에서 발견되었다. 마도 1호선이
라고 명명된 이 배는 당시 개경에 있는 여러 사람들의 집으로 전달
할 각종 화물을 싣고 가다가 침몰하였다. 그러한 사실은 마도 1호
선의 목간이 알려준다.

목간은 나무를 장방형으로 만들고 평평하게 깎아 먹으로 글자를
써넣은 것이며, 대나무로 만든 경우에는 죽간 또는 죽찰(竹札)이라
고 한다. 마도 1호선의 목간과 죽찰은 일종의 화물표와 같은 것으
로, 화물에 관한 다양한 정보를 담고 있다. 목간에는 짐을 실은 날
짜, 출발지역, 발신자, 수신자, 물품의 종류와 수량과 더불어, 그것
을 확인하는 서명인 수결이 적혀있었다.

그림 4. 마도 1호선의 예상항로와 침몰지점

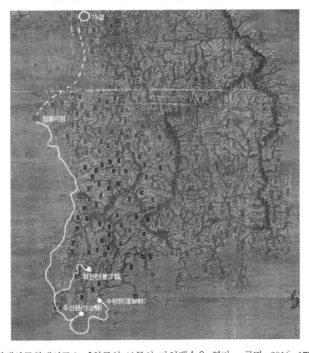

자료: 국립해양문화재연구소, 「한국의 보물선 타임캡슐을 열다」, 공명, 2016, 177쪽.

마도 1호선에서 나온 목간과 죽찰의 대표적인 것을 소개하면, 목간의 앞면에 "강진에서 개경에 있는 대정 인수의 집에 부침. 도자기 한 꾸러미"라고 쓰여 있고, 뒷면에는 "배에 싣는 것을 맡아 함. 장(長). 수결"이라고 쓰여진 것이 있으며, 죽찰로는 "죽산현에서 서울[京]에 있는 교위 윤방준 댁에 올림. 게 젓갈 한 항아리. 4말을 넣음"이라고 적혀 있다(국립해양문화재연구소 편, 「해양유물전시관 안내」, 2013, 32·37쪽). 이 내용을 보건대, 이 배를 운항하는 사람은 강진과 죽산에서 물건을 위탁받아 배에 싣고 가서 개경에 있는 물건의 주인에게 전달할 예정이었던 것 같다. 이 배에는 그 밖에도 아주 많은 짐이 실려 있었는데, 목간의 내용만으로는 거래하는 물건인지, 선물인지, 뇌물인지 확인되지 않는다. 그러나 분명한 것은 화물의 성격이 무엇이든지 관계없이 선주는 조운의 수경가와 같은 운송료를 받았을 것이라는 점이다. 선주는 요즘의 택배처럼 개경에서 물건을 사용하는 사람들과 전라도 해안 지역에서 물건을 만든 사람들을 연결해주는 일을 하였던 것으로 보아, 그 반대로 개경에서 또 다른 주문을 받아 지방에 있는 생산자에게 전달하는 일도 할 수 있었다.

고려시대 배로 운송되는 물건 가운데 가장 큰 비중을 차지하는 것은 역시 각 지역에서 재배된 곡식이었다. 고려시대에는 토지 소유자가 직접 경작하지 않는 사례가 많았다. 소유자의 거주지와 실제 경작 지역이 다른 경우가 적지 않았는데, 고려시대 대지주가 가장 많은 곳이 개경이었다. 이들은 각 지방에 있는 토지를 경영하고 지대(地代: 소작료)를 받았으며, 그것은 배를 이용하여 전달받았다. 마도 1호선의 죽간 가운데 하나는 그러한 내용을 담고 있는 것이 있는데, "대장군 김순영(金純永) 댁에 올림. 토지에서 나온 벼 6석"이라고 쓰여 있다(「해양유물전시관 안내」, 2013, 38쪽). 1207년에 전라도 남해안 지역의 토지에서 경작되어 수확된 6석의 벼가 개경의 토

그림 5. 목간과 글자의 판독

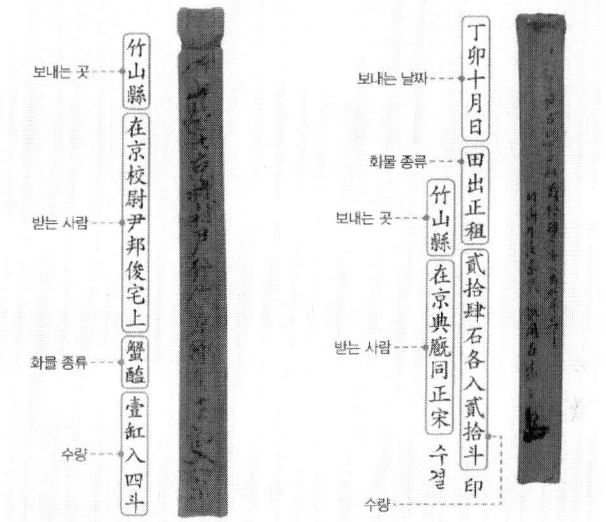

보내는 곳 — 竹山縣

受 — 在京校尉尹邦俊宅上

받는 사람

화물 종류 — 蟹醢

수량 — 壹缸入四斗

보내는 날짜 — 丁卯十月日

화물 종류 — 田出正租

보내는 곳 — 竹山縣

받는 사람 — 在京典廐同正宋

貳拾肆石各入貳拾斗印

수결

수량

자료: 국립해양문화재연구소, 「한국의 보물선 타임캡슐을 열다」, 공명, 2016, 172쪽.

지 소유주 김순영에게 보내졌던 것이다.

금강산 장안사(長安寺)의 토지 경영은 원거리 수취의 좋은 사례이다. 이곡이 14세기 중엽에 지은 비문에 의하면 장안사가 소유한 토지는 1,050결인데, 그중에 전라도 함열현(咸悅縣: 익산시 일원), 인의현(仁義縣: 전북 정읍시 일원)에 각각 200결, 부령(扶寧: 전북 부안군 일원), 행주(幸州: 경기도 고양시), 서해도 배주(白州: 황해남도 배천군 일원)에 각각 150결, 서해도 평주(平州: 황해북도 평산군 일원)와 양광도의 안산(安山: 경기도 안산시 일원)에 각각 100결이 있었고, 통주(通州: 강원도 통천군 일원) 임도현(林道縣)에 염분(鹽盆)이 한 곳, 개성부(開城府)에 경저(京邸: 개경의 저택) 1구(區)와 더불어 개경 시전(市廛)에 가게를 만들어 남에게 대여한 것이 30칸 더 있었다(「稼亭集」 권6, <金剛山長安寺重建碑>). 장안사 소유의 토지는 공교롭게도 전라도, 양광도, 서해도의 여러 해안 고을에 위치하였는데, 해마다 가을에 거둔 수 천 석의 곡식을 금강산으로 옮기는 방법에 대해 생각해보자.

첫째, 오로지 육로로 금강산까지 운송하는 것이다. 이는 수취된 곡식의 양이 너무 많고 수레를 이용하여 거의 서에서 동으로 횡단하는 것이므로 당시 도로의 형편상 쉽지 않았고, 동해안 부근 백두대간의 험준한 고개를 여러 개 넘어야 한다는 점에서 운송에 너무 많은 노력이 소요될 것이다. 둘째, 장안사 소유의 토지에서 서해를 이용하여 한강이나 임진강을 최대한 동진한 후에 소나 말의 바리나 사람의 지게로 백두대간을 넘어가는 것이다. 많은 화물을 싣고 물의 흐름과 반대 방향으로 운항하는 일이 어려우며, 배가 더 이상 갈 수 없는 강 상류에서 짐을 내려 육상으로 고개를 넘어 금강산 지역까지 운송되는 것도 불편하였을 것이다. 셋째, 많은 화물을 육상으로 운송하는 일을 줄이기 위해 장안사 소유지에서 동전이나 은병으로 바꾸어 전달하는 방식을 생각할 수 있다. 이 역시 고려시대에는 동전보다는 쌀·베와 같은 실물화폐가 주로 교환수단으로 이용되었으므로 현실적인 대안은 아니었다.

마지막 방안은 해상 운송일 것이다. 참고로 금강산에 있는 도산사(都山寺)는 임도현(臨道縣: 강원도 통천 일원)의 땅을 사고 봄과 가을에 선박으로 곡식을 날라 절을 운영하였다고 한다(「稼亭集」 권3, <剏置金剛山都山寺>). 한편 금강산 장안사는 각 지역에서 거둔 곡식을 배로 옮겨 실은 후 서해를 남하하여 다시 남해안을 지나, 동해안을 따라 북상하여 금강산 부근의 포구에서 곡식을 내리고, 그것을 육로로 장안사까지 운반하는 것이다. 거의 한반도를 U자 형태로 돌아 동계(東界)의 금강산에 도착하도록 운송하는 것인데, 배의 방향이 남쪽, 동쪽, 북쪽으로 여러 차례 바뀌어 순풍을 얻어 운항하기가 만만한 일은 아니었다. 그러나 장안사에 토지를 기진한 고려 6대 국왕 성종(981~996)은 당시 고려의 교통 여건을 감안하여 장안사의 관리와 수취가 가능한 지역을 골랐을 것이다. 절이 소유한 대부분의 토지가 서해안 가까이 있었던 것도 운송의 편의와 관련되었던 것이다. 물론 지금의 황해도·경기도·전라도 등지에서 수확한 곡식을 장안사 인근의 포구까지 실어다준 배의 주인은 국가가 조운업자에게 지역의 거리에 따라 수경가를 준 것처럼 배삯을 받았을 것이다. 장안사와 토지 소재지 사이의 거리가 수경가 최고 기준보다 훨씬 멀었으므로 적어도 5석당 1석 이상의 배삯을 받았을 것이다.

서해안에서 동해 북부에 이르는 장거리 운송의 개연성에 대해서는 1377년 지어진 <석왕사장경비(釋王寺藏經碑)>의 내용이 참고된다. 이성계 등은 왕명을 받고 청주에 머물던 중에 대장경(大藏經) 일부와 불상과 법기(法器: 불교 의식에 사용되는 도구)가 해양(海陽: 광주직할시 일원) 광적사(廣積寺)에 있는데 전쟁의 피해를 입고 승려는 달아나서 방치되어 사라질 위기에 있다는 얘기를 들었다. 이에 이성계는 중랑장(中郎將) 김남연(金南連)에게 배에 실어[舟載] 안변부(安邊府: 함남 안변 일원) 설봉산(雪峯山) 석왕사(釋王寺)로 옮기고 잃어버린 것들을 채워 넣었다고 한다. 이 대장경은 대장경 목판이 아니라 종이에 인쇄한 것이다. 해양 석왕사에서 대장경이 이운(移運)

그림 6. 금강산 장안사 위치(대동여지도)

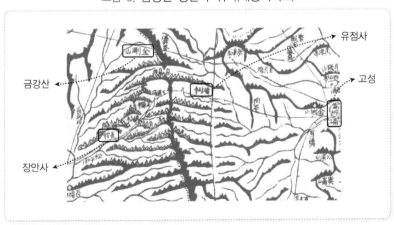

그림 7. 안변 석왕사 위치

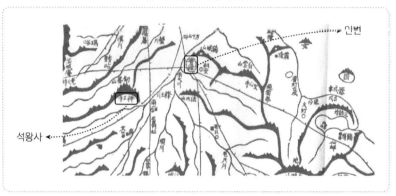

되었던 과정을 추정해보면 광적사와 가까운 포구로 운송된 대장경 등을 배에 싣고 영산강을 따라 서남해로 나왔고, 다시 남해와 동해를 거쳐 석왕사 인근 항구에 내려서 석왕사까지 육상으로 운반되었을 것이다. 도중에 강과 바다가 만나는 곳에서 규모가 크고 바다에 익숙한 선원이 운항하는 해선으로 바꾸어 실었을 수도 있다.

14세기 후반에 서남해와 동해 북부를 잇는 해상 운항이 실재했음이 분명한 것처럼, 10세기말에 성종이 금강산 장안사에 하사한 사원전을 서해안 지역에 배정한 것은 동·서·남해를 넘나드는 당시 해상 운송체계가 있었기 때문에 가능한 일이었으며, 이곡이 기문을 지을 때까지 장안사는 약 250년 동안 아주 멀리 떨어져 있는 토지의 경영을 훌륭하게 하고 있었던 것이다. 조선시대 말에 남해에서 강원도 해안을 다니는 배가 거의 없었던 것과 비교하건대 오히려 고려시대에 이 지역의 해상 활동이 더욱 활성화되어 있었음을 보여준다.

지방의 생산자와 개경의 소비자들 사이에서 배로 여러 가지 물품을 운반해주며 그에 대한 대가를 받는 것에 대해 서술하였다. 이에 반해 선주가 농민이나 수공업자들로부터 곡식이나 수공업품을

그림 8. 전라도의 조창과 해양현

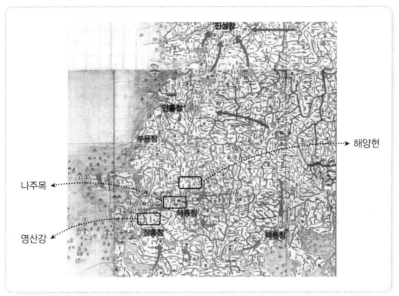

자료: 국립해양문화재연구소, 「고려 뱃길로 세금을 걷다」, 2009, 55쪽.

사서 개경의 소비자들에게 직접 팔거나 상인들에게 공급하는 것도 상정할 수 있다. 마도 1호선에서 발견된 고등어·게·새우 등의 젓갈이나 말린 생선, 개경에서 장작 대신 사용했을 석탄, 섬에 담겨져 있는 벼 등이 판매를 위한 물품에 해당된다.

마도 1호선과 달리 청자와 같은 자기류만을 적재했던 완도선·태안선·비안도선·십이동파선·원산도선·무안 도리포선 등은 예성항이나 개경에 있는 자기 가게로 운송하러 가던 배였을 것이다. 침몰선에서 나온 유물의 상황으로 보건대 곡식류를 제외하고 가장 많이 생산되어 개경으로 팔려나간 것이 당시 주요 생활용품인 각종 자기 그릇이었고, 이것들은 생산자와 주문자가 직접 연결되는 방식으로 유통되지 않고, 개경의 자기점과 같은 곳에서 판매되었던 것이다. 한 가지 흥미로운 점은 출수된 자기 가운데 청자의 색이 갈

색으로 잘못 밝혀된 것, 굽는 과정에서 다른 그릇과 붙어 흔적이 남은 것, 진흙의 공기를 제대로 빼지 않아 몸통의 곳곳이 부풀어 올라 올록볼록한 도기 항아리, 일부 균열이 간 것 등 꽤 큰 하자가 있는 그릇들이 많았다는 것이다. 이것들은 예술품이 아니라 생활용품이어서 현대의 도공과 같이 문제 있는 것들을 폐기해버리는 것이 아니라 저렴하게 팔아 이익을 남기려 했던 것 같다.

고려시대 최대의 소비처인 개경과 식량 및 수공업품의 생산지인 지방 사회를 연결해주는 것이 해상 운송업자들이었다. 이들 중 상당수는 2월에서 5월까지 국가 운영에 필수적인 조운의 일을 맡았고, 그 뒤에는 개인이나 사원 등의 경제 주체들이 원하는 물품을 실어나르며 이익을 얻었을 것이다. 실제로 원 간섭기 안축(安軸)이 지은 <산삼을 한탄하다>라는 시에서 "배와 수레로 상인들이 산삼을 다투어 사니, 먼 지방에 내다 팔면 값이 비싸서라네"(「謹齋集」 권1, <蔘歎>)라고 하여 배를 장사에 활용하고 있음을 묘사하였다.

그러므로 날씨나 왜구 등에 의해 선박의 해상 운송이 원활하게 이루어지지 못할 경우에 국가 운영과 개경 사람들의 생활에 적지 않은 어려움이 닥치게 되었다. 14세기 전반에 이곡은 시에서 "동남쪽 곡식 실은 배가 풍우에 길이 막히는 바람에, 개경 성 안의 쌀값이 뛰어올라 사람의 원성을 샀던 일을 그대는 보지 못했는가"라고 하였다(「稼亭集」 권14, <天曆己巳六月 舟發禮成江南往韓山 江口阻風>). 그리고 왜구가 한창이던 1371년에 공민왕은 "근래 왜적의 노략질로 말미암아 조운이 불통되었으므로 먼 곳이나 가까운 곳이나 수송하는 데 모두 육로를 경유하고 있으니, 주군(州郡)으로 하여금 원(院)과 관(館)을 수리하게 하고 땔나무와 꼴을 비축하게 하여 통행이 뛰어올라 사람의 원성을 샀던 일을 그대는 보지 못했는가"라고 하였다(「稼亭集」 권14, <天曆己巳六月 舟發禮成江南往韓山 江口阻風>). 그리고 왜구가 한창이던 1371년에 공민왕은 "근래 왜적의 노략질로

그림 9. 태안선에서 발견된 청자

자료: 국립해양문화재연구소, 「해양유물전시관 안내」, 2013, 48쪽.

말미암아 조운이 불통되었으므로 먼 곳이나 가까운 곳이나 수송하는 데 모두 육로를 경유하고 있으니, 주군(州郡)으로 하여금 원(院)과 관(館)을 수리하게 하고 땔나무와 꼴을 비축하게 하여 통행[行旅]에 편리하도록 하라."는 명령을 내렸다(「고려사」 권80, <식화지> 3, 진휼, 공민왕 20년 12월). 이러한 내용들은 고려 말이기는 하지만, 고려 왕조에서 국가의 운영과 개인의 소비에 차지하는 해상운송의 비중이 절대적이었음을 잘 설명해주고 있다.

5. 마치며: 고려시대 해운과 문화 교류

전근대는 농업 중심의 사회였고, 고려시대 역시 마찬가지였다. 게다가 고려의 농업환경은 좋은 편이 아니었다. 토지는 척박하여 매년 경작하는 상경전(常耕田)보다는 2년 또는 3년에 한번 경작하는 휴한전(休閑田)이 많았고, 남쪽 5도 지방은 벼농사가 가능했으나 북쪽의 양계(兩界) 지방은 밭농사를 짓기에도 어려운 곳이 많았다. 고려의 인구는 매우 적었고, 사회 조직도 중국에 비해 훨씬 단순하였다. 도시가 발달하지 않았고, 상업도 부진해서 자연경제였다고 해도 과언이 아니었다.

이와 같이 자연환경과 사회적 조건이 좋지 않았으니, 고려 사람들은 청자·팔만대장경·금속활자 등과 같은 수준 높은 문화적 업적을 이루어냈으며, 이민족의 침입에 대해 문화 민족임을 자부하며 끝까지 저항하고 승리하였다. 그 이유는 중국과의 무역을 통해서 선진문화를 계속해서 받아들였기 때문이다. 고려에 유입된 중국의 문화는 고려 사람의 문화적 창조성을 자극하였으며, 문화 민족으로서의 긍지를 갖게 만들었던 것이다. 그런데 그 배경에는 중앙집권화를 위해 고려 해상의 중국 무역을 금지하면서도 송상이 서해를 왕래하며 무역할 수 있도록 허용한 고려의 개방적 정책이 있었다. 고려는 거란과의 1차 전쟁 이후 송에 대한 외교를 중단하면서도 송상들을 받아들이는 대담한 무역 정책을 펼쳤고, 동서여진과 일본 상인들을 불러들여 고려를 동북아 지역 상인들이 상호 교역하는 허브로 만들었다.

예성항은 고려 국내 상업의 중심 항구였다. 예성항은 각 지역에서 거둔 조세와 공물이 배에 실려 모이는 곳이었고, 각 지방에서 만들어져 개경 사람들에게 보내지는 농산물과 수공업품이 향하는 목적지이기도 했다. 따라서 각 지방에서 예성항에 왔던 사람들은 국내의 다른 지역에서 온 사람들과 교역을 할 수 있었다. 게다가 송상과도 무역할 수 있었다. 이에 예성항은 송상과 고려 국내 상인이 만나는 결절점이 되었고, 무역항을 단일화한 것이 오히려 지방 상인들의 교역 편의를 돕는 데 이바지하였다.

예성항을 찾은 고려의 지방 상인들은 중국 상인들을 만나 서적·비단 등과 같은 선진문물을 교역하여 되돌아갔다. 이러한 교역 체계로 인해 고려시대의 지방은 정치적 위상이나 경제적 풍요로움에서 개경에 미치지 못했지만, 최신 문물이 전해지는 것에 있어서는 큰 차이가 나지 않았다. 고려 전기에 서남해 지역은 물론 원주, 충주 등 내륙 지방에 훌륭한 문화 유산이 많이 남아 있는 것도 바다와 하천을 통해 중국과 간접 교류를 하고 있었기 때문이었다.

이상에서 보건대, 고려는 바다를 지혜롭게 이용한 왕조였다고 할 수 있다. 고려 사람들은 배를 잘 다루고 편리하게 사용하였으며, 고려 왕조는 삼면이 바다라는 우리의 자연 환경을 적절히 활용하여, 국가를 운영하고 문화를 발달시켰던 것이다.

역사 속의 물류, 물류인

정필수(한국종합물류연구원장)

1. 歷史 속의 物流 - 本紀

고대 물류사는 기록도 충분치 않고 사적 자료도 불분명하여 정치, 외교, 군사에 관한 기록을 통해 유추하고 정리할 수밖에 없다. 역사 속에서 흔치 않지만 일반서민의 생활을 살펴보면, 의식주 등 기본생활이 자급자족의 상태를 벗어나지 못했고, 대량생산이 존재하지 않아 잉여 산품의 교환이라는 근대적 유통의 개념이 없었다.

지역적으로도 산출물이 유사하여 잉여산물을 주고받는 물물교환의 의의가 크지 않았기 때문에 자연스레 물류개념의 정착이 불필요했다고 할 수 있다.

그러면 우리나라 역사에서 시간과 공간의 합리성을 찾는 물류개념은 언제부터 시작되었을까? 유목생활에서 보다 정착생활에서 공간적 이동의 수요가 더 발생한다면 정착농경의 역사가 2천년을 거슬러 올라가기 때문에 상당히 먼 역사를 떠올릴 수 있을 것이다. 그러나 삼국시대의 정립과 함께 촌락형태가 갖춰졌고 집단취락이 형성되어 교환경제의 필요성이 생겼다고 추정한다면 우리 물류 시원은 삼국시대를 넘어서지 않는다고 봐야할 것이다.

면면히 이어 오는 물류의 역사

한민족의 첫 해양 실크로드 개척자는 신라의 혜초(704~780)스님이었다. 성덕왕 18년(719년) 당나라로 건너간 뒤 천축국의 밀교승 금강지를 만나 불도를 배웠다. 723년 구법의 길을 떠난 그는 4년간 천축국 다섯 나라와 중앙아시아, 아랍 땅까지 밟은 뒤 장안으로 돌아와서 남긴 기록이 「왕오천축국전」이다. 이렇게 우리 국제교류의 역사는 신라시대 서역을 왕복하며 그 길이 열리기 시작했다.

동아지중해로도 불리며 내륙 호수와 같은 황해를 이용하는 주도권을 서로 차지하기 위한 치열한 다툼이 삼국시대 이래 주변국 흥망의 핵심을 이루고 결국 황해를 지배한 자가 한반도를 통일하게 되었다.

우리의 물류 역사는 육상물류를 내박쳐 놓은 채 바다를 중심으로 이어져 왔다고 할 수 있으며 서해와 남해를 끼고 발달해 왔다. 그러나 조선시대에 와서는 바다를 통해 전해 오는 개화의 물결을 감지하지 못한 채 육로로만 이어지는 대외창구를 통해 조공무역을 고집하였다. 따라서 전통적으로 이어 오던 해상물류는 정체를 면치 못했고 보부상의 짐에 의존하는 초기 육상물류체제만 유지되어 상업유통의 발전이 더뎌지게 되었다.

그래도 일부 집권층 및 상류 귀족계층의 수요를 충족하기 위한 해상무역이 삼국시대 이래 맥을 이어 오고 있었던 것은 다행이라 할 수 있다. 해상활동은 통일신라시대 장보고대사에 의해 꽃을 피우게 되고 한때 중국, 일본, 신라의 상권을 장악함으로써 해운을 이용한 국제물류의 선두주자로 당시 세계를 주름잡게 되었다.

장보고대사 이래 해상활동은 그의 사후에도 어느 정도 유지되었고, 918년 고려를 창건한 왕건도 지금의 개성을 중심으로 해상무역에 종사하였던 무역인의 후손이었다. 그가 고려를 창건하기 이전

궁예의 휘하에 있을 때에는 수군장으로서 후백제에 막대한 타격을 입혀 후삼국을 통일할 수 있는 기반을 마련하였다. 이처럼 활발히 였던 해상활동이 서서히 약화되면서 해상무역도 고려 중엽 이후에 는 위축되었다.

우리나라 물류의 역사에서 육상물류는 근대에 이르기까지 인력에 의존하는 미미한 수준을 벗어나지 못해 대량유통 발전의 걸림돌이 되었다. 물류 발전의 역사에서 3대 발명품 중 하나인 수레를 일찍부터 만들 줄 알면서도 우리 역사에서는 이를 제대로 이용하지 않았다. 물론 잦은 외침을 방어하기 위한 명목으로 길을 제대로 정비하지 않은 까닭에 수레의 이용이 불편하였고 국방에서는 어느 정도 효과를 거두었지만, 내수산업이나 상업유통의 발달에는 도움이 되지 못했다.

고구려, 대륙과 바다를 통한 대중국 소통의 浮沈

고조선의 뒤를 이어 건국한 고구려는 처음부터 육상 통치권의 확립에 열정을 쏟았다. 점차 육상 지배권의 확립이 안정권에 들면서 만주지역에 동맥처럼 발달한 송화강, 압록강, 혼강 등 큰 강을 이용한 군사 활동에 관심이 이어졌다. 고구려는 초기부터 현재 압록강 하구인 서안평을 장악하여 황해북부로 진출하였다. 그 후에도 꾸준히 요동진출을 시도하다가 광개토대왕 시대에는 완전하게 요동만 해안지역을 장악하게 되었다. 고구려는 중국 내륙 국가와는 일찍부터 교류를 하고 있었지만, 중국 남방과는 동천왕(233년) 때 양자강 하구 유역인 건강(현 남경)의 오나라와 교섭한 것이 처음이다.

고구려시대에 육상무역은 활기를 띠지 못했으나, 해상을 통한 중국과의 교류가 빈번해지면서 무역이 동반되어 해상물류의 궤적을 찾을 수 있다. 고구려는 황해를 남북으로 오가며 남·북조국가들과 활발한 교섭을 하였을 뿐만 아니라 해상진출을 통해 힘을 비축하였다.

광개토대왕, 장수왕은 수륙 양면작전을 구사하여 한강을 직공하고 경기만을 장악하여 해상세력이 쇠약해진 백제를 물리치고 경기만을 장악하였고 신라, 백제를 중국과 격리시킴으로써 강대국 면모를 유지할 수 있었다. 이처럼 내륙 정복으로 다져진 고구려가 5세기 이후 강성해지고 국제적 지위가 높아진 데는 해양활동의 향상이 큰 역할을 했다.

고구려는 황해중부 이북과 발해만의 황해권역 해상권을 완전히 장악했기 때문에 분단된 중국의 남·북조와 등거리외교를 펼치는 한편 문화수용과 교역을 활발히 전개할 수 있었다. 또한 백제, 신라, 가야, 왜가 중국의 북조정권과 교섭하는 것을 차단하고 견제하였다. 고구려는 5세기부터 본격적으로 일본열도로도 진출하여 6세기 중반에 이르면 해양을 활용해 일본열도와 본격적인 외교도 전개하였다.

결국 고구려는 대륙경영과 함께 해양활동의 확대를 통해서 군사력은 물론 외교력을 신장시키고 군사적, 경제적, 문화적으로 동아시아에서 강국으로 발돋움 하였다. 고구려는 해양주권을 장기간 지키기 보다는 내륙을 통한 대중국 방어에 치중하다보니 해양 세력으로 존속하기는 어려워졌다.

고구려 후기에 들어서 경기만을 신라에 상실한 후 정치·외교적 특권을 상실하고, 중국지역을 통일한 수·당의 수륙 양면공격을 받으면서 시련을 겪게 된다. 하지만 해양외교를 이용한 나·당연합군의 결성을 허용하여 신라와 당의 남북협공과 당의 수륙 양면작전을 받으면서 패배를 당하고 멸망하였다.

백제, 바다를 품어서 성장한 海上王國

백제는 초기부터 해양활동과 깊은 관련이 있었고 지속적으로 바다를 품어 해양왕국으로 발전하였다. 비류와 온조는 바다를 통해 이주하였고 해양과 관련이 있는 한강하구 미추홀에 정착하였다. 백제시대 수도로 정해진 하남 위례성, 웅진, 부여 등은 모두 깅을 끼고 있으며 바다로 직접 연결되는 하항지역이었다.

삼국시대 역사를 바다와 연관시켜 보면 황해의 중심지인 경기만, 황해도 연안은 계란 노른자위로서 이 황금지역을 누가 지배하느냐, 어떻게 분할하느냐에 따라 삼국사가 정리되었다고 할 수 있다. 이처럼 지정학적으로 중요한 요충지에 자리 잡은 백제는 출발부터 해양활동이 활발했으며, 필연적으로 황해중부의 해상권을 장악하였다. 4세기 초에는 북으로 고구려를 쳐서 오늘날의 황해도 해안지방까지 세력권으로 확장하였다. 이는 육지의 영토를 확대하는 목적 외에도 황해중부 이북의 해상권을 장악하고 대중교통로의 확대 및 교역상의 이점을 확보하여 패권을 장악하려는 의도도 있었다.

한편 남쪽에서 마한을 정복하고 서해 남부지역을 완전히 장악한 이후부터 그 지역 여러 섬들을 징검다리로 삼아 제주도를 영향권 아래에 넣었으며, 해상으로 일본열도에 본격적으로 진출하기 시작하였다. 백제는 영토를 팽창시키는 방식이나 통치방식을 해양과 관련지어 변화시켰던 것 같다. 해상 주도권을 잡고 중국, 일본과 적극적으로 문물교류를 추진한 백제는 황해를 평정한 해상왕국이 되어 강한 해상세력을 유지했다.

고구려 광개토대왕과 장수대왕의 압박과 공격을 받고 경기만을 빼앗겨 수도를 남으로 이전하였다. 그 결과 해양활동이 일시적으로 위축되었고, 중국의 북조정권과 한때 외교교섭을 할 수 없었다. 동성왕 시대부터 다시 국력을 회복하여 황해 남부는 물론 남해에서도 활발하게 활동하여 탐라를 복속시켰다. 특히 중국의 송, 제, 양, 진 등 남조국가들과 활발하게 교섭하여 정치적 지위를 향상시키고 문화의 전성시대를 이루었다.

일본열도로의 진출은 후기로 갈수록 더욱 더 활발해져 일본에서 고대국가가 성립하고 불교 등 문화가 발달하는 데 결정적인 역할을 하였다. 나·제동맹의 승전물인 경기만을 신라에게 도로 빼앗김으로써 해양활동은 다시 위축되고 신라의 급속한 성장과 나·당 동맹을 허용함으로써 패망의 결정적인 요인이 되었다. 결국 나·당 수군의 금강 상륙작전으로 사비성이 함락되고 나라가 패망하였다.

신라, 늦게 접한 해양활동에서 開花

신라는 지정학적으로 한반도의 동남부에 고립되어 있어 중국과 연결하는 해양활동에는 큰 관심이 없었다. 그들이 접한 동해는 바람과 해류 등 항해조건이 안 좋은데다가 수심이 깊고 굴곡이 적어서 선박운항을 위한 항구시설이 별로 없었다. 따라서 신라는 내륙 교통로를 통한 백제, 고구려와의 소통이 대외 접속 통로가 되었다.

중국과는 고구려, 백제 등의 도움을 받아 교섭을 하는 등 국제질서의 주변부에 있었던 신라는 진흥왕 때에 한강유역을 차지한 것을 계기로 중국지역과 교섭을 빈번하게 하였다. 신라는 비록 해양에 늦게 접했으나 외교 군사 경제적 필요성에 의해 해양문화의 급속한 발달을 가져왔다. 신라의 세력을 뒷받침해 준 당나라와의 동맹은 결국 해양을 이용한 비밀외교에서 성사된 것이다. 또한 백제 공격은 당의 대규모 군이 황해를 건너 중부 해상권을 장악한 신라의 수군과 연합하여 감행된 것이다.

삼국시대 이후 우리나라를 둘러싸고 있는 동북아 지역의 정세는 황해를 중심으로 해양세력의 장악 여부에 따라 운명이 갈라지게 되었다. 특히 한반도의 중앙에 위치한 경기만, 황해도 남부 해안의 지배권 다툼은 육상 지배권을 능가하는 위력을 발휘했다. 신라 통일 이전에도 고구려의 남방 진출정책에 의해 백제가 이 지역을 뺏겼을 때에 백제는 수도를 옮기고 쇠약해질 수밖에 없었으며 다시 실지회복으로 경기만을 얻음으로써 재기할 수 있었다. 그러나 백제는 신라와의 당항성 전투에서 패함으로써 진흥왕에게 서해안 진출로를 내주었고 중국 진출로를 확보한 신라는 당과의 비밀 교섭을 통해 삼국통일이라는 과업을 완수하게 된다. 통일 후에도 당과 이 해양세력권의 장악을 놓고 갈등을 빚었으며 장보고에 의한 해상세력의 통일이 이뤄지게 되는 것도 이러한 해양세력의 힘을 바탕으로 한 것이라 할 수 있다.

가야, 未完의 해상활동

가야는 변한 진한 등의 해양진출 전통을 이어받아 초기부터 해양문화가 발달하였다. 특히 김해, 거제도, 고성 등은 일찍부터 해양문화와 대외교역이 이루어진 곳이었다. 한반도의 국가들 중 가장 먼저 일본열도로 진출하여 거점의 토대를 마련하였다. 일본국가가 성립되는 과정에서 유물과 건국신화 등에 가야 문화적 요소가 많이 있는 것은 이러한 이유 때문이다. 가야가 한반도에서 멸망할 때까지 가야와 일본열도 간의 교섭은 매우 활발하게 이루어졌다. 가야는 신라와 수륙 두 방면에서 치열한 접전을 벌였으며, 왜의 수군세력을 이용하여 신라에 대항하였다. 삼국사기 신라본기에 여러 차례 보이는 왜인·왜병들의 신라 도성 침범사건들도 실제로는 가야 여러 나라들의 후원으로 진행되었다고 볼 수 있다.

통일신라, 새 土臺를 구축

통일신라는 이전보다 세 배나 되는 영토를 장악하고 삼면에 걸친 해안선을 가진 해양국으로 변화하였다. 그렇지만 한편으로 신라에 대한 일본의 적대적 정책과 침입 의도는 여전히 계속되었다. 따라서 신라는 이전보다 한층 강화된 수군력을 확보하지 않으면 안 될 압력을 받게 된 것이다. 또한 통일신라의 수군은 당군과 치열한 전쟁을 진행하는 과정에서 더욱 강화되었다. 그 후 동아지중해의 바다에서 군사적 긴장이 풀리면서 외교, 문화, 경제적 목적을 위한 해양활동이 활발해졌다.

신라는 통일을 이룩한 저력과 자신감 있는 해양능력을 바탕으로 선진 당과의 교역을 활발히 전개하였다. 당과의 교류는 주로 조공을 통해 이뤄졌고, 북쪽을 발해가 가로 막고 있기 때문에 언제나 해상을 통해서만 이뤄졌다. 전기에 주로 당나라와 교역이 가장 활발했던 산둥반도의 등주(봉래)에는 발해관, 신라관이 함께 있었다. 당시 교역은 신라에서 보내는 조공에 비해 당이 신라에 엄청난 양의 하사품을 보내는 형식으로 양국의 무역은 비공식적인 수행원, 유학생, 구법승 등 광범위한 인적 교류를 동반해 이뤄졌다.

신라는 일본과 시기에 따라서 변화는 있었지만 교역은 활발한 편이었고, 특히 민간인들은 공식적으로 비공식적으로 바다를 건너 다니면서 물건들을 사고팔았다. 신라는 일본무역을 거의 독점하였기 때문에 당나라나 서역, 아라비아 등에서 일본으로 들어오는 물품들도 역시 신라를 거쳐야 했다.

발해, 일본과 빈번한 交易活動

발해는 고구려를 계승한 국가로서 고구려의 문화와 물질문명을 상당히 이어받았으며 특히 고구려의 용맹한 해양능력을 이어받아 초기부터 바다에 관심을 기울였다. 건국 초기에 무왕은 장문휴로 하여금 수군과 함선을 거느리고 발해만을 건너 등주를 공격하여 일시적으로 점령하는 등 상당한 전과를 올린다.

일본과는 건국 초 727년부터 시작하여 공식적인 기록만 발해가 일본에 35회, 일본이 발해에 13회나 사절단을 파견하는 등 빈번하게 정치·경제적 교섭이 있었다. 특히 9세기에 한 번에 300명이 넘는 사절단을 파견하기도 하였다. 양국 간의 교섭은 신라와 당이라는 두 강대국과의 관계에서 이해해야 한다. 발해는 등주전투, 마도산전투를 거치며 당에 크게 위협이 되었다. 이에 당은 신라의 지원을 요청하여 연합작전을 폈지만 발해의 수군을 당하지 못해 발해의 위력이 황해와 동해에 걸쳐 오랫동안 지속되게 되었다.

나·당의 협력관계를 견제하기 위해서 발해와 일본은 해양외교를 통해서 협조관계를 유지해야 했다. 그러나 전기를 지나면서 일본과의 교섭은 거의 경제적인 목적을 띠고 이루어졌으며, 민간인들의 접촉과 교역도 상당해 민간인 1,100명으로 구성된 발해선단이 일본에 도착하기도 하였다. 당시 이루어진 교역의 내용과 품목을 보면 양국 간의 교역은 매우 활발했고 무역역조 현상이 너무나 심해진 일본정부는 발해 사신선의 횟수와 인원 등을 제한하기도 하였다. 이러한 활발하고 능동적인 교섭은 자연환경이 험악한 동해를 건너다니는 항해술과 조선술 등 해양능력이 뒷받침이 없었으면 불가능한 일이었다.

고려 초기 활짝 핀 海上物流

고려는 태생적으로 해상물류에 힘입어 태어난 나라라고 할 수 있다. 고려를 건국한 태조 왕건은 해양호족세력 출신으로 건국 전에는 무역선대를 지휘하다가 수군을 바탕으로 궁예 예하에서 입지하였으며, 건국 후에도 수군 총관 역을 맡아 고려 건국의 기틀을 다졌다. 왕건은 장보고가 쌓아올린 해상왕국이 붕괴된 지 70년도 채 안 되어 그의 해상물류 위업을 이어받은 사실상 '장보고의 후계자'라 할 수 있다.

장보고의 비극적인 죽음 이후 청해진은 해체되었으나 찬란히 빛났던 해상물류의 맥을 잇는 고려 태조는 해운과 상업을 적극적인 권력의 기반으로 이용하되 국가에서 장악하기 위하여 노력하였다. 고려 정부에서도 상업을 적극 장려하였지만, 또한 가장 활발한 교역대상국인 송(宋)도 적극적인 통상정책을 취하였기에 조공무역(朝貢貿易) 이외의 사상(私商)활동도 활기를 띠었다. 개경에는 송상(宋商)을 비롯한 여러 나라의 상인들이 왕래하였는데 개경에 이르는 예성강 입구에 벽란도(碧瀾渡)가 자리하고 있어 국제 교역항의 위치를 점하고 있었다. 고려시대는 이전 삼국시대, 통일신라시대와는 달리 왕권강화를 통한 중앙집권적 체제로 모든 정치, 경제, 사회, 문화 활동이 수도에 집중되었다. 이에 따라 교역활동에도 당연히 국가가 적극 개입하였는데 지방 세력의 제어와 국가수입의 증대라는 두 측면에서 합리성을 찾아 볼 수 있다.

고려 중심의 동아시아 交易構造

고려는 송을 비롯한 주변 국가들과 외교여건이 변할 때마다 능동적, 자주적으로 사신을 통한 공무역과 상인을 통한 사무역을 적절하게 배합하여 최대의 이익을 취하는 실리 깊은 무역정책을 추구했다. 고려시대에는 중국대륙과 동아시아에 여러 왕조가 성쇠하였지만, 고려는 이들과 지속적으로 교역하였는데 교역하는 방법이나 물품, 그리고 거래 장소와 통로가 상대에 따라 달랐으며 고려가 주도적인 입장에 서는 경우가 많았다.

고려 초기에 송과의 교역이 활발했던 것은 고려뿐 아니라 송의 상업정책과도 관련이 있다고 할 수 있다. 송은 늘어나는 재정지출을 극복하기 위해 상인들의 상업 활동을 보호 내지 장려해 주는 대가로 세금부담을 지워 세입의 부족을 보충하고자 송 태조 때부터 상세(商稅)의 규례를 정하고 서남제국과의 교역도 활발했다.

고려 광종 13년(962)부터 명종 3년(1173) 사이 200여 년간 고려 사신이 송에 간 것이 약 60회이며 송의 사신이 고려에 온 것이 약 30회로 격년에 한 차례씩 교차행사를 치렀다. 한편 민간무역은 공적인 조공무역보다 훨씬 활발하여 송상인의 내항횟수는 고려 현종

3년(1012)부터 충렬왕 4년(1278)까지 약 120여 회로 거의 매년 왕래가 있었고 내항한 송 상인의 총인원은 약 5천명에 달하였다. 고려시대의 민간무역은 국가의 통제를 받았으며, 이러한 현상은 조선 임진왜란 시기까지 계속되었다. 민간무역은 공무역과는 달리 국경지역에서 주로 밀무역 형태로 이루어 졌다.

고려와 송의 빈번한 교류에도 불구하고 대상권역이 장보고시대보다 축소되었는데, 송의 이원적 상업정책에 의해 육상무역과 해상무역에서 기본 태세가 달랐기 때문이다. 당 말기에는 중국 서부 내륙지역과 여러 상인들에 의하여 자유롭게 교역하였으나, 송은 내륙국과의 대외상업 활동을 정부의 관할 아래에 두고 관리 · 감독하여 창구를 일원화했다. 한편 해상무역의 경우 상대적으로 거리가 멀고 문치주의로 인해 군사력이 약했던 송은 황해를 직접 관리 · 감독하지 않고 상대적으로 강력한 해상장악력을 갖고 있었던 고려와 협력한 것으로 보인다. 이처럼 고려 초기 적극적이었던 송과의 교역이 남송시대에 이르러서는 급격하게 쇠퇴했고, 이 또한 고려에게도 영향을 주어 고려의 해상을 통한 대외무역이 축소되었다. 즉, 송이 남하하면서 기존 상업 중심지 상권을 더 이상 관리하지 못하게 되자, 송의 보호를 받던 기존의 상업 세력이 쇠퇴함으로써 고려 역시 영향을 받은 것으로 보인다.

重商主義國家 고려의 활약

고려는 적극적인 해양물류를 통하여 중상주의 정신을 현실화 하였다. 송나라를 포함한 그 교류망은 중국 국경을 넘어 멀리 동남아와 대식(아랍)까지 뻗어갔다. 장보고 시대에 이미 신라 상선이 중국의 남단 광주까지 진출한 데 이어, 고려시대에는 그 서쪽 지역인 인도, 대식(아랍)까지 왕래와 교류가 확대된 사실이 「고려사」를 비롯한 여러 서적에도 기록되어 있고, 당시 주요 교역품인 청동거울에 새겨진 배 문양을 통해서도 알 수 있다. 고려인들은 자신들의 왕을 '해동천자'(海東天子), 즉 중국의 천자와 대등한 동방의 천자라고 불렀으며, 중국의 사신에 대해서도 다른 나라의 사신과 마찬가지로 사대(事大)의 예가 아닌 보통 '손님의 예'로 맞이했다. 이렇게 자기 중심의 자주적 천하관을 지녔기에 고려는 동방 일각에서 세계를 향한 선진 해양강국답게 중세의 지평선 위에 우뚝 설 수 있었다. 이것은 우리 역사에서 매우 의미심장한 교훈이라고 생각한다.

고려시대 벽란도는 장보고 시대의 청해진만큼 활발한 교역의 중심지였다. 이런 지역에 해적의 출몰은 당연한 것이었으며, 고려의 역사를 기록한 고려사 등의 책에 해적에 대한 기록이 거의 없는 것으로 보아 고려는 강력한 해군력을 바탕으로 제해권을 장악하였으며, 이를 통하여 상업 활동을 전개한 것으로 보인다. 고려는 강력한 군사력을 바탕으로 요나라의 침입을 3번이나 물리치며, 그들에게서 강동 6주를 얻어낸다. 또한 중기에 별무반 17만 대군으로 여진족을 토벌하여 송화강 유역까지 진출하였다(윤관의 동북 9성). 이는 같은 시기 송나라가 거란족에게 연전연패하고, 거란족에게 공물을 바쳐 나라를 보존한 것과는 완전히 다른 모습이다.

고려의 다양한 對外 物流活動

고려는 국초부터 조운(漕運)에 힘써서 서해안에 곡창(穀倉)을 설치하고 해로로 운반하였다. 이를 위해서 천석의 곡물을 실을 수 있는 크기의 조운선인 초마선(哨馬船)을 만들어 사용했는데, 해로를 통한 조운은 중국보다도 300년 앞선 방식이었다. 해양선박 자체에는 큰 발전이 없었지만, 몽고 침입 시 몽고는 고려에 일본 원정을 위한 선박으로 쌀 4천석을 싣고 대해를 건널만한 튼튼한 배 천척을 건조토록 요구했다(1268). 이때 고려는 대선(大船) 3백, 소선(小船) 6백 척을 4개월 반(半)만에 건조하여 원나라를 놀라게 했으며, 예정대로 일본 원정에 투입할 수 있었다. 이때 태풍을 만나, 중국 강남 (江南)에서 보내온 원의 전선(戰船)들은 거의 다 부서졌으나 오직 고려 배들만이 온전했다는 중국 측 기록으로 미루어 볼 때 고려는 해협을 운항할 정도의 선박을 신속하고 튼튼하게 건조할 조선능력을 갖고 있었다고 할 수 있다.

송과의 교역을 제외하고 대부분 육로를 통해 교역이 이뤄졌는데, 거란과의 교역은 송에 비해 활발하지 못하였다. 거란과는 성종·현종 때 전쟁을 한 이후에 국교가 정상화되었고, 사신을 교환하며 국신물을 주고 받는 공무역이 이루어졌다. 거란과는 의례적인 국신물 교환이 이루어지기는 했으나, 송과 지속적인 교류를 유지하고 있었기 때문에, 대거란 조공무역의 의존도는 그리 높지 않았다.

고려 후기 원의 간섭 하에선 주로 원과 교역하였다. 고려는 원과 단일경제권에 속하였을 뿐만 아니라 원을 통해 세계시장과 연결되어, 고려 후기의 대외교역이 어느 때보다 활발했다고 할 수 있다. 원과의 교류 초기에는 원이 남송이나 일본 정복전쟁에 필요한 말과 군량을 확보하고자 과중한 공물을 요구하고 강제교역을 시행하여 고려에 엄청난 부담이 되었다.

그 후 원과의 공무역은 왕의 원 방문 또는 사신의 교환을 통해 자주 이루어졌다. 고려에서는 예물을 보내고 원에서는 답례품을 주는 형식으로 이루어진 교환에서 고려는 금·은 세공품과 자기·직물류·가죽을 보내고, 원에서는 금·은·비단·목면 등을 받아왔다. 빈번한 왕실간의 교류로 왕실이 무역의 주체로 등장하기도 하였다.

海洋力이 排除된 조선의 對外 物流活動

조선은 건국 초기부터 사대교린(事大交隣)을 기본 틀로 대외정책을 진행하여 당시 중국을 지배하고 있던 명나라에 대해서는 사대정책을, 여진·왜·동남아시아 등의 민족·나라에 대해서는 교린정책을 펼쳤다. 조선은 성리학을 중심으로 한 국가였으며, 농업을 중시하고 상공업 활동은 정책적으로 제한하였다. 따라서 대외 무역 역시 엄격히 제한되어, 명나라에 대해서는 조공 무역, 일본에 대해서는 왜관 무역만이 인정되었다.

조공품과 사여품을 맞바꾸는 것이 공무역(公貿易)이라면 사행(使行)을 따라간 역관들의 상행위가 사무역(私貿易)이었다. 조선은 역관들에게 여비를 지급하는 대신 인삼 팔포(八包)를 가져가라는 무역권을 주었다. 역관들은 중국의 지배층에게 고려 인삼을 팔고, 그 돈으로 조선의 지배층이 선호하는 비단·금·은 세공품 등을 가져와 이중으로 이익을 남겼다. 그래서 역관들이 주도하는 국제무역을 팔포무역(八包貿易)이라고도 한다.

여기에 명·청과 일본 사이의 중개무역도 조선의 국부와 역관들을 살찌웠다. 청나라는 중기까지는 해금(海禁)정책을 썼기 때문에 일본은 청과 직접 무역을 할 수 없었다. 청나라는 조공외교의 틀 속에서 조선과의 무역만 허용했기 때문에 일본은 동래 왜관에서 조선 역관들에게 청의 물품을 구입하는 삼각무역을 해야 했다.

명의 해금정책에 자극을 받은 조선은 바다를 통한 물품이나 문명의 전래를 통째로 부인하는 공도정책을 시행하면서 해상무역은 자취를 감추게 된다. 다만 명, 청과 밀접한 관계를 유지하면서 육로를 통한 관무역이 소극적으로 유지되었으며 고려시대의 해운전통이 쇠퇴의 길을 걷게 되었다. 조선 후기는 임진왜란 이후 전쟁으로 인한 정부의 사회 장악력 약화를 틈타 일련의 자유경쟁 요소가 상업 행위 속에 나타나기 시작하였다.

조선시대의 무역활동은 기본적으로 국가 중심의 관무역 활동이 중심이었으며 관무역 활동은 국가 간의 정치적 이해관계와 그 맥락을 같이하는 것으로 청과는 사대관계를 가지며 진상물을 바치는 조공무역관계였고 여진, 왜, 동남아시아와는 교린정책에 의한 무역이 존재하였다. 하지만 높은 이익이 보장되는 국경무역에는 관무역 만이 존재하는 것이 아니라 사무역이 존재하였다. 임진왜란 이후 조선에는 무역으로 성장한 거대 상인과 상단이 출현하였고, 공무역(개시)와 함께 사무역(후시)도 발달하였다. 조선시대에는 명에 이어 청도 해금정책을 관습적으로 답습하며 천하의 중심이라는 생각에 젖어 있었기에, 소중화를 꿈꾸던 조선도 조공을 제외한 대외무역을 전면 통제하기에 급급하였고, 일부 조운에 의한 양곡의 운반을 제외하고 해운 물류에 의한 상업, 나아가 국제통상의 길은 철저히 봉쇄되어 왔다.

未生에 그친 실학파 重商富國論

임진왜란·병자호란의 두 난이 있은 뒤 국민들의 곤란한 생활을 타개하는 대책으로 정계에서 물러난 학자들은 임야(林野)에 들어가 역사와 정치·경제 문제를 연구하였으며 국가 재건을 위한 구체적인 방안의 사회적인 요구가 절실한데서 비로소 실학사상이 움트기 시작하였던 것이다. 조선의 경제발전과 부국전략을 상공업 발전과 상업적 농업경영에서 찾은 중상주의 경제사상가들은 대부분 북학파 계열의 실학자다. 이들은 뚜렷한 목표와 가치관을 공유하고 있었는데, 그것은 당시 지배 계층인 성리학자들이 오랑캐라고 배척한 청나라의 문물과 제도 및 경제 시스템의 선진성을 인정하고 받아들여 조선을 개혁하고 부강하게 만들자는 것이었다. 그러나 그들의 논리는 정국을 주도하는 관료들에게 파급될 수 없어 사상적 변화가 실현되지 못한 채 역사의 한 쪽에 묻힌 시대적 미생마에 그치고 말았다.

실학 학자들에 의한 세계관의 확대, 상이한 문명의 존재에 대한 인정은 전통적인 조선의 산업관에도 큰 변화를 초래하였다. 특히 서구의 과학문명과 관련된 기자재들에 대한 견문은 세계지도나 천문도의 기여만큼이나 조선의 지식인들의 인식을 바꾸는 데 크게 기여했다. 서적에 의존하여 서학을 접근한 초기의 성호학파가 주로 전통적인 중농주의적 견해를 펼친 반면 연행(燕行)을 통해서 서구근대의 산물을 직접 견문한 북학파들은 상업과 유통의 활성화를 통한 利用厚生的 시장경제 원리에 접근할 수 있었다.

　실학자들에 의한 서양 기술의 관찰은 종전의 전통적인 농업 중심적 산업관에 변화를 가져와, 이용후생론적 상공업 중심으로의 전환을 요구할 수 있는 적극적 계기가 되었다. 또한 이것은 이후 최한기에 이르면 이용후생론적 상공업론과 기술개발론 수준에 머물지 않고 자본주의 시장체제적인 산업의 개발과 이를 통한 개국통상을 주장하는 데로 연결되었다. 드디어 원의 고려침략 이후 오랫동안 망각하고 지내온 해운물류에 대한 인식이 박제가의 통상부국론을 통해 재조명받기 시작했다. 또한 북학파에 의해 효율성 차원에서 육상운송에서 수레를 이용하고, 수레의 운용이 원활하도록 전국 도로망과 교량을 개량, 건설할 것을 논의했다는 것은 진정 조선에도 물류혁명의 깃발이 오른 것이라 보아야 할 것이다.

實學精神의 계승과 物流時代의 序幕

　정조의 죽음으로 시작한 조선의 19세기 박제가가 꿈꾼 개혁과 부국강병의 모든 가능성은 안타깝게도 未生에서 벗어나지 못했다. 서인(노론) 세력의 반발과 저항 속에서도 개혁정치를 편 정조가 1800년, 49세의 젊은 나이에 너무도 갑작스럽게 죽음을 맞았다. 자신과 같은 서얼 출신 등을 중용해 정치적·학문적으로 후원해준 정조의 죽음은 곧 박제가에게는 비극의 시작을 의미했다.

　다시 권력을 장악한 노론 벽파세력은 정조의 총애를 받던 개혁 관료들을 하나 둘씩 조정에서 제거해나갔다. 박제가 또한 유배형에 처해졌다가 4년이 지난 1805년 죄인의 신분에서 풀려났지만, 개혁과 부국강병에 대한 불타는 열정은 이미 물거품이 돼 사라져 버렸다. 그러나 그들이 논의했고 실천에 옮김으로써 불붙기 시작한 유통혁신과 통상부국의 정신은 소강상태를 유지하다가 새로운 국가경제의 핵심으로 농업을 제치고 새로운 산업분야로 떠오르기 시작하게 된다.

실제로 박제가와 그의 동료인 북학파 그룹이 꿈꾼 조선의 개혁과 부국강병의 열정이 완생의 꿈을 간직한 채 역사 속에 맥을 이어가고 있었다. 19세기 후반 박제가와 북학파의 경제사상을 이어받은 박지원의 손자 박규수가 서양의 근대제도와 선진문물을 받아들이는 문호개방을 통해 조선의 자주적인 개화와 근대화를 이루고자 했기 때문이다.

특히 박규수는 쇄국정책을 버리고 천주교 박해를 중단하는 한편 서양에 문호를 개방할 것을 내세운 자신의 요청이 흥선대원군에게 번번이 거절당하자 벼슬을 버리고 물러나 젊고 유능한 개혁 인재를 양성하는 데 온 힘을 쏟았다. 당시 박규수 문하에 모인 사람들은 김옥균, 박영효, 홍영식, 서광범, 김윤식 등이다. 이들은 박규수로부터 북학파의 사상에서부터 중국에 대한 견문과 지식 그리고 서양의 근대제도와 선진문물은 물론 조선을 둘러싼 국제정세에 대한 가르침을 받았다. 박규수에게 가르침을 받은 이들이 훗날 통상개화파의 핵심인사가 됐다는 사실은 잘 알려져 있다.

이렇듯 박제가의 경제사상과 부국강병책은 박규수를 통해 통상개화파에 고스란히 전해졌다. 그리고 이들 젊은 개혁그룹은 전날 박제가와 북학파가 젊음을 불살랐던 열정 그대로 조선의 자주적인 개화와 근대화를 위해 자신들을 내던졌다. 논의만 되고 실천하지 못해 불안하기만 했던 실학자들의 정신이 실현될 여건이 조성됨에 따라 개화, 개방, 개항의 바람 속에 정체되었던 해상물류도 다시 이어지고 조선에도 도로, 교량을 건설하고 기차를 도입하면서 본격적인 물류시대의 서막이 오르고 있다.

알을 깨고 나온 物流, 他意에 의한 初期 定着

중농주의 사상이 팽배하였던 조선에 17세기부터 일어나기 시작
한 중상주의 사조는 정조대에 들어 서양문물을 배우려는 실학사상
에 힘입어 다양한 방면에 개혁사고를 가능하게 하였다. 그러나 서
양 과학기술을 받아들이려는 현실적인 사고만으로는 두터운 지배층
의 유학 중심사고와 상업천시가 뿌리 깊은 조선사회를 통째로 바꿀
수는 없었다. 더구나 정조시대의 개혁무드가 아쉽게도 더 이상 이
어가지 못하고 회고조의 외척세도시대로 되돌아가는 바람에 상업과
새로운 혁신적인 사고는 움츠러들 수밖에 없었다. 또한 자신감을
잃어버린 대한제국의 나약한 국방, 외교의 실정 속에 타의에 의해
근대화가 진행됨에 따라 진정성 없는 상업주의와 이에 동반한 물류
체제가 자리를 잡게 되었다.

그러나 우리에게는 통일신라시대 장보고 대사에 의해 당시 세계
를 주름잡는 물류체제를 완벽하게 구축했던 빛나는 전통이 있기에
고려시대 해상물류 전성시대를 만들 수 있었고, 조선시대 숙명적으
로 위축되었던 물류의 꿈이 다시 시대의 흐름에 따라 점차 그 지평
을 넓혀가게 되었다. 일부 실학자에 의한 자성의 목소리가 높긴 했
지만 상업경시체제 속에서 물류의 토대를 굳건히 세우기에는 너무
여건이 척박했다고 할 수 있다. 따라서 조선 후기 18세기 말 상업
을 통한 부의 축적 노력이 돋보임에 따라 부분적인 물류 기능에 대
한 인식이 우리 강토에 자리 잡게 되었다. 국내에서는 시장거래를
통한 상품유통이 시작되었고 보부상에 의한 초기 물류가 자리 잡으
면서 중국과의 사신 교류에 따른 관무역과 이에 수반되어 성행한
사무역의 폭이 넓혀짐에 따라 집단재배, 대량생산, 대량유통의 전횡
이 제한적으로 이뤄지게 되었다. 이러한 무역, 유통의 발달은 자연

스럽게 물류기능의 정착을 동반하게 되어 경제생활을 가능하게 하
는 바탕이 되고 있었다.

그림 1. 고려의 대외 무역도

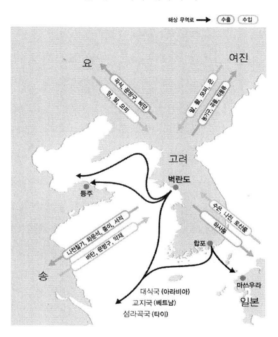

2. 歷史 속의 物流人 - 列傳

'역사 속의 물류인'에서는 장보고 대사에 의한 해상물류의 시원
을 살펴 보고자 한다. 조선후기에는 물류기능별로 주요 인물을 선
별하여 선각자들의 뛰어난 지혜를 정리함으로써 앞으로 종합적인
물류대국으로 발전할 수 있는 역사적인 발판을 다지고자 한다.

우선 청나라를 여행하면서 예리한 관찰력과 번쩍이는 사고로 발
상을 전환하여 신기술의 도입을 통한 도약을 희구했던 연암 박지원
의 수레이야기, 지리정보를 집대성하여 국토사랑의 지름길을 제시

한 김정호, 거중기를 발명하여 최초의 하역장비를 창제한 다산 정약용, 상선을 이용한 무역거래의 장을 연 최봉준 등을 물류기능 중 운송, 정보, 보관, 하역 등 부분적이지만 획기적인 방안을 어렵게 고안해 낸 물류선각자로 열거할 수 있다.

완벽한 海上物流 創始者 - 장보고

장보고는 1,200여 년 전인 통일신라시대에 중국과 한반도 그리고 일본의 3국을 연결하는 해상항로를 장악하여 효율성 높은 물류조직을 완벽하게 구축하여 운영한 글로벌 물류의 창시자이다. 장보고는 최초로 청해진에 물류클러스터를 설치하고 중국과 일본에 해외거점을 구축하여 하나의 통합된 국제물류체제로 경영했다. 그는 당시 세계의 교역가능권역의 전부라 할 수 있는 동북아 해상교역의 네트워크 창설자, 동북아 통상협력 모델의 선구자 역할을 했다. 장보고는 이렇듯 통일신라시대에 동북아에서 해상물류혁명을 일으킨 것이다. 그 결과 장보고는 3국간 국제교역을 촉진시킨 해상무역왕이라는 평가를 받았다.

장보고는 신라 신문왕 때(828년) 한반도 서남해안 지역 완도에 청해진을 설치하고 1만 여 명에 이르는 해상세력을 확보하여 황해 및 동중국해 지역에서 양민과 교역인들을 괴롭히던 해적들을 소탕하는 큰 성과를 거두었다. 이와 같이 형성된 신뢰와 권위를 바탕으로 장보고는 청해진 교역체제를 효율적으로 가동시켜 황해와 동중국해의 해상권을 장악했던 것이다. 장보고의 청해진 해상교역체제가 성공적으로 운영됐던 비결은 그의 탁월한 리더십 덕분인데 재당 신라인 상인들을 긴밀한 네트워크로 규합하여 교역시스템을 구축했으며, 일본 규슈지역 등에도 우호 및 협력세력을 구축하여 체계적으로 관리했다.

장보고 시대에도 이러한 정보의 수집, 분석, 활용은 상당한 수준에 달했었다. 청해진을 중심으로 한 당, 일본 등과의 무역에서 한자를 공유하고 있어 언어소통에는 거의 문제가 없었던 것으로 보이며 정보관리체제도 신속성이 보장된 시스템임을 알 수 있다.

장보고는 청해진 무역체제에 종사하는 직원들에게 비전을 제시하는 뛰어난 최고경영자였다. 청해진대사로 임명된 직후 동북아해상을 지배하면서 신라, 당·일 항로의 최적 요충지인 완도를 중심으로 대규모 무역, 물류 인프라를 구축하여 청해진은 무역뿐 아니라 물류를 위한 선박, 항만, 조선, 항해 전문가 등이 결집된 이른바 물류클러스터였으며 허브포트였다.

장보고 사후 이러한 조직이나 물류체제가 단시간에 붕괴되어 버린 것은 지도자의 부재가 가장 큰 원인이었고 장보고세력의 반항을 우려해 신라 조정에서 이들을 탄압하고 제거하는 바람에 인적 네트워크가 무너진 것도 빠른 쇠퇴를 부추겼다고 할 수 있다. 장보고 대사의 해상 장악은 신라의 경제기반과 연계되지도 못하였고 정부 정책과도 멀리 있었기 때문에 신라사회에 뿌리를 내리지 못하고 단지 개인 중심의 막강한 경영권과 경제력의 집중만 이루어졌을 뿐이었다.

수레 없이 物流 없다 – 박지원

연암(燕巖) 박지원(朴趾源)은 북학파 즉 중상주의 경제학파의 핵심 사상가였다. 북학파 학자들을 '연암 그룹'이라고 부르는 이유 역시 이들이 박지원을 중심으로 사상적인 사제(師弟) 관계를 맺고 있었기 때문이다. 북학파는 '청나라의 선진 문명과 과학기술을 배우고 받아들여 조선을 부국강병의 나라로 개혁하는 것'을 학문의 모토로 삼았다. 박지원을 중심으로 한 '북학파 그룹'을 조선 후기 중상주의 경제학파의 산실로 여기는 까닭은 그들이 누구보다 '상업의 자유와 상공업의 진흥'을 앞장서서 부르짖었기 때문이다. 박지원은 중상주의 경제학파의 선구자답게 '상업의 자유'를 철저하게 옹호하고, 선박과 수레의 적극적인 이용을 통한 유통경제의 활성화를 주장했다.

박지원이 청나라 여행길에서 가장 인상 깊게 보았던 풍경 중 하나는 바로 '선박과 수레의 활발한 이용'이었다. 심지어 그는 중국의 부유함과 조선의 가난함의 차이가 '선박과 수레를 이용한 유통경제'에 있다고까지 주장했다.

박지원은 '선박과 수레를 이용한 유통경제의 활성화'가 나라 경제와 백성의 생활을 풍요롭게 만드는 가장 바람직한 경제정책이라고 보았다. 특히 박지원은 「허생전」에서 일본과의 해외통상을 통해 얻을 수 있는 재물의 이로움을 보여주었는데, 이 경우 가장 중요한 문제 역시 선박을 이용한 자유로운 해외무역이었다. 그는 상업활동이 자유롭게 허용되고 또한 선박과 수레를 이용한 재화의 유통이 활성화되면 자연스럽게 국내의 농업과 공업의 발달은 물론 해외통상의 길도 열릴 수 있다고 했다.

물자의 생산과 유통이 활발해지고 나라와 백성들의 물품 수요 욕구가 넘쳐나다 보면 해외무역은 불가피해질 수밖에 없기 때문이다. 박지원은 수레, 선박 등 대량유통을 가능하게 하는 물류수단의 강구가 중요하다고 주장하여 실학자중 물류의 중요성을 무엇보다 중시하였고, 이러한 정신은 동료 학자들에 의해 계승 발전되었다.

한편 그는 국내통상뿐 아니라 해외통상을 국가적 빈곤을 극복하는 지름길로 파악하면서 중국만이 아니라 여타 외국과 점진적인 무역의 확대도 강조하였다. 또 이를 위해 상인을 四民 가운데 30%까지 확대해야 하며, 그 방법의 하나로 遊食兩班層의 상인화도 주장하는 등 주요 산업형태의 변화 필요성도 전개하였다.

地理情報의 集大成 - 김정호

김정호는 전국을 돌아다니며 30여 년간의 각고 끝에 1834년(순조 34) <청구도> 2첩을 완성하였다. 이후 1857년(철종 8)에 전국 채색 지도인 <동여도>, 1861년(철종 12)에 <대동여지도>를 완성하여 교간(校刊)하였다. 김정호의 이러한 지도 제작 배경에는 조선후기 상업의 발달이라는 시대적 상황이 맞물려 있었다. 상업의 발달로 성장한 상인들에게는 전국을 권역별로 자세히 파악할 수 있는 정보, 곧 지도가 필요했고, 김정호는 이를 위해 절첩식 형태로 상인들이 휴대하기에도 편리하게 지도를 만든 것으로 여겨진다. 대동여지도에 각 고을의 거리를 십리마다 표시한 것이나 역이나 원 등 상업과 관련된 정보가 자세한 것도 이를 입증한다. 그리고 목판 지도를 제작하여 대량 보급을 꾀한 것은 그만큼 이시기에 지도 수요가 광범위했음을 보여주는 것이다.

<청구도>, <동여도>, <대동여지도>는 우리나라 전체를 그린 전도(全圖)로서 의의가 크다. 김정호는 조선 후기에 민간에서 활발하게 사용되었던 전국지도·도별지도와 국가가 중심이 되어 제작하였던 군현지도를 결합하여 군현지도 수준의 상세함을 갖춘 대(大)축척 전국지도를 만들었다. 특히 「대동여지도」는 조선시대에 만들어진 가장 정확하고 정밀한 과학적 실측지도로 평가된다. 「동여도지」와 「대동지지」는 지역 단위로 지역의 특성을 기술하는 지역별 지지와 강역·도로·산천 등의 주제별 지리학을 결합시킨 지리지로서 이전의 전국 지리지나 읍지에서는 예를 찾아보기 어려운 독특한 구성이었다. 그의 저작활동은 물류활동의 기본이 되는 19세기 조선의 지리정보를 집대성하여 지도를 만들고 체계화하여 물류정보화의 중요성을 일깨우고 실천한 큰 범주의 물류 선각자 중 한 명이라 할 수 있다.

擧重機는 近代 荷役의 始祖 - 정약용

유배생활의 시련 속에서도 실학을 집대성하고 19세기 초 조선사회가 나아가야 할 방향을 제시했던 다산 정약용(茶山 丁若鏞, 1762~ 1836)은 정치 과학 예술 등 다방면에 탁월한 업적을 남긴 르네상스 인이었으며 뜨거운 애민정신과 비판정신으로 늘 역사와 백성을 생각한 인물이었다. 그는 또한 물류활동의 효율화를 실천한 선각자로서 수원성 축조 시 대량의 중화물을 용이하게 운반하기 위하여 근대 하역기기의 원조가 되는 거중기를 발명하여 시간과 비용을 대폭 절감하게 한 물류활동의 대가로도 평가받고 있다.

다산은 1792년 화성을 설계했다. 기하학의 원리를 이용해 성의 높이나 거리 등을 측량함으로써 견고함과 아름다움을 모두 갖추도록 했다. 일꾼들이 힘겹게 돌을 지고 나르는 것을 목격한 다산은 2년 뒤 거중기를 만들었다. 거중기는 오늘날 기중기로 무거운 물건을 들어 올려 운반하는 장치로써 물류에서 큰 역할을 하는 하역기기의 시초라 할 수 있다.

이렇게 다산은 젊은 시절부터 탁월한 과학자였다. 천문 기상 의학 수학 기하학 농학지리 물리 화학 등 그의 관심사엔 한계가 없었다. 그의 나이 27세 때인 1789년 설계한 한강 배다리는 배 60여 척을 강물에 띄우고 2,000장이 넘는 널빤지를 깔아 만들었다. 배로 건너는 것보다 훨씬 빠르고 안전해 정조가 자신의 아버지 사도세자가 묻혀 있는 화성시 현륭원에 갈 때 이용했다.

또한 다산은 사민구직(四民九職)의 직업분화와 직업의 전문화를 강조하고 사회분업을 통한 경제발전의 길을 명확히 제시하고 있다. 도량형의 전국적 통일, 화물유통을 촉진하기 위한 교통수단의 정비도 제안했는데 이는 18세기 말과 19세기 초 유통경제의 발전을 염두에 두어 물류기반을 선행조건으로 제시한 물류학자로서의 논리일 뿐만 아니라 그의 체제 전반에 걸친 중상주의 개혁론과 궤를 같이 하는 것이다.

그림 2. 정다산 창제 거중기 녹로의 설계도

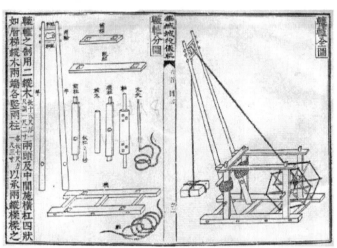

保管, 附加價値 産室 − 허생전

박지원은 열하일기에서 중국을 여행하며 보고 관찰한 선진국 물화에 대한 소감과 자신의 논리를 주장하였지만 때로는 소설 형식을 빌려 당시 답답한 지배계층의 안목을 틔워주는 대안도 제시하였다. 허생전은 물류활동의 한 부분인 보관활동을 통한 부가가치의 증대를 극대화한 시대소설이라 할 수 있다. 보관기능뿐 아니라 수레를 사용하지 않음으로 인한 국가경제의 취약성은 연암의 「허생전」에도 잘 나타나 있다.

허생은 만금을 얻어 갖고는 다시 집으로 돌아오지 않고 생각하기를, "저 안성은 기·호의 접경이요, 삼남의 어귀렷다."하고는, 곧 이에 머물러 살았다. 그리하여 대추·밤·감·배·감자·석류·귤·유자 등의 과실을 모두 값을 배로 주고 사서 저장했다. 허생이 과실을 도고하자, 온 나라가 잔치나 제사를 치르지 못하게 되었다. 그런지 얼마 아니 되어서 앞서 허생에게 값을 배로 받은 장사들이 도리어 십 배를 치렀다. 허생은, "어허, 겨우 만금으로 온 나라의 경제를 기울였으니 이 나라의 얕고 깊음을 짐작할 수 있구나."하고는, 곧 칼·호미·베·명주·솜 등을 사가지고 제주도에 들어가서 말총을 모두 거두면서, "몇 해만 있으면 온 나라 사람들이 머리를 싸지 못할 거야." 하였다. 얼마 되지 않아서 망건 값이 과연 십 배나 올랐다.

허생은 "배가 외국에 통하질 않고, 수레가 나라 안에 다니질 못해 온갖 물화가 제자리에 나서 제자리에서 사라지는" 유통구조의 취약성을 활용해서 큰돈을 벌었다는 것인데 이러한 허생의 말은 곧 연암 자신의 말이다.

근대적 海上運送의 鬼才 – 최봉준

최봉준(1858~1917)은 조선시대 후기에 필적할 이가 없는 무역상이자 최고경영자(CEO)로 성진항에 동북아 4개국을 아우르는 종합무역상사를 차렸다. 화물선, 여객선을 보유하고서 자신이 새로 개척한 항로를 통해 화물 및 여객운송 사업을 한 진정한 해운물류 경영인(VOCC)의 시조라 할 수 있다. 러일전쟁 직후인 1906년, 1,400t급 화륜선을 앞세우고 귀국한 45세 조선인 무역상은 최봉준이었다.

러시아에서 고생 속에 청년기를 보낸 최봉준은 34세 되던 1895년 러시아 공직을 사임하고 연추로 이주해 러시아 군대에 쇠고기를 납품하기 시작했다. 1904년. 러일전쟁이 발발해 군수품 수요가 폭발적으로 늘어났다. 그는 청일전쟁과 러일전쟁에서 무용을 떨친 일본 전함을 인수해 선적을 조선으로 이전하고, 이름도 준창호로 개칭했으며 기타큐슈, 상하이, 옌타이, 하얼빈, 원산, 성진, 블라디보스토크를 잇는 정기선으로 운항했다. 이듬해에는 3척의 기선도 추가로 도입하여 해운업에도 뛰어들었다.

최봉준은 한국국민회의 기관지 「대동공보」의 운영자금을 맡았고, 안중근 의사의 하얼빈역 의거 후에는 그의 변호비와 유족의 생계비를 위하여 많은 금액을 전달했다. 1910년 8월 국권이 상실될 위기에 처하자 이상설, 유인석, 김학만 등이 시베리아 신한촌에서 한인들을 규합하여 조직한 성명회의 선언서 작업을 함께했다. 최봉준에게 1996년 건국훈장 독립장이 추서됐다.

綜合貿易商社의 完成者 - 임상옥

임상옥은 인삼무역으로 출발하여 상업이 천시 받던 조선 후기에 거부가 되었고 중국과의 교역을 통해 조선 무역의 본질을 보여줌으로써 오늘날 무역대국으로 일어선 우리에게 귀감이 된 최초의 종합무역상사 경영자라 할 수 있다. 그가 태어난 의주는 조선 후기 대중국 무역의 중심지였다.

그는 정조 20년(1796년)부터 상업계에 투신했다. 1810년(순조 10) 이조판서 박종경의 권력을 배경삼아 의주상인 5명과 함께 최초로 국경지방에서 인삼무역 독점권을 획득했다. 1821년 변무사의 수행원으로 청에 갔을 때, 베이징 상인들이 불매동맹을 펼쳐 인삼 값을 낮추려 하자 그는 가지고 간 인삼을 불태우겠다고 위협하여 원가의 10배로 팔았다. 그는 이러한 무역활동으로 인삼 무역의 개척자로 평가받았다.

변무사의 수행원으로 연경에 다녀온 뒤 오위장과 전라감영의 중군으로 임명되었으나 사양하고 나아가지 않았다. 1832년 왕의 특지로 곽산군수가 되어 굶주린 백성을 구제하는 등 선정을 베풀었다. 1834년 의주부 일대에 큰 수재가 나자 사재(私財)를 털어 수재민 구제에 앞장섰다. 이 공으로 이듬해인 1835년(헌종 1) 구성부사에 발탁되었으나 비변사의 논책을 받자 사퇴했다. 이 후 삼봉산 아래 지은 거옥에 거주하며 재산을 풀어 빈민을 구제하고, 문인들과 교류하며 시와 술로 여생을 보냈다. 시를 잘 지었으며, 일생 동안에 지은 시를 추려서 적중일기라고 했다.

褓負商, 조직적 활동을 펼친 物流先人

상업적 유통이 자리 잡기 전부터 상업 활동을 영위하였고 시대적 변천에 따라 부수적인 역할까지 적절하게 수행하여 역사의 한 면을 장식하고 있는 물류선인으로 보부상을 들 수 있다. 부보상(負褓商)이란 고대사회 이래 상품집산지에서 구입한 일용잡화를 지방의 시장으로 돌아다니면서 소비자에게 파는 행상인들을 말하는 것이었다. 제도적으로 물류활동이 보호되거나 장려되지 않았지만 자연발생적인 물류활동을 도맡아 수행했던 무명의 보따리장수 보부상 등의 역할을 두루 살펴봄으로써 역사 속의 빈약한 물류인 자취를 살펴볼 수 있다.

이들은 조직적으로 움직이기에 일종의 행상조합으로서, 원래 부상(負商)과 보상(褓商)의 두 개의 상단(商團)으로 구분되었고, 취급하는 물품도 각각 달랐다. 부상은 나무그릇이나 토기 등과 같은 비교적 조잡한 일용품을 상품으로 하여 지게에 지고 다니면서 판매하는, 곧 '등짐장수'를 말하였다. 이에 비해 보상은 비교적 값비싼 필묵, 금, 은, 동의 제품 등과 같은 정밀한 세공품을 보자기에 싸서 들고 다니거나 질빵에 걸머지고 다니며 판매하는 '봇짐장수'를 말하였다. 상업유통이 정식으로 자리 잡기 전에 물류인으로 운송수단을 이용하지 않은 채 지고 이어 나르는 원시적인 방법을 사용하였으나 그 활동 범위가 넓고 조직적인 형태를 띠었기에 물류선인으로 분류할 수 있다.

이들 부보상 가운데에서 부상의 기원은 고대사회에서 주로 사람의 머리나 등을 이용하여 물품을 운반한 데서 비롯된 것으로 보인다. 부상배가 조선 건국에 봉공진충한 대가로 국가의 보호 아래 육성되었으며 유사시에는 국가에 동원되어 국가가 요구하는 일정한 정치적 역할을 수행하였다. 임진왜란 때는 수천 명의 부상이 동원되어 식량과 무기를 운반하여 보급하거나, 직접 전투에 참가하기도 하였다. 또한 병자호란 때도 인조를 따라 남한산성에 들어가 식량을 운반하고 성을 지켰다.

이에 반해 보상은 언제부터 조직을 갖게 되었는지 분명하지 않다. 1879(고종 19)년 9월에 발표된 '한성부완문'에 따르면, 이전부터 지역적으로 각기 정해진 기율과 우두머리인 접장의 소임이 있어 뭇 보상을 통솔해왔다. 이렇게 흩어진 소규모 자본의 행상을 전국적인 상단으로 조직한 것이 보상단이었다. 또한 한성부에서 8도의 도접장을 차출하면 일종의 신분증인 도서를 발급하여 보상의 신분을 보장하였다. 이처럼 보상과 부상은 각각 별개의 행상조합조직으로 발전해 왔으며, 부상이 보상의 상품을 가지고 행상한다든지, 그와 반대되는 경우에도 허용되지 않았다.

조선정부는 이러한 보상과 부상을 통합하여, 1883(고종 20)년 혜상공국을 설치하여 군국아문의 지휘를 받게 하였다. 그 이후 일제에 의해 국권이 침탈되기까지 조선정부는 이들 부보상단을 꾸준히 보호하였다.

그림 3. 권용정 작 〈보부상도〉

3. 역사 속의 물류기반시설

역사 속의 물류기반시설을 찾는 작업은 각 기능별로 역사적 발전과정을 살펴봄으로써 부분적으로 그 일면을 이어 볼 수 있을 것이다. 도로의 발전과정을 정리하면서 길, 신작로, 도로, 고속도로로 발전한 이정을 찾아보고, 조운의 역사 속에 숨어 있는 해상물류의 흔적을 정리하며, 역참, 봉수 등 전통적인 통신수단을 정리하면서 물류정보 기능을 유추하고자 한다.

길 위에서 內陸物流는 시작된다

우리는 지금 고속도로 천국에서 살고 있다. 불과 50년 전만 해도 고속도로가 없었으나 1970년 428km의 경부고속도로의 건설을 시작으로 총 33개의 고속도로 (총연장 4,139km)와 10만 5천여km의 일반도로망이 전국을 거미줄처럼 덮고 있어 전국이 하루생활권으로 연결된다. 그러나 불과 150여년 전까지 우리는 변변한 도로망을 갖고 있지 않았고 수레마저도 사용하지 않아 모든 물자의 내륙운송은 인력을 이용할 수밖에 없었다.

우리말의 길이라 하면 좀 더 자연스런 통로를 연상하는 데 비해 도로라 하면 이른바 신작로 이후의 인공으로 정비된 고규격의 길을 연상하게 된다. 삼국 역사에서 도로와 관련된 자료가 비교적 많은 나라는 신라이다. 진평왕 6년(584년)에는 육상 교통을 담당하는 기관인 승부(乘府)가 설치되고, 문무왕 18년(678년)에는 해상 수송을 담당하는 선부(船府)가 설치되는 등 교통 체계가 제법 확립되었다.

고구려는 북방 계통과 중국 계통의 문화가 전파되는 경로로서의 지리적 조건 때문에 삼국 중 가장 먼저 개화한 나라로서 서울을 5부로, 지방도 전국을 5부로 나누었다. 고분의 벽화에 그려진 기마도

(騎馬圖)나 귀인이 타던 소수레 등은 당시 길의 상태를 어느 정도는 짐작하게 한다.

백제는 한강 유역과 금강 유역을 장악하고 전국을 남·북·동·서의 4부로 행정 구역을 편제하였다가 웅천으로 천도한 뒤에는 왕도와 전국을 각각 5부씩으로 가르고, 왕도 5부는 5항(巷)씩, 전국 5부는 10군(郡)씩으로 갈라 편제하였으므로 이들 행정 구역 상호 간에 연결된 도로망을 상상할 수 있으나 역시 직접적인 기록이 없다.

조선시대 및 그 이전의 도로는 대부분이 보행자·우마(牛馬)·가마가 지나갈 정도인 2~5m의 너비를 가진 좁은 길로 되어 있었다. 이러한 길이 수도를 중심으로 각 도에 산재하는 역·읍 등을 연결하여 교통망을 형성하였다.

한국의 도로는 6·25전쟁 당시 군용도로로서 대폭 개수되었고, 그 후 복구사업에 이어 경제신장과 더불어 자동차 교통이 급속도로 발달하였다. 이에 따라 재래의 도로를 개수하여 현재에 이르렀다. 최근에는 국산 포장재료 및 자동차 생산과 병행하여 자동차의 급격한 증가와 경제개발 계획의 중요사업으로 국도의 확장 및 개조, 지방산업개발을 위한 도로의 신설, 관광도로 등이 많이 건설되었다.

고속도로는 내륙물류의 급격한 발전을 가져왔는데 시간과 공간을 단축시켜 산업과 국민 생활에 골고루 큰 변화를 가져다준다. 화물운송이 편리해짐에 따라 운송비의 제약이 줄어들어, 공업이 지방으로 분산되고 전국 각지에 공업단지가 발달되었다. 또한 농산물 시장도 전국 범위로 확대되어 채소류 등 경제작물의 재배가 늘어나는 등 농촌 경제에 큰 변화를 가져왔다. 접근성의 증가는 여가활동을 변화시켜, 종전에 인적이 드물던 곳도 도시인의 발걸음이 잦아진 탓에 유망한 관광지로 각광을 받기에 이르렀다. 고속도로는 이처럼 분산을 돕기도 하지만, 동시에 대도시 집중을 일으키기도 한다.

漕運, 장보고의 海上運送 脈絡을 잇다

장보고 대사에 의해 꽃을 피웠던 해상운송이 고려 중엽 이후 쇠퇴함에 따라 해상에 의한 국제유통은 전면적으로 자취를 감추고, 그 대신 조운시대가 전개되어 제한적이지만 해상운송의 맥락이 이어졌다고 할 수 있다. 일반적으로 대량화물의 운송방법에는 해상운송과 육상운송이 있으나, 우리나라에서 육운은 도로망의 불비, 운송수단의 제약 등으로 크게 발전하지 못하고 일찍부터 해상교통에 전적으로 의존해 왔다.

조운이란 조운토지에 과세된 조곡을 운송하는 관제로서, 토지 소유제의 중앙집권적 특질에서 규정된 지대의 납부형태라고 할 수 있다. 즉 왕경(王京)의 국가재정 상 대단히 중요한 의의를 지니는 것으로서, 봉건적 중앙집권의 유지 및 국가방위에 필요한 일체의 자원이 조운에 의하여 운송되었다.

조선시대의 조운 역시 고려시대와 마찬가지로 세곡의 운송을 목적으로 한 것이었는데, 조선의 세제는 현물세인 미곡을 주로 하되, 하천이나 해변에서 멀리 떨어져 운송이 곤란한 지방의 세는 작포 또는 작전하여 납부하도록 하였다. 평안도와 함경도의 조세는 현지에서 수납하여 저장하였다가 군사 및 방위비에 충당하였다. 그리고 경기도, 강원도 및 해서지역 등지의 세곡은 한강의 수운으로 운송하도록 하였고, 곡창인 양호(호남과 호서)와 영남은 현물세인 미곡을 해송하도록 하였다.

고려와 같은 중앙집권적 지배체제가 지속된 조선은 건국 직후부터 고려 말 왜구의 침입 등으로 파괴된 창고를 보수하고 증설하여 조운활동을 빠른 시일 내에 정상화하기 위해 노력하였다. 그래서 국초에는 서해안의 조창으로 예성강구로부터 남해안 섬진강구에 이르는 해안 9곳에 조창을 설치했으며, 그 밖의 곳은 조선 후기 영조 때에 이르러 설치를 보게 되었다.

조선 전기의 관선 중심 조운체제는 임진왜란을 겪고 나서 그 기능이 근본적으로 흔들리게 되었다. 특히, 17세기 대동법의 실시로 조운량이 증가되자 기존의 조운시설로는 이를 감당하지 못하고 새로운 방식을 모색하지 않으면 안 되었다. 즉, 지토선·경강사선·주교선·훈국선 등을 이용하여 운반하는 방법이었다. 그 뒤 조세의 금납화가 일반화되면서 세곡 운송이 불필요하게 되어 조운제도는 서서히 폐지되었다.

鐵道, 大量輸送의 役軍

우리나라 철도 역사는 1899년 9월 18일 경인선의 개통으로 시작되었다. 수운이나 우마차, 인력거나 자전거 등에 의존하던 당시 우리나라에서 철도의 개통은 획기적인 사건이었다. 그러나 정치사적 관점에서 보면 우리 철도역사는 일본의 식민지 지배 체제 확립과 식량과 자원을 수탈하고, 대륙 진출의 통로를 확보하기 위하여 수립한 '조선철도 12년 계획'에 기초하여 추진되어 타의에 의한 물류시설 개선이었다.

철도는 선박과 더불어 전형적인 대형 물류수단으로 활용됨에 있어 승용차에 비하여 18배, 버스에 비하여는 4배 정도 에너지 효율이 좋다. 적은 에너지를 소비하면서도 더 많은 물류를 운반할 수 있어서 자연스럽게 환경친화적인 교통수단이 되었다. 또한 철도는 정비된 궤도 시스템을 사용함으로써 안전성과 정시성에서도 다른 교통수단에 비하여 우수한 장점을 가지고 있다. 그러나 물류활동에서 운송수단으로 쓰이는 철도는 자동차에 비하면, 미리 놓인 궤도 이외로 이동할 수 없어 자유로운 이동이 제한되며, 사적 소유가 불가능하고, 공공서비스 부문이어서 경영의 간섭이 많아 채산성을 맞추기 어려운 점 등의 약점을 가지고 있다.

해방 이후에도 남북분단과 전쟁이라는 수난의 시대가 이어지면서 철도 역시 본래의 역할을 수행하지 못하였다. 다행히 60년대와 70년대에 걸쳐 경제개발 5개년 계획이 추진되자 한국 철도는 다시 경제발전과 지역사회 개발의 주역으로 부상하여 주로 산업선의 역할이 부각되었다. 철도규모는 차량분야뿐만 아니라 시설, 전기, 운영 등 모든 분야에 걸쳐 성장 발전하였다.

 정부는 철도의 현대화를 위해 2020년까지 철도분야에 약 80~90조원을 투입함으로써 총 영업거리 5,000km, 복선화, 전철화 및 자동화율 약 80%를 달성한다는 국가철도망 구축 기본계획을 수립하여 획기적인 철도 발전이 기대된다. 이러한 사업들이 완료되면 국토의 균형발전과 물류난 해소에 이바지하고 국가 경쟁력을 향상시키는데 있어서 철도가 중추적 역할을 할 것으로 기대한다.

驛站, 交通 및 情報交換의 結節點

 중앙과 지방 사이에서 정보의 전달, 관리의 이동 및 운수를 뒷받침하기 위해 설치된 교통 및 통신기관으로 역참(驛站)이라는 제도가 오랜 옛날부터 운영되었다. 역참제도가 보다 구체적이고 전국적으로 정비 조직된 것은 고려에 들어온 뒤였다. 고려시대에 역참업무를 담당하는 기관은 병부의 속사인 공역서였다. 역참의 운영에 있어서 가장 중요한 요소는 역로의 조직과 역원 및 역마의 확보였다.

 조선시대에는 고려의 역참조직을 계승하여 재편성하였다. 그리고 고려 말에 설치된 역승을 대신해 점차 찰방이 역참의 운영과 지휘 감독을 맡았으며, 역의 설치기준은 도로의 원근이나 사신지대의 중요성에 따라 달랐다. 또한 육상교통의 편의를 위하여 서울 주변과 경기도의 중요 연변에 진(津)과 도(渡), 곧 나루를 설치하고 도승을 두어 왕래인의 규찰과 사신 등의 지방순행에 편리하도록 도선을 준비하였다.

 조선시대에는 임진왜란 이후 역참의 기능이 거의 마비되어 그

대체 수단으로 봉수제도(烽燧制度)와 파발제도(擺撥制度) 등이 운영됨으로써 운수를 뒷받침하던 교통 및 통신기관으로서의 기능을 상실하고, 오로지 국방의 목적으로 기능이 축소되어 운영되었다.

客主, 私的 金融機關 및 複合物流活動의 集合體

조선시대에 발달한 상업 및 금융기관으로서 객주(客主)는 유통과정에서 필요한 도매, 물품보관, 운송주선 등 물류의 제반 기능을 통합하여 수행한 복합적인 물류활동의 총본산이라고 할 수 있다. 객주에는 다양한 종류가 있었는데 대표적인 객주로 일반적인 객주를 일컫는 물상객주(物商客主)가 있었으며 물산객주(物産客主)라고도 불렸다. 이들은 위탁매매, 숙박, 금융, 도매, 창고 및 운반 등 물류에 관련된 제반업무를 담당하는, 오늘날의 전형적인 물류집합체와 같다. 또 이들은 영업사무뿐만 아니라 위탁자의 일신상 잡무까지도 통례적으로 돌봐주는 서비스 활동도 수행했다니 놀랄 수밖에 없다. 여각(旅閣)은 대체로 물상객주와 비슷하나, 미곡, 어물, 과채, 소금 및 시탄 등 부피와 무게가 큰 품목만을 취급하는 점에서 물상객주와 구별되었다. 그러한 품목을 보관하기 위하여 여각에는 창고와 마방(馬房)등의 시설을 갖추고 있었다.

이외에도 중국 상인들만 상대하던 만상객주(灣商客主), 박천(搏川)의 청선객주(淸船客主), 보상(褓商)을 상대한 보상객주(褓商客主), 보행객주(步行客主), 환전객주(換錢客主) 등이 있었다.

이상과 같이 객주의 주된 업무는 상품의 위탁매매였으나, 그들은 부수적으로 상인들의 편의를 위해서 창고업, 운송업 및 숙박업 외에 오늘날의 은행과 비슷한 금융업무도 도맡아 처리하였다. 즉 객주는 상품을 팔 사람이나 살 사람에 대해 현금을 대여하거나 자금을 융통해 주고 그 상품을 담보로 잡아 두었다. 토지와 가옥 등을 담보로 하는 경우도 있었지만, 대부분의 경우에는 신용대부로 자금을 빌려주거나 어음을 거래하였다. 따라서 신용이 있는 객주의 어음은 신용장의 구실을 했고 객주가 발행한 환표는 증권의 역할을 담당하였다.

1876년 강화도조약 이후 외국상품이 개항지를 통하여 유입됨에 따라, 이들 객주들은 객주회, 또는 박물회 등을 조직하여 길드(guild)적인 동업조합의 기능을 발휘하였으며, 개항지에서 상회사의 설립에 적극 참여하였으며, 외국상인과 절충하여 외국상품의 판매에 대한 중개 역할도 담당하였다. 또 일부는 근대적 기선을 도입하여 해운업에 나서기도 하였다.

京江商人, 最初의 水上運送人(VOCC)

조운은 조정이 직접 관장한 일종의 독점운송이었기 때문에, 운영상의 비효율, 관리의 부패에 따른 문제, 조졸의 이탈, 조선재와 조졸들의 조선능력 부족에 따른 조난 등의 문제가 끊임없이 이어졌다. 이러한 문제를 해결하기 위해 조정은 임운의 형태로 경강상인을 이용하기 시작하였다. 이는 민간 상인을 이용한 운송이었는바, 이들 경강상인은 그 기능이 약간 다르기는 하였지만 세계에서 가장 일찍 나타난 일반운송인(common carrier) 내지 공공운송인(public carrier)이었다.

즉 경강상인이란 조선시대 후기에 한강변, 곧 경강(京江)을 중심으로 정부의 세곡과 양반과 지주층 소작료의 임운활동에 종사하던 상인들을 말하는 것으로서, 경상(京商) 또는 강상(江商)이라고도 불린 존재들이었다. 이들은 조선 초기부터 정부의 세곡을 임운해 오다가, 17세기 이후 상품 및 화폐경제의 발전과 함께 곡물이 주요 상품으로 등장함에 따라, 차차 선박을 이용한 곡물도매상으로 발전하였다.

숙종 28년 무렵 강상들은 1,000석 내지 2,300석을 실을 수 있는 배를 300여 척이나 가지고 있었고, 1년 동안 받는 운임인 선가(오늘의 운임)가 1만여 석이나 되는 비교적 큰 규모의 자본을 가진 사상으로 성장하여, 특권상인인 시전상인과 경쟁하였다.

물류, 장보고와 칭기스칸에게 배워라

정필수(한국종합물류연구원장)

1. 창조적 글로벌 물류시대 선도자, 장보고와 칭기스칸

장보고는 지금부터 1,200여 년 전인 통일신라시대에 중국과 한반도 그리고 일본의 3국을 연결하는 해상항로를 장악하여 효율성이 높은 국제물류조직을 구축했다. 장보고는 최초로 청해진에 물류클러스터를 설치하고 중국과 일본에 해외거점을 구축하여 하나의 통합된 물류체제로 경영했다. 그는 동북아 해상교역의 네트워크 창설자, 동북아 통상협력 모델의 선구자  역할을 했다. 장보고가 신라시대에 구축한 교역과 물류시스템은 당시 나당일 3국의 국경을 뛰어넘는 국제적인 네트워크로 대단히 창조적인 것으로 통일신라시대에 동북아에 해상물류의 장을 열었던 것이다. 그 결과 장보고는 3국간 국제교역을 촉진시킨 해상무역왕이라는 평가를 받고 있다.

칭기스칸은 13세기에 동아시아의 동쪽 끝에서 흑해를 건너 유럽의 문턱에 이르기까지 그리고 몽골의 북쪽 초원부터 남으로는 말레이시아, 인도, 페르시아에 이르기까지 광대한 영토를 정복하여 유라시아 대륙을 통합했으며 육로 물류네트워크를 확고하게 구축한 글로벌 물류시대의 선도자였다. 칭기스칸은 유라시아의 넓은 대륙을 통합하여 국경을 초월하는 운송 및 물류네트워크를 구축하였으며 동서간을 육상으로 연결하는 탄탄한 실크로드를 건설하여 동서양 간 교역이 증진되고 문물의 교류가 활발하게 이뤄져 세계사에 위대한 업적을 남겼다. 칭기스칸의 국경을 초월하는 열린 마음과 행동이 동서양 간 문화, 경제 및 물류의 대혁명을 가져오게 한 것이다. 그 후 그의 손자인 쿠빌라이에 의해 바다로 나가는 수로를 개설하였고 남송을 통합해 강남의 해양세력을 포용함으로써 육상과 해상을 아우르는 통합물류체제를 구축했다. 일반적으로 칭기스칸 세대라고 함은 칭기스칸에 의한 육상 통합뿐 아니라 쿠빌라이에 의한 육운과 해운의 대통합 시대까지를 포함한다.

통일신라나 몽골의 시대적 배경으로 볼 때 장보고의 해상운송과 칭기스칸의 육상운송체제는 최적의 물류시스템이었다고 말 할 수 있다. 당시 물류의 기본적인 관념이 정립되어 있지 않았는데도 장보고와 칭기스칸은 복합적인 물류기능을 통합하여 수행하는 효율적인 시스템을 갖추었다.

청해진에 설치된 장보고 해상무역체제는 신라, 당, 일본 및 동남아 일부 국가와의 무역을 수행하는 데 중심이 되는 적합한 곳에 위치해 있으며 해상보안을 유지할만한 군사력도 보유하여 최적화가 이뤄졌었다고 할 수 있다. 장보고 시대의 해상물류체제는 단순한 화물의 운송에 그친 것이 아니고 장보고의 주선으로 교류를 했던 해외 주요 항만에 인적, 물적 교류의 네트워크가 구축되어 있었기에 종합적인 물류활동을 통합하여 추진할 수 있었다. 이는 오늘날의 통합을 지상과제로 하는 글로벌 물류체제의 개념과 같다고 할 수 있다.

초원이 바탕이 된 유목시대에 말을 이용한 칭기스칸의 역참제는 유목습관에 물류기능을 첨가한 형태로 광활한 정복지를 통합하여 운용하는 신속한 물류체제로 정보의 흐름도 매우 빨라 기민성, 취급종목 면에서도 훌륭한 시스템을 구축했다고 평가할 만하다. 육상물류의 거점이었던 잠치 중 일부 규모가 큰 곳에는 대상관이라는 상인들의 거점이 설립되어 있어 이를 중심으로 교역활동과 정보를 교환할 수 있어 당시 육상물류 거점으로 인식할 수 있다. 다만 육상운송은 물자 운송의 채널로서는 중량, 부피 면에서 해상운송에 비해 크게 제약을 받았다. 쿠빌라이 시대에 해상운송네트워크를 구축하여 육상과 해상운송의 통합을 추진했던 것도 육상운송의 한계를 극복하기 위한 것이었다.

장보고 시대의 물류 네트워크에는 중국, 일본, 신라의 3국에 거주하는 다수의 신라인들이 인적 네트워크를 구축해 정보를 소통하였으며 무역, 물류, 안보차원의 협력까지 유도하여 통합적인 정보의 수집, 분석, 활용은 상당한 수준에 달했다. 청해진을 중심으로 한 당, 일본 등과의 무역에서 한자를 공유하고 있어 언어소통에는 거의 문제가 없었던 것으로 보이며 정보관리체제도 신속성이 보장된 시스템임을 알 수 있다.

몽골은 잠치를 점령지마다 설치하여 통신, 물류, 유통의 근거지로 삼았으며 군사정보 수집임무를 충실히 수행함과 동시에 파발마 운영의 거점으로 삼았다. 잠치 운영의 묘를 살려 육상운송과 해상운송을 결합한 연계활동에서도 종합적인 정보의 수집 및 관리업무가 이들 거점을 중심으로 행해져 원대의 전반적인 네트워크의 범위가 확대되었다. 원대에는 다수 민족이 혼합하여 몽골연방의 대규모 울

장보고 대사 동상

징기스칸 초상 (경기도 양평 평산 스포츠박물관이 소장)

루스(제국)에 속해 있었기에 부족이나 민족 별로 다른 문화 속에서 다른 언어를 사용하고 있었다. 그러나 일찍부터 개방적인 교류체제를 구축하고 속 깊은 문화의 교류를 표방하여 다른 문화, 다른 언어에 대한 장벽이 비교적 적었으며 완전히 혼합된 다양한 문화의 접촉으로 몽골만의 독특하고 새로운 문화가 만들어지고 향유되었다고 할 수 있다.

9세기 신라 청해진에 본거지를 두고 일본, 중국, 신라 등 동양 삼국 해양을 경영하며 통합물류체제를 구축했던 장보고 대사와 13세기 몽골부족의 통일을 계기로 주변의 넓은 광야를 질주하며 정복의 깃발을 높이 내걸고 잠치라는 독특한 육상운송 물류체제를 구축한 칭기스칸의 물류체제를 오늘날 근대적 물류개념에 입각하여 비교해 보는 것은 많은 점을 시사할 것으로 보인다.

2. 장보고의 완벽한 청해진 해상물류체제

장보고는 한반도 서남해안인 완도에 청해진을 설치하여 황해와 동지나해에서 자주 나타나 양민을 괴롭히고 신라무역상들에게 큰 피해를 주던 해적을 소탕하고 해양질서를 회복했다. 황해의 해양질서를 회복하여 나당일 3국으로부터 높은 신뢰를 얻게 되고 그 결과 황해의 해상권을 장악하게 되었으며 해상왕이라는 명성까지 누리게 됐다.

장보고 대사가 황해의 해상권을 장악하고 해상왕이라는 명성까지 얻게 된 것은 그가 미래를 내다보는 뛰어난 통찰력을 가지고 효율성이 높은 해상물류네트워크를 구축하여 청해진 해상무역체제를 당시 동북아시아에서 가장 경쟁력 있는 복합경영조직으로 이끌어 나갔기 때문이다. 또한 장보고는 청해진 무역체제에 종사하는 직원들에게는 비전을 제시하는 뛰어난 최고경영자였다.

도자기와 茶를 중국으로부터 신라에 도입하여 새로운 산업을 육성시켰으며, 종교, 문화, 학술 진흥에도 크게 기여했다. 또한 동서양을 연결하는 해상실크로드의 동북아지역을 담당하여 동서교역을 증진시키고 영향력을 행사한 국제적인 인물이었다. 이와 같이 위대한 업적을 쌓고 세계에 널리 그 이름을 드높인 장보고가 대사가 완도에 설립한 청해진 해상무역체제의 특징을 살펴보자.

첫째, 중국과 한반도, 그리고 일본의 동북아시아 3국(나당일) 간 해상교통의 요충지인 청해진에 국제무역항을 건설하였다는 점이다. 지금의 완도 일대인 청해진은 중국 일본 그리고 신라의 수도 경주로 가는 해상교통의 요충지였다. 그리고 당시 중국과 한반도, 그리고 일본이 있는 동북아시아는 동서양을 연결하는 해상실크로드의 동쪽 끝에 위치하고 있었다. 따라서 나당일 3국의 해상 요충지에 있는 청해진(완도)은 동서양을 연결하는 해상실크로드의 동쪽 끝의 요충지가 되었다. 장보고의 청해진 체제는 신라와 일본 귀족들의 고급물품에 대한 수요가 많을 때 해상권을 장악하여 동북아 3국은 물론 동서양 간 교역을 활성화 시켰다. 또한 국가권력에도 예속되지 않고 배타적인 해상지배권을 행사하는 독립적인 조직으로 운영됐다.

둘째, 장보고 해상무역체제는 단순히 중계무역에만 그친 게 아니라 자체의 생산시설을 갖추고 고부가가치 상품을 직접 생산하여 수출을 도모했다는 점에서도 특이하다. 당시 한중일 교역품 중 중국 월주요 도자기가 가장 인기 있는 상품의 하나였다. 일본의 하카다 대재부의 홍려관, 한국의 서남해 지역에서도 중국 월주요의 도자기가 발굴될 뿐만 아니라, 중국의 양주시 일대, 일본의 홍려관에서 신라도자기가 발굴 되었는데, 이는 청해진 근저의 상신과 해남에서 생산된 신라 도자기임이 밝혀졌다. 이렇게 보면 장보고는 해상무역망을 통해 단순히 중계무역만 한 게 아니라 부가가치가 높은 상품의 생산도 했던 것으로 해석된다.

셋째, 장보고 해상무역체제는 인력, 정보, 운반시스템, 금융시스템을 종합적으로 활용했던 현대판 종합상사의 역할을 수행하였다는 점이다. 당나라에서 신라인들의 주요 거점지역은 산동반도, 강회지구, 동남연해지구였는데 이 지역은 중국 내에서 대운하와 회수, 장강이 만나는 교통의 요충지였으며, 신라와 일본으로 항해하는 출발점 역할을 수행했다. 그리고 이들 지역에 신라방, 신라서 등의 신라인 집단 거주지가 있었다. 장보고 선단은 당나라에서 구입한 물품들을 일본에 파는 단순한 거래만을 한 것인 아니라 대금을 먼저 주거나 받고, 후에 상품을 인수 또는 인계하는 방식의 일종의 신용거래 방식의 무역도 이뤄졌다.

3. 광역 정보 전달체제의 구축

장보고가 해상무역을 독점적으로 지배하게 할 수 있었던 기반에는 앞서 말한 것처럼 동북아를 포괄하는 네트워크의 역할이 컸다고 할 수 있다. 해상 무역활동의 수행을 위해서는 물적 네트워크뿐만 아니라 인적 네트워크도 상당히 중요했다. 청해진은 재당, 재일 신라인을 통하여 정보를 입수하였고 이를 국제물류에 적극적으로 활용하였다.

백제와 고구려의 멸망 이후 한반도에서 이주하여 동북아 곳곳을 떠도는 유민들은 후에 통일 신라에서 건너온 무역상인, 유학생, 승

려, 선원 등과 함께 신라인의 교민 생활공간을 만들었다. 장보고는
이 유민들을 통합하여 하나로 묶는 거대한 국제 네트워크체제를 구
축한 것이다. 더욱이 이들의 생활 기반이 주로 상업이었기 때문에
더 활발하고 기동성 있는 효율적인 네트워크를 구축할 수 있었다.
신라인들은 신라, 당, 일본의 주요 교통과 상업 요지에 교두보를 확
보하고 있었을 뿐 아니라 이슬람 서방 무역세력과 연계하는 역할도
하였다.

　장보고는 동북아시아 3국을 연결하는 해양네트워크를 효율적으
로 운영하기 위해 당나라에는 교관선과 매물사를 정기적으로 파견
하고, 일본에는 회역사를 수시로 파견하였다. 장보고가 설치한 청해
진의 해상무역기지가 성공적으로 운영될 수 있었던 비결은 장보고
가 군사전략가로서의 능력을 발휘하여 양민과 해상 무역상들을 괴
롭히던 해적을 소탕시켜 명성과 신뢰를 얻었기 때문이다. 장보고는
자신의 뛰어난 통찰력과 리더십을 바탕으로 재당 신라인사회를 더
욱 강력한 네트워크로 결성하고 이를 원격조종, 관리할 수 있는 시
스템을 구축했다. 또한 일본 규슈지방에도 우호세력을 더욱 체계적
으로 관리하고 확대시키는 시스템을 구축했으며, 이를 바탕으로 신
라의 청해진을 중심으로 신라, 당나라, 일본을 연결하는 하나의 통
합된 해양네트워크를 구축했기 때문에 청해진 국제무역체제가 안정
적으로 발전할 수 있었다.

　장보고는 글로벌 네트워크의 정신적 구심으로 종교를 십분 활용
하였다. 824년 산동반도 문등현 赤山村에 法花院을 설립하여 재당
신라인들의 친목과 단결을 도모하는 정신적인 구심점이 되었고 청
해진에도 같은 이름의 사찰을 지어 신라인의 정신적 위안처로 만들
었다. 상인들뿐 아니라 일본의 중앙, 지방 관료들 중에도 신앙이 깊
은 사람들이 있어 그들과의 교류가 무역을 보장하는 중요한 수단이
되었었다. 즉 불교적 교류는 국가와 언어를 초월하여 동북아를 연

결하는 네트워크 고리 역할을 하였던 것이다. 물론 상인과 종교의 관계는 경제적 이윤으로 환원되는 것이 아니었으나 국제 상인과 불교는 깊이 연결되어 동북아의 분화 교류에 큰 역할을 하였다

장보고의 해상교역 네트워크체제는 청해진을 본부로 하고, 해외 네트워크로는 중국의 등주, 적산포, 초주, 양주, 그리고 일본의 하카다 대재부로 구성되어 있다. 3국에 분포되어 있는 주요 전략기지 중 청해진은 장보고의 네트워크체제에서 총괄 지휘본부였으며 주요 전략지시사항을 통보하고 각 지역에서 수집한 정보를 모으기도 하였다. 적산촌은 청해진 못지않은 역할을 담당하며 재당 신라인들을 단결시키는 지휘센터로서 거대한 중국시장의 동향과 각종 정보가 집결되는 정보 집중센터였다. 양주는 동남아, 인도, 중동의 상품과 문물을 전달하는 이슬람 상인과의 접촉 기지였고 서방세계의 정보를 전달하는 접점이었다. 초주는 중국 대운하의 중간을 장강과 연결하는 운송의 요충지로서 수도인 장안으로 연결되는 교두보였다.

4. 장보고 청해진 체제의 성공 요인

청해진을 설치하고 황해의 해상왕으로 명성을 날릴 수 있었던 장보고는 해상무역에 대한 폭넓은 지식과 견식을 갖추고 있는 데다 최고경영자(CEO)로서의 뛰어난 자질과 능력을 겸비하고 있었다. 장보고는 재당 시절 군사전략가와 해상교역에 대한 경험을 바탕으로 당시 국제정세를 정확하게 파악하고 해상교역에 대해서도 뛰어난 식견을 가지고 미래를 설계할 수 있는 탁월한 식견을 갖추고 있었다. 여기에 최고 기업경영자가 갖추어야 할 의사결정 능력과 조직과 부하직원들을 효율적이고 합리적으로 관리하는 능력까지 가지고 있었기에 청해진체제가 성공할 수 있었다.

장보고가 교역네트워크의 본영을 한반도 서남해안에 설치한 것

은 국제무역의 성공을 위한 훌륭한 선택이었다. 당시 동북아 3국간 해상항로의 중심지인 서남해안에 장보고 교역네트워크의 본부를 둠으로서 인적, 물적 교류를 활성화시키고 황해의 해상왕으로 등극하는데 큰 기여를 한 것이다. 그리고 청해진을 본부인 중심항만(hub port)으로 하고 중국 동해안 지역의 등주, 적산포, 초주, 연수, 명주 등 주요 항구와 일본의 대재부, 하카다 등 주요항구들을 피더항만(feeder port)으로 구축하여 해상교역의 효율성을 높인 것이 또 하나의 성공비결이다.

장보고는 중국과 한반도 그리고 일본 3국간의 전폭적인 신뢰와 공인을 받았다. 이것이 장보고 청해진 체제가 성공한 비결 중 하나다. 우선 장보고가 신라 정부의 신뢰와 인정을 받은 것은 청해진을 설치할 수 있었던 것만 가지고도 충분히 입증된다. 중앙정부와 독립적인 권한을 가지고 해상무역을 할 수 있다는 것은 당시 흥덕왕의 전폭적인 지원을 받았기 때문에 가능했던 것이다. 당나라와 일본으로부터도 신뢰와 함께 인정을 받았다. 장보고는 당나라에는 견당사, 일본에는 매물사를 수시로 파견하여 현지의 무역상인은 물론 관계 당국자들의 지지와 지원을 이끌어 내는 데 성공했다.

장보고는 자신의 교역활동에 대한 3국간 여론의 우호적인 분위기 조성에도 크게 노력했던 것으로 보인다. 일본의 천태종 스님 엔닌의 당나라 여행활동을 적극 지원했던 것은 일본의 지도층 인사에 많은 배려와 편의를 제공하여 장보고의 해상무역활동에 대한 지지와 협조를 이끌어내기 위한 것이었을 것이다.

장보고가 교역상품을 탁월하게 선정한 것도 그의 성공비결이다. 장보고가 중요하게 여긴 물품은 도자기였다. 장보고가 서남해안 지방인 강진군과 해남면 지역에 대규모 생산단지를 조성하고 중국 도자기 기술을 이전시켜 도자기 생산에 나섰던 것이다.

미국의 라이샤워 교수는 일본의 천태종 승려 엔닌이 기록한 「입법구당순례행기」를 읽고 장보고가 해상왕이라고 극찬했다. 동양에 대해 탁월한 식견을 가진 라이샤워 교수가 장보고를 극찬한 이유는 장보고가 통일신라시대에 황해의 해상권을 시배하면서 위대한 업적을 남겼기 때문이다. 장보고가 황해의 해상왕으로서 그 위세를 드높일 수 있도록 성공한 비결은 우선 무엇보다도 신라인들의 항해술과 조선기술이 뛰어났기 때문에 가능했을 것이다. 당시 일본 사서에 신라 배를 칭송하는 기사들을 보면 신라인들의 항해술과 조선술이 얼마나 뛰어났었는지 알 수 있다. 엔닌의 일기에도 일본 조공선의 항해는 전적으로 신라 선원의 도움을 받아 이뤄지고 있었음이 도처에 나타나고 있어 신라인들이 조선술 못지않게 항해술도 역시 뛰어났다는 것을 알 수 있다.

5. 장보고 사후 해상물류체제의 급속한 붕괴

갑작스러운 장보고의 죽음 후에 청해진은 이창진이 이끄는 친장보고세력과 친 염장세력으로 양분되어 무력충돌이 발생하였으나 이창진 세력은 염장세력에 의해 진압되고 말았다. 이창진 세력이 토벌되자 그를 따르던 사람들은 청해진을 떠나 일본과 중국으로 흩어지기 시작하였다. 뛰어난 지도자라면 자신이 없더라도 조직이 운영될 수 있도록 체제를 갖추어야 하며 뒤를 이을 인재들을 양성했어야 했다. 장보고 대사는 탁월한 능력을 발휘하여 해상 무역을 독점할 수 있었으나 그의 사업은 신라의 경제기반과 연계되지도 못하였고 정부정책과도 멀리 있었기 때문에 신라사회에 뿌리를 내리지 못하였다. 문성왕에 이르러 신라 왕실이 평온을 되찾자 약하긴 하지만 여전히 군사력을 보유하고 있던 청해진이 부담스러워지기 시작하여 장보고 사후 10년 만에(851년) 청해진은 폐지되었다.

장보고는 자신의 능력으로만 청해진을 운영하였고 해상세력을 장악하였다. 뛰어난 지도자였음에는 분명하나 결국 그의 죽음 후에 청해진에는 남는 것이 없게 되었다. 그를 잇는 후계자가 없었기 때문에 청해진의 인적 네트워크는 붕괴되었고 뛰어난 기술을 갖고 있던 인재들은 뿔뿔이 흩어져 버리게 되었다. 혼란스러웠던 청해진은 점차 안정을 찾아갔으나 염장이 다스리는 청해진은 장보고가 있던 청해진과 같을 수가 없었다. 서남해안의 많은 군소 무역업자들이 통제를 벗어나 불법적인 무역을 자행하기 시작하였으나 약해진 청해진의 군사력으로는 이들을 관리 할 수 없었고 결국 동북아 무역의 거점역할도 점차 시들어 갈 수 밖에 없었다.

일반적으로 독점의 상태에서는 장기간 막대한 이윤이 발생하게 된다. 만약 당, 일본과의 교역이 독점이 아닌 경쟁 속에서 이루어졌다면 청해진 소멸 이후에도 신라의 해상무역은 활발하게 이루어 졌을 것이다. 청해진 붕괴 이후 인적 네트워크가 함께 무너져 청해진

그림 1. 동북아 해상 네트워크와 물류 거점

을 통한 무역활동도 결국 함께 붕괴되고 말았다. 물류란 결국 무역을 뒷받침하는 기능이다. 청해진의 역할은 해상부역이 원활하게 이루어지게 하는 물류클러스터였다. 상보고 사후 무역활동이 단절됨에 따라 청해진의 물류클러스터 역할도 함께 급속히 소멸되고 말았다.

6. 중상주의 원대의 해 · 륙물류체제 구축

유목민족 출신 칭기스칸의 대정복을 통해 건설된 몽골 울루스는 분배 물자의 끊임없는 움직임으로 몽골이 전쟁할 때 쓰던 길이 점차 상업적 간선으로 바뀌어갔다. 물자의 이동이 늘어남에 따라 몽골 당국은 이전의 전통적인 길보다 더 빠르고 편한 길을 찾았다.

쿠빌라이는 몽골제국 역사상 칭기스와 어깨를 나란히 할 제2의 창업자였다고 할 수 있다. 원대를 통해 대대적인 개혁의 고삐를 죄었던 쿠빌라이는 군사와 통상이 하나가 된 국가건설을 구상했다. 30여년에 걸친 유목 정벌시대에 이어 중국을 흡수통일하고 원나라를 선포한 쿠빌라이는 상업과 군사의 양축을 바탕으로 세계를 지배하는 지배자가 된다.

쿠빌라이에 의한 원대의 통합정책을 보면 몽골지배의 근원인 초원의 군사력 유지와 광대한 이중구조의 제국을 직접 · 간접으로 관리할 수 있는 국가 행정기구와 재정기반을 확립했다. 그 부와 생산력을 축으로 쿠빌라이 정권이라는 국가 주도 아래 유라시아 전토에 걸친 물류체제를 구축하였다. 이렇게 사람과 물건의 흐름을 원활하게 함으로써 몽골의 분할지배체제가 유지되고 상업과 유통으로 몽골제국을 유지한 것이었다.

역참제를 중심으로 한 육로만으로는 세계제국 건설에 한계가 있음을 인식한 쿠빌라이는 꽤 많은 해상 함대와 선박건조와 항해술을 갖춘 남송(南宋)을 정복하고 유라시아를 꿰뚫는 해상교통의 거점과 진로 확보에 나서게 된다. 이미 육지에 건설된 제국만으로도 인류 역사상 최대가 되어 있었던 몽골은 쿠빌라이 시대 약 30년 동안에 바다로 나아가는 외연을 확장하여 통합물류대국을 건설하게 되는 것이다.

쿠빌라이는 육상 물류체제와 해운물류를 연결하여 글로벌교역의 교두보를 마련하였으며 아라비아, 인도, 아프리카 등과 문명 교류를 통해 13세기에 오늘날의 국제무역 네트워크를 구축하였다. 쿠빌라이 시대 그가 추진한 세계화 구상으로 몽골제국과 유라시아 세계는 상호 교류의 폭을 넓혀 갔다. 그래서 쿠빌라이 국가가 주도한 자유무역·중상주의정책은 몽골 지배의 힘이 미치지 않은 지역까지도 육상과 해상 교역의 테두리에 들게 되는 유라시아 대교역권을 출현시키게 된다.

남송 정벌 후 남−북간의 활발한 물자 교류와 이역과의 무역을 통해 원대 이후 중국은 육상루트를 통한 전통적인 교류에 더해 해상루트를 통한 시너지효과에 힘입어 무역의 중심으로 부상하게 되었다. 쿠빌라이의 정책이념은 철저한 중상주의였다. 바다비단길의 패자인 무슬림 상인들이 만든 오늘날의 기업협회 같은 상인조직인 알탈은 몽골제국에서 가장 지배적인 영향력을 미친 세력이었다. 몽골족이 가지지 못했지만 몽골족에게 필요한 것을 가진 사람들이 바로 상인이었다. 당시 비단길을 오가며 무역을 했던 국제상인들 중 페르시아와 아랍 출신의 무슬림상인들은 그 수도 가장 많고 장사수완도 좋았다.

쿠빌라이가 구상하여 건설한 국가시스템은 경제와 유통의 관리가 국가운영의 기축에 있는 경제우선형 체제라고 볼 수 있다. 거시적으로 보면 몽골제국은 당초의 단순한 국가대국에서 쿠빌라이 이후 거대한 경제중심국가로 옮겨갔던 것이다. 통상입국의 자세를 강하게 띤 초광역의 군사국가·통상국가·물류국가로 변신한 것이다.

쿠빌라이국가의 경제정책은 서유럽에서 근대에 실현되는 중상주의와 매우 흡사한 체제를 견지하고 있다.

7. 원대 물류체제의 구축

몽골인들은 애초에 길의 개념이 없었던 유목민이었다. 칭기스칸과 그 후계자들은 유목민 방식을 고수하여 정복지마다 길을 건설하지 않고 이동이 자유스러운 말을 주 운송수단으로 사용하여 광대한 지역을 연결하는 신속한 통신망을 구축하였다. 대제국의 교통망을 위해서 그들이 건설했던 것은 도로가 아니라 역참이었다. 중요한 노선을 따라 일정한 간격으로 배치된 역참에는 숙박시설 외에도 수레나 말과 필요한 식량이 준비되어 있었다. 전역에 걸쳐 설치된 역참에서는 지친 말을 교환해 주고 다시 원기를 회복시켜주는 역할을 하였다. 이러한 역참은 각 지방으로 향하는 주요 도로 40~50킬로미터에 하나씩 설치되었다.

초기 역참은 군사용으로 설치되었고 정복지와의 정보 교환이 주 임무였으나 점차 민간에 의한 교역의 거점으로 전환되고 상업의 주요 거점으로 발전해 갔다. 정복시대에 종횡으로 촘촘히 설치된 역참은 중앙과 지방간 정보, 군사, 물자교류의 창구가 되었으며 아시아 전역을 촘촘히 연결할 수 있는 네트워크가 구축되었다.

몽골인들의 생활에서 말은 전사의 가장 큰 무장수단이었고 평시에도 운송수단일 뿐 아니라 그 자체가 매우 중요한 교역품이었다. 말은 몽골 초기와 원대에 걸쳐 기본적인 운송수단이었고 가장 중요한 물류의 기반으로 활용되었다. 한편 대상에 의한 낙타가 말의 기능을 보완하여 장거리 물자 운송 역할을 분담했다. 남송과의 통합 후에는 선박이 대량운송수단으로 활용되었지만 대부분의 주요 물류 활동이 내륙에서 발생되고 종결되어 선박은 보조적인 운송수단으로 활용되었다.

대상들은 초원, 사막, 산악지대 등 험난한 무역로를 거쳐 2천km 이상의 장거리를 운송하였으며 단순히 상업 활동에만 그친 것이 아니라 각종 생활정보와 문화를 전달하는 역할도 담당했다. 대상로에는 여행자에게 편의를 제공하는 숙박시설이 있었는데 대상들이 머무르는 쉼터를 대상관이라고 했다. 몽골제국시대에는 역참제가 활성화되면서 역참에 대상관을 지어 이용하기 쉬웠다고 한다.

대도[北京]의 건설에서 출발하는 대원제국의 해양진출계획은 바다로 수로를 내는 데 그치지 않고 남북대운하를 통해 중국 내륙까지 수운을 통해 연결하는 광대한 계획으로 수도권의 중심항인 적수담 주변은 시장, 창고, 경제관청 등이 자리 잡아 교역, 유통, 통신, 물류의 허브가 되었다. 그들은 이러한 수운의 건설로 화물거래가의 대부분을 점했던 운송비를 대폭 절약할 수 있었으며 대량, 대형물자의 수송도 가능하게 되어 무역이 재산형성의 원천으로 자리 잡게 되었다.

남송을 통합하여 중원을 장악하게 된 쿠빌라이는 육지의 통합 후에 꿈에 그리던 바다로 드디어 나가게 되어 육지와 바다를 동시에 조망하는 글로벌 플랜을 차근차근 추진하였다. 남송은 이미 상당한 전력의 해상함대를 보유하고 있었는데 대부분의 함대는 손상 없이 대원울루스로 넘어왔다. 몽골은 단지 함대뿐만이 아니라 그에 수반한 조선력·기술력·항해기술이나 해양문화에 관한 지식·정보 등 중국 강남 사회가 축적해 온 해양력을 그대로 계승하게 되었다.

8. 원대 물류체제의 차별적 특성

칭기스칸 군대는 그 조직방법에 특성이 있으며 이를 바탕으로 다수 민족을 포용할 수 있었다. 그들의 군대 조직은 능력 위주로 운영되어 신분의 귀천, 적과 우군을 가리지 않고 능력 있는 자가 발탁되어 높은 사기가 유지되었다. 칭기스칸은 개인의 능력을 최대화시킬 수 있는 사회 행정조직인 천호제(千戶制)를 통해 몽골인 들은 물론 노예도 능력이 있으면 지도자가 될 수 있었다. 칭기스칸은 케식텐이라는 교육제도를 만들어 엘리트들을 모아 전투를 비롯한 각 분야에 걸쳐 전문교육을 시켰다. 칭기스칸은 인치가 아닌 법치의 원리를 내세운다. 제국 헌법이라 할 「예케 자사크(Yeke jasag)」를 만들었는데 몽골 최고(最古)의 성문법전이다.

몽골의 역참제는 말이 지치지 않고 갈 수 있는 거리마다 정거장을 설치해 그곳에 사람과 함께 말을 배치하고 이웃 캠프 간에 소식을 전하는 릴레이 방식 통신제도라고 할 수 있다. 쿠빌라이는 육상 물류체제의 근간을 역참제에 두고 일정한 거리마다 역참을 설치하여 상역활동의 근거지로 활용했다. 통신 기능에 부가하여 각종 물자의 흐름을 관장하게 되면서 역참제는 곳곳을 이어주는 도로이자 실핏줄이 되어 오늘날 정보 인프라, 물류 시스템, 군사 전용도로에 해당된다고 할 수 있다. 이러한 역참제는 왕의 위치가 항상 유동적인 몽골에서 유용하게 활용될 수 있는 비(非)중앙집중적 정보전달 체제이며 전 통치권역에 세세하게 구축된 물류의 근간이며 통치수단이기도 했다.

소수의 유목민으로 구성된 몽골 정복군은 항상 새로운 정보와 신기술을 중시하여 정복지마다 현지 정보를 취합 분석하고 현지 기술자를 우대하며 신기술 습득 및 활용에 적극적이었다. 이러한 기술 인력의 양성, 신기술의 보급 등은 물류체제를 유지 발전시키는 데도 긍정적인 영향을 미친 것으로 볼 수 있다. 예를 들어 남송정복 후 조선 기술과 항만축조 기술을 개발, 보급하여 물류 수송수단의 발전을 도모하게 되었다. 기술 인력의 확충을 중시한 그들은 정복민의 평가에 있어서도 정치, 종교, 문화, 신분의 차이를 무시하고 당장 활용 가능한 정보와 기술능력 위주로 평가하여 기술 인력을 최대한 활용했다. 칭기스칸 군대가 전쟁에서 승리했을 때 절대 죽이지 않는 적진 사람들은 기술자들이다. 신기술을 지닌 자만이 세계를 지배한다는 것을 체험적으로 알았기 때문이다.

원대의 물류체제 구축을 주도하고 발전시킨 주역은 두말할 것 없이 쿠빌라이다. 그러나 그의 구상을 구체화하는 과정에서 종합적인 구도를 건의하고 뒤에서 추진했던 주인공들이 없었다면 불가능했을 것으로 보인다. 물류체제의 구축 및 발전에 있어서 CEO의 앞선 견해와 지도력뿐 아니라 장대한 비전과 기술, 관련 지식을 갖춘 실무계층 전문 인력의 확보가 얼마나 중요한 역할을 하는지를 보여주는 사례라 할 수 있다. 이들은 대도의 건설 초기부터 기여한 중국인 관리로 유병충, 곽수경 등의 학자가 있었고, 남송 정복 후 해양세력으로 큰 역할을 한 포수경이 있으며 원대에 중상주의를 가능하게 한 부족으로 위구르인과 거란인을 들 수 있다.

쿠빌라이 국가 시스템의 눈에 띄는 재무적 특징은 대원제국의 중앙재정은 농산물로부터의 세수에 거의 기대하지 않고, 전매와 통상의 상업이윤으로 세입의 대부분을 거두는 중상주의 재정운영이라 할 수 있다. 게다가 최대수입원은 염인(鹽引) 즉 전매품이 된 소금판매대금의 교환권이었다. 게다가 쿠빌라이의 경제 관료들은 중국재래의 염인이라는 재원을 몽골이 기간통화로 하는 은과 연결시켰다. 소금이라는 실질가치와 연결되는 염인은 다시없는 보조통화가 되었다. 국가에 의한 소금의 전매사업과 은을 대신한 고액의 실질지폐 운용은 쿠빌라이 왕조의 경제운용의 안목이었다. 쿠빌라이 정권은 종래 각 도시·항만·나루터·관문을 통과할 때 마다 징수했던 통과세를 완전히 철폐하여 인원과 물자의 유통을 적극 장려하였다. 그 결과 대형 원거리 무역은 극히 자연스럽게 이루어지고 물류의 활성화로 유통량이 급증하자 상세수입도 증대되는 선순환 체제가 구축되었다.

9. 육상 물류체제의 붕괴 원인

원대 물류는 육상물류조직이 주도한 초기 칭기스칸 세대와 후기 쿠빌라이가 주도한 육상과 해상의 통합물류체제로 기반이 탄탄했으나 원대를 이어 받은 명나라는 원대의 통치이념, 조직체계, 물류시설들을 거의 무시하거나 파기하여 명대는 중국 역사상 가장 어두운 나라가 되어버렸다. 원대의 중상주의 통치이념과 각종 조직적 기반들이 명대에 들어 너무 쉽사리 해체의 길을 걷게 된 것은 원대의 물류기반이 그렇게 탄탄하지 못했다는 것도 있겠지만 상업주의에 기초해서 정착한 원대의 통치방식이 명이 내세운 중화방식 즉 중국식 방식과 상이하여 지속적으로 유지되지 못한 불행한 일면도 있다. 원대의 몰락과 더불어 물류관련 조직이 너무 허무하게 쇠락해 버린 원인을 보면 물류체제는 무엇보다도 지도자의 지향하는 이념, 지도력 등 CEO의 영향력이 결정적인 요소였다고 할 수 있다. 정체성 상실도 몽골제국 멸망에 큰 원인으로 꼽히고 또 다른 이유로는 조정 재정의 고갈을 들 수 있다.

명나라를 세운 주원장은 원대의 제도, 복식, 예절, 관습 등 모든 유산의 승계를 거부하고 원이 단절했던 과거의 중국식 제도를 복원하려하여 강제적인 문화, 관습의 단절을 시도했다. 특히 물류체제의 몰이해와 중상주의의 배격으로 원대에 크게 빛을 발휘했던 해상운송 체제의 장점을 간과한 채 해상활동을 봉쇄해버렸다. 이러한 명 초기의 척원정책에 의해 육상과 해상을 통합하여 세계를 통합하려던 원대의 구상은 더 이상 유지 발전되지 못하고 대부분의 육상시설은 파괴되고 해상은 봉쇄되는 물류부문의 대참사를 맞게 되었다.

10. 단일 물류시스템으로 운용

장보고에 의해 구축된 해상물류와 칭기스칸에 의해 구축되었던 대륙의 육상물류체제 그리고 쿠빌라이가 육상과 해상물류의 통합을 시도했던 원대의 물류체제는 거의 단일 운송수단을 활용하는 초보적 단순물류 단계라고 볼 수 있다. 장보고의 청해진 물류체제는 해상운송을 주축으로 하고 몽골의 육상물류체계는 육상물자의 흐름을 주축으로 하는 단일 시스템이었다. 다만 후자의 경우 쿠빌라이에 의해 해상운송의 중요성이 강조되어 육상운송체제를 일부 보완했지만 역시 보조적 수단에 지나지 않았기에 완벽한 연계운송이나 복합운송의 시스템으로서는 충분하지 못했다고 할 수 있다. 몽골의 상업적 영향은 그들의 군대가 지배했던 영역보다 훨씬 멀리까지 퍼져갔으며, 쿠빌라이칸 치세에는 몽골 제국이 '주식회사 몽골'로 바뀌었다. 13세기 내내, 그리고 14세기 초에 몽골인은 제국 전체의 교역로를 유지했고 40내지 50킬로미터마다 자리 잡고 있는 역참은 유통의 장소로 활용되기도 하여 대상들의 교역물자를 보관하기도 하였다. 역참은 정치적 통신망으로 주 기능을 수행했지만 상인들이 공동 활용한 후로는 각종 유통, 상업정보의 수집처로 활용되었으며 운송용 동물들이 원기를 재충전하도록 쉬어가거나 지친 동물을 바꾸어 주는 등 실질적인 물류거점이 되기도 했으며 상인들에게 험한 지형을 헤쳐 나가도록 도와주는 안내역할까지 수행했다.

장보고의 해상운송체제는 주로 대외무역과 해상활동에 고착되어 있었기에 통일신라에서나 신라방이 산재해 있었던 중국 산동지방에서 내륙운송이나 연계운송을 전혀 고려한 흔적을 찾아볼 수 없다. 오랫동안 장보고 대사는 권한을 행사할 수 있는 영역이 해안지역에 국한되어 있었고 관심이 국외로 쏠려 있었기에 신라 내륙운송까지

화장하려는 구상은 하지 않았다.

이러한 단일운송체제는 운송수단의 관리, 화물의 통솔범위가 좁아 그 자체로는 효율성을 기할 수 있으나 최종 소비자에게 효용을 극대화시키는 물류서비스의 근본 목적 달성이라는 측면에서 보면 그 성취도가 낮을 수밖에 없다. 단일시스템은 그 자체가 급격한 수요의 증대나 유통의 발전에 능동적으로 대처할 수 없고 운송능력의 한계를 안고 있다. 몽골의 육상 물류나 장보고의 해상 물류는 단일운송수단이라는 체제의 취약점으로 항구적인 시스템의 구축을 이루지 못했고 지속가능한 발전도 이뤄지지 못했다.

11. 장보고, 칭기스칸의 물류체제 비교

신라시대의 물류활동은 해외 교역확대의 일환으로 발전하여 국내물류와 깊은 연관을 짓지 못한 채 발전했으나 원대의 물류활동은 본격적인 교역활동을 추진하고 활성화하기 위한 목적에서 정부의 적극적인 뒷받침을 받는 공식적인 정책의 소산이었다고 할 수 있다. 따라서 9세기와 13세기의 물류활동은 시대별로 그 지향하는 방향이 달랐다고 할 수 있다. 즉 신라시대에는 장보고 대사의 활동권역이 해양활동에 한정되어 있었기에 해양세력의 통합, 해양활동의 조정 등으로 한정된 반면에 칭기스칸 시대에는 대륙의 통합을 거쳐 대륙과 해운의 통합에 이르기까지 오늘날 물류활동이 추구하는 바와 같이 글로벌 물류체제의 구축을 지향했다고 할 수 있다. 장보고 시대 신라 조정에서는 장보고대사가 추진하는 해양활동을 국가적으로 추진하는 공식적 대외교역으로 추진했다기보다 방관하고 있었다고 할 수 있다. 장보고 대사는 탁월한 능력을 발휘하여 해상 무역을 독점할 수 있었으나 개인 중심의 막강한 경영권과 경제력의 집중만 이루어졌을 뿐이었다. 그러나 몽골에서는 정권을 장악한 대칸과 권부가 직접 정책적으로 물류활동을 추진하였는데 이는 대원 울루스를 유지하는 두 기둥이 중상주의와 물류체제의 유지였기 때문인 것으로 보인다.

물류활동을 전개하는 지역적 범위도 신라시대에는 한중일 3국이 주 무대였으나 몽골시대에는 몽골의 지배를 받고 있는 전 유라시아 대륙이 대상 지역이었다고 할 수 있다. 물론 이런 시대에도 유통 등 상업활동은 정치적 지배가 미치는 지역보다 훨씬 더 멀리 통치 지역 밖에서도 다양하게 이뤄졌다는 것을 알 수 있는데 물류활동도 이런 상업활동에 따라 통치권이 미치는 범위보다 더 밖에서도 수행되었을 것으로 추정된다. 장보고 대사의 청해진 물류조직체제와 경영방식은 오늘날의 다국적 기업 조직 및 경영방식과 유사하다고 볼 수 있다. 이것은 장보고 대사의 조직통솔과 경영기술이 당시로서는 대단히 뛰어났다는 것을 의미한다. 몽골의 경우 칭기스칸 사후 4~5개의 울루스로 분리 통치되어 물류활동을 추진하는 조직도 통합과 분리가 동시에 병행되어 울루스 간의 친소관계에 따라 조직관리 형태가 공조를 취하기도 하고 경우에 따라서는 비협조적인 상태에 놓이기도 하였다.

장보고 대사는 당나라에 거주하여 물류와 무역, 상업 등 각 분야에서 상당한 능력을 발휘하고 있던 재당신라인들을 하나의 통합된 네트워크로 긴밀하게 연결시키는 강력한 시스템을 구축하여 국제무역에서 성공할 수 있었던 것이다. 신라시대 정보관리는 인적 네트워크를 중심으로 이뤄졌지만 네트워크에 참여한 대상이 신라방을 위주로 한 해안지역에 한정되어 있어 효율적인 정보관리체제 구축에는 미흡했다고 할 수 있다. 그러나 칭기스칸의 정복시기에 신속한 정보의 수집 및 관리를 위해 설치된 역참제를 통해 효율적으로 정보가 관리되었으며 상업중심의 쿠빌라이 시대에도 혼합된 문화 속에 정보관리의 중요성이 약화되지 않았다.

물류활동에 활용된 운송수단으로는 각각 시대적 여건에 따라 최적의 운송수단을 동원하였는데 신라시대의 해상활동을 위해 선박이, 몽골의 육상운송에는 낙타, 말 등 축력을 이용하였다. 쿠빌라이 이후 바다로 진출하여 육상운송과 해상운송을 연계하면서 원대에도 선박의 운송목적으로 크게 활용되었다. 이러한 운송수단의 활용은 시대별로 여건에 따라 상이하지만 활용가능성을 최대 발휘한 것으로 분석할 수 있다. 9세기 신라와 13세기 몽골에서도 운송수단의 제약에 따라 소형화물, 1차 산품 위주로 운송 품목이 제한될 수밖에 없었다. 이러한 물류활동의 제약은 그들이 사용하는 협소한 공간에도 적용되어 신라 시대에는 항구가 그리고 몽골시대에는 역참과 강남의 일부 항구가 주요 화물 보관 등 물류활동의 장소로 사용되었다.

오늘날 한국, 중국, 일본 등 동북아 3국은 세계 경제규모의 약 20%, 세계 화물량의 약 30%를 차지하고 있다. 13억 인구의 거대한 시장을 가진 중국은 세계 최대의 생산 공장으로 급속히 성장하였으며, 일본은 세계 최첨단 기술과 막대한 자본력을 바탕으로 범세계적 경쟁력을 유지하고 있다. 한국 역시 내적 활력과 역동적인 인적 자원, 창의적 능력을 바탕으로 세계적 수준의 경제국가로 도약 중이다.

한국, 중국, 일본은 서로 다른 나라이지만 황해라는 하나의 바다를 공유하고 있는 특성을 가지고 있다. 따라서 각국의 항만 정책 수립 및 추진에도 각국의 이익만이 아닌 공동발전을 위하여 장보고, 칭기스칸 시대와 같은 탈국가적 사고가 필요하다. 장보고와 칭기스칸이 역사적으로 증명하고 있는 것처럼 탈국가적 사고의 실현을 통하여 궁극적으로는 한국, 중국, 일본 각국과 동북아시아인 모두가 번영 발전할 것이다. 그러나 현재까지는 그러한 통합적 사고가 뒷받침 되지 않아 중복투자, 지역과 시설의 효율적 활용의 어려움, 통합적 네트워크 구성의 어려움 등이 문제점으로 지적되고 있다. 이러한 문제는 동북아시아 각국 간 협력증대를 통하여 극복될 수 있을 것이다.

제 **4** 부

해양사상 · 해양문화

해양책략

홍승용(전 인하대학교 총장, 해양수산부 차관)

1. 집필목적

역사적으로 볼 때 국가는 역동적인 국가, 정체된 국가, 쇠퇴하는 국가의 세 종류로 분류할 수 있다. 역동적인 국가는 새로운 비전이 있고, 그 새로운 비전 위에 성장하며 국부창출이라는 팽팽한 긴장감을 국민들과 조화롭게 잘 지속하는 국가를 말한다. 국가의 운명은 주어진 상황과 기회에 의해서가 아니라 선택한 전략과 책략에 의해서 달라진다. 국가나 기업의 최고지휘자가 엔트로피를 가속화하는 세계화를 추진하고, 세계화의 길인 바다를 경영하기 위해서는 무엇보다도 해양책략과 해양리더십이 필요하다. 해양에 대한 창의적 책략은 인류의 문명발달과 흐름을 같이 한다. 고대로부터 현대에 이르기까지 해양책략가들은 있는 바닷길을 간 것이 아니라, 없던 바닷길을 열어서 새로운 흐름을 만들었다. 특히 15세기 초부터 17세기 초까지 대항해시대에

- 287 -

그들은 창의적 책략으로 항로를 개척하고 대륙을 연결하고 상업무역을 열었다. 지중해에 머물던 유럽의 세계관은 대서양을 넘어 인도양과 태평양으로 확산됐다. 동양과 서양은 육상과 바다의 실크로드로 연결됐고, 상업혁명, 가격혁명, 그리고 금융혁명이 뒤따랐다. 상업의 세계화로 해양패권국가와 식민제국주의가 등장했다. 15세기 대항해시대를 전후로 동양이 서양에 경제적 부의 역전을 허락한 것은 역사상 가장 흥미로운 탐구영역이다. 일부 학자들은 정치체제 때문이라고 하지만, 「사피엔스」의 저자인 유발 하라리는 그 핵심요인을 '지적 호기심과 바다를 향한 대탐험' 때문이라고 분석한다. 콜럼버스의 산타마리아호(1492년), 영국 청교도의 메이플라워호(1620년), 영국 진화론의 창시자가 이끈 비글호(1831년) 등 세 척의 배는 역사를 바꾼 상징성을 지닌다고 할 수 있다.

20세기 말인 1994년 인류는 새로운 해양질서를 담은 「바다헌장」을 만들었고, 그에 따라 21세기 새로운 대항해시대를 열어가고 있다. 바다헌장은 연안국이 영유권과 배타적 경제권이 인정되는 바다 울타리를 칠 수 있도록 하는 한편, 공해의 자유로운 이용과 함께 심해저를 '인류공동의 유산'(Common Heritage of Mankind)으로 설정했다. 새로운 해양질서와 과학기술의 발달에 따라 21세기 대항해시대는 과거 15세기처럼 새로운 대륙과 섬을 발견하는 것이 아니라, 해양과 섬에서 경제활동, 자원공급, 나아가 국가안보의 새로운 가치를 찾는 것이다.

육상의 만리장성은 고정적이고 보수적이고 수비적이다. 기원전 3세기 진시황부터 17세기 명나라까지 북방 유목민족의 침입을 두려워한 중국 왕조들은 총 길이 2만㎞의 만리장성을 세웠다. 현대사에서 가장 긴 장벽은 공산주의와 자본주의가 대립한 냉전시대의 '철의 장막'이다. 소련이 발트 해에서부터 아드리아 해까지 7,650㎞의 장막을 쳤다. '장벽은 두려움의 전략이고, 쇄국의 전략'이다. 중국

북방의 만리장성은 남부 해양으로 침투하는 신흥외세에 무력했다. 소련의 철의 장막은 해양의 힘을 앞세운 미국의 자유민주주의와 시장경제에 의해 스스로 무너졌다.

해양의 만리장성은 유동적이고 진보적이고 공격적이다. 현재 전 세계적으로 213개국이 영해나 배타적 경제수역 EEZ의 해양울타리를 설정했고, 연안국과 도서국들은 한 치라도 더 넓은 바다를 차지하기 위해 해양의 힘을 강화하고 있다. 이웃 국가나 마주보는 국가 간 해양경계가 중첩되는 경우가 많아 세계적으로 845개의 경계분쟁지역이 있으며, 해마다 해양경계 분쟁은 점점 늘어가는 추세다. 200해리 EEZ는 바다는 물론 하늘의 만리장성이다. 육지의 만리장성에 비해 공격도 수비도 훨씬 어렵다. 해양의 힘은 국가의 장기정책과 막대한 투자와 전문 해양인력의 확보로 비교 측정된다. 최근 중국의 시진핑 국가주석은 해양실크로드와 육상실크로드 건설을 담은 '일대일로 정책'을 야심차게 추진하고 있다. 중국은 EEZ를 넘어 태평양에 '제1·제2·제3 다오롄(島鍊)전략선'으로 이뤄진 만리장성을 설정했다. 일본은 태평양의 무인도 환초에 불과한 오키노토리시마에 40만㎢의 EEZ 울타리를 설정했다.

지정학으로 볼 때 중국·러시아는 대륙 국가이고, 영국·미국·일본은 해양 국가다. 한국은 반도국가다. 헬포드 존 매킨더의 심장부이론과 알프레드 마한의 해양력이론이 첨예하게 맞부딪히는 공간이다. 그래서 심장부이론과 해양력이론을 융합한 니콜라스 스파이크만의 림랜드이론이 융통성 있게 적용되어야 할 공간이다. 한반도 주변 해역에서의 해양지정학은 매우 어려운 문제다. 해양 분쟁은 '영토분쟁, 경제 분쟁, 자원분쟁'이라는 분쟁의 일반적 특성에 '역사 분쟁과 도서 분쟁'을 더한 다섯 가지 복잡성을 내포한다. 해양 분쟁은 영토문제이든 해양산업문제이든 관련 상대국의 내셔널리즘을 더욱 공세적으로 만든다. 해양 분쟁은 해양 전쟁으로 이어질 수 있기에 정치지도자들의 포퓰리즘을 위한 상용수단이며, 경제적 이해 못지않게 정치적 이해가 충돌한다. 한편, 해양산업은 제1차 산업에서 제4차 산업까지 수직적으로나 수평적으로 넓게 외연하고 있어, 국민경제적 파급효과가 크고, 전략선택의 복잡성이 크다. 반도국가로서 바다헌장과 해양지정학에 맞는 국가 해양책략을 갖추는 것이 중요하다. 세계사에서 대부분의 해양강국들은 출발시점에는 인구, 면적이 비교적 미약한 나라로 생존전략 차원에서 해양으로 진출했던 국가들이었다. 그 대부분은 반도국가(그리스, 스칸디나비아, 스페인과 포르투갈), 섬나라(영국, 일본), 육지 환경이 척박하여 바다로 내몰린 국가(베네치아공화국, 네덜란드) 또는 지리적으로 섬나라처럼 떨어져 있는 국가(미국)들이다. 그들은 해양진출에 필수적인 조선능력, 해운능력, 그리고 상선대를 호위할 수 있는 대양해군력을 확보하면서 생존전략을 성장전략으로 탈바꿈했고, 세계 교역과 상업의 중심이 되었다. 해양강국들은 독특한 '해양책략'을 수립했고 추진했다. 해양책략은 국가나 기업의 해양 문제를 명석하게 포착하고, 그 해결대책을 탁월하게 추진하는 뛰어난 지략과 계략이다. 해양책략의 핵심은 방향성과 정체성이다. 방향성은 '우리의 과업은 무엇이며, 무엇이어야 하는가?'이다. 정체성은 '목표달성을 위한 구체적인 수단과 정책은 무엇인가?'로 집약될 수 있다.

역사적으로 해양강국을 이룬 국가들은 왕이나 대통령이나 총리의 해양 리더십과 오른팔 노릇을 한 대단한 해양책략가들이 있었다. 지도자가 훌륭한 참모를 만나는 것을 운이라 하지만, 운은 지도자의 덕과 기량의 높이와 깊이에 달려있다. 시대는 영웅과 큰 상인을 탄생시킨다. '혼란기에 영웅이 출현하고, 안정기는 현군이 지휘한다.', '전쟁에서 영웅이 나고, 위기에서 큰 상인이 난다.', '바다를 장악하는 자가 세계 무역을 장악한다. 세계의 무역을 장악하는 자가 세계의 부를 장악할 것이며 결과적으로 세계 그 자체를 제패할 것이다.'라는 역사적 명제는 불변의 진리이다. 고대 사라미스해전을 승리로 이끈 테미스토클레스, 15세기 대항해시대를 연 포르투갈의 엔히크 왕자, 신대륙발견과 상업의 세계화를 출범시킨 스페인의 이사벨 여왕과 콜럼버스, 영국해군의 아버지인 존 저비스 경과 트라팔가 해전의 영웅 넬슨 제독, 학익진과 거북선으로 막강 일본을 침몰시킨 23전 전승의 신화를 남긴 이순신 장군, 프랑스 드 레셉스의 수에즈운하건설책략, 빅토리아 여왕 시대에 수에즈운하를 접수한 벤저민 디즈레일리 총리와 막강 해군을 정비한 해군대신 조지 해밀턴, 프랑스의 태양왕 루이 14세와 콜베르 총리의 중상주의 전략, 일본 메이지 유신을 선도한 사카모토 료마의 '선중팔책', 네덜란드의 요한 드 비트 총리와 라위터르 해군 제독의 '해상무역 장악전략', 팍스 아메리카나를 설계한 시어도어 루스벨트 대통령과 알프레드 마한의 '해양력(Sea Power) 전략', 이승만 대통령의 평화선 선언, 박정희 대통령과 정주영 회장의 조선업 육성전략 등은 역사를 바꾼 대표적인 해양책략들의 사례이다.

본 저서의 목적은 두 가지를 살펴보는 것이다. 하나는 주요 해양강국이나 기업들이 해양경쟁력을 키우게 된 상황분석과 지정학, 선택과 집중의 책략을 조명해 보는 것이다. 다른 하나는 해양경쟁력을 키운 주요 해양강국 지도자와 그의 핵심책략가, 기업과 국민에 대한 분석을 통해 우리나라의 해양책략 수립에 참고가 될 지혜와 사례를 제시하는 것이다. '로마는 하루아침에 만들어지지 않았다'는 격언이 말하듯 로마는 '역사는 인간'이라는 명제를 직시했고, 로마제국의 시스템을 이끌 인재를 키웠기에 로마의 번영이 천년 이상 지속될 수 있었다. 국가를 이끌 인재들에게 해양책략의 교육이 그래서 중요하다.

2. 사례소개 – 태평양 심해저광구 확보책략

태평양 한복판 심해저에 대한민국 광구가 있다. 우리나라는 하와이 동남방에서 1천 7백여km 떨어진 태평양의 클라리온·클리퍼턴 (Clarion-Clipperton, 약칭 'C-C해역') 해역에 남한 면적의 4분의 3 크기인 7만 5천㎢의 단독광구를 갖고 있다. 육지가 아니고 깊은 바다 해저이긴 하지만, 우리나라가 배타적 탐사 및 개발권을 주장할 수 있는 광구이다(출처: 홍승용, 「바다와 대학」, 블루&노트, 2009). 1994년 유엔에 등록된 이 광구는 망간단괴 등 심해저 자원 개발에 관해서는 경제영토에 준하는 권리를 주장할 수 있다. 이는 고구려 광개토대왕 이후 1,300년 동안 영토의 분열과 축소과정을 겪고 있는 우리 한민족에게 오랜 숙원인 영토 확장에 준하는 '경제영토의 확장'이며 민족적 자긍심을 드높인 역사적 사건이었다. 무엇보다도 심해저에 매장된 무진장한 '다금속 망간단괴' 자원 광구를 확보했다는 점에서 과학기술적, 경제적, 정치적 의미를 내포한 가치 큰 해양책략이다.

수심 4천m 내지 5천m의 심해저 광구에는 망간, 코발트, 니켈, 구리 등 40여 종의 희소금속이 다량 함유된 감자 모양의 망간단괴가 부존되어 있다. '바다의 노다지'라고도 불리는 심해저 망간단괴에 함유된 전략금속은 철강사업, 자동차 및 컴퓨터 산업, 정보통신 등 첨단산업 등에 필수적이다. 망간단괴에 함유된 희소금속은 정치상황이 불안정한 아프리카 국가들에 부존되어 있고, 육상자원 부존량이 고갈되고 있어 심해저 망간단괴는 더욱 주목의 대상이다. 심해저 망간단괴 자원의 중요성을 처음 세계에 알린 것은 1965년 해양학자 존 메로다. 이 엄청난 무주물에 대해 지중해 작은 섬나라인 몰타의 아르비드 파르도(1914~1999) 대사가 '심해저는 인류공동의 유산(Common Heritage of Mankind)이어야 하며, 새로운 유엔해양법

체제의 필요성을 제기'하면서 1973년부터 제3차 유엔해양법 회의가 열렸다. 1973년 이후 무려 10년간 '새로운 바다헌장' 마련을 위해 서방선진국과 개도국 중심의 '77그룹' 간에 치열한 논쟁과 협상이 있었다. 이미 60년대부터 서방선진국들은 심해저 자원의 잠재력을 인식하고 탐사활동과 투자를 진행해 왔기 때문에 기득권을 보호하는 '祖父조항'(Grandfather Clause) 체제를 구축하려고 했다. 반면, 77 그룹을 중심한 개도국들은 몰타의 파르도 대사가 제창한 '심해저는 인류공동의 유산원칙'을 지지했다. 개도국들은 심해저자원에 대해 일부 선진국들의 제국주의식 독과점체제를 반대했고, 대신 유엔에 의한 공영개발방식을 주장하였다. 유엔해양법협약 타결이 지연된 핵심 이유는 바로 심해저 자원 탐사·개발을 위한 체제문제 때문이었다. 이처럼 국가나 그룹 간의 치열한 논쟁 속에 난망했던 해양법 협약은 10년 협상의 막판 이해 조정으로 타결되었다.

심해저를 '인류 공동의 유산'으로 하여 유엔 공영개발 방식을 원칙으로 하되, 심해저 탐사 활동을 수행한 국가나 기업의 기득권을 인정하는 차원에서 '조부조항'을 반영한 선행투자가(Pioneer Investor) 보호제도인 <결의 II, 다금속단괴에 대한 선행투자활동 시 선행투자에 대한 규칙>을 채택하였다. 이로써 320개 조항의 본 협약, 9개 부속서, 2개 결의로 구성된 방대한 '바다헌장'이 채택되었다. 이에 따라 국제 해양질서의 새로운 출발과 동시에 심해저 자원에 대한 권리 확보의 규칙이 결정되었고 우리나라 역시 그 대열에 참여할 수 있는 기회와 가능성이 생겼다. 그러나 대한민국의 실상은 <결의 II>에 명시된 개발도상국 선행투자가인 중국이나 인도에 비해서도 탐사활동이나 투자실적이 부족했다. 더욱이 유엔해양법협약 협상이 시작되면서부터 이 협상이 타결되는 순간까지도 정부는 심해저개발사업에 공식적 관심을 표명하지도 않았다. 연구기관도 심해저탐사 경험이 없었고, 심해저자원 탐사·개발인력과 장비, 대양을 탐사할 해양조사선조차 없었다. 대한민국이 심해저개발사업에 도전한다는 것은 어쩌면 무모한 몽상이자 '우공이산(愚公移山)'의 모험이었다.

80년대 초·중반 유엔해양법협약이 타결되는 과정에서 우리나라의 유엔해양법 제도상 법적 지위는 개발도상국이었다(참고로 우리나라가 선진국 진입의 관문격인 '경제협력개발기구 OECD'에 가입한 것은 1996년 12월 12일이다.). 우리나라가 개발도상국 선행투자가가 되기 위해서는 1985년 1월 1일까지 미화 3천만 달러의 투자와 상업적 가치가 있는 유망광구를 탐사해야 했다. 후발 참여 희망국가들에게는 시간·돈·기술 모두가 커다란 제약조건이었다. 투자할 돈도 없었다. 시간도 없었다. 기술도 탐사경험도 없었다. 정부의 정책도 없었다. 그래도 이 기회를 놓칠 수는 없었다. 비록 후발참여자이지만 한국의 심해저개발사업 도전은 여러 가지 기대효과를 가져올 수 있었다. ① 육상광물자원이 부족하고, 전략금속인 망간, 니켈, 코발트 등을 전량 수입에 의존하는 나라로서 성공할 경우 수입대체 효과가 막대하다. ② 5백 미터 수심의 한반도 연근해 탐사 기술수준을 수심 5천 미터의 심해와 대양탐사기술로 도약시킬 수 있다. ③ 심해저 광업 개발 장비인 선박과 해양구조물 장비 개발 시 세계 최고 수준에 있는 우리 조선업은 새로운 시장 확보와 기술선점효과를 누릴 수 있다. ④ 그리고 현재 세계열강들의 독과점 경쟁시장인 심해저 개발에 우리가 참여함으로써 향후 세계 해양질서를 둘러싼 주도권 다툼에서도 유리한 외교적 위치에 설 수 있다.

그러한 상황에서 한국이 심해저개발사업에 도전하기 위한 전략을 수립하고 여러 대안 중에서 최선의 선택을 하려면 치밀한 논리와 대담한 접근이 요구되었다. 무엇보다도 심해저자원개발에 관련된 유엔체제는 큰 얼개만 형성되었지, 아직도 제도적으로 추진하기에는 미확정되고 불확실한 내용이 적지 않았다. 바로 그러한 미확정과 불확실성이 우리나라 정부가 전략적 결정을 해야 할 때 언제나 걸림돌이었지만, 언제나 기회이기도 했다.

유엔해양법협약이 타결된 시점에 채택된 <결의 II>는 그동안 심해저 탐사 및 개발활동을 한 국가나 기업에 기득권을 보호하는 '조부' 체제이자, 일종의 특혜조항이었다. 유엔해양법협약 최종의정서 부속서 중 <결의 II>에서 규정한 '선행투자가'란 망간단괴의 탐사활동 및 체계적 분석, 기술적 및 경제적 타당성에 관련된 투자, 연구조사 및 기술개발활동을 한 국가나 법인으로 선진국의 경우 1983년 1월 1일 이전까지 미화 3천만 달러를 투자하고, 그 중 10%를 상업적 가치를 보유한 신청광구에 관련된 조사자료 확보에 투자해야 한다. 투자시한은 선진국과 선진국 컨소시엄들은 1983년 1월 1일이고, 개발도상국은 1985년 1월 1일까지로 정했다. 선행투자가의 면적은 최대 15만㎢이며, 8년 이내에 이 중 50%는 유엔에 반납해야 한다. 선행투자가의 신청광구는 하나로 접속된 지역일 필요는 없으나, 2개의 광업활동이 가능할 만큼 충분히 넓고 충분한 상업적 가치가 추정되는 지역이어야 한다. 선행투자가가 최종적으로 7.5만㎢의 광구를 확보하려면, 제1단계에서 등가치의 15만㎢ 광구 두 개를 제출하고 그 중 하나의 광구를 유엔에서 할당받으면, 8년 이내에 다시 7.5만㎢의 광구를 유엔에 반납해야 한다. 쉽게 말하면 선행투자가 광구 신청 시 상업적 가치가 있는 30만㎢의 광구를 확보해야한다. 그 광구도 문헌조사가 아니라, 실제로 해역에서 탐사활동을 하고, 탐사자료를 확보해야 했다. 상업적 가치가 있는 30만㎢를 확보하려면 100만㎢ 이상의 면적에 대한 탐사활동을 해야 한다는 의미다. 망간단괴자원이 가장 고밀도로 부존된 곳으로 알려진 클라리온·클리퍼턴 C-C해역의 총 면적은 약 350만㎢이며, 이 중 40%인 125만㎢ 만이 상업적 개발에 유망한 지역으로 분석되고 있었다. 일본은 이 망간부존 노른자위 지역을 '망간 긴자(銀座)'로 부르고 있다. 산술적으로는 광구 당 가채매장량 7,500만 톤(매년 250만 톤씩 30년 생산)의 광구 27개를 개발할 수 있는 지역이다. 인도양에 광구를 희망한 인도를 제외한 나머지 선행투자가들이 과거 탐사자료의 풍부함이나 향후 상업생산의 지리적 위치를 고려할 때 C-C해역으로 몰리는 것은 당연했다. 더욱이 설사 3천만 달러 이상을 투자하여 상업적 가치가 있는 유망광구를 찾더라도 선행투자가들이 유엔해양법에 따라 15만㎢ 크기의 광구 2개씩(자국용 1+유엔 개발청 Enterprise용 1)을 선정한다면 광구중복 문제가 나올 수도 있는 위험한 상황이었다. 심해저 탐사 후발자인 우리나라에게 '선행탐사가 기득권 보호조항'이 결코 유리하지만은 않았다.

유엔해양법협약과 <결의 II>에 따라 우리나라가 검토할 수 있는 심해저개발 사업 참여 방안은 세 가지였다. 첫째, <결의 II>에 따른 개발도상국 선행투자가로 단독광구를 확보하는 방안, 둘째, 다른 서방선진국 선행투자가들과 컨소시엄 참여로 일정지분의 광업권을 확보하는 방안, 셋째, 향후 구성될 유엔 심해저개발청에 참여하는 방안 등이다.

〈선행투자가로 단독광구 확보방안〉

첫째 방안은 <결의 II>에서 정한 개발도상국 선행투자가로 단독광구를 확보하는 전략이다. 이 방안은 ① 법률적 투자 시한 연장, ② 투자재원 확보, ③ 유망광구 확보 및 중복광구 해소라는 세 가지 문제를 풀어야 했다.

법률적 투자시한 연장문제

당초 <결의 II>에서 정한 개발도상국의 투자시한 1985년 1월 1일이 적용됐다면, 한국의 도전은 사실상 불가능한 일이었다. 그러나 '국제해저기구 및 해양법재판소 설립준비위원회(PrepCom)'는 <심해

저광업규칙＞을 제정하는 과정에서 틈새가 있었다. PrepCom에서는 유엔해양법협약의 실효적 가동을 위하여 미국·영국의 유엔해양법협약 비준을 촉구하는 한편, 광구중복문제와 개발도상국 투자시한 연장문제를 협상하였다. 이 틈새에서 선행투자가가 되려는 인도, 중국, 한국 등 개도국들은 끈질기게 선행투자가의 시한연장을 요구하였다. 결국 선행투자가 간의 중복광구문제를 다룬 ＜1986 아루샤양해＞와 선행투자가들의 등록절차와 일정을 다룬 ＜1987 뉴욕양해＞가 PrepCom에서 채택되었다. ＜1987 뉴욕양해＞ 제20항에서는 "개발도상국의 투자시한을 당초 1985년 1월 1일까지에서 유엔해양법협약 발효 전까지"로 수정 합의하였다. 미국과 영국 등은 유엔해양법협약 비준을 미룬 채 시간을 끌었고(현재까지도 비준 안 함), 선진국들은 광구등록비 등 재정적 조건과 관련한 ＜심해저광업규칙＞에서 보다 유리한 조건을 관철하면서 개도국들의 시한연장과 협상을 거래한 것이다. 심해저광업에 관한 유엔 체제는 1973년 이후 10년간 제3차 유엔해양법회의 내내 뜨거운 감자였으며, 1982년 해양법협약이 타결되고 7년이 경과한 1989년 중순에야 심해저광업규칙을 마무리했다.

한국은 제3차 유엔해양법회의 당시 개발도상국 그룹에 속했고, 개발도상국의 선행투자가 조건 충족기한이 유엔해양법 협약 발효 전까지라는 불확실한 기한이지만, 우리나라가 심해저광구 확보를 위한 가장 큰 걸림돌인 투자시한문제가 풀린 것이다. 선행투자가 시한연장은 법적 기한의 연장과 동시에 우리나라가 선행투자가의 제반 요건을 충족할 수 있는 금쪽같은 시간을 번 것이다. 당시 유엔해양법협약의 발효 시점은 불확실하였지만 전문가들은 적어도 10년 이상 소요될 것으로 전망했고, 실제로 10년 뒤인 1994년 11월 16일에 발효되었다. 한국은 개발도상국 선행투자가가 되기 위한 투자시간을 벌면서 선행투자가 방안은 한국의 옵션이 될 수 있었다.

투자재원 확보문제

다음 쟁점은 선행투자활동과 관련한 투자재원 문제였다. 선행투자가의 투자시한이 연장되면서, 선행투자가 탐사활동 시한도 자연 연장되었다. 선행 투자가로 인정받기 위해서는 유엔에서 정한 마감기한 내에 탐사장비 확보 및 실해역 탐사에 3천만 달러를 투자해야 하는데 당시로서는 큰 금액이었고 재원확보도 쉽지 않았다. 최종광구 면적 7.5만㎢의 네 배에 해당하는 30만㎢의 상업적 가치가 있는 광구를 찾아내는 것은 고난도의 탐사기술과 막대한 투자를 요구했다. 한국해양연구원 조사선 건조 전략은 투자재원 마련의 급소이자 묘수였다. 당시 한국해양연구원(KORDI)은 대양탐사 능력을 갖춘 종합해양조사선이 절실히 필요했던 상황이었다. 우리나라로서는 이 기회에 종합해양조사선도 건조하고 단시간에 큰 투자를 선행투자비로 충당한다면 일석이조의 투자전략이었다. 한국해양연구원은 일본의 ODA 차관 2천3백만 달러를 투자해 우리나라 최초의 해양조사선 '온누리호'를 건조하였다. 온누리호 건조는 선행투자가가 되기 위한 3천만 달러 투자의 70% 이상을 충족하는 중요한 역할을 하였다. 그러나 당시 정부에서 이러한 해양조사선 투자의 긴급성과 필요성에 대한 인식 결여로 정부재정 투자 대신 일본의 ODA 차관을 빌렸다는 점은 부끄러운 역사이다. 사실 정부예산이 아닌 일본차관으로 조사선을 건조하려던 그 시기는 선행투자가 조건 충족의 핵심인 '우리 해양조사선에 의한 실해역 탐사와 상업적 가치가 있는 광구 확보' 시한이 바둑의 초 읽기처럼 급박했던 때였기에 우리나라 심해저광구확보 사업단과 관계자들은 애간장이 탈 수밖에 없었다. 더욱이 일본은 차관지원은 물론 일본 조선소에서의 건조계획에 지연작전을 벌였다. 일본으로서는 사실 내키지 않는 심해저 탐사용 해양조사선 건조 차관이었고, 바다전쟁에서 종합해양조사선이 어떤 역할을 할지 너무도 잘 알았기 때문이었다. 우리나라가 선행투자가가 되지 못하도록, 등록시한 종료 호루라기를 불기 직전까지 이런 저런 핑계로 건조 자체를 무기한 지연 또는 무산전술을 구사했다. 우리나라 주관기관인 한국해양연구원은 결국 일본 측에 차관의 지연과 조건 불이행을 정식으로 항의한 후 노르웨이 조선업체로 방향을 선회하였고 어렵사리 '온누리호' 건조를 마칠 수 있었다.

유망광구 확보 및 중복광구 해소문제

선행투자가 요건 충족에서 가장 중요한 문제는 미화 3천만 달러 투자와 그 중 10%인 3백만 달러 이상의 실해역 탐사 활동후 상업적 유망광구 30만㎢를 확보하는 것이었다. 우리나라는 탐사선 건조를 진행하는 한편, 다른 나라의 해양조사선을 임차하여 우리 광구 확보를 위한 탐사 자료의 분석, 각종 신청 자료의 작성 등 제반 작업을 본격적으로 진행하였다. 하와이대학이 보유하고 있는 탐사선 카나 케오키 호를 비롯 영국의 글로리아 호 등을 여러 차례 임차하여 직접 심해저 조사와 망간단괴 샘플 채취 등의 작업도 착착 진행시켜 나갔다. 1980년대 말부터는 우리 종합해양조사선 온누리호에 의한 본격적 탐사활동으로 귀중한 광구신청 자료를 확보하였다. 마지막 걸림돌은 선행투자가 간 광구중복을 해결하는 문제였다. 심해저 탐사의 역사가 거의 전무했던 우리로서는 수십 년 동안 노하우를 쌓아온 선진 해양국들의 협조와 도움이 그 어느 때보다도 절실했다. 심해저 사업을 추진하면서 유엔해양법 사무국을 비롯하여 미국계 4개 컨소시엄을 비롯하여 프랑스, 중국, 일본, 러시아 등과 교분을 돈독히 쌓는 일에 무척 많은 노력을 기울였다. 때로는 '국제해저기구 및 해양법재판소 설립준비위원회'(PrepCom) 유엔회의에서 끈기 있게 접촉했고, 때로는 전문가 간의 국제회의를 통해서 Win-Win하는 과정이 있었다. 정말 다행이었던 것은 '국제해저기구 및 해양법재판소 설립준비위원회' 유엔회의 우리 대표단의 구성이 외교부와 동력자원부, 그리고 한국해양연구원의 최정예 멤버들이었던 점이다. 이들은 국제회의나 국내 부처 간 회의에서 꼬비미디 전략 선택을 위해 치열하게 논쟁했고, 아울러 그 덕에 후발주자인 우리나라는 심해저사업에 대한 노하우를 축적할 수 있었다. 더욱이 우리대표단이 장기적으로 큰 변화 없이 꾸준히 활동할 수 있었던 덕분에 유엔해양법 사무국이나 선행투자 예상국가 대표단들과 긴밀하게 협력할 수 있었던 점은 매우 중요한 교훈이다. 결과적으로 이들의 노력으로 등록신청 마지막 단계에서 가장 힘들었던 중복광구문제를 해결했고, 유엔에 등록 신청서를 작성하고 제출했다(출처. 홍승용, 「바다와 대학」, 블루 & 노트, 2009).

이처럼 첫째 방안은 확정된 절차와 준비된 광구자료에 입각한 것이 아니라, 투자시한·투자재원·유망광구 확보 및 중복광구 해소 등 모든 면에서 위험과 불확실성이 큰 방안이었다. 예정된 '고위험·고수익' 방안이었지만, 속도전에 강한 한국만이 할 수 있는 전략이었다. 어떤 위대한 일이 성사되기 위해서는 표면에 나타나지 않은 이면의 땀과 투혼이 있기 마련이다. '국제해저기구 및 해양법재판소 설립준비위원회'(PrepCom)에 참가하면서 선행투자가 투자시한을 유엔해양법협약 발효 때까지로 연장하고 선행투자가에 관한 법적 자문을 위해 유엔해양법 사무국과 긴밀한 관계를 유지했던 함명철 대사, 최정일 대사와 백진현 박사(훗날 국제해양법재판소 재판관 선임), 김두영 서기관(훗날 국제해양법재판소 사무차장 역임) 등 외무부의 치열하고 끈질긴 외교협상 노력, 심해저사업을 국책사업으로 이끌고 선행투자비 3천만 달러를 투자하기로 결정한 과학기술처 홍재희 국장, 동력자원부 한준호 국장(훗날 중소기업특별위원장 역임)과 김신종 사무관(훗날 대한광업진흥공사 사장 역임)의 정책적 결단, 무엇보다도 이 사업을 처음부터 끝까지 기획하고 투자재원을 마련하고,

PrepCom에 참가하여 대내외 활동을 벌인 한국해양연구원의 필자를 비롯한 전략 팀들과 강정극 박사(훗날 한국해양연구원장 역임)를 포함한 탐사 팀들이 합동해서 이뤄낸 방안이었다.

〈다른 서방선진국 선행투자가들과 컨소시엄 참여방안〉

둘째 방안은 다른 서방 선진국 선행투자가들인 프랑스, 일본, 독일 등과 컨소시엄을 구성하여 일정 지분의 광업권을 확보하는 전략이다. 투자규모가 적고, 상업적 가치에 대한 위험분담을 저감하는 전형적인 '저 위험·저 수익' 방안이 될 수 있다. 선행투자가 단독광구 대신 서방선진국 기업으로 구성된 4대 국제기업 컨소시엄인 'OMA, OMCO, Kennecott, OMI'와 동구권 기업 컨소시엄인 'IOM'에 광구개발에 지분참여가 가능하겠지만, 후발참여자로서 어려운 비즈니스 협상이다. 물론 유망광구 확보라는 측면과 기술보유국과의 합작, 투자비 축소라는 측면에서 위험부담이 훨씬 적다. 그러나 1개 광구의 사업규모가 연 3백만 톤 생산의 경제규모임을 감안할 때, 선행투자가의 독자광구보다 수익성에서 미흡하다. 컨소시엄 방안은 조선업이 강하고, 철강 산업이 강한 우리나라로서는 산업파급효과에 대한 기대가 작지 않지만, 컨소시엄 지분에 투자할 기업을 찾기가 쉽지 않았다. 동구권 기업 컨소시엄인 IOM을 제외하곤 둘째 방안을 적극적으로 추진한 서방국가나 기업은 없었다.

〈유엔 심해저개발청 Enterprise 참여방안〉

셋째 방안은 향후 설립될 유엔의 '심해저개발청'(Enterprise)에 일정 지분을 참여하는 전략으로 둘째 방안과 유사한 '저위험·저수익' 방안이다. 물론 선행투자가들이 유엔에 상업적 가치가 있는 광구 2개 중 하나를 제출함으로써 유망광구를 찾는 노력이나, 다른 투자가들의 광구 중복을 피하는 노력이 필요 없는 장점이 있다. 아울러 선행투자가와 합작을 할 수 있기 때문에 기술이전에도 상섬이 있다. 그러나 선행투자가라면, 한국의 지분은 를 수 있지만, 선행투자가가 아닌 경우, 심해저 개발청에서의 역할과 지분은 제한적이 될 수밖에 없다. 더욱이 심해저자원을 '인류공동의 유산'으로 인식하고 있고 사회주의적 공영개발체제를 담은 유엔해양법협약 내용을 고려한다면, 특정국가의 편익을 도모하기가 쉽지 않다. 물론 선행투자가인 우리나라는 훗날 셋째 방안 추진이 가능하다.

각각의 방안에는 장·단점이 있었지만 향후의 장기 독립적 운영, 경제성을 고려한 경제규모, 전략금속자원의 안정적 확보, 상업시점의 불확실성, 심해저광업 통합시스템 구축, 국가위상 등을 감안하여 한국 정부는 1988년 경제장관회의와 국무회의를 거쳐 <개발도상국 선행 투자가로서의 지위를 확보하는 방안>을 결정하였다. 불확실한 국제법적 요건, 막대한 소요예산, 심해저 전문가 부족, 변변한 해양과학 조사선 하나 없었던 열악한 조건에서 시한에 쫓기며 피말리는 총력전을 기울인 끝에 우리나라는 유엔에 선행투자가 신청자료를 제출하였다. 마침내 1994년 4월 14일 장 피에르 레비 유엔해양법 사무국장이 3일 간의 법률기술위원회 심사 후 "대한민국은 선행투자가로서의 법률요건을 충족하였다."고 발표하였다. 같은 해 8월 2일 국제해저기구 및 해양법재판소 설립준비위원회의 의결을 거쳐 우리나라는 등록 마감 시한을 불과 3개월 앞두고 세계 7번째 선행투자가로 유엔에 광구 등록국가가 되는 쾌거를 이뤘다. 부트로스 부트로스 갈리 유엔사무총장(재임 1992~1996년)은 1995년 우리나라에 선행투자가 등록증을 발급하였다.

한국의 심해저광구 확보전략을 요약하면 다음과 같다.

그림 1. 유엔사무총장이 발급한 한국의 선행투자가 등록증

첫째, 틈새전략(Niche Strategy). 틈새전략은 틈새시장(niche market)을 찾아내 그곳에 경영자원을 집중적으로 투입하여 차별화를 도모함으로써 Only One의 지위를 확보하는 경쟁전략이다. 미국의 유엔해양법협약에서의 포지셔닝(positioning)은 서명은 하되 비준은 안하는 정책이다. 반면에 개발도상국들은 서명과 비준을 서둘렀다. 이해의 충돌은 또 다른 협상으로 이어졌고, 선행투자가의 등록시한은 10년 정도 늦춰졌다. 모든 협상은 마지막 단계에서 가장 중요한 문제를 처리한다. 틈새전략은 마지막 단계의 협상에서 우리나라가 끼어들 수 있는 조건과 상황을 끈기 있게 파고든 결과다. 한국은 개도국과 미국·영국이 유엔해양법협약 비준과 심해저광업규칙을 협상하는 마지막 협상단계에서 틈새를 비집고 들어가 개도국 선행투자가 시한을 연장하고 선행투자가 요건을 충족하여 개발도상국 선행투자가 방안을 추진했다.

둘째, 추발자전거 게임전략(Late Starter Bycicle Strategy). 자전거 경주에서 상대적으로 늦게 출발하지만 마지막 순간에 스퍼트함으로써 경기를 이기는 전략이다. 장거리 자전거경주에서는 출발부터 앞장서는 것이 반드시 유리하지는 않다. 초반에 선두에 서게 되면 최선두는 바람막이가 되어 초반에 힘을 많이 써버리게 된다. 오히려 선두보다는 뒤에서 40% 정도 위치에 있는 게 가장 힘을 덜 쓰게 되는 것이 중요하다. 추발자전거전략처럼 한국의 심해저광구 확보전략은 출발이 늦었어도 10여 년 간 치열한 다툼 끝에 결승선을 앞두고 선두그룹에 진입했다.

셋째, 빅딜전략(Big Deal Strategy). 유엔해양법협약이 채택된 1982년 이후 <심해저광업규칙>이 협상된 1989년에 이르는 가장 중요한 시기에 우리나라는 선진국 그룹과 개도국 그룹 간에서 양측의 정보를 공유함으로써 포지셔닝을 정확히 조정할 수 있었다. 경제사항 논의는 선진국 그룹과 같이 하지만, 정치사항 논의는 개도국 그룹과 같이 하면서 양측의 빅딜전략을 파악하고 때로는 조정자 역할을 할 수 있었다.

넷째, 일석이조(一石二鳥) 전략(Two Birds with One Stone Strategy). 심해저광구확보전략 사업 추진으로 국내 해양과학기술의 획기적 발전을 도모했다. 선행투자가 조건인 3천만 달러 투자내역 중 70% 이상을 대양탐사능력을 지닌 해양조사선 온누리호 건조와 해양탐사장비 구축에 사용했다. 설사 선행투자가 되지 않더라도 EEZ시대에 주변국들과의 해양경계 획정 전쟁에 대비한 해양탐사 능력과 인프라를 대폭 확충했다. 심해저 광구 확보사업으로 해양 분야 R&D에 대한 정부의 관심과 투자가 획기적으로 증대했고, 해양과학기술 인재 양성이 대폭 늘었다.

다섯째, 빠른 추격자 전략(Fast Follower Strategy). 산업화 과정에서 저개발국에서 선진국대열에 오른 '빨리빨리 정신'으로 단기간에 최소투자로 최대효과를 얻었다. 선진국 선행투자가들이 30년 이상에 걸쳐 이룩한 선행투자가 자격요건을 한국은 불과 10여 년 만에 조사선도 건조하고, 선행투자가 요건 충족에 필요한 투자도 하고, 심해탐사능력도 갖춘 것이었다.

여섯째, 선치중 후행마(先置中 後行馬) 전략(First Register Later Move Strategy). 바둑에서 '선치중 후행마'라는 말은 사활이 걸린 대마의 급소를 먼저 치고, 그 후에 행마를 하면서 승부의 기회를 찾는다는 말이다. <결의 II>에 따른 개발도상국 선행투자가 기회는 마지막 기회였으며, 우선 광구등록을 위해 상업적 가치가 있는 광구 30만㎢를 찾는 것이 최우선 목표였다. 최종광구 7.5만㎢에 대한 상업적 광구개발은 추후 등록 선행투자가들과 보조를 맞추면 된다는 전략이었다.

일곱째, 신물경속(愼勿輕速) 전략(Think Cautiously Act Quickly Strategy). 이 말은 위기십결(圍棋十訣)의 하나로 속단하여 덤비면 위험하므로 신중히 생각한 후 착점을 하라는 말이다. 확신하지 말고 심사숙고하라는 말이다. 80년대 초반부터 1994년 광구등록 시점까지 유엔해양법 및 <결의 II> 내용의 해석, 투자시한의 변화 및 연장기간의 예측, 일본과의 ODA 차관 확보 및 건조협상, 탐사위치 선정 및 탐사자료의 분석과 광구등록 마지막 순간에 치열했던 다른 선행투자가들의 광구 중복 회피 노력 등 모든 문제에서 신중하고 또 신중하게 토론과 검토과정이 있었다. 그리고 일단 방침과 전략이 결정되면 신속하게 움직이는 전략을 사용했다.

여덟째, 나비효과 전략(Butterfly Effect Strategy). 나비효과라는 용어는 미국의 기상학자 로렌즈 E. N. Lorenz가 사용한 용어로, 어느 한 곳에서 일어난 작은 나비의 날갯짓이 뉴욕에 태풍을 일으킬 수 있다는 이론이다. 초기 조건의 사소한 변화가 전체에 막대한 영향을 미칠 수 있음을 이르는 말이다. 심해저광물자원 중 중요한 3대

광종은 망간단괴, 망간각, 해저열수광상이다. 만일 우리나라가 망간
단괴 자원 탐사능력을 갖추고, 유엔에 광구를 등록한다면, 공해상이
나 태평양 도서국가의 EEZ해역에 망간삭이나 열수광상 광구를 확
보할 수 있다. 망간단괴 광구 확보가 가져올 해양개발분야의 나비
효과는 엄청나게 클 것으로 전망했다.

　돌이켜 보면 우공이산처럼 무모한 도전이라 하던 유엔심해저광
구 확보전략은 대한민국에 자부심과 국부를 가져다 줄 해양 전략이
었다. 선행투자가가 됨으로써 우리나라가 2002년 유엔에 최종적으
로 확보한 C-C해역 광구 면적은 7.5만㎢이며, 광구에 부존된 망간
단괴 추정매장량은 5억 1천만 톤이다. 한국해양과학기술원은 이 중
채광할 수 있는 양은 3억 톤으로 연간 300만 톤을 생산한다고 가
정할 경우 100여 년간 개발할 수 있는 양이라고 평가했다. 우리나
라는 상업생산을 목표로 정밀탐사와 함께 채광 및 제련, 심해저 로
봇 등 관련기술의 개발에서 다른 선행투자가들과 해양 광물자원 개
발 경쟁을 치열하게 벌이고 있다. 이 사업으로 우리나라의 해양탐
사 능력은 연근해 위주에서 대양탐사를 할 수 있도록 업그레이드되
었으며, 온누리호 등 해양 현장탐사 장비의 인프라를 갖추게 되었
다. 2006년에는 세계에서 4번 째로 수심 6,000m 해저를 탐사할 수
있는 무인잠수정 '해미래'를 개발했다. 우리나라 해양과학 기술에
대한 국내외의 인식이 달라졌고, 선진국과의 공동연구가 급증하는
계기가 되었다. 심해저광구 확보의 성공 스토리로 해양 분야에 대
한 정부의 연구개발투자가 획기적으로 증가하였다.
　우리나라의 해양경제영토는 심해저와 타국의 EEZ에서 계속 확장
하고 있다. 공해상 해양광물자원 관리를 위해 설립된 유엔국제해저
기구 ISA에 등록된 탐사광구는 세계적으로 2007년까지는 1개 광종
인 망간단괴에 관한 8개 광구에 불과하였다. 하지만, 이후 불과 10

년 사이에 공해상 탐사광구는 3개 광종(망간단괴, 해저열수광상, 망간 각)의 광구가 30개 지역으로 증대되었다. 뿐만 아니라 해저열수광상 이 분포하는 도서국의 EEZ에도 대부분 탐사권이 발급되어 있다. 이 른바 '심해광물자원전쟁'이 벌어지고 있다. 우리나라는 94년 유엔에 태평양 C-C해역 망간단괴 광구등록 이후, 통가의 EEZ(2008년 유엔 국제해저기구 ISA 등록)와 피지의 EEZ(2011년 유엔 ISA 등록), 인도양 공해상 중앙해령에 해저열수광상 광구(2012년 유엔 ISA 등록)에 이어 서태평양 공해상 마젤란 해저산 지역에 3천㎢의 망간각 광구(2016 년 7월20일 유엔 ISA 등록)를 확보했다. 심해저와 대양연구의 후발주 자였던 우리나라는 중국, 러시아에 이어 세계에서 세 번째로 공해 상 3개 광종(망간단괴, 망간각, 열수광상) 탐사광구 5개, 총면적 11만 5천㎢를 유엔에 등록한 선도국가로 발돋움하였다. 더욱 주목할 것 은 최근 심해 및 열수광구에서 생명공학 발전에 획기적인 도움이 될 수 있는 의약소재나 산업소재들인 심해 생물자원이 속속 발견되 고 있다는 점이다. 이 사업은 해양수산부 발족과 발전에도 적지 않 은 영향을 주었다.

그림 2. 거꾸로 된 세계지도의 한국 망간단괴·망간 각·열수광상광구

자료: 해양수산부.

바다와 헌법학

고문현(숭실대학교 법학과 교수, 제24대 한국헌법학회 회장)

1. 들어가며

헌법은 국가의 백년대계를 담은 기본법
이자 최고법이다. 1948년 헌법이 제정된
후 1987년 제9차 헌법개정 이래 2021년
4월 현재까지 34년간 헌법개정이 이루어
지지 아니하여 현행 헌법(憲法)은 헌법(Old
Constitution)이 되어 기후위기[1]로 인한 해
수면 상승 등, 4차 산업혁명의 중심인 과
학기술의 중요성, 해양수산의 공익적 기능

등을 담지 못해 그 기능을 상실하고 있어 헌법개정이 화급하다.

인류는 자연생태계를 기반으로 과학기술을 통하여 이를 이용하
여 눈부신 발전을 이룩하였다. 그런데 자연환경의 이용과정에서 과
학기술의 부작용으로 생태계 변화, 해수면 상승 등 기후위기가 발
생하였다. 기후위기 문제는 인류의 지속성 여부가 걸린 인류공동의
문제이고 기후체계는 지구의 공공재이므로 국제적인 정책과 제도에

---

1) 종래 '기후변화'라는 용어를 사용하여 왔는데 오늘날에는 기후변화의 속도가
빨라지고 전세계에 미치는 범위가 광범위하여 '기후위기'라는 용어를 더 많이
사용하고 있어서 여기에서는 '기후변화'라는 용어 대신에 '기후위기'라는 용어
를 주로 사용하기로 한다.

대한 합의와 이것을 각 국가 차원에서 구현하고자 하는 노력이 병행되어야 해결가능하다.

여기에서는 현행 헌법상 바다와 관련된 규정(제3조, 제120조, 제123조 등)을 살펴보고 이에 대한 헌법개정방안을 제시하고자 한다. 아울러 헌법개정안의 한 내용으로 '지속가능한 발전'을 필자의 저서인 「기후변화와 환경의 미래」(2019년 베스트셀러, 환경부 추천도서)'를 중심으로 살펴보고[2] 이를 달성하기 위한 이산화탄소 포집, 전환, 저장(Carbon Dioxide Capture, Utilization and Storage: CCUS)을 간단히 소개함으로써 바다의 가치를 재조명하고자 한다.

2. 현행 헌법상 바다관련 규정과 개정방안

〈현행 헌법상 바다 관련 규정〉

현행 헌법상 바다 관련 규정은 다음과 같다.

헌법 제3조

국가는 일정한 범위의 배타적으로 지배할 수 있는 공간을 그 존립의 기초로 한다. 이 공간이 영역이다. 영역은 영토, 영해(領海), 영공(領空)으로 구성된다. 영토란 국가영역의 기초가 되는 일정한 범위의 육지를 말한다. 헌법 제3조에서는 "대한민국의 영토(領土)는 한반도와 그 부속도서(附屬島嶼)로 한다."고 규정하고 있다. 영토를 기초로 영해가 정해지며 영토와 영해의 수직상공이 영공이다. 영해의 범위에 관해 다양한 견해가 있지만 통상 영토로부터 12해리까지를 영해로 보고 있다.

---

2) 이승은/고문현, 「기후변화와 환경의 미래」, 21세기북스, 2019, 15~41쪽. 이 책은 2019년 베스트셀러로서 환경부 추천도서로 선정되었다.

「영해및접속수역법」(이하 '법'이라 약칭) 제1조에서 "대한민국의 영해는 기선[基線; 대한민국이 공식적으로 인정한 대축척해도(大縮尺海圖)에 표시된 해안의 저조선(低潮線)으로 한다(제2소)]으로부터 측정하여 그 외측 12해리의 선까지에 이르는 수역(水域)으로 한다. 다만, 대통령령으로 정하는 바에 따라 일정수역의 경우에는 12해리 이내에서 영해의 범위를 따로 정할 수 있다[대한해협 3해리(법시행령 제3조)]"고 규정하고 있다. 동 법 제2조의2에서 "대한민국의 접속수역은 기선으로부터 측정하여 그 바깥쪽 24해리의 선까지에 이르는 수역에서 대한민국의 영해를 제외한 수역으로 한다(법 제2조의2)."라고 규정하고 있다.

영공(領空)이라 함은 영토와 영해의 수직 상공을 말하는데, 영공의 범위에 대하여 영공무한계설·인공위성설·대기권설 등이 있으나, 일반적으로 지배가능한 상공에 한정된다고 보고 있다(실효적 지배설).

헌법 제120조

헌법 제120조에서 다음과 같이 규정하고 있다. "① 광물 기타 중요한 지하자원·수산자원·수력과 경제상 이용할 수 있는 자연력은 법률이 정하는 바에 의하여 일정한 기간 그 채취·개발 또는 이용을 특허할 수 있다. ② 국토와 자원은 국가의 보호를 받으며, 국가는 그 균형있는 개발과 이용을 위하여 필요한 계획을 수립한다."

헌법 제123조

헌법 제123조에서 다음과 같이 규정하고 있다. "① 국가는 농업 및 어업을 보호·육성하기 위하여 농·어촌종합개발과 그 지원 등 필요한 계획을 수립·시행하여야 한다.

② 국가는 지역간의 균형있는 발전을 위하여 지역경제를 육성할

의무를 진다.

③ 국가는 중소기업을 보호·육성하여야 한다.

④ 국가는 <u>농수산물의 수급균형과 유통구조의 개선에 노력하여 가격안정을 도모함으로써 농·어민의 이익을 보호</u>한다.

⑤ 국가는 농·<u>어민</u>과 중소기업의 자조조직을 육성하여야 하며, 그 자율적 활동과 발전을 보장한다."

〈현행 헌법상 바다 관련 규정 개정방안〉

헌법 제3조

최근 헌법을 개정한 국가들의 경향(러시아, 필리핀, 베트남 등 15개국)을 살펴보면 단순히 영토만을 선언한 것이 아니라 영해, 영공, 대륙붕, 해저자원, 접속수역, 배타적 경제수역까지 상세하게 조문화하는 경향이 있다. 헌법 제3조의 개정방안은 다음과 같다. "대한민국의 영역은 한반도와 그 부속도서(附屬島嶼)를 포함하는 영토, 영해, 영공으로 한다."

헌법 제120조

해양의존도가 높은 우리나라에서 최고법인 헌법에 해양수산관련 내용을 포함시킴으로써 해양강국으로서 우리나라의 국격을 명문화하고, 해양분야는 우리국가의 중요한 재산일뿐만 아니라 국민의 생존 및 생활에도 중대한 영향을 미치므로 해양수산분야의 지속가능한 발전을 위하여 다음과 같이 '해양'을 추가할 필요가 있다.

"① 광물 기타 중요한 지하자원·<u>해양수산자원</u>·산림자원·수력과 경제상 이용할 수 있는 자연력은 법률이 정하는 바에 의하여 일정한 기간 그 채취·개발 또는 이용을 특허할 수 있다.

② 현행과 동일"

헌법 제123조

어업이 국가정책과정에서 소외되어 가장 열악한 생세부문이 되어 있으며 어촌공동체의 유지 · 발전 또한 위협받고 있어 이에 대한 국가적 지원이 절실하게 요청된다. 따라서 어업의 공익적 기능(海者 天下之大本)을 인정하고 이에 대한 지원을 하기 위해 헌법 제123조 제1항을 다음과 같이 개정할 필요가 있다.

"① 국가는 농림어업 및 농산어촌의 공익적 기능을 인정하고 농 · 임 · 어업 및 농 · 산 · 어촌을 지원하며 그 보호와 발전을 위하여 필요한 정책을 수립 · 시행하여야 한다."

헌법 전문(前文) 등에 '지속가능한 발전' '미래세대' 등 추가

헌법 전문(前文), 제35조 환경권 등에 다음과 같이 '지속가능한 발전' '미래세대' '기후변화' 등을 추가할 필요가 있다.

"밖으로는 항구적인 세계평화와 인류공영에 이바지하고, 모든 분야에서 '지속가능한 발전'을 추구함으로써 우리들과 우리들의 '미래세대'의 안전과 자유와 행복을 영원히 확보할 것을 다짐하면서"

제35조 "① 모든 사람은 건강하고 쾌적한 환경을 함께 누릴 권리를 가진다.

② 국가는 동물을 포함하여 모든 생명체를 법률이 정하는 바에 따라 보호하여야 한다.

③ 국가는 생태계와 기후변화, 에너지의 수급 등 자연적 생활기반을 법률이 정하는 바에 따라 보호하여야 한다.

④ 국가는 '미래세대'에 대한 책임을 지며, 환경을 '지속가능'하게 보전하여야 한다."

3. 기후위기 문제의 특성

〈개 설〉

기후위기는 이제 피할 수 없는 현실이다. 온실가스는 오랜 기간 존재할 것이고 대기 온도는 매우 빠르게 올라갈 것이다. 기후위기 대응을 위한 방법은 기후위기를 일으키는 온실가스를 포함한 원인물질의 '감축 (mitigation)'과 이미 진행되고 있는 기후위기에 인류가 효과적으로 '적응(adaptation)'하는 것이다. 기후위기의 감축과 적응은 상호보완 가능하며 기후위기의 위험을 크게 줄일 수 있다.

기후위기 적응은 선택이 아닌 필수이고 기후변동과 변화에 적응하는 기회만 존속된다. 기후위기 적응은 실제 그리고 예측되는 기후에 대응하여 자연과 인간 시스템을 조정하는 것이다. 온실가스 배출이 현저히 줄어들더라도 향후 최소 수 십년은 과거에 배출한 온실가스로 지구온난화가 지속될 것이다. 이러한 기후위기 적응을 위한 정책 개발은 기후위기로 인한 영향과 취약성을 평가하여 적절한 대응 대책을 마련하는 데 최소한 5~10년 정도의 시간이 필요하므로 매우 시급한 상황이다.

〈기후위기 문제의 특성〉

기후위기의 불확실성

기후위기 문제의 특성을 논할 때 가장 먼저 지적할 수 있는 것은 불확실성(uncertainty)이다. 기후위기는 발생 원인이나 대응정책 및 처방의 효과에 높은 불확실성이 존재한다. 기후위기 현상에 대한 높은 불확실성은 지구 기후 및 환경체계가 가지는 난해성과 복잡성 그리고 역동성 때문이다.

지구가 점차 더워지고 있는지 아닌지 그리고 더워지고 있다면 그 원인이 인간의 경제활동 때문인지 아니면 단순한 자연현상 때문인지 등의 여러 의문들이 여전히 과학적인 추가연구를 통해 보다 더 정확히 밝혀져야 할 숙제로 남아 있다. 뿐만 아니라 인위적인 기후위기의 강도와 그 영향에 대해서도 여러 가지 의견과 의심이 존재하고 있는 실정이다. 지구 기후체계의 작동원리에 대한 이해가 완전하지 않고, 장래의 경제 및 사회 그리고 기술발전의 방향과 내용에 대한 예측이 어렵기 때문이다.

기후위기에 대응하는 정책의 효과나 경제성에 대해서도 확실히 알기 어렵다. 기후위기를 초래하는 메커니즘에 대한 명확한 이해가 부족하고 개개의 요소들이 차지하는 영향력의 비중에 대한 정확한 평가가 어려운 상황에서는 기후위기 감축 노력의 성과에 대해 확실히 알 수가 없다는 것이다. 완화와 감축 등 다양한 기후위기대응 정책방안들의 효과에 대해서도 여전히 의문이 남아있다.

기후위기 현상의 비가역성

기후위기 문제의 두 번째 특성으로 기후위기 현상의 비가역성을 들 수 있다. 기후위기 현상은 기후체계가 변경되었을 경우에는 이것을 다시 원상으로 되돌릴 수 없다는 점에서 우려가 높다. 일단 지구 평균 온도가 일정 수준으로 올라가면 그것을 다시 내릴 수 있는 방법이 없다. 지역의 기후체계도 마찬가지다. 만일 우리나라의 기후가 현재의 온대 기후에서 아열대 기후로 변할 경우 이것을 다시 온대 기후로 되돌릴 수 있는 방법은 없다.

그래서 일단 변화된 기후체계 그 자체는 장기간 지속될 수밖에 없는 비가역적인 변화(an irreversible change)가 될 것이다. 장기적인 관점에서 보면 지구기후는 빙하기와 간빙기를 반복해 왔기 때문에 지구기후가 항상 안정적이라고 할 수는 없다. 항상 변해 왔고 우리는 그 변화에 적응하면서 문명을 발전시켜 왔다. 그렇지만 지금 우리가 우려하는 인간 활동에 의한 기후위기가 빠른 속도로, 그리고 큰 폭으로 일어났을 경우에 발생하는 광범위하고 장기적인 영향을 줄일 수 있는 방법은 거의 없다고 볼 수 있다.

이해관계의 첨예함과 복잡성

기후위기 문제의 또 다른 특성으로 이해관계의 복잡성을 들 수 있다. 기후위기 문제에 대해서는 국가 간 특히 선진국과 후진국 그리고 산유국과 비산유국, 석유 의존도가 높은 국가와 낮은 국가 간에 첨예한 대립이 있다.

특히 경제개발이 절실한 개발도상국은 역사적인 책임을 들어 선진국의 의무를 강조한다. 반면 미국 등 일부 선진국은 개발도상국의 참여 없이는 온실가스 감축 노력에 동참할 수 없다고 주장한다. 현재 중국, 인도 등 개발도상국의 온실가스 배출량은 절대량은 물론 증가속도도 매우 빠르기 때문에 이들의 배출량 증가속도가 현 추세를 유지한다면 설령 선진국이 감축노력을 강화하더라도 그 효과가 반감될 수밖에 없다는 주장이다.

국가 내에서도 이해관계가 심하게 갈린다. 환경단체와 에너지를 다량 소비하는 산업 간의 이해관계는 일치하지 않는다. 환경정책 당국과 산업 및 에너지 정책 당국 간의 갈등도 첨예하다. 산업계 내부에서도 이해관계에 따라 의견이 크게 달라진다. 석탄, 석유 능 전통 에너지 산업과 원자력, 재생에너지 산업 간의 이해관계는 크게 엇갈린다.

원인행위자와 피해자 간의 불일치성

기후위기 문제의 또 다른 특성으로 원인행위자와 피해자 간의 불일치를 들 수 있다. 인간 활동에 의한 지구온난화 주장을 수용한다면 그 온난화에 직접적인 영향을 준 개인, 집단, 국가와 그로 인해 지구기온이 상승해서 발생한 피해를 입은 개인, 집단, 국가가 크게 다르다는 것이다.

우선 온실가스 배출에 있어 국가 간의 차이가 크다. 기후위기의 직접적인 원인은 석탄, 석유 등 화석연료의 사용과 과다한 자연생태계 훼손이다. 그리고 역사적으로 볼 때 이는 대부분 고소득 국가인 서구 선진국들에게 책임이 있다. 하지만 기후위기에 따른 피해는 저소득 국가들이 압도적으로 많이 보고 있다. 기후위기에 가장 취약한 나라는 농업에 대한 의존성이 높은 개발도상국들이기 때문에 앞으로 예상되는 기후위기 피해가 개발도상국에 집중될 가능성이 높다.

국가 내에서는 에너지소비량이 많은 고소득 계층보다 빈곤층과, 노인, 어린이, 여성 등 사회적으로나 경제적으로 취약한 계층에게 기후위기의 피해가 집중될 수 있다. 이들은 대부분 기후변화에 보다 취약한 지역에 살고 있을 뿐만 아니라 태풍, 폭우, 폭설, 해일 등의 기후위기피해에 대응할 수 있는 능력도 부족하다. 기후위기가 초래할 수 있는 전염병, 폭염(열대야) 등 환경보건 문제 그리고 에너지 문제, 식량문제 등 사회경제적 변화에 대한 대응에 있어서도 이들은 상대적으로 취약하다.

기후위기 문제의 윤리성

마지막으로 기후위기 문제는 여타 환경문제와 마찬가지로 매우 강력한 윤리적인 특성을 지니고 있다. 앞에서 언급한 기후위기를 야기하는 자와 그 변화에 따른 피해자가 서로 다르다는 점에서 윤리성은 더욱 부각된다. 기후위기 문제의 윤리성은 환경정의론적인 관점(environmental justice)에서 3가지 차원을 살펴볼 수 있다. 즉, 국가 간의 환경정의 문제, 국가 내 계층 간의 환경정의 문제, 그리고 세대 간의 환경정의 문제이다.

기후위기에 역사적 책임이 큰 선진국과 역사적 책임이 상대적으로 덜한 개발도상국(이하 '개도국') 간의 윤리적인 문제는 익히 알려져 있다. 윤리성의 관점에서 볼 때 심각한 것은 기후위기에 따른 피해가 차별적으로 발생한다는 점이다. 기후위기를 유발한 책임은 대량소비의 주체인 선진국과 부유층에게 있다고 할 것이다. 그러나 그 피해는 개도국과 빈민층에 집중되는 경향이 있다. 뿐만 아니라 기후위기의 원인은 현세대가 제공하고 있지만 기후위기에 따른 피해는 미래세대, 특히 미래의 개도국 빈곤층이 보다 심하게 겪을 가능성이 높다. 이렇듯 기후위기 문제는 다차원적인 윤리성 문제를 지니고 있어 기후정의론(climate justice)을 주장하는 학자도 있다.

〈지구온난화진행을 막는 방안〉

기후위기를 초래하는 지구온난화진행을 막기 위해서는 기후 조율 체계에 대한 이해를 바탕으로 온난화를 초래하는 요인을 제거하고 치유해야 한다.

여기에서는 기후온난화진행을 막기 위해 크게 다음의 4가지 방향에서 대안이 제시되고 있다.

첫째, 기후조율체계에 직접적으로 개입하는 공학적인 방법으로, 온실효과와 영향을 줄이는 방법이 여기에 해당한다. 그 대표적인 방법이 태양에너지의 유입을 차단하는 방안이다.

둘째, 대기 중에 배출되는 온실가스를 직접 줄이는 방법으로 CCS(Carbon Dioxide Capture and Storage; 이산화탄소 포집 및 저장)기술이 대표적이다. CCS기술은 산업 또는 에너지 관련 배출원으로부터 CO_2를 포집하여 육상 지하 또는 해양 지중 800미터 이하에 저장함으로써 장기간 대기로부터 격리시키는 기술이다. CCS기술은 온실가스 배출량을 대규모로 감축(14~19%)할 수 있어서 그 동안 주목을 받아 왔다. 최근에는 포집된 CO_2를 산업체나 해조류(algae)를 이용한 의약품, 건강식품 등으로 활용(Carbon Dioxide Capture, Utilization and Storage: CCUS. 이산화탄소 포집, 저장, 활용)할 수 있어서 더욱더 주목을 받고 있다. 더 나아가 수소에너지와 관련하여 CO_2를 배출하는 기술이 요긴하게 활용될 수 있어서 융합적인 연구차원에서 더욱 각광을 받고 있다.

셋째, CO_2를 흡수해주는 지구환경능력을 활용하는 방안으로 바다생물들과 산림은 광합성을 통하여 CO_2를 흡수하여 저장해 준다. 이러한 생물활동을 촉진시켜 대기중 CO_2를 대량 제거한다.

넷째, 경제활동에 따른 CO_2 배출을 줄이는 방법으로 에너지원 그 자체를 바꾸거나 에너지를 적게 쓰는 방안이 있을 수 있다. 이 방법이 기후위기 대응정책의 근간이 되고 있다.

〈기후위기 대응에 대한 접근방향〉

예방적인 접근

기후위기 현상과 정책에는 높은 불확실성이 존재한다. 그리고 일단 기후위기가 심각하게 발생하였을 때 원래대로 되돌릴 수 없는 비가역성도 함께 지니고 있다. 어떤 원인에 의해서든지 일단 기후가 크게 변하면 인위적으로 그것을 원래 상태로 되돌릴 수가 없다. 기후위기에 대한 확실하고 과학적인 근거가 부족하다고 행동을 유보하였을 경우 돌이킬 수 없는 상황을 야기할 수 있다는 의미이다.

그래서 기후위기 문제를 대할 때에는 그것이 발생하지 않도록 하는 예방적인 접근이 중요하다. 기후변화협약은 기후위기 문제에 대응하는 원칙으로 사전예방원칙(precautionary principle)을 제안하고 있다. '후회보다는 안전한 관리'(better safe than sorry)를 하자는 것이다.

사전예방원칙은 잠재적인 환경위험이 심각하다고 판단될 때 비록 과학적인 확실성이 부족하더라도 즉각 대응행동을 취해야 한다는 것이다. 사전예방의 원칙은 불확실하지만 일단 발생할 경우 그 피해가 워낙 대규모일 가능성이 크기 때문에 미리 대비하는 것이 경제적이고 효과적인 경우에 적용되어야 한다.

융합적인 접근

정책적 측면이든 과학적인 측면이든 기후위기 문제는 매우 복잡하고 논쟁의 여지가 많다. 지구상의 삶은 에너지에서 출발한다. 좀 더 구체적으로 말하자면 태양에너지로부터 시작되는 화학작용에서 시작한다고 할 것이다. 그런데 에너지 생산과 이용은 자연과학적인 관점이 복합적으로 작용하는 매우 중요한 사회적 작용이다. 물리화학적인 현상인 지구상의 에너지 흐름은 인간사회의 정치 경제적인 특성과 변수에 의해 그 규모와 내용이 크게 좌우되기 때문이다.

그러므로 기후위기 문제에 잘 대응하기 위해서는 물리학, 화학, 생물학, 지질학, 지리학, 자연공학 등의 자연과학적인 분석과 인구학, 정치학, 사회학, 심리학, 윤리학, 경제학 등 사회과학적인 분석을 아우르는 융합적인 접근방법이 필요하다. 각종 기후위기관련 자료, 예를 들어 장기적인 천체 활동 주기 변화, 해류 흐름의 변화, 신재생에너지 기술개발의 속도, 온실가스에 대한 지구 생태계와 해양의 흡수능력 변화, 열대우림의 상실지역, 태양 발열량의 변화, 온난화에 따른 지구 대기의 활동변화 등 다양한 변수를 정확하게 이해하고 측정하려는 노력이 요구된다.

국내와 국제 정책의 조화

지구 기후 조율체계는 지구공공재(global public goods)라고 할 수 있다. 그런데 이같은 지구공공재를 훼손하고 파괴하는 책임은 국가, 집단, 계층 등에 따라 다르다. 무엇보다도 그동안 화석연료를 여유 있게 쓰면서 경제성장을 이룩하였던 선진국 그리고 산업사회의 물질적인 풍요를 누렸던 부유계층의 책임이 크다. 하지만 우리 모두의 생존기반인 지구공공재 보전을 위한 노력에는 지구인 모두가 동참하여야 할 것이다. 그러므로 오염원인자의 책임을 강하게 묻되 모두가 함께 노력하자는 '차별화된 공동책임원칙'(Common but Differentiated Responsibility)이 등장하였다.

기후위기 문제는 인류문명의 지속성 여부가 걸린 인류공동의 문제이면서도 개별국가의 경제발전이 걸린 문제이기도 하다. 기후체계는 지구공공재라고 할 수 있으므로 개별 국가의 입장에서는 무임승차 하고자하는 동기가 강하게 작용할 수 있다. 하지만 기후위기 대응정책은 개별국가의 구체적인 실천 없이는 성과를 달성할 수 없다. 그래서 국제적인 정책과 제도에 대한 합의와 이것을 개별국가 차원에서 구현하고자 하는 노력이 잘 조화되고 결합될 수 있는 방향을 찾아야 한다는 것이다.

4. 지속가능한 발전의 개념

지속가능발전(Sustainable Development)에 대한 개념이 1992년 리우회의를 통해 국제사회의 핵심규범으로 정착되게 된 결정적인 계기를 마련한 것은 "브룬트란트(Brundtland) 위원회"가 1987년에 제출한 환경과 개발에 관한 세계위원회[World Commission on Environment and Development(이하, WCED)] 보고서인 '우리 공동의 미래'(Our Common Future)이다. 이 보고서에서 지속가능발전을 '미래 세대의 필요를 충족시킬 수 있는 능력에 손상을 주지 않으면서 현 세대의 필요를 충족시키는 발전'이라는 다소 추상적인 표현으로 정의하고 있다. 여기에서 지속가능발전은 필요의 개념(the concept of needs)과 한계의 이념(the idea of limitation)이라는 두 가지 핵심 개념을 포함한다.

첫째, 필요의 개념은 전 세계 가난한 사람들의 기본적인 필요를 의미하며, 둘째, 한계는 현재와 미래의 필요를 충족시키는 환경의 수용능력의 한계를 의미한다. 이 개념은 환경보호와 경제발전이라는 두 축의 균형과 조화로운 발전 속에서 세대 내의 형평성, 세대 간 형평성과 더불어 장기적으로 지속가능한 발전, 즉 사회·경제적인 지속가능성과 생태적인 지속가능성을 모두 충족시켜야 한다는 것이다. 아울러 삶의 질과 인간의 기본적 욕구가 충족될 수 있는 사회가 구현되어야 한다는 입장이다.

이 두 가지 조건이 충족되었을 때 경제성장도 지속적으로 이루어질 수 있다는 것이다. 왜냐하면 사회적 빈곤과 환경악화가 경제성장으로 인해 초래될 수 있는 부작용이므로 이를 해소하고 지속적인 경제성장을 이루기 위해서는 상호 밀접하게 영향을 미치는 경제와 환경, 사회에 대한 고려를 동시에 해야 한다는 것이다.

또한 그 한계는 자연환경의 생태적 한계가 아니라 현세대와 미래세대의 욕구를 만족시켜주는 환경의 능력에 대해 사회조직과 기술의 상태가 보여주는 한계다. 즉 지식이 쌓여 기술이 발달하면 자연자원의 용량을 늘릴 수는 있지만, 기술정책이 자연사원에 접근하는 현재의 방법을 바꾸는 데 주의를 기울이지 않으면 생태적 지속가능성은 보장되지 않는다.

이 때문에 환경과 개발에 관한 세계위원회(WCED)에 의하면 생태적 지속가능성은 현재 자연 자원에 접근하는 기술의 사용방법, 부의 불평등 분배등 사회조직의 한계가 바뀌지 않고는 이룰 수 없다. 따라서 지속가능발전은 고정된 상태가 아니라 '자연자원의 착취, 투자의 방향, 기술발전의 방향, 제도의 변화가 현재와 미래의 욕구에 일치하는 방향'으로 변해 가는 과정이다. 결국 최종적으로는 정치적 의지에 달려 있는 것이다.

이와 같이 지속가능발전의 개념은 1992년 리우회의를 통해 환경과 경제가 조화된 발전이라는 개념 정의로 인해 환경과 경제 중심의 논의가 많았으나 2002년 남아공 요하네스버그에서 개최된 환경정상회의(World Summit on Sustainable Development, WSSD)에서 사회분야가 추가됨으로써 경제, 환경, 사회의 균형 있고 조화로운 발전으로 자리매김이 되고 있다.

즉, 지속가능발전의 개념은 환경보호라는 소극적 주제에 머물러 있는 개념이 아니라 사회통합과 형평성, 환경보호, 인간의 욕구를 충족시키는 경제성장이라는 3대 요소를 축으로 삼는 포괄적이고 미래지향적인 인류의 보편적 발전이념으로 이해할 수 있다. 아울러, 인간을 둘러싸고 있는 사회와 환경의 발전을 강조하고 국가 간 관계에서도 윈-윈(Win-Win)을 추구하는 탈 국가적 발전양식을 상정하고 있으며, 사회 중심적이고 민주적이며 시민 참여적 요소를 깊게 내포하고 있다.

그러나 아직까지도 지속가능발전의 개념에는 일정한 한계가 있

는 것으로 지적되고 있다. 큰 맥락에서 환경과 경제를 통합하고 사
회형평성을 도모하는 발전으로 그려지고 있지만 교시적 이념형 모
형(Heuristic Ideal Type)으로 내용이 추상적이고 모호하며, 현재 세대
와 미래세대 간 배분원칙, 경제와 환경을 통합하는 매개변수와 이
를 측정하는 기준, 그리고 과학적 불확실성 등 다양한 요소로 인해
명쾌한 개념정립이 쉽지 않다는 것이다.

앞에서 지속가능발전 논의의 전개과정, 개념 등을 살펴보는 과정
에서 보았듯이 지속가능발전은 현실적인 상황과 필요에 의해 다양
한 시각으로 표현될 수 있으므로 지속가능발전이 추구하는 가치에
대해 세계적 합의가 이루어지기는 매우 어렵다. 그러나 다양한 사
회적 목표들을 조정하는 틀(Framework)로서 지속가능발전이 이용될
수 있다.

5. 맺으며

브룬트란트(Brundtland) 보고서 발표 후 33년, 리후회의 개최 28
년이 지난 오늘까지 지속가능발전 이념이 각국의 정책과 인류 공동
의 행동으로 확고하게 뿌리 내리지 못한 것은 '과학적 엄밀성'과
'통합성' 그리고 '사전주의' 원칙에 대한 이러한 태도의 차이에 기인
한다 할 것이다. 이제는 우리나라에서도 기후위기 문제에 대해 소
극적이고 방어적인 태도로 일관해온 정책 결정 논란에 대해 여러
분야의 과학자들과 전문가들이 적극적으로 참여하여 보다 진지한
논의를 벌여 합의를 도출할 때가 왔다.

현재 인류가 직면하고 있는 기후 및 환경에 대한 위험은 자연의
힘으로부터 생겨난 것이 아니다. 그것은 인류 스스로 만든 힘에서
비롯된 것이며 인류 자신으로부터 유래하고 있다. 오늘날 환경문제
는 인간이 가해자이면서 동시에 피해자가 될 수도 있다는 점에 그

심각성이 있다고 할 수 있다. 기후 및 환경 문제는 21세기를 살아가는 우리가 반드시 해결해야 할 중대한 과제임은 틀림이 없다. 그러나 그 해결책을 찾는 것은 결코 쉽지 않다. 이러한 분체를 해결하기 위한 접근방법의 하나로 환경윤리를 확립하여 실천하는 것이 매우 중요하다고 할 것이다.

우리 사회의 최대 문제인 기후 및 환경 문제를 해결하여 고라니에게 가스마스크를 파는 최악의 상황을 피하고 투발루가 바다 속으로 완전히 잠기지 않도록 하여 하나뿐인 지구를 잘 보전하여야 할 것이다.

해양문학 작품을 보는 제3의 눈[*]

최영호(해사 명예교수, KIOST 자문위원)

> "우리의 내면적 삶이 깃든, 문학의 바다는 어디에 있습니까?
> 그 바다는 얼마나 깊고 넓습니까?
> 그 바다를 측정하는 지상의 척도(尺度)는 무엇입니까?"

1. 코로나19 시대와 인문학적 사유

생각하지 않고 살면 사는 대로 생각합
니다. 세계는 지금 코로나19로 '제3차 세
계대전'(?)을 치루는 형국입니다. 언제 어
떻게 종식될지 알기 어렵습니다. 그로 인
해 우리는 소소한 것까지 헤아려 행동해
야 하고, 어디를 가든, 누구와 만나든, 생
각 없이 살 수 없게 되었습니다. 게다가
코로나19 이전상태로 돌아가기도 어렵고,
코로나19 이후의 삶도 쉽게 점칠 수 없는
세상이 되었습니다. 진짜 위기는 과거의 것이 대안일 수 없고, 미래
의 것도 미처 찾아지지 않은 때라고 합니다.

상황과 차원은 다르지만, 1997년에 상영된 장윤현 감독의 영화

---

* 제5회 '바다, 저자와의 대화'에서의 강연내용을 글로 옮긴 것이라 경어체로 되어
있다는 점을 밝혀둔다.

＜접속(contact)＞은 코로나19의 일상을 우화적으로 엿보게 합니다. 음악 PD 동연(한석규 분)은 청취자 여인2로 나오는 수현(전도연 분)과는 접속이 자유로운 라디오 방송에선 익히 알지만, 비집촉 현실에선 바로 옆을 지나쳐도 전혀 모릅니다. 영화의 결말은 두 사람을 한 자리에 세워 두는 장면으로 끝납니다만, 이들은 서로를 보지 않고 앞만 보고 서 있습니다. 그런데 그 광경은 뒤에서 제3의 등장인물이 둘을 쳐다보는 극적 장면입니다. 서로가 접속관계에서는 너무나도 잘 알지만, 실제 접촉관계에서는 전혀 모른다는 것을 말해줍니다. 어쩌면 코로나19 사태를 맞이한 우리 현실도 이와 같을지 모릅니다.

물론, 지금의 우리는 지구촌 어디에 있든 다 알 수 있는, 최첨단 정보화시대에 삽니다. 그런데 우리가 처한 현실은 물샐틈없이 네트워크화 되었지만, 어처구니없게도 실제로 몸 붙여 사는 세상은 철저히 차단되어 있습니다. 이른바 접속(connect)은 하되 접촉(contact)은 하지 말라는 것입니다. 그래서 사회적 거리두기가 강조되는 것입니다. 이 역설적인 상황을 어떻게 이해해야 하는지는 다각도로 살펴볼 필요가 있습니다.

인문학은 사람에 관한 학문이고, 인문학적 소양은 주어진 텍스트(text)를 총체적으로 이해하는 능력입니다. 그 텍스트는 하나의 문자일 수도 있고, 한 편의 영화, 한 곡의 음악일 수도 있습니다. 심지어 우리의 행동 하나하나일 수도 있습니다. 인문학의 문(文)은 문양의 문(紋)의 의미인데, 이는 삶의 무늬이며 삶의 다양성을 내포합니다. '살아 있음'을 전제로 하는 텍스트는 그 무한한 변화가능성 때문에 단언하거나 단정하기 어렵습니다. 때문에 어떤 눈으로 봐야 하는지부터 고질적인 문제입니다. 살아 있는 바다, 살아 있는 인간의 만남이 이채로운 것도 그래서인지 모릅니다.

하나가 다른 하나를 무조건 거부하거나 자기 영역만 고집해서는 접점을 이루는 바다와 인간의 본모습을 알기 힘듭니다. 둘의 만남이 이루어지는 맥락(context)을 무시한 채 현상에만 집중하는 것은 본질을 놓치는 절충적 사고입니다. 우리는 하나와 다른 하나의 차이, 그런 차이를 낳은 인문적 맥락, 복잡한 관계를 열린 시각으로 봐야 하는데, 이런 시각을 '제3의 눈'이라 불러도 무방할 듯합니다.

오늘 강연의 주제는 '해양문학 작품을 보는 제3의 눈'입니다. 더러는 지금껏 알고 있는 바다를 문학을 통해 본다는 것, 더 나아가 인문학 차원에서 바다를 얘기한다는 것 자체부터 궁금해 하실지 모르겠습니다. 다만, 이 자리는 학문적 엄밀성은 따지는 곳이 아닌지라, 해양문학의 전제가 되는 '인문학의 바다를 우리와 함께 있되 반성과 성찰적 사유로 주목하지 않는 바람에 분명히 있으면서도 마치 없는 것처럼 존재하는 바다, 줄곧 땅을 보던 눈으로 이해하고 접근하는 바람에 제대로 만나지 못한 바다, 인간 존재의 내면적 삶과 다채롭게 융합된 바다' 정도로 이해하면 될 듯합니다. 제가 강조하려는 것은 인문학의 바다는 우리의 내면적 삶에 감춰져 있다는 점입니다. 그런 점에서 오늘은 해양문학 작품을 통해 우리 삶에 숨겨진 천(千)의 바다를 만나는 자리가 될 것입니다. 이를 계기로 개별적 삶과 직결되고, 각자의 처지에 따라 형형색색으로 표출되는, 여러분의 삶에 깃든 바다와도 재회의 기회가 되었으면 합니다.

2. 문학과 바다의 만남

문학의 바다는 땅이 끝나는 곳에서 시작하지 않습니다. 우리의 눈과 귀가 아닌, 자신의 전체적인 삶을 중심에 놓고 생각할 때 만나는 바다가 있습니다. 보이되 보이지 않는 바다를 우리는 수없이 접했습니다. 물론, 그 바다가 우리의 삶 바깥에만 존재하지 않은 까닭에 마치 부재로 존재하는 바다로 간주했습니다만, 분명 이 바다는 우리의 삶 안과 밖 경계를 넘나드는 바다였습니다. 아래 고은 시인의 시에 나오는 바다의 깊이는 어떻게 가늠하는 것이 옳겠습니까?

> 배가 돌아 올 때
> 제일 먼저
> 마중 나온 갈매기들
> 어찌 항구가 떠나는 곳일 따름인가
> 갈매기보다
> 먼저 마중 나온 눈길이 있다
> 뱃사람의 아내
> 그 눈에 천리 길 바다 들어있다
> 어찌 항구가 떠나는 곳일 따름인가
>
> — 고은, '귀항' 전문

이 시는 어떤 바다를 재현한 것일까요? 분명 먼 바다로 고기잡이 나간 남편의 바다와는 전혀 다를 것입니다. 여기서의 바다는 물질적 바다 그 이상입니다. 코흘리개를 등에 업고 이제나 저제나 바다로 나간 남편의 무사 귀항을 기원하며 기다리는 아내의 초조한 가슴 속 바다입니다. 남편의 바다가 백 길 물속이라면, 그래서 아내의 눈길 속 바다는 '천리 길 바다'라는 얘기입니다. 세계 어느 나라 문학에 이런 가슴 절절한 바다가 있겠습니까? 고은의 시는 물리적 잣대로는 측량하기 힘든 바다, 우리 삶의 웅숭깊은 사람의 바다를 시화화한 것입니다.

분단의 아픔을 사실적으로 묘사한 우리 시대의 대작 「남과 북」, 7년 전쟁 임진왜란을 공동체적 운명의 시각으로 재조명한 대하소설 「달과 칼」을 남긴 고(故) 홍성원 소설가는 누구보다 바다를 깊이 천착한 작가였습니다. 그의 문학적 세계관엔 심층적 바다가 물결치

는데, 그 도도함이 어떠한지는 그의 문학비에 적힌 간단한 문구로
도 알 수 있습니다.

> 가장 큰 것이 가장 단순해서
> 바다는 우리를 감동시킨다
>
> — 홍성원, '문학비' 부분

　거대한 바다지만, 바다의 색채는 낮과 밤이 다릅니다. 낮이 되면
푸른색, 밤이 되면 검은색입니다. 게다가 이 거대한 바다는 딱 선
하나로 나뉩니다. 수평선! 홍성원 소설가는 바다를 '선 하나, 색깔
둘'로 갈무리합니다. 그러면서 그 바다가 품고 있는 것이 세상 어느
것보다 무궁무진하다는 것을 작품화하려 했습니다. 작가 홍성원의
문학적 바다는 곧 우리 인간의 웅숭깊은 삶이었습니다.
　과거, 처음 해양수산부가 발족한 것을 기념해 역사적인 시집을
출간한 바 있습니다. 시집 「바다의 눈」을 간행한 김명수 시인과 저
는 '제1회 바다의 날 기념'으로 한국 대표시인의 바다 시 122편을
수록한 「내 마음의 바다」(1996)를 편찬했습니다. 우리나라 시의 역
사상 '바다'가 시적 중심으로 부상한 것이 아마 그때였지 않나 싶습
니다.

> 바다는
> 육지의 먼 산을 보지 않네
> 바다는
> 산 위의 흰 구름을 보지 않네
> 바다는 바다는,
> 바닷가 마을
> 10여 호 남짓한 포구마을의
> 어린아이 등에 업은 젊은 아낙이

가을 햇살 아래 그물 기우고
그 마을 언덕바지 새 무덤 하나
들국화 피이있는
그 무덤을 보네.

- 김명수, '바다의 눈' 전문

김명수 시의 바다의 눈은 무엇을 주목합니까? 세세한 분석이 필요하지만, 바다가 보고자 하는 것은 '바다 자신과 관계 맺은 존재'입니다. 육지의 산, 산 위의 구름을 바다는 찾지 않습니다. 그보다 바닷가 포구마을, 어린아이를 등에 업은 젊은 아낙, 그물 기우고 있는 모습입니다. 규모로 보나 형태로 보나 포구마을, 젊은 아낙, 그물 기우는 모습과 육지의 산, 산 위의 구름과는 비교도 안 되는 것입니다. 그러나 이 시에는 이를 한꺼번에 뒤집는 부분이 있습니다. '마을 언덕바지 새 무덤하나'입니다. 바다가 보고 싶은 것은 사람이 아니라 '새 무덤'이다? 여기서 우리의 상념은 깊어집니다. 도대체 이 무덤이 무엇이기에 바다는 사람이 아닌 죽은 사람이 묻힌 무덤을 찾는 것일까요? 그렇습니다. 바다는 자기 영역에 입성해 고기잡이를 하다가 숨진, 즉 바다와 관계를 맺었던 그 존재의 삶을 보고픈 것입니다. 바다로선 그 존재가 자기 영역을 벗어나는 순간이 곧 사라지는 순간일 것입니다만, 젊은 아낙으로서는 사정이 전혀 다릅니다. 그에게 바다는 지아비의 생명을 앗아간 공간입니다. 등에 업힌 자식으로서는 얼굴도 제대로 보지 못한 아버지입니다. 바다와 관계 맺은 존재가 죽어 묻힌 그곳에 핀 들국화가 존재적 위엄을 빛내듯 바다는 그 무덤을 우주적 관점에서 보려는 것입니다. 과연, 이 시가 말하는 '바다의 눈'은 어떤 눈일까요? 우리는 이런 눈으로 바다와 함께 살다가 숨진 존재의 주검을 본 적 있습니까? 우리의 삶 어디에 이런 '바다의 눈'과 같은 눈길이 투영되어 있는지를 되묻게 합니다. 이 시의 본질은 바로 여기에 있습니다.

예로부터 바다는 각종 신화와 설화에 비일비재하게 등장했습니다. 특히, 우리의 경우는 신성, 환생, 재생의 상징이었을 뿐 아니라 환상과 고난의 장소였습니다. 우리의 바다는 신라 탈해왕의 신비로운 출현지였고, 죽은 후 해룡으로 변해 후손들이 사는 삼한 땅을 굽어 살폈다는 문무대왕의 경우는 환생의 공간이었습니다. 또한, 눈 먼 아비를 위해 인당수에 몸을 바친 심청에게 재생의 삶을 주고 다시 새로운 세상을 살아갈 수 있도록 기회를 준 공간도 바다였습니다. 그와 동시에, 심청이 몸을 던진 그 바다는 지상의 왕의 손길이 닿을 수 없는, 용왕이 사는 환상적인 공간이었습니다. 반면, 「임진록」과 「난중일기」에 기술된 바다는 왜적들의 침략 탓에 숱한 시달림을 겪었던 고난의 현장이었습니다.

문무대왕릉 ⓒ 경주시청

한편, 서양의 오딧세이와 대비되는 각종 「표해록」에 등장한 바다는 거대하고 이채로운 것들로 가득 찬 곳이었습니다. '표류'라는 뜻밖의 상황에 처한 이들에게 바다는 대자연의 변화무쌍함을 유감없이 절감시켰고, 시시각각 목숨을 걸고 이에 맞서야 했던 '표류인'들에게 바다는 적대적인 공간일 수밖에 없었습니다. 그런데도 거친 비바람으로 울부짖던 바다가 다음 날이면 씻은 듯이 가라앉은 광경을 보면서는 바다가 두려움과 놀라움을 한꺼번에 지닌 신비로운 공간으로 탈바꿈하곤 했습니다. 그래서 그런지 액면가로만 본다면, 우리의 각종 「표해록」은 서양의 그것과 비교해 형태는 비슷할지 모르나 출항 전에 목적지를 미리 정하고 항해하다가 난관을 맞이하는 서양의 항해기와 달리, 전혀 예정하지 못하는 상황에서 맞은 뜻밖의 '표류'를 재현했다는 점에서는 서양인의 바다보다 훨씬 더 경이롭고, 더 환상적이며, 더 두려운 바다였습니다.

그뿐 아닙니다. 우리 삶의 경계를 가로지르는 바다는 예전에 MBC 문화방송이 제작한 '700년 전 약속'에서도 일부 확인됩니다. 과거 동아시아 뱃길을 오고간 우리 선조들의 항적을 복원하기 위해 이 프로그램이 제작되었습니다. 당시 복원한 배는 작은 목선에 불과했습니다. 하지만 이 작은 목선으로 우리의 선조들은 연안을 거쳐 동아시아 바다를 누볐습니다. 당시 복원된 목선에는 선발대로 뽑힌 대학생들이 탑승했고, 이들은 중국을 거쳐 일본 연근해까지 항해했습니다. 탑승자들은 자신들이 승선한 배가 '700년 전 약속호'라는 것에 호기심 가득했고, 바다에 관해 배워서(學) 알게 된 지식도 소유한 자들이었습니다.

목선이 연해를 벗어나 외해로 진출하자 바다에 대한 대학생들의 관심과 인식은 급속도로 위축되고, 바다에 대한 자신들의 편견이 깨어지기 시작했습니다. 각자 눈에 비친 바다와 실제 몸으로 느끼는 바다가 전혀 달랐던 것입니다. 눈으로 보면 잔잔하기 이를 데 없는 바다였지만, 목선이 파도를 가르며 나아가는 바다는 거칠었습니다. 선체 자체가 크게 일렁이자 대학생들의 정신은 한층 더 혼미해졌습니다. 급기야 배가 용두질을 치자 연안을 빠져 나오면서 평온하고 만만하게 봤던 바다는 고통의 현장으로 돌변했습니다. 어떻게 이런 파도를 헤치며 작은 배가 가르며 항진할 수 있는지조차 의문스러웠습니다.

긴박한 상황을 수습한 사람은 어느 노인이었습니다. 오랜 바다 경험을 터득한 분이었습니다. 잠시 하늘과 바람 방향을 주시한 뒤 그 노인은 돛 방향을 살짝 바꿨습니다. 그러자 그토록 심하게 용두질하던 배가 오히려 순조롭게 파도를 가르며 항진했습니다. 젊고 싱그러운 몸을 자랑하던 대학생들과는 달리, 노인의 몸은 왜소했습니다. 노인의 지식은 배워서(學) 알게 된 지식이 아니었습니다. 그 지혜는 일부러 자랑하기 위해 터득한(習) 지식도 아니었습니다. 머리로만 배워 습득한 지식이 아닌 몸으로 체득한 융합 지혜였습니다. 그 통섭적 지혜로 바다의 순리를 간파했던 것입니다. 만약 실천의 첫 단계가 무엇인가를 묻는다면, 저는 행동이 아닌 우리의 생각임을 강하게 주장합니다. 바람과 바다의 순리를 신체적 사유로 저며 읽은 노인의 삶에서 인문학의 바다 일부를 만날 수 있을 것입니다.

삶의 바다는 노래 한 소절에도 절절히 녹아 있습니다. 오래 전 'MBC 느낌표! 책! 책! 책! 책을 읽자!'란 프로그램에서 뽑혀 큰 화제를 모은 책들이 있습니다. 그중 한 권이 곽재구 시인의 「포구기행」입니다. 우리나라 곳곳에 자리한 작은 포구 마을 여행기입니다. 곽재구 시인은 우리가 잃어버리고 사는 오래된 시간의 꿈과 사람들 삶에 깃든 바다 이야기를 찾아다녔습니다. 방방곡곡의 포구마을을 무려 20년 동안 누빈 결과를 이 책으로 갈무리했습니다. 잠시 진도 조공례 할머니의 삶에 깃든 바다를 보겠습니다.

진도 지산면 인지리 사는 조공례 할머니는 소리에 미쳐 젊은 날 남편 수발 사운케 했더니만/어느 날은 영영 소리를 못하게 하겠노라 큰 돌멩이 두개로 윗입술을 남편 손수 짓찧어 놓았는디/그날 흘린 피가 꼭 매화송이처럼 송이 송이 서럽고 고왔느디/정이월 어느날 눈

속에 핀 조선매화 한 그루/할머니 곁으로 살살 걸어와 입술의 굳은
딱지를 떼어주며/조선매화 향기처럼 아름다운 조선소리 한 번
헤보시오 했다더라./장롱 속에 숨겨둔 두 개의 돌멩이를 찾아와/
이 돌 속에 스민 조선의 핏방울을 꼭 터뜨리시오. 했다더라.//

— 곽재구, '조공례 할머니의 찢긴 윗입술' 전문

사람이 깃든 곳이면 어디든 생기가 감돌듯 바다와 함께 사는 사
람들의 삶의 바다도 곳곳에서 출렁일 수밖에 없습니다. 때로는 눈
물겹고, 때로는 살을 도려내는 아픔으로 다가오는 경우도 적지 않
습니다. 하지만 아무리 그렇다 하더라도 그런 바다를 우리 삶에서
산뜻하게 분리해낼 수는 없습니다. 마치 춤에서 춤사위를 분리할
수 없듯이, 그 바다는 우리 삶에 뒤엉켜 있습니다. 진도 조공례 할
머니는 직접 바다로 나가 뱃일을 돕지 못합니다. 대신 바닷일을 하
는 사람들을 위해 노래를 불러줍니다. 그것이 바닷사람들을 위로할
수 있는 그분의 삶입니다. 할머니의 노래는 뱃사람들을 위로하는,
자신의 혼이 담긴 노래였습니다. 그런데 노래하는 할머니를 보는
남편의 시선은 참으로 고약했습니다. 급기야 남편은 노래하는 할머
니의 입술을 돌로 내리치기까지 했던 것입니다. 그 광경은 상상만
하셔도 충분할 것입니다. 할머니의 노래에 깃든 참으로 비극적인
삶의 아름다움, 곽재구 시인은 한 존재의 내면에 깃든 바다를 찾은
것입니다.

그 외에도 곽재구 시인은 자신이 찾아다닌 화진, 정자항, 선유
도, 동화와 지세포, 어청도, 삼천포, 구만리, 순천만, 화포, 거차, 향
일암, 회진, 왕포, 우도, 조천, 지심도, 춘장대, 장항, 상족포구, 어
란포구…. 해뜨는 바닷가 마을에서 해지는 바닷가 마을까지, 지도에
도 표시되지 않아 이름은 생소하지만 갯마을에서도 접할 수 있는
바다가 있습니다.

비운의 형태로 그려진 바다지만, 나날이 그 의미가 새롭게 재해석되는 강화도 '손돌공 전설'도 주목을 요합니다. 고려 공민왕 시절에 있었던 얘기입니다. 몽고군의 침입으로 강화도로 파천을 가던 임금이 어쩔 수 없이 지금의 강화도 현초 지포 부근에서 배를 타야 했습니다. 그런데 배가 앞으로 나아가면 갈수록 점점 해무가 끼고 어두워졌습니다. 쫓기던 임금의 마음은

손돌목 ⓒ 강화군

편치 않았습니다. 누가 자신을 헤칠까봐 두려웠던 나머지, 임금은 뱃사공에게 배를 잘 운행하라고 명령합니다. 그러자 뱃사공 손돌은 그곳 지형 자체가 협소하고 해무가 곧잘 끼는 탓에 생긴, 바다 자체의 현상일 뿐이라고 하면서 임금의 걱정을 덜어드렸습니다.

하지만 국난을 맞아서 쫓기던 터라, 임금은 이런 손돌의 말을 듣고서도 안심이 되지 않았습니다. 급기야 임금은 손돌이 무슨 흉계를 꾸미지나 않을까 걱정이 되어 아랫사람을 시켜 손돌의 목을 치라는 엄청난 명령을 내립니다. 이 말을 듣자 손돌은 참으로 기막힌 명령을 하달한 임금을 탓하기는커녕 가슴 저린 한 마디를 남기고 참수당해 숨을 거둡니다. 간절한 손돌의 마지막 말은 이러합니다.

"임금님, 뱃전에 표주박을 띄우고 그것이 떠가는 대로 배를 몰면 무사히 난을 피하실 수 있습니다."

손돌의 마지막 말은 냉철한 바다 인식의 결정체였습니다. 또한, 자신만 살겠다는 어리석은 임금에게 충성을 다하는 진솔한 백성의 말이었고, 신하를 데리고 난을 피해 도망가는 임금에에 살 길을 가르쳐주는 지혜였습니다. 한마디로 손돌 자신은 죽더라도 임금을 위시해 뭇사람을 살리는, 인신공양의 또 다른 형태였습니다. 손돌의 참수 이후 바다를 전혀 모르는 신하들에겐 아무런 묘책이 없었습니다. 그냥 손돌이 시키는 대로 할 수밖에 없었습니다. 그 결과, 그들 모두 해무를 빠져 나올 수 있었고, 임금 역시 무사히 난을 피할 수 있었습니다. 그 후 자신의 잘못을 깨달은 임금은 그곳에 손돌의 넋을 위로할 사당을 짓게 했다고 합니다. 때늦은 후회가 아닐 수 없습니다.

여기서 우리가 놓쳐서는 안 될 것이 있습니다. 도대체 어떻게 하면 뱃사공 손돌의 삶에서 그가 몸소 체득한 바다를 따로 분리시킬 수 있을까 하는 점입니다. 춤과 춤사위를 분리시킬 수 없듯이 뱃사공 손돌의 삶에서 바다와 손돌의 신체적 사유는 떼어낼 수 없습니다. 나라를 올곧게 다스리지 못해 백성을 도탄에 빠지게 만든 임금이 자신의 잘잘못을 뉘우치기는커녕 허약한 자신의 피난을 돕는 자기 백성 뱃사공을 의심해서 참수하라고 명령한 행태에서 우리는 땅을 보던 눈으로 바다를 보는 것이 얼마나 어리석은 일인지를 발견하게 됩니다. 예나 지금이나 돈만 중시하는 위정자의 눈으로는 바다에 몸 바쳐 사는 사람의 바다를 찾기 힘듭니다. '손돌의 바다'는 오늘날 해양문학이 다루는 바다가 겉으로 드러난 바다보다 왜 부질없는 바다로 평가절하되고 있는지도 엿보게 합니다.

한편, 모두가 잘 안다는 이순신의 바다는 또 어떠할까요? 여기에 대해서는 수많은 얘기가 있지만, 신영복 선생의 다음 글에서 이순신의 진짜 바다를 잠시 만날 수 있습니다. 이순신의 바다는 언제나 백성들과 함께 있는 바다였습니다. 문관으로 출발해 무관으로 입신

한 이순신은 나라의 존엄인 임금보다 그 나라의 뿌리이자 텃밭인 백성을 한층 더 높이 숭상한 장수였습니다. 그래서 이순신의 명성은 우리들의 가슴에 오래 살아 있는 것인지 모릅니다.

> 불바다에서 호령하고 있을 때에도, 팽팽한 긴장 속에서 적과 대치하고 있을 때에도 그리고 옥에서 풀려나와 폐허가 된 군진으로 돌아올 때마저도 그의 주변에는 수많은 백성들이 몰려들었습니다. 함선을 만들고 수리하는 사람, 활을 만들고 화약을 만드는 사람, 적의 움직임을 알려오는 사람, 바닷물길을 가르쳐주는 사람, 둔전을 일으키고 고기를 잡고 소금을 구워 군량을 마련하는 사람… 그는 언제나 사람들로 에워싸여 있었습니다.
>
> – 신영복, 「나무야, 나무야」 부분

일전에 명장 이순신을 다룬 작품들이 세간에 풍미했습니다. 그 기세를 타고, 김훈의 「칼의 노래」와 김탁환의 「불멸의 이순신」이 나왔고, 급기야 두 작품을 하나로 합친 100부작 TV 드라마까지 제작되었습니다. 이순신 열풍이 갑자기 솟구친 데는 여러 이유가 있을 것입니다만, 그에 잇달아 50부작 드라마 <해신 장보고>까지 나왔습니다. 다만, 화려한 배역을 등장시켰지만, 장보고 드라마는 역사물이 아닌 역사적 판타지로 전락했습니다. 그 뒤에도 영화 <명량>이 만들어져 천만 관객을 불러 모았고, 2021년에 개봉예정인 <한산>도 벌써 제작 단계에 들어갔습니다. 세계 해전사가 칭송하는 학익진(鶴翼陣)이 펼쳐진 <한산>이 이순신이 보여준 전술의 바다라면, <노량>은 이순신 자신의 운명을 가른 역사의 바다입니다. <한산>에 이어 영화 <노량>도 잇달아 제작된다고 합니다. '역사(歷史)가 사건을 기록한다면 문학(文學)은 사람을 기록합니다.' 이들 영상물에는 역사와 문학의 거리를 묻는 것 못지않게 사람의 바다, 삶의 바다에 대한 얘기도 담길 것입니다.

3. 예술작품과 창조적 바다

예술 작품을 통해서도 인문학의 바다는 발견됩니다. 그중에는 바다가 지닌 숭고한 생명성을 재현한 경우도 있습니다. 바다의 생명적 질서와 생태적 마인드를 회복하는 일은 지속가능한 삶의 근간입니다. 예나 지금이나 생명체를 현재 진행형으로 재탄생시키는 곳으로 바다를 빼놓을 수 없습니다. 그중 하나가 우피치 미술관에 보관 중인 보티첼리의 <비너스의 탄생>(1485)입니다.

보티첼리, '비너스의 탄생'

이 작품은 너무 유명해서 굳이 설명할 필요조차 없는 명화입니다. 자세히 보시면 보티첼리가 화폭에 그린 바다는 실재 바다와는 다릅니다. 바다 표면에 이는 잔물결도 뒤집힌 형태이고, 조개껍질 아랫부분에도 들끓는 바다가 보입니다. 모두 화가의 시선으로 재창조된 바다입니다. 조개껍질의 하단 부분은 우리가 익히 아는 형태 같은데, 그림에 투영된 서사적 맥락을 고려하면 조금 다릅니다. 여기서는 고전(古典, Great Book)의 책등을 나타냅니다. 이 그림에는 신비로운 전설이 투영되어 있습니다. 그림을 만나면 누구든 보티첼리가 이끄는 전설의 세계로 초대됩니다. 거칠게 말해 작품 <비너스의 탄생>이 말하려는 서사적 세계로 빨려들게 된다는 것인데, 그 절정은 보티첼리가 탄생시키는 새로운 인간을 엿보게 됩니다. 여신 비너스는 사랑, 아름다움, 웃음, 결혼, 욕망의 상징이지만, 그녀의 고향은 원래 바다입니다. 하지만 이런 비너스가 탄생한 바다에는 우리가 생각하는 것 이상으로 무시무시한 전설이 지배합니다.

땅의 여신 가이아(Gaia)와 하늘의 신 우라누스(Uranus)는 부부였습니다. 하지만 우라누스는 평소 아내를 몹시 구박했습니다. 그러던 중 우라누스와 교접해 최초의 인간 티탄(Titan)을 낳은 가이아가 더 이상 분을 참지 못해 또 다른 아들이자 시간의 신 크로노스(Cronos)에게 말해 아버지와 싸우게 만듭니다. 화가 난 크로노스는 싸움 도중 낫으로 아버지의 남근을 거세한 뒤 정액을 바다에 뿌립니다. 파도에 떠다니던 정액은 마침내 물거품으로 변했고, 결국 여기서 아름다운 비너스가 조개껍질을 열고 태어납니다. 물을 마신 뱀이 독을 만들고, 풀을 뜯는 소가 우유를 만든다면, 정액을 빨아들인 바다는 새로운 인간을 탄생시킨 것입니다. 화가 보티첼리는 이런 무시무시한 전설을 화폭에 담았던 것입니다. 그래서 보티첼리의 그림을 보는 우리가 자신도 모르게 몽환의 세계로 빠져들게 되는지 모릅니다. 이런 몽환적 분위기는 비너스의 눈부신 나신(裸身) 때문만은 결코 아닙니다. 비너스를 둘러싼 바람의 신 제피루스와 요정 호라이도 여기에 한몫 하며, 새롭게 창조된 바다도 한몫 도와주기 때문입니다.

한편, 우리가 기억하는 「심청전」도 회화성 짙은 전설을 갖고 있지만, 우리의 삶과 동체적 질서를 이룬 장대한 회화적 바다도 존재합니다. 지금으로부터 6천 년 전에 그려진 고래그림에서 볼 수 있습니다. 최근 국가적 차원에서 유네스코 문화유산으로 한창 거론되

는, '울산 반구대 암각화'가 그것입니다. 국보 285호인 이 암각화에
는 바다동물과 육지동물, 사람과 배, 그물과 작살 등 무려 190여
종의 그림이 그려져 있습니다. 그중 바다는 수십 종의 고래와 상어,
거북, 배, 그물 등의 형태로 나타나는데, 그 각각에 선사인의 미의
식과 공동체 정신이 반영되어 있어 보면 볼수록 흥미롭습니다.

　다음 사진은 실제 반구대 암각화를 직접 찾아가서 찍은 필자의
사진이고, 그 다음 사진은 우리나라 암각화 전문학자인 울산대 전
호태 교수의 책에 수록된 세밀화 사진입니다.

반구대 암각화 　ⓒ 최영호

반구대 암각화 　ⓒ 전호태

반구대 암각화에 어떤 비밀이 숨겨져 있는지는 강의 때 소상히 말씀드리겠습니다. 이왕지사 고래 이야기가 나왔으니 곁들여 하나 더 말씀드릴까 합니다. 조상신 고래에 얽힌 신화 이야기로 세계적 화제를 모은 작품입니다. 뉴질랜드의 마오리족 출신 작가 위티 이히마에라의 소설 「웨일라이더」(Whale Rider)와 동명소설을 영화로 제작한 니키 카로의 <웨일라이더>(2002)입니다.

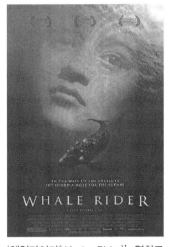

'웨일라이더(Whale Rider)' 영화포스터 ⓒ daum

지금도 수많은 고래가 해안가에 밀려와 죽어가고 있습니다. 주된 원인이 무엇인지는 지금도 정확히 밝혀지지 않았습니다. 하지만 이런 비극적인 광경을 목격하노라면, 이 영화가 던지는 세계적 메시지는 의미심장합니다.

이 작품은 고래를 부족신으로 섬기는 마오리족이 장자상속제로 자신들의 부족장을 선발하는 과정을 중심 사건으로 다룹니다. 부족장을 대물림하려면 가장 중요한 자격 요건이 있습니다. 부족신인 고래와 소통할 수 있는 능력입니다. 이 작품이 세계적으로 각광받은 것은 바로 이런 자격 요건을 실제로 바다에서 그대로 재현한 점입니다. 하지만 뛰어난 영상미보다 더 크게 울림을 준 것은 자격을 갖춘 존재를 대하는 열린 시각입니다. 남성만 차기 부족장이 될 수 있다는 그들의 전통적 전제를 과감히 해체한 점입니다. 부족을 이끌 역할과 권위를 성별이 아닌 능력에 따라 계승해야 한다는 것입니다. 만약 그런 능력을 갖춘 존재가 여성이라면 그 여성에게 부족장을 대물림해야 한다는 것입니다. 뉴질랜드 마오리족 출신인 작가 위티가 어느 날 미국 허드슨 강변까지 올라온 고래를 사람들이 헬

리콥터까지 동원해 바다로 돌려보내는 광경을 목격한 후 이 소설을 창작했습니다. 그 후 같은 마오리족 출신 영화감독 니키 카로가 원작 소설에 나온 신화적 세계와 생태적 마인드를 영화로 제작한 것입니다.

4. 물리적 세계를 포월(抱越)하는 인문학의 바다

몇 년 전 서해바다에서 발생한 선박 기름유출 사고는 엄청난 시련을 우리에게 안겨줬습니다. 또한 적절한 수온과 여건이 갖춰지면 남해안뿐만 아니라 동해안의 울진과 속초 앞바다까지 적조가 발생합니다. 육지와 달리, 바다에서 발생하는 사건 사고로 인한 피해는 육지를 보던 시각으로는 쉽게 알기 힘듭니다. 드러난 피해보다 감추어진 피해가 더 큰 탓입니다. 우리 눈에 보이는 규모와 실태는 실제 조사에 어려움이 많아도 그런대로 얼추 파악할 수 있지만, 생명다양성의 비밀을 품고 있는 바다의 경우는 우리의 상상을 초월합니다. 이런 물리적 바다를 감싸며 새 길을 여는 사람들이 있습니다. 그들이 찾는 새로운 바다는 우리 삶 안과 밖에 숨겨진 바다입니다. 이런 숨겨진 바다와 만나는 첫 단계는 땅을 보던 눈으로 바다를 보는 우리의 편견부터 일소하는 일일 것입니다.

앞서 영상으로 다뤄진 <웨일라이더>와 더불어 영화 <타이타닉>을 만든 제임슨 카메론 감독의 경우가 이런 포월의 바다를 재현했습니다. 세상에서 가장 깊다는 마리아나 해구를 탐험한 뒤 만든 영화 <아바타>를 통해 우리 삶의 경계를 넘어서는 바다를 찾아냈습니다.

카메론 감독의 <아바타>는 지구의 에너지 고갈로 먼 행성 판도라에서 대체 자원을 어떻게든 구하려 하는, 지구인의 절박함을 기본 모토로 한 영화입니다. 그런데 이 영화는 액면가로는 중국의

장가계와 우주 행성을 모델로
했다고 합니다만, 사실은 영
화 전체를 지배하는 것은 바
다에 대한 상상력입니다. 카
메론 감독은 자신이 실제로
탐사한 심해(deep sea)를 우주
로 풀어 놓았습니다. 심해를
촬영하는 것이 우주에서보다

'아바타(AVATAR)' 영화포스터 일부 ⓒ daum

더 많은 비용이 들고, 너무나도 어려웠던 것입니다.

한편, <센과 치히로의 행방불명>, <이웃집 토토로> 등을 만
든 일본 애니메이션 감독 미야자키 하야오의 영화도 주목됩니다.
특히, <벼랑 끝의 포뇨>는 어른과 아이의 시각적 차이를 넘어 영
화적 상상력을 한껏 고조시킵니다. 이 영화를 통해 우리는 거대한
쓰나미가 어떻게 아이들의 놀이터로 바뀔 수 있는지를 엿보실 것입
니다.

'벼랑 위의 포뇨' 영화포스터 일부 ⓒ daum

우리는 곧잘 바다에 우리의 미래가 달려 있다고 합니다. 역설적이지만, 이 말의 핵심은 지금의 바다는 우리 것일 수밖에 없다는 것이고, 우리가 우리 다음 세대의 미래를 빌려 쓰고 있다는 것입니다. 바다에 대한 심층적 이해는 대립적인 이데올로기를 포월(抱越, 감싸안으며 길을 연다)해야 가능합니다. 그래서 바다를 이해하는 데는 우리 삶의 전체성에 대한 회복과 모든 생명이 하나로 융합될 수밖에 없다는 통섭의 정신이 필요합니다. 제아무리 나눠도 나뉘어질 수 없는, 그 바다에 대한 우리의 인식 또한 다층적이고 열려 있어야 합니다. '해양문학을 보는 제3의 눈'을 주제로 한 이번 강연이 우리가 익히 알고 있다는 바다, 그 바다에 대한 인식의 지평을 새롭게 넓히는 작은 기회였으면 합니다.

윌리윌리

김문호 ((주)한일상선 회장)

1. 인 연

고등학교 2학년 가을이었다. 파란 하늘의 밝은 햇살이 따갑게 쏟아져 내리고 있었다. 하숙집 안마당의 샐비어 꽃대들이 서럽도록 붉어서 어디론가 훌쩍 떠나고만 싶었다. 그럴 때면 내 악동(?) 친구들을 불러내기가 어렵지는 않았다. 그들 또한 고만한 시절의 가을을 나처럼 앓고 있었을 테니까.

그때 우리들의 행사는 바로 무전여행이었다. 맨몸으로 고생을 사서 겪는다는 명분이었다. 그러나 실은 주체하기 어려운 젊음의 갈증을 해소하기 위한 우리들 나름의 방책이었다. 기왕 신고 다니는 워커 군화에 야전용 반합(飯盒)과 담요로 꾸린 군용 배낭만 메고 나서면 마냥 너끈한 행차였다.

힘겨운 증기 기관차가 갈지자 행보로 숨차게 찾아들던 태백산맥, 통리 아니면 상고사리 혹은 하고사리. 산중이 깊으면 그만큼 더욱 좋았다. 하늘 밑 무인지경에서 야수처럼 포효하고 뒹굴면서 우리들끼리 자유로웠다. 그러다가 동쪽으로 산맥을 넘어서면 하늘과 맞붙은 바다는 한량없는 동경과 그리움의 물결이었다.

그날도 묵호항 바닷가에서 야영을 하고 있을 때였다. 엄청나게 큰 상선 한 척이 방파제를 지나 항구로 들어서고 있었다. 느높은 수직 선수(船首)가 해면을 가르면서 느릿느릿 나가와 부두에 접안히는 모습이 장관이었다. 산처럼 막아서는 선체의 위용에 넋을 잃고 서 있는 우리들에게 배 위의 누군가가 올라오라는 손짓을 보내는 것 같았다.

그 배의 삼등항해사였다. 그의 안내로 둘러본 선체가 대단했다. 갑판은 웬만한 운동장이었고, 열기와 굉음에 싸인 기관실은 몇 층 짜리 대형 공장 같았다. 그의 침실 겸 집무실 또한 넓고 으리으리해서 배 위의 이모저모가 마치 딴 세상처럼 신기하기만 했다.

삼등항해사가 사진첩 하나를 내어놓았다. 그의 대학 졸업 앨범이었다. 야자수가 늘어선 어느 외국의 바닷가에서 비키니 차림의 금발 미녀들과 어깨를 맞대고 늘어선 해양대학생들의 제복 입은 모습이 늠름하고 멋있었다. 원양항해 실습 차 들른 하와이의 와이키키 해변이라 했다.

놀라운 사진첩에 정신을 묻고 있던 친구 하나가 무심결에 말했다. 자기도 해양대학에 가고 싶다고. 그러자 삼등항해사가 비아냥조로 받았다. 너희들처럼 무전여행이나 다니는 놈들이 들어가는 곳인 줄 아느냐면서. 그때 마침 전화가 걸려 왔으므로 삼등항해사는 선장실을 잠시 다녀온다면서 방을 나섰다.

한참을 기다려도 삼등항해사는 돌아오지 않았고, 기관실 하늘 창문 위에 널었던 내 바지도 어느새 말랐으므로 우리들은 그의 방을 나서야 했다. 그냥 떠나기는 미흡해서 내가 몇 자를 적었다. 배를 구경시켜 줘서 고마웠으며 해양대학이 제법 괜찮은 것 같긴 했지만, 후생가외(後生可畏)의 이치도 몰라서 자기보다 어린 사람들에게 함부로 말하는 그런 인재들을 배출하는 대학이라면 돌아볼 일 없다고.

그로부터 며칠 후, 안동의 내 하숙집으로 편지가 왔다. 겉봉이

'석탄 공사 부산지점 장성호 삼등항해사 황영두'로 되어 있었다. 그 날은 선장실에서 회의가 길어지는 바람에 결례가 되었다면서 그때 자기로서는 우리들을 분발시키려는 뜻으로 한 말이었으니 양해하라 는 내용이었다. 그러면서 나를 동생처럼 사귀고 싶다고 했다.

다시 볼 것 같지 않았던 그의 제의에 적이 겸연쩍긴 했지만 거 절하기가 쉽지 않았다. 어쩌면 나 또한 그에 대한 관심 내지 호기 심을 키우고 있는 것도 같았다. 우선은 서울에서 최일류 고등학교 를 졸업하면서 바다에 뜻을 두고 해양대학을 지망했다는 그가 멋있 게 다가왔다. 그리고는 그때 장성호 선실에서 받은 모욕을 그에게 돌려주어도 좋으리라는 나름의 오기였다. 나의 해양대학 합격증을 그에게 보내리라는 심중이었다. 그것은 실제 진학과는 무관하게도 가능한 일이었다. 그곳의 입학시험은 전기 대학들에 넉넉히 앞서는 특차였으므로.

그는 자주 편지를 보내어 해양과 항해의 중요성을 설명하곤 했 다. 삼면이 바다요 북쪽은 막혀 있는 우리의 나아갈 길은 바다뿐이 라는 이치였다. 그러면서 콜럼버스, 마젤란 등 위대한 항해사들 이 야기며, 원양항해의 지표가 되는 별자리 이름들을 전해 오기도 있다.

그의 편지들이 재미는 있었지만, 꼬박꼬박 답장을 쓰는 일이 간 단하지 않았다. 횟수가 늘어나면서 글감이 궁해지면 나는 장난기 섞인 내용을 적어 보내기도 했다. "황영두 항해사님, 지금쯤은 남포 동의 어느 바에서 가련한 마담의 수호천사가 되어 그녀를 괴롭히는 악당들에게 정의의 주먹을 날리고 있겠지요?"라고. 그러면 곧바로 그의 답장이 돌아왔다. 장동휘, 박노식 등 몇몇 액션영화 단골 배우 들이 스크린에서 벌이는 활극은 항해사의 참모습이 아니라고 했다. 항해사는 국가 무역전선의 첨병인 동시에 민간 외교관이라 했다. 외교관계가 없는 미지의 나라들을 제한 없이 드나들면서 우리나라 의 진면목을 세계로 확산시키는 과업이야말로 항해사의 임무이자

특권이라는 것이었다.

항해사에의 호감과 해양대학에 대한 관심이 나도 모르게 부풀어 갔다. 재학 중 1년간의 원양항해실습으로 세계를 일주한다는 입시 요강이 마음을 사로잡기에 충분했다. 거기에 의식주 일체와 수업료 전액이 국비라는 특전이 파격적이었다. 나라가 궁핍하고 너나없이 어려웠던 60년대 초반이었다.

입학시험은 새해 1월 5일이었다. 서울과 부산에서 동시에 있었지만 캠퍼스도 구경할 겸 부산 응시를 택했다. 한겨울이건만, 상록 활엽수들과 동백꽃이 어우러진 남국적 분위기가 좋았다. 수평선이 내다보이는 강의실은 더욱 맘에 들었다. 그러나 경쟁률이 만만찮았고 내 답안에 자신감이 넉넉하지 않았다.

그로부터 열흘 후, 고향마을의 정류장에서 버스를 기다리고 있을 때였다. 전기 대학의 원서 접수 차 서울로 가려는 참이었다. 우편배달부가 다가오더니 내게 전보가 왔다면서 종이쪽지를 내밀었다. '축 합격'이었다. 응시 기간에 숙박했던 하숙집에서 발표 당일에 보내 준 뜻밖의 호의였다.

오전에 딱 한 번뿐인 버스를 포기한 채 집으로 돌아섰다. 아버지가 무척 좋아하실 것만 같았다. 일전에 아버지가 면장과의 술자리를 하면서 면장에게 들으셨다던 이야기도 생생하게 떠올랐다. 그때 면장은 내가 합격하기는 극히 어려울 것이며, 만에 하나 합격한다면 소까지는 몰라도 돼지 몇 마리는 잡아야 된다고 했다는 것. 아버지가 나를 안심시키려고 부풀리신 점도 있었겠지만, 나로서는 이 또한 면장에게 지체 없이 되갚아야 할 자존심이었다.

2월 1일의 가 입교에 따른 한 달간의 특별훈련이 있었다. 물정도 모른 채 전국에서 모여든 까까머리들의 혼쭐을 내는 과정이었지만, 그런대로 견딜 만했다. 훈련이 끝나면 자랑스러운 제복을 입는다는 기대도 있었지만, 이제 곧 나의 정체를 황영두 항해사에게 드러내면서 완벽한 설욕을 하리라는 심회가 더 절실했다.

정식 입학 후, 캠퍼스의 규율 생활에 어느 정도의 여유가 생겼을 때, 드디어 황영두 항해사를 찾아 나섰다. 알 만한 선배 지도관에게 그의 근황을 문의했더니 믿을 수 없는 대답이 돌아왔다. 그가 죽었다고 했다. 그의 대장을 수술한 친구 집도의가 수술용 가위를 남겨 둔 채 봉합해 버린 실수라 했다.

그의 어처구니없는 사인과 요절이 둔중한 충격으로 밀려왔다. 그러면서 맥없이 허탈했다. 그러나 한편 가만히 되짚어 보니, 이런 것이 다 운명이며 인연인가 싶었다. 그와 나의 인자들이 절묘한 시간과 장소에서 서로 만나 엉켜든 것. 그래서 나는 나도 모르게 그가 비울 자리로 끌려든 것인가.

그리고 보니 그때 묵호에서 봤던 장성호는 낡은 소형선에 지나지 않았고, 해양대학의 원양실습이니 제복 같은 것도 별것은 아니었다. 그렇다면 그때 내 눈과 마음이 뒤집혀져 있었던 것인가. 거기에 설익은 오기가 그에게 말려들면서.

무릇 인연이란 것도 알고 보면 다 그런 것인가?(2006. 9. 16.)

2. 뱃 놈

그는 처음 만나는 나를 뱃놈이라고 불렀다. 대한해운공사 소속 코리아 퍼시픽호의 선장으로 승무하다가 본사로 부임한 지 얼마 되지 않은 어느 날의 처가 쪽 혼사 자리에서였다. 성근 머리칼 아래로 툭 튀어나온 이마에 콧등이 펑퍼짐한 그의 터수가 나보다 열 대여섯은 위로 보였다. 아내가 자기의 이종오빠라고 소개하면서 그의 투박한 터치에 대한 내 반응을 살피는 눈치였지만, 나는 그의 뱃놈이라는 호칭에 별 거부감이 없었다. 웃고 있는 그의 표정에 무슨 악의 같은 것이 묻어 있지 않았고, 어차피 항해나 해운 분야에 문외한일 그의 실없는 소리에 꼬투리를 달고 나설 이치도 아닌 것 같았다.

이후에도 그와 나는 자수 만났고, 그럴 때마다 그는 흠씬 손아래인 내게 "어이 뱃놈, 복잡한 서울에는 뭐 하러 왔어?"라는 것이 인사였다. 회식 자리를 마주하면서도 예의 한마디를 무슨 화두처럼 툭 던지는 것을 잊지 않았다. 그러고는 알 듯 모를 듯 눈웃음을 흘리면서 술만 마셨다. 그러다가 드넓은 이마와 뭉툭한 코끝이 벌겋게 달아오를 때쯤이면 온다간다는 표식도 없이 슬그머니 사라지는 것이었다.

모 여자 대학에서 미술평론을 강의한다는 그에 대한 평판이 무성했다. 그의 평론이 프랑스의 '예술지'에 게재되어 극찬을 받았다는 둥, 그의 외국어 실력은 세계문학전집의 웬만한 작품들은 작가의 모국어로 읽는 편이 이해가 빠를 정도라는 식이었다. 그런가 하면, 그의 평론은 지극히 관념적인데다 논조가 신랄해서 국내의 작가들이 진저리를 친다느니, 변변치도 못한 강사 주제에 가계는 나몰라라 하면서 술만 퍼마신다는 등의 지적들도 있었다.

달관의 눈빛 같기도 하고 냉소를 닮기도 하면서 장난기가 섞인 그의 웃음에는 어떤 매력 같은 것이 있었고, 그에 대한 내 호기심은 마주앉는 횟수만큼 짙어져 갔다. 그것은 그에 대한 호감 아니면 오기의 감정이었다. 주위의 평판도 짚어 보고 싶었지만, 만날 때마다 '뱃놈'을 달고 사는 그의 무례만은 반드시 찔러 보고 싶었다. 그러나 그럴 기회가 쉽지 않았다.

어느 가을이었다. 그날은 처가 쪽 혼사가 가평에서 있었다. 평일인데다 거리도 있어서 대부분인 남자 하객들이 부인을 동반하지 않았다. 그도 나처럼 혼자였다. 내가 둘만의 자리를 제의하자, 그는 기다렸다는 듯 만면의 웃음으로 화답해 왔다.

그와 나는 명지산 쪽으로 깊숙이 들어간 물가에 평상처럼 꾸며

진 식당 겸 주점에 자리를 잡았다. 도토리묵, 파전에 표주박 막걸리가 몇 순배 돌았을 때, 내가 말문을 열었다.

"형님, 뱃놈이 뭔지 아십니까?"

그는 기색을 바꾸지 않은 채, 지나가는 이야기 투로 내뱉었다.

"잘 몰라. 넌 알아?"

이번에는 내가 말문을 닫았다. 막상 한적한 장소에서 마주앉고 보니 당초의 내 의도가 당돌했던 것 같았다. 흔쾌히 동반해 준 그의 호의가 오히려 고마우면서, 정적에 싸인 계곡의 가을빛이 더없이 다감했다.

막걸리 뚝배기가 두어 개 비어 났을 때 그가 정적을 깨뜨렸다.

"그래, 대학에서 4년을 전공하고 국제 공인의 면허까지 취득한 오늘의 항해사는 무식하고 천박한 전통적 뱃놈들과 다르다는 말이지?"

그의 느닷없는 파적이 조금 당혹스럽긴 했지만, 기왕에 터진 물꼬라면 지켜보기로 했다.

"선원은 무역전선의 첨병이며 항해사는 민간 외교관이고 말이야. 허긴 그랬지. 외국을 수시로 드나드는 것은 선원들의 특전이었으니깐. 오죽했으면 미국을 보고 싶었던 시인 박인환이 해운공사 남해호의 사무장 자격으로 태평양을 횡단했을까."

그의 콧등과 이마는 이미 벌겋게 달아올라 있었다.

"일등항해사의 화물 수취증서로 선하증권이 발행되고 선장의 항해지휘권은 신성불가침이지. 그런 선장의 급료는 소속 회사 사장의 그것보다 훨씬 더 높고 말이지."

내가 항복을 하듯 두 손을 들어 그의 열변을 중지시키고는 잔을 건넸다. 그러자 그는 언제 그랬느냐는 듯 술만 마셨고, 나는 나대로의 상념에 젖어들면서 잔을 비워 갔다.

그는 내가 항복을 해도 좋을 만큼 많이 알고 있었다. 그러나 지금은 하나같이 고전이 되어 버린 사실들이었다. 제4의 국방으로까지 숭상되던 상선 선대가 철저한 상업주의 속으로 함몰된 탓이다. 오늘의 상선은 편의에 따라 국기를 바꿔 날고 선석항을 바꾸며, 비용을 줄이기 위해서는 외국 선원들까지도 서슴없이 승선시킨다. 끝없는 속도 경쟁은 대양 횡단의 시간을 절반으로 줄였고, 컨테이너로 획일화된 화물은 항구의 정박 기간을 날짜에서 시간 단위로 단축시켰다. 그런 과정에서 항해의 경제성만을 도모해야 하는 선장은 기업의 봉급쟁이로, 천체 대신 계기판을 살피기에 이골이 난 항해사는 고속도로의 운전수로 전락해 버렸다.

바다의 고속도로, 그것은 인공위성으로 기상을 관측하는 전문 기관이 수시로 안내하는 추천항로다. 선장은 그들의 추천항로를 준수해야 한다. 그것을 벗어나면 견책 사유가 된다. 항해와 여행은 사라지고 물류의 달음질만 남았다. 불과 30여 년의 격변이다. 내가 그를 제지한 것은 그가 이런 치부만은 모르기를 간절히 바랐기 때문이었다. 설사 알고 있다 하더라도 그에게 발가벗겨지기는 죽어도 싫어서였다.

내가 이미 퇴색해 버린 내 선장 면허에의 비애와, 북태평양 한낮을 유유히 유영하던 고래 쌍들의 등줄기처럼 빛나던 지난 시간에의 회억에 잠겨 있을 때, 그가 다시 정적을 휘저었다.

"내가 강의하는 미술사(美術史)에는 '항해와 모험의 시대'라는 것이 있어. '내비게이션 앤 벤처'지. 당시의 뱃놈들이 대단했거든. 그들 중에서도 콜럼버스가 단연 빛났어. 물론 그에 앞서 희망봉을 발견한 디아스, 인도항로를 찾아낸 다가마도 대단하긴 했지. 그들은 모든 생명을 끓이고 태워 죽인다는 적도 해역을 처음으로 통과한, 간 큰 사내들이었으니까. 그러나 그것은 어디까지나 땅 그림자에 의지한 항해에 지나지 않았어. 가도 가도 수평선뿐인 망망대해에서 천체만을 지표로 한 항해는 콜럼버스가 그 시초였어. 그것도 조잡하기 이를 데 없는 나침반과 고도 측정기, 대략 30분마다 뒤집는 모래시계만으로 말이야."

또 한 번 놀라운 일이었다. 그는 내 전공인 항해학의 지문항해(地文航海)와 천문항해를 정확하게 알고 있었다. 그렇다면 그는, 진북(眞北)을 지시하는 자이로컴파스, 천체의 고도를 분 단위로 잴 수 있는 섹스턴트, 그리니치 표준시를 1초미만의 오차로 체크해내는 크로노미터(Chronometer)까지 알고 있는 것일까. 설사 그렇다 치더라도 쉰일곱 개의 붙박이별과 그들의 별자리만은 전혀 생소하겠지.

그와 내가 제법 취해 있었다. 이제는 지껄이는 것도, 마시는 것도 모두가 걷잡을 수 없는 제 장단이었다. 발동이 걸려도 제대로 걸린 셈이었다.

"동년배인 이사벨라 왕녀의 연정에 가까운 환송을 받으면서 미지의 세계로 돛을 펼친 사나이 콜럼버스의 기상이 멋지고 빛났어. 그에 못지않은, 어쩌면 그보다 더 위대한 뱃놈은 포르투갈의 마갈량이스, 에스파냐의 마가야네스, 즉 마젤란이었지. 신대륙은 인간이 범접할 수 없는, 신의 절대 장벽이라고 우기던, 실없이 부지런한 인간들의 주장을 불과 35미터의 범선으로 뚫어버렸거든. 영하 40도의 혹한과 사멸의 폭풍뿐인 얼음 해안을 일 년여 뒤진 끝에 인도양에서 태평양으로 나서면서, 지구가 둥글다는 신념과 일부변경선의 이치를 체증한 그는 불사신이었지. 르네상스를 꽃피운 것도, 산업혁명의 바탕을 마련한 것도 다 그들 빛나는 뱃놈들의 위업이었어. 그런데도 지구의 인문역사는 그들의 업적을 제대로 평가하지 않았어. 뱃놈들은 세속의 명예나 부, 권력 같은 것에 집착하지 않았기 때문이야. 그런 것들은 언제나 나약한 인간들의 전유물이었고, 대부분의 역사는 그런 인간들의 손으로 쓰여졌으니깐.

뱃놈들이 추구한 것은 인간 정신의 위대한 가능성과 지식에의 탐구였어. 그것은 목숨을 건 모험이었기에 그들은 그렇게 살고 그렇게 죽어갔어. 배와 뱃놈은 풍랑에 으깨어질망정 땅에서 구차하게 폐기되지는 않는다는 기백으로 말이지. 대서양을 여덟 번이나 횡단했던 대양의 제독, 신대륙의 총독 콜럼버스는 시기꾼들의 음모로 분노와 비탄 속에 죽어갔고, 마젤란은 필리핀의 맥탄 섬 원주민들의 돌팔매로 짓이겨졌어. 그들의 후예인 쿡 선장은 하와이 폴리네시안들의 곰탕 재료로, 남극점을 정복한 아문센은 피어리에게 선점당했던 북극에서 추락사로, 스코트는 남극의 얼음 눈밭에서 동상으로 쓰러져갔어. 그리고 그들 빛나는 전통의 마지막 후예는 섀클턴이었지. 두 번째의 남극 탐험으로 영웅의 명예와 작위, 넘치는 부까지 얻은 그는 세 번째 탐험에서, 2년에 걸친 웨들해의 부빙(浮氷)생활, 맨몸으로 사우스조지아 섬 횡단 등 인간 능력의 한계를 넘는 투지로 세상을 설레게 했어. 그리고는 다음 탐험에서의 비참한 최후였지. 그와 동시에 인류 정신의 진정한 벤처는 끝나버렸거든.

지구가 둥글다는 가설은 그리스 시대부터 있어 왔어. 그러나 그것은 '만약에'와 '그러나'밖에 모르는 인간들의 말놀이에 지나지 않았지. 그것을 생각하고, 말하고, 행동한 것은 바로 그들 빛나는 뱃놈들이었어. 그러나 지금은 그런 뱃놈들도 찾아볼 수 없거니와 그때의 그들에 못잖았던 환쟁이들의 모습도 이제는 보이지 않아. 다만 생산원가에서 판로까지 빤한 기업을 도모하면서 벤처라는 이름만으로 그들을 흉내 내려는 조무래기들이 넘칠 뿐이야."

그는 숨을 돌리면서 잔을 들어 벌컥벌컥 들이켰다. 이제는 이마와 콧등에서 번져 내린 홍조가 그의 얼굴 전부를 덮고 있었다.

그는 다시 이전처럼 웃고 있었다. 눈가에 번져 있는 물기가 땀이라면 그는 분명 웃고 있었다. 그런 그의 등 뒤로 그의 얼굴빛을 닮은 가을꽃들이 후드득 후드득 떨어져 내리고 있었다. 석양에 번쩍이는 그의 넓은 이마며 펑퍼짐한 콧등이 흡사 뒷산 큰 바위에 새겨진 얼굴 같다는 생각이 불현듯 스쳤다. 나도 어지간히는 취한 모양이었다.(2004. 6. 24.)

3. 윌리윌리(Willy-willy)

선장발령을 받고 처음으로 승선한 '코리아 퍼시픽'호의 포항/호주 간 항해가 평온했다. 항로 초입인 필리핀 동쪽의 서태평양 언저리가 태풍의 발생지여서 해면이 자못 소란스럽긴 하지만, 아직 유년기의 바람들이 6만 톤 대형선의 항로를 간섭하지는 못했다. 그나마 기껏 사흘 항해면 바로 적도무풍대(Doldrums)였다.

북위 10도와 남위 10도 사이로 통칭되는 적도무풍대의 1300여 해리를 남하한 다음에야 산호해의 물결이었다. 연중 무역동풍에 길들여진 해면은 미미한 바람에도 가당찮은 기세로 부딪쳐 왔다. 더구나 항해에 치명적인 측면 파동이었다. 그러나 이내 호주의 동쪽 연안으로 접근하는 단거리 항로여서, 웬만한 황천(荒天)에는 간단한 지그재그 항해로도 무난한 뱃길이었다.

하긴 유명한 윌리윌리가 바로 이 해역의 바람이었다. 사모아, 피지 인근의 남태평양에서 발생하여 서쪽으로 이동하면서 성장하는 열대저기압. 태풍, 허리케인, 사이클론과 함께 지표상 4대 바닷바람의 일원이었다. 그러나 그것은 항해기상학의 구색일 뿐, 윌리윌리의 기세가 다른 세 바람의 반열은 못 되는 것 같았다. 그간 서너 항차를 오르내린 경험과 근자의 피해사례들이 그랬다. 2차 세계대전 중 롬멜 사막군단의 전차를 뒤엎었다는 사하라의 지부티 바람이 지금은 이름뿐이듯.

그야말로 듬직한 선체에 평온한 항해였다. 반바지 차림의 새벽 갑판 산책은 해발 5미터의 활성오존 상쾌 속 유영이었다. 뒤이어 일출과 함께 열리는 하늘, 바다, 산호초의 경이는 새로운 하루의 축복이었다. 그러다가 태양이 남중으로 열기를 고조시키는 나절에는 노곤하고도 상쾌한 오수(午睡). 뒤이어 하루가 저무는 일몰이면 보일락 말락 피어나는 항성들을 막 숨으려는 수평선으로 끌어내려 고도를 체크하는 천측(天測). 그것은 망망대해의 한 점 위치 확인인 동시에 별꽃의 휘황 속으로 하루를 잠재우는 보람이었다.

그렇게 진입한 산호해였다. 점심식사 후에 주갑판으로 나섰더니 파도의 주기와 강도가 심상찮았다. 좌현 열 시 방향 200해리쯤의 기상도 위에 황소 눈알처럼 올라앉은 열대저기압, 바로 윌리윌리였다. 느리게 서진하고 있는 그것의 동태로 봐서 우리의 남진항해는 무난할 것 같았다. 다년간 그것들의 궤적을 집계한 종합기상도(Weather Chart)에서도 붉은 실타래는 호주 북단의 토레스(Torres)해협 쪽으로 나부끼고 있었다. 기껏 두어 가닥이 호주의 동해안을 따라 흘러내릴 뿐이었다.

밤중 내내 해면이 소란스러웠다. 그러나 곧 피차의 최근접 해역을 통과하고 나면 호전되리라 했다. 그러나 날이 새면서 판명된 사태는 그것이 아니었다. 중심기압을 흠씬 낮춘 그것의 눈이 일곱 시 방향 약 100해리 해상에서 배의 항로와 비슷한 진로로 따라오고 있었다. 100분의 1이나 될까 말까한 확률이긴 하지만 그것의 좌회전 남하가 사실이라면 따라잡힐 수도 있겠구나 싶었다. 그러나 아직은 그것이 호주 동해안으로 상륙할 여지도 있는 데다 설사 따라잡혀봤자 윌리윌리일 뿐이라는 각오로 속항하는 도리밖엔 없었다. 왼쪽은 그것의 진로 전방이었고 오른쪽은 바로 대보초의 산호초 밭이었다. 목적 항 뉴캐슬까지 이틀 남짓을 남긴 항정이었다.

정오를 지나면서 동풍에 실린 물결이 파고를 높여 가고 있었다. 자동조타(自動操舵)를 해제하고 수동 조타의 지그재그 항해로 전환했다. 보조 타수(舵手)들까지 동원하면서 선장이 직접 조타명령을 내리는 비상항해였다.

바람과 빗줄기와 물결이 시시각각 강도를 더해 가고 있었다. 거대한 군마들의 횡대가 갈퀴를 휘날리며 연거푸 좌측으로 달려드는 형국이었다. 일몰 경에는 침로 항해를 포기해야 했다. 지그재그 행보일망정 선체의 횡요(橫搖)가 과도했다. 물결을 정면으로 받으면서 버티는 도리밖에 없었다. 그야말로 피항(避航)조치였다. 파도를 선수로 가르면서 난바다로 나갔다가 해안 쪽 바다로 들어오는 능파(凌波)항해였다. 엔진과 방향타가 버티는 한 항해야 무난하겠지만 한 번씩 돌아설 때가 문제였다. 간혹 섬멸하는 번갯불 말고는 완벽한 흑암의 세계에서 선체가 파도고랑에 눕는 매 순간이 바로 운명의 분수령이었다.

희붐하게 날이 새자, 시야는 경악이라는 말밖에 달리 표현할 수 없는 정경이었다. 지금껏 보아 온 바다는 간곳이 없고 겹겹의 준령들이 허공을 삿대질하듯 치솟으며 몰려들었다. 하늘 또한 질세라, 오늘은 아예 태양이 없다는 듯 어둡게 내려앉은 채, 뇌성과 물 폭탄으로 받아치고 있었다. 그러면서 귀청을 찢는 질풍은 마스트며 안테나로 귀살스레 감겨들었다. 태초의 혼돈이 이에 더했을까 싶었다.

준령들을 만날 때마다 하늘로 솟구쳤던 뱃머리가 우레의 파열음과 함께 해면으로 처박히면 선수부위가 모습을 감추었다. 이윽고 거대한 바다를 뒤집어쓴 선수가 덜덜덜덜 솟아오르면 주갑판의 거대한 물굽이가 후갑판 주거구역으로 넘쳐들었다.

들고 나는 변침 시, 가련한 선체가 긴 풀잎처럼 파도 골짜기에 누울 때면 좌우현의 파도 꼭대기가 조타실의 내 안고를 오르내렸다. 갑판의 양단이 물에 잠기는, 대략 45도 부근의 횡요가 선체 복원력의 한계라고 하지만, 우리의 '코리아 퍼시픽'호는 이미 그 한계를 넘나들고 있었다. 파도가 포물선의 파동이라는 물리학의 명제만이 마지막 보루인 셈이었다. 더욱 가공할 일은, 병든 방아깨비처럼 해면을 찧고 뒤틀리며 흐릿한 시계 속을 통과하던 다른 배의 모습이었다. 선수가 솟아오르자, 앞쪽 절반 이상의 선저판 아래로 하늘이 보이는 것이었다. 타고 있어서 보지 못할 뿐, 우리 쪽도 그에 다르지 않을 것이었다.

아니나 다를까 단파 무선전신의 SOS 모올스 부호들이 다급하게 날아다녔다.

"항공기 구조요망"(Save us by plane)!

"절망적임, 헬리콥터 파견요망"(Desperate, send us copter)

그러나 호주 북단 다윈에 위치한 구조본부의 대답은 딱 하나였다.

"황천으로 비행불가, 최선을 다하기 바람"(Weather not permit, do your best)

자기들끼리의 일상이라면 기침만 해도 거들고 나설 "신의 가호가 있기를!"(God bless you)의 호의는 끝내 따라붙지 않았다.

그들과 내가 까마득히 멀다는 고적감과 함께 절망의 기운이 뜨겁게 엄습해 왔다. 그러면서 코흘리개 아들형제가 떠올랐다. 영락없는 '슈즈 샤인'(Shoes shine)이 되는구나 하면서 불쌍했다. 그러고는 나의 비보에 혼절할 것만 같은 아내가 못 미더웠다. 그런 잠시, 나로 인한 슬픔으로 여생을 젖어 지내실 부모님이 떠오르면서 눈물이 났다. 그러고는 머리가 텅 비는 것 같았다. 나도 몰래 두 손을 맞잡으면서 조아리게 되는 것이었다.

"당신의 권능과 판정에 승복합니다. 그러나 딱 하나, 가랑잎만도 못한 재능이긴 하지만, 그래도 살아남기 위한 발버둥은 포기하지 않겠습니다. 용서하소서!"

절에도, 교회에도 다니지 않는 나의 기도가 누구를 향한 것인지는 나도 모를 일이었다. 누군지는 몰라도 그런 절대자가 있다면 나의 모든 것을 그에게 넘기고 싶은 마음만 간절했다. 그러자 한결 담담해지면서 시야가 트여왔다. 여럿 선원들이 조타실 주위로 몰려와 있었다. 육십 평생을 바다에서 보낸 갑판장의 파리한 안면도 기껏 자식 연배인 내 표정을 살피는 것 같았다.

선장의 직책이 이런 것인가 하는 각성이 뜨끔했다. 그러나 이제 두렵거나 불안하지는 않았다. 선장답게 죽어야 한다는 명제만으로 편안했다. 해도대(海圖臺) 위에 상체를 엎은 채 숨을 고르고 있는 내게 해양대학의 선배인 기관장이 다가와서 속삭였다. 이제는 선원 각자에게 스스로의 생명을 책임질 권리를 돌려줘야 하지 않느냐고 했다. 라이프 재킷을 나누어주고 조난신호를 송출하는 것이 선장의 마지막 본분이 아니겠느냐는 조언 내지 자기 몫의 권리주장일 것이었다. 그러나 그것만은 끝내 피하고 싶었던 내가 목청을 높였다.

"여기는 당신이 있을 자리가 아니야, 기관실로 내려가시오!"

그러고는 다른 선원들에게도 일갈했다.

"요만한 파도에 웬 법석들이야, 지체 없이 각자의 위치로 돌아가도록!"

이만한 위기에 그들의 위치가 어디인지는 나도 모를 일이었지만, 조난신호나 구명조끼로 대처할 사태는 한참 지났다는 판단이었다. 그런 것은 아무런 도움도 되지 않으면서 선원들을 공포의 혼란 속으로 몰아넣을, 선장인 나로서는 끝내 열고 싶지 않은 '판도라의 상자'였다.

이튿날의 정오쯤에는 태풍의 눈, 바로 윌리윌리의 저기압 중심이었다. 극도로 떨어진 기압계가 하강을 멈추고 바람이 수시로 바뀌면서 파도가 조금은 누그러진 것 같았다. 그러나 중심부의 상승기류로 바다가 거대한 가마솥처럼 끓어오르고 있었다. 파도의 정수리마다 하얀 이빨을 드러낸 채 하하하하 웃으면서 달려드는 귀신의 형상이었다. 윌리윌리가 나와 선원들을 자신의 소용돌이에 가두고 이제는 섬멸하려는 마지막 수순인가 싶었다. 거기에 음산하도록 짙은 안개였다. 시정(視程)이 백 미터나 될까 말까한 농무 속에서 레이더(Radar)만이 유일의 길 더듬이였다. 이만한 비바람에도 실수 없이 작동해 주는 그것이 미덥고 고마웠다.

우현 쪽의 안개를 뚫고 유령처럼 나타난 잡화선 한 척이 스칠 듯 근거리를 느릿느릿 지나갔다. 만재흘수선까지 바다에 잠긴 선체를 불 맞은 구렁이처럼 뒤척이며 멀어지더니 취객의 뒷모습으로 비틀비틀 안개에 묻혀 갔다. 그 배에서도 레이더 스캐너는 맹렬하게 돌아가고 있었다.

다음 날은 한결 높아진 파도였다. 그러나 파장이 길게 늘어난 너울성이어서 항해가 그다지 힘들지는 않았다. 여전히 낮게 드리워진 하늘에서 빗줄기가 세찰 뿐, 뇌성이나 벽력은 없었다. 그러나 돌풍은 여전히 높은 스케일을 견지하고 있었다. 윌리윌리가 우리를 앞질러가서 사라진, 저기압 후면 기상(氣象)의 징후들이었다.

그것이 휩쓸고 간 바다를 패잔병처럼 비척이며 찾아간 뉴캐슬항에서도 입항은 허용되지 않았다. 항만시설이 거반 파괴된 데다, 예선 등 입항보조선들의 출입이 불가하다고 했다. 그렇다고 닻을 내려 정박할 수도 없었다. 산처럼 밀려드는 너울들이 닻과 닻줄을 들어 올리는 일이었다. 또다시 선수로 물결을 가르면서 지향 없는 배회를 계속할 밖엔. 바람도 거의 멎었지만 뒤풀이의 장대비는 연일을 두고 쏟아졌다.

뿌리째 뽑힌 교목이며 건물의 잔해, 농축산물들이 포구로 밀려들고 있었다. 40년래의 대형 윌리윌리에 4척의 외항선이 가라앉았다는 방송이었다. 입항수로의 오른편 언덕 위에는 2만 톤쯤의 화물선 한 척이 그날의 증언인 양 전신을 드러낸 채 덩그러니 올라앉아 있었다.

식수 외의 생활용수는 빗물로 대처하면서 며칠을 지낸 끝에야 드디어 입항이었다. 검역, 세관, 대리점 등이 자기네 편의대로 승선하면서 난항에 대한 위로를 잊지 않았다. 그러나 그들과 내가 전혀 무관하다는 일념뿐, 그들의 호의가 공허했다.

기관장과 통신국장의 권유로 따라나선 부둣가의 주점에서도 마찬가지였다. "캡틴, 수고가 컸습니다."라는 관용구는 귓전에서 흩어졌다. 함께 배로 돌아와서 두 사람을 따돌린 다음 혼자서 호텔 로비의 주점으로 나가 앉았다.

이튿날 호텔방에서 눈을 뜬 것은 오후 다섯 시경이었다. 배에서는 선장이 없어졌다고 소동이었다지만 나로서는 도리 없는 일이었다. 그런 다음에야 조금씩 돌아오는 선장의 직책이며 일상이었다. 지금은 우리의 '코리아 퍼시픽'호가 부두에 접안 중이며, 하역시설의 파괴로 당분간은 하역작업이 없다는 것. 그러고는 부산의 가족들이 떠올랐다. 전화를 걸어야겠다고 생각을 하면서도 이 모두가 현실이 아닌 것만 같았다. 나와 배는 가라앉고 없는데 내 영혼만이 저승도, 이승의 고향 산천도 아닌 객지의 구천을 이렇게 떠돌고 있는가 싶었다. 하룻강아지의 식견과 경륜으로 바다를 한 꺼풀씩 익혀가던 서른두 살 때의 일이었다.(2013. 8.)

4. 외포리(外浦里)

서울의 겨울은 길고도 삭막해서 웬만한 뚝심으로는 배기기가 쉽지 않다. 삼월도 중순을 넘었건만 천지에는 회색의 냉기뿐, 봄의 기색이라곤 어디에도 없다. 가끔 제법 도타워진 햇살이 성급한 기대를 부추기기도 하지만 밤의 한기는 지나온 삼동(三冬)을 도리어 무색케 하면서 새봄에의 감질을 매섭게 시새운다.

그럴 때면 외포리를 찾을 일이다. 그곳 남서쪽으로 열린 작은 바다와 올망졸망 낮은 섬들 앞에서 가슴을 펴면, 겨우내 움츠려들었던 숨통이 조금은 열릴 것이다. 남녘 초록 뱃길 위의 섬들이야 이미 물오른 난대림에 끝물 동백이 꽃비로 쏟아지겠지만, 그만한 봄맞이의 연년 호사가 쉬운 일이던가.

나절이면 다녀올 만한 지척에 외포리가 있음은 축복이다. 그곳의 삼월 역시 서울의 그것에 대차 없는 회색빛 외양이긴 하지만, 갈매기의 나래 짓에 실려 오는 바람결과 맞은편 석모도(席毛島)를 오가는 도선(渡船)들의 물이랑에는 어느덧 적잖은 봄의 훈기와 빛깔이 배어 있었다. 잔파도가 찰싹이는 물기슭 양지받이에는 노란 꽃다지와 보라색 제비꽃도 저들끼리 남모르게 어우러져 있었다. 이들 이파리 하나를 뜯어서 코에다 대고 숨을 들이키면 폐부 깊숙이 꽂히는 햇잎의 향기에 밑바닥 숨결이 툭 터지는 것이었다.

누가 뭐래도 봄은 물길로 찾아오는 이치였다. 어릴 적 고향마을에서도 겨우내 얼어붙었던 동구 밖 큰못이 초록 물결로 남실대면 어느새 봄이었다. 뒤이어 물 잡은 못자리들이 아침저녁 비낀 햇살에 면경처럼 반짝이고 물꼬마다 개구리 알이 부풀면, 뼘 자란 보리밭 둔덕의 살구꽃도 벌겋게 피어올랐다. 그래서 선인들도 전원의 사계(四季)를 노래하면서 봄은 '연못마다 가득한 물(春水滿四澤)'로 읊었던가.

외포리의 봄은 주꾸미의 별미로 찾아오기도 한다. 어물전 망신의 꼴뚜기에 대차 없는 녀석들의 제철이 삼월이다. 겨우내 펄 바닥에 머리를 박고 죽은 듯 지내던 놈들이 계절 감각만은 남달라서, 마파람이 불어왔다 하면 떼거리로 떠올라서 겁 없이 몰려다닌다. 주체할 수 없는 생식본능의 발로다.

물미역 냄새가 짙은 그것들을 햇순 미나리와 데쳐서 한 마리씩 집으면 외포리의 봄기운이 전신으로 스민다. 거기에 소주잔을 곁들이면 웬만한 인동의 비애쯤이야 준비 없이 찾아간 주머니사정으로도 너끈히 날릴 만하다.

이럴 때면 바다로 난 통유리창가에 자리를 잡을 일이다. 그곳의 하늘, 섬, 바다가 엮어내는 삼단 풍경 속으로 갈매기 떼의 군무가 펼쳐든다. 삼월 들면서 눈에 띄게 불어난 개체수다. 이들 또한 번식의 계절이어서, 꼬리치며 달아나는 암컷에 수놈들이 따라붙는다. 시종 시치미를 떼던 암놈이 못 이기는 척 응낙의 자세를 취하면 해면과 선착장, 지붕과 담장을 가리지 않고 교미를 해댄다. 철 따라 떠도는 삶이긴 하지만 번식의 춘정만은 거를 수 없다는 필사의 본능이다.

이미 수태를 했거나 귀향의 발길이 느긋한 놈들은 섬을 넘나드는 도선들의 고동소리로 몰려든다. 선객들이 뿌려대는 새우깡 부스러기를 좇는 수백 마리가 출항선의 항적(航跡) 위에 북새판을 이룬다. 목청까지 돋우어 달려들고 물러서면서 날렵하게 돌아난다. 물고기를 노려 살처럼 내리꽂히는 직선비행이 주특기인 그들로서는 엄청나게 숙달된 후천의 곡예비행이다.

객선이 수로의 중간을 넘어서면서 승객들이 보시(布施)의 손을 털면 갈매기들은 다시 외포리로 돌아온다. 그러나 바다를 자맥질하지는 않고 선착장 기슭이나 횟집 창가에 앉아 몸을 말리면서 다음 출항선의 고동소리를 기다린다. 그러다가 장삿속의 볼거리를 연출하는 식당 주인이 회를 뜨고 난 잔해더미를 창가에 내다 뿌리면, 솜털 속의 거시기마저 스스럼없이 드러내면서 통유리로 달라붙는다. 편하게 먹고살기에 이골이 난 놈들이다.

다수의 괭이갈매기에 등이 검은 '큰재갈매기', 부리와 다리가 붉은 '붉은부리갈매기'가 격의 없이 어울린다. 이들 중 뒤의 두 종족은 더위가 나기 전에 오오츠크나 알류산, 배링 해를 넘어 알라스카 아니면 캐나다의 서안으로 돌아가야 한다. 삼월의 외포리에서 회임한 새 생명을 사월의 그곳 고향에서 낳아 길러야 한다.

짙은 회색 등에 노란색 다리와 검은 꼬리, 긴 부리 끝의 검고 붉은 점으로 식별되는 괭이갈매기만 외포리에 남는다. 서양인들은 '검은꼬리갈매기(Black tailed gull)', 일본에서는 우는 소리가 고양이의 그것과 흡사하다고 해서 '바다고양이(그들의 말로 '우미네코')'라고 부르는 동북아의 텃새다. 크지도 작지도 않은 몸매에 고기떼를 좇는 눈이 밝아서, 전통 어부들의 사랑을 독차지해 온 우리의 갈매기다. 한반도 남 · 서해안의 무인도와 동해의 독도가 그들의 주 산란장이다.

대양을 횡단하는 항로상의 갈매기들은 인근 육지의 인종을 닮아 있었다. 북태평양 중위도(中緯度) 수역의, 독수리처럼 크고 우악스런 놈들은 바로 검붉은 거구의 폴리네시아인들의 형상이었다. 캘리포니아반도 연안에서 수직으로 내리꽂히고 솟구치는, 작고 검은 제비갈매기는 영락없는 멕시칸들의 날렵한 자태와 동작이었다. 일부변경선을 서쪽으로 넘는 귀로의 항해에서 몸과 마음이 쳐질 때쯤, 비둘기처럼 곱고 아담한 괭이갈매기가 수평선에 출몰하면 이내 환희의 모항(母港) 귀환이었다.

그런 연분 탓인지는 몰라도, 갈매기가 있는 바다는 언제나 나를 설레게 한다. 겨울은 막 끝났지만 철새 갈매기들도 아직은 돌아가지 않은 채, 번식의 군무가 활발한 삼월의 해변풍경이 더욱 그렇다. 더구나 이때쯤이면 봄을 기다리는 내 인내력도 고갈의 위기를 맞게 되므로 이래저래 외포리를 찾게 된다. 아직은 차가운 바닷바람 앞에서 내 젊은 항해시절을 갈매기의 비상에 띄워 보는 회상이 감미롭다. 거기에 봄 주꾸미와 햇 미나리를 곁들인 소주의 취흥이 이제는 긴박할 것 없는 내 시간에의 과분한 사치라 할 만하다.

외포리의 갈매기를 나무란 적이 있었다. 물고기사냥 대신 새우깡 부스러기 받아먹기로 체중만 늘리다가는 언젠가 멸종의 화를 맞으리라는 비아냥거림이었다. 길지도 않은 수로에 다리가 놓이거나, 생각 없기로 갈매기에 다를 바 없는 승객들의 헐한 동정이 끊기는 날이 바로 그날이리라 했다. 그러나 그것은 내 젊은 치졸의 단정이었다. 자동차의 편리를 밝히다가는 앉은뱅이가 되리라는 식의 견강부회에 지나지 않았다. 모든 생존은 환경의 편의에 최대한 밀착하는 것.

식당에서 일하는 젊은 여자들이 우리말에 혀가 짧다. 중국 동북

지방에서 건너온 동포들이다. 활기차게 일하는 그들의 모습이 고맙고 사랑스럽다. 그들이 있어서 식당은 문을 열고, 나는 수월한 봄맞이를 한다. 그들 또한 삶의 편의를 좇아온 외포리의 철새 갈매기들인 것. 핏줄로 감별해서 우리네의 괭이갈매기.

젊은 날의 벅찬 항해에서 이제는 풍파가 없는 육지로 돌아와 앉아, 때때로 바다가 그리운 나 또한 영락없는 한 마리의 갈매기인 것을.(2010. 5. 15.)

5. 만청(晚晴)

뚜우 뚜, 묵직한 저음의 기적이 사무실 창을 흔들면 또- 또, 작은 고동이 경망스레 섞여든다. 부두에서 몸을 떼거나 붙이려는 모선과, 그의 운신을 도우려는 예선들의 호응이다. 보나마나 지금은 고조(高潮) 전 후 한 시간 이내의 시간대이며 도크는 들고나는 배들로 분주할 것이다. 양묘기(揚錨機)가 감아올리는, 혹은 풀어 내리는 닻줄 소리와 펄럭이는 깃발, 반쯤 드러난 스크루가 공중으로 차올리는 물보라 등. 어린 시절에 아버지를 따라 나섰던 삼십 리 읍네 오일장터의 그것 같은 설렘이다. 거기에 항구 특유의 애조가 해무처럼 깔려든다.

내가 항구도시에 연을 둔 것은 20년 전이었다. 전신이 국영(國營)이었던 해운회사를 그만두면서였다. 회사의 부도에 따른 은행관리로 새 주인을 기다리는 기간과 절차의 갈등이 가볍지 않았다. 17년 동안 여념이 없었던 첫 직장이지만, 사직을 자청하는 수밖에 없었다. 이제 곧 든든한 재벌이 등장하면서 회사의 전도가 오히려 양양해진다면서 조금만 참자는 우의의 만류도 있었지만, 나로서는 물릴 수 없는 결심이었다. 그때 내게 사람을 보낸 이가 항구도시의 어느 회장이었다. 이제는 조금 느긋하게 살아봐도 좋지 않겠느냐는 권유였다.

그렇게 시작된 포구에의 연분이었다. 서울이 아니어서 좋았고, 해운이 아닌 업종 또한 싫지 않았다. 그렇게 10년을 지내고 나면, 가장으로서의 웬만한 속박들은 벗으리라는 기대였다.

그렇게 꼭 10년을 채웠건만, 나의 귀거래사는 아직도 준비되지 않았다. 예상하지 못했던 인간사의 인연들이 쑥대밭 잔뿌리처럼 엉켜 있었다. 그래서 임시의 변통으로 다시 엮은 기틀이 지금의 사무실이다. 그로부터 어느덧 또 10년이 되어 간다. 정녕 가늠하지 못할 인환의 굴레인가.

항구를 드나드는 배들을 뒷바라지하는 업종이다. 이곳에 자가 사무실을 두고 있지 않은 선주들의 업무대행이다. 그러자니 거래처는 대부분의 외국 선박회사와 약간의 국내 해운회사들이기 마련이다. 그들 선박의 입항과 출항을 수속하며 일체의 항만용역을 주선하고 관리한다.

젊은 직원들이 항구와 배를 오르내리는 사이, 나는 사무실에 앉아서 간혹 걸려오는 전화를 받는다. 대부분이 지인들의 소식이나 안부, 아니면 각종 모임의 연락사항들이다. 현장 업무에 관한 것이라면 내가 받지 않아도 된다. 어느덧 이순을 넘어서는 노을빛 시간의, 내 작은 삶의 조촐한 여유다.

나도 가끔 부두로 내려가서 배의 트랩을 오르고 선장실을 노크한다. 선장이 내어놓는 캔 맥주를 그와 함께 마시면서 그로부터 대양과 항로의 소식을 듣는다. 바다가 삶의 터전인 그들과의 대면은 언제나 배링해의 풋 미역냄새 같은 자극이다.

그러고도 시간과 취흥에 여백이 있으면 나는 그를 거리의 주점으로 안내한다. 불고기에 소주 몇 잔을 곁들이면 그들은 이내 소년처럼 행복해진다. 그런 그들의 눈빛은 하나같이 바다색깔로 푸르고 맑다. 해발 십 미터 언저리의 활성오존에 긴 세월 밤낮없이 씻긴

효과다.

어둠이 짙어지고 항구의 불빛이 그만큼 밝아지면 그와 나는 작별의 손을 잡는다.

"행운의 항해를!"

"다음에도 또, 안녕히!"

인사가 좋아 재회의 다짐이지, 그와 내가 다시 만날 일은 밤하늘의 별빛처럼 아득하다.

그는 항구의 마지막 밤을 어떻게 지낼까. 더 짙은 알코올의 취흥으로 몰입할까. 아니면 또 다른 본능에 탐닉할까. 어쨌든 그는 순수하다. 항해가 지속되는 한 그는 영원의 나그네이니까.

밀물처럼 왔다가 썰물처럼 사라져가는 그들의 모습이 좋다. 그래서 나는 자주 사무실 뒷산, 맥아더의 동상이 있는 공원을 찾는다. 그곳 숲속에 숨어 앉아서 아득한 시간 저편의 추억과 선망의 눈길로 그들을 전송한다. 출항의 깃발을 해풍에 날리면서 시계 너머로 스며드는 그들의 티 없는 자유가 부럽다. 그러면서 아는 이 없는 공원 벤치에서 남모르게 외롭다.

가능키나 하다면 나도 다시 바다로 나가고 싶다. 그래봤자 이제는 옛 시인이 노래했던 타륜이나 흰 돛대, 껄껄대는 수부들의 허풍 같은 것들은 이미 없음을 안다. 그러나 잿빛 안개의 바다 위로 훤하게 트여오는 새벽하늘, 무지개를 뿌려대는 뱃머리의 물보라, 밤하늘의 별자리와 길동무 항성들이야 지금도 여전하리라.

스콜보다 무성한 남지나해의 저녁놀, 쪽빛 산호해의 상아빛 준령 대보초, 인도양과 대서양이 합수하는 희망봉의 삼각파도를 다시 한 번 보고 싶다. 정녕 그럴 수만 있다면 이대로 죽 항해를 하다가 어느 날에 문득, 대양의 물굽이를 베개 삼아 마지막 잠에 들고 싶다. 그러나 이제 내겐 항해가 허용되지 않는다. 가난한 나라의 국비로 항해사가 되었으면 항해가 종신의 본연이겠거늘, 해운을 영업한다면서 젊음을 오염시킨 인과에의 응보다. 진정 항해는 세파에 찌들지 않은 사내들의 몫인 것. 그러기에 나는 시금, 더는 다가갈 수 없는 물기슭에 멈춰선 재, 잃어버린 낙원에의 그리움만 절실한 것인가

바닷길이 막혔다면 전원의 오솔길이라도 찾아나서야 한다. 그러나 이 또한 수월하지는 않으리라. 아득히 지난 어느 날, 다시는 보지 않을 듯 뿌리쳤던 땅. 그곳의 삶과 전통이 가난과 무지의 원천인 양 혐오하며 외면했던 그 산하를 맨송맨송 찾아들기는 어려운 일이다. 그러나 도시에서의 겉치레를 벗어던지고, 떠나오던 그때의 알몸으로 돌아간다면, 언제나 묵묵한 그곳의 산과 강은 돌아온 탕아를 맞는 아버지의 마음으로 받아줄지도 모른다. 아마도 그럴 것이다. 이제야 알겠다만, 내 탯줄과 태반을 묻은 그곳 전원이야말로 나를 낳고 기른 아버지요 어머니인 것을.

두렵고 힘들더라도 떠나야 한다. 혼탁한 도회의 삶을 접고 각박한 시가지를 벗어나야 한다. 그리하여 아직도 창창한 여생에 제2의 성을 마련하지 않으면 안 된다.

지금까지의 삶이 이 땅에 태어나고 자라서 후손을 퍼뜨린 생존본능의 부역이었다면 이제부터의 그것은 내 본래의 원형으로 회귀하는 과업인 것. 왔다가 돌아가는 한 살이에 볼품이야 있든 없든, 그래도 꽃을 피우고 열매로 익어가는 소중한 과정이리라. 그러나 힘들고 어려운 시간이기도 하리라. 그렇지만 포기하거나 회피하려 해서는 안 된다. 비명에 횡사하는 삶이 아니고서야 그럴 수도 없거니와, 그러기에는 우리들 각자의 존재가 지극히 존귀하다. 나의 고고지성에 어머니는 출산의 고통을 감읍으로 적셨고, 할머니는 구부러진 열 손가락을 부비면서 삼신할미의 점지에 사은의 치성을 올렸다.

기왕에 나설 길이라면 흔쾌히 내닫을 일이다. 몸과 마음에 약간의 기운이라도 남아있을 때에 감행해야 한다. 자칫 머뭇거리거나 움츠리다가 낙오자가 되어서는 안 된다. 아침의 약수터와 저녁의

경로당이 생활의 직경으로 굳어져서는 큰일이다. 어느 세상이든 소용없는 잔존은 쓰레기가 된다. 이웃 나라에서는 정년 후의 무위도생을 그의 아내들이 낙엽이라 부른다고 한다. 쓸어도 쓸려나가지 않으려고 달라붙는 남편들을 젖은 낙엽이라 구박한다던가.

완벽한 휴식이야 애초 어디에도 없는 것. 만 가지 초목들이 서로 다르듯, 외롭더라도 나만의 오솔길을 찾아들어야 한다. 그리하여 삶과 죽음을 똑바로 바라보며 걸어가야 한다. 쉬엄쉬엄 걸어도 좋으리라. 그러나 중단 없이 걸어가야 한다. 눈이 푹푹 내리는 숲속에 어둠이 깃들지만, 아직은 잠들기 전에 몇 마일을 더 가야 한다던 서양 시인의 행보가 좋다. 우리네 매월당의 만청(晚晴)은 더욱 절실하다.

하루 종일 짚신발로 걸었네,   終日芒鞋信脚行
산 하나를 지나면 또 하나의 푸른 산.   一山行盡一山靑
마음에 상(像)이 없는데 형(形)은 어이 있겠으며   心非有像奚形役
도(道)에 명색이 없거늘 어찌 거짓 도가 있겠는가.   道本無名豈假成
간밤의 안개가 개지 않고 자욱해도 산새는 노래하고   宿霧未晞山鳥語
봄바람이 미진하건만 들꽃들은 밝게 피어나는구나.   春風不盡野花明
짧은 지팡이 짚고 돌아가는 길에 산봉들이 조용하니   短節歸去千峰靜
비취빛 아지랑이 속에 만청(晚晴)이 열리리.   翠壁亂烟生晚晴

만청(晚晴): 해 지기 직전에 파랗게 개는 하늘, 또는 그에 비유한 노년의 경지.

당신만 몰랐던 매혹적인 바다이야기 27

고명석(부경대 해양생산시스템관리학부 교수)

1. 「당신만 몰랐던 매혹적인 바다이야기 27」

2020년 5월 15일 출간된 바다에 관한 책이다 (2020년 10월, 3쇄 발행).

바다는 인류와 떼려야 뗄 수 없는 관계로 오랜 역사를 함께 해왔다. 바다는 자연과학적으로 생물의 존재와 밀접한 영향을

주고받았을 뿐 아니라, 인문학적으로도 인류 문화사에 큰 영향을 줬던 신비한 존재였다. 「당신만 몰랐던 매혹적인 바다이야기 27」은 그 비밀스런 이야기를 풀어놓은 책이다.

이 책은 쉽고 재미있게 독자들을 바다로 안내한다. 저자는 자신이 경험했던 바다의 여러 가지 모습을 다양한 역사적, 과학적 시점의 스토리로 풀어냈다. 저자는 일반 대중들에게 이 책이 바다와 친숙해질 수 있는 나침반이 되어주기를 바라는 마음으로, 누구나 쉽게 읽을 수 있게 저술했다.

<1부 놀랍고 신기한 바다>는 바다 생명체를 주제로 한 이야기다. 스타벅스 로고와 명칭이 바이킹과 세이렌 신화에서 유래했고,

500년을 넘게 사는 상어가 존재하며, 스스로 성형 수술을 하는 기발한 물고기가 등장하는 등 상상을 뛰어넘는 신기하고 기이한 이야기가 펼쳐진다.

<2부 유럽의 바다>는 유럽 역사 속에서 발굴한 숨겨진 바다이야기이다. 콜럼버스보다 먼저 아메리카를 발견한 것은 바이킹이었으며, 청어의 뼈 위에 네덜란드가 세워졌고, 타이타닉호가 침몰한 것은 속도 경쟁이 원인이었다는 이야기가 흥미진진하게 전개된다.

<3부 동양의 바다>는 동아시아 바다에서 벌어지는 생소하고 진기한 이야기가 전개된다. 일본의 다케시마의 날은 독도 강치잡이에서 비롯되었으며, 홍어 장수가 표류 중 2개 국어를 구사하는 민간외교관으로 활약하고, 조선 시대에도 불법 중국어선인 황당선이 출현했으며, 콜럼버스보다 90년 앞서 세계 일주를 했던 중국 함대가 등장하는 등 우리가 몰랐던 숨겨진 역사가 펼쳐진다.

별도로 구성된 <쉬어가는 코너 [그거 알아요?]>는 "왜 비오는 날 생선회를 먹지 말라고 할까?" 등 바다와 관련하여 생활 속에서 알쏭달쏭했던 궁금증을 풀어가는 코너다. 가볍게 읽을 수 있도록 본문의 중간중간에 배치했다.

2. 이 책의 구성과 목차는

1부 놀랍고 신기한 바다

2부 유럽의 바다

3부 동양의 바다

3. 이 책의 내용을 몇 가지 소개하면

〈1. 바다에서 유래한 명칭, 스타벅스 커피〉

1971   1987   1992   2011

"지옥처럼 검고, 죽음처럼 강하며, 사랑처럼 달콤하다"

이 터키의 속담처럼 그윽한 커피 향은 뿌리치기 힘든 마력이 있다. 커피는 동아프리카 '카파'(Kappa)라는 지역에서 유래하였다. 11세기 홍해를 거쳐 아랍의 예멘으로 전파되어 처음 재배되기 시작하였다. 이후 16세기에 오스만 제국의 콘스탄티노플로 전해졌으며 순식간에 카페가 성행하였다고 한다. 그러다가 베네치아를 거쳐 유럽 전역으로 전파되었다.

요즘 거리에는 다양한 브랜드의 커피 전문점이 있다. 그 중에서도 스타벅스만큼 세계적으로 알려진 커피 브랜드는 없다. 그런데 이 'Star Bucks'라는 브랜드 명칭이 바다와 깊은 관련이 있다는 사실을 아는 사람은 드물다.

이야기는 오래전 영국에서 시작되었다. 북쪽 땅으로부터 배를 타고 나타난 정복자 바이킹은 8~11세기 유럽 전역을 흔들었다. 영국, 아이슬란드, 프랑스, 이베리아 반도, 지중해, 러시아를 비롯해 멀리 아메리카까지 진출했다. 영국에 침입한 바이킹 일족이 내륙으로 들어가 오늘날의 맨체스터 근교에 정착한 적이 있었다. 그들은 그곳에서 갈대가 무성하게 자라는 작은 개울을 발견하고 마을을 이루고 살았다.

사람들은 개울가에 살게 된 이 부족을 '갈대(stor)가 있는 개울(bek)'이라는 뜻으로 '스토벡'(Storbek)이라고 부르기 시작하였다. 오랜 세월이 흐르고 발음이 변형되면서 명칭은 '스타벅'(Starbuck)으로 바뀌게 되었다.

19세기 미국에서 위험하지만 돈이 되는 사업이었던 고래잡이가 크게 성행하였다. 이 소문을 들은 스타벅 부족 일부가 미국으로 건너가 고래잡이 배를 타기 시작했다. 이들은 바이킹의 후예답게 고래잡이에 탁월한 능력을 발휘하면서 업계에 이름이 알려졌다.

「모비 딕」(Moby Dick)을 쓴 작가 허먼 멜빌은 항해 경험을 토대로 많은 해양소설을 썼다. 허먼 멜빌은 선원 생활을 하는 동안 고래잡이로 명성을 날리던 스타벅 부족에 대해 들었다. 그래서 그는 이 부족의 이름을 따서 소설 속에서 등장하는 항해사 이름을 '스디벅'이라고 지었을 것이다. 소설 속에서 항해사 스디벅은 불굴의 투지로 흰 고래에 무모하게 맞서는 에이허브 선장과 다른 캐릭터이다. 고래에 무모하게 달려드는 선장을 말리며 설득시키는 차분한 성격으로 그려진다.

미국 시애틀에 허먼 멜빌의 「모비 딕」을 그 누구보다 좋아하는 교사가 있었다. 그가 바로 스타벅스의 공동 설립자인 제럴드 볼드윈이다. 그는 1971년 교직을 그만두고 다른 두 명과 함께 커피전문점을 시작하게 되었다. 제럴드 볼드윈은 커피전문점 명칭을 고민하였다. 그는 소설 「모비 딕」에 나오는 항해사 이름인 '스타벅'을 사용하기로 했다. 거기에 세 명이 공동 창업하는 의미를 담아 복수형인 s를 붙였다. 이렇게 하여 바이킹 부족에서 유래된 유명한 브랜드 '스타벅스'가 탄생하게 되었다.

한편 스타벅스 로고에 있는 형상은 그리스 신화에 나오는 바다의 마녀 세이렌(Seiren)에서 가져왔다. 세이렌은 아름답고 치명적인 매력을 가진 마녀인데, 신비하고 매혹적인 노래를 불러 선원을 유혹했다. 거부할 수 없는 노래를 들은 선원들은 매혹되어 바다에 뛰어들었고, 세이렌에 잡혀 먹혔다.

이처럼 스타벅스 창업자들은 그들의 카페가 세이렌의 노래처럼 사람들을 유혹하여 지나가는 사람들이 매장으로 들어오길 바라는 소망을 담아 로고를 만들었다. 세상이라는 바다에서 고객이라는 선원을 매장으로 유혹하기 위해 세이렌을 내세웠던 것이다.

1971년 최초로 만들어진 스타벅스 로고는 세 번 바뀌었다. 그런데 2011년부터 현재까지 쓰고 있는 로고에는 스타벅스라는 명칭은 사라지고, 세이렌만 남았다. 이제 1등 항해사 스타벅의 차분하고 이성적인 분위기는 버리고 세이렌의 유혹만을 남기려는 의도일까? 거리를 걷다 보면 젊은이들이 스타벅스 간판을 보는 순간, 홀린 듯이 문을 열고 들어가는 것을 종종 볼 수 있다. 마치 세이렌의 노래를 듣기라도 한 것처럼……

〈2. 500년을 사는 장수의 비밀, 그린란드 상어〉

상어는 비교적 잘 알려진 고대 생명체이다. 상어를 이야기하면 영화 <죠스>가 만들어낸 공포의 이미지를 먼저 떠올리게 된다. 반면 귀엽고 친근한 상어의 이미지도 있다. "아기 상어, 뚜루루~~~"로 시작하는 한국 동요 <상어 가족>(baby shark)이 빌보드 메인 싱글 차트에 오른 적이 있다.

영화나 만화에서 희화화된 이미지 외에 상어의 생물학적 특성을 잘 아는 사람은 드물다. 상어는 4억 5천만 년 내지 4억 2천만 년 전 오르도비스기부터 지구에 존재했었다는 증거가 있다. 상어는 물렁뼈로 된 연골어류에 속하며, 종류가 370종이나 된다. 부력을 조절하는 부레가 없어 헤엄치지 않으면 가라앉는다. 일부 종은 아가미를 스스로 움직일 수가 없어서 계속 헤엄쳐 아가미를 통과하는 바닷물에서 산소를 얻는다. 평생을 헤엄쳐야 하는 운명을 타고난 것이다. 크기도 다양하다. 난쟁이 랜턴 상어처럼 손바닥만 한 것이 있는가 하면, 고래상어처럼 컨테이너 세 개 길이의 상어도 있다.

상어의 이빨은 마치 여러 줄의 톱니바퀴 같아서, 앞줄이 없어지면 뒷줄이 앞으로 나오면서 교체된다. 피부는 마치 갑옷 표면의 조각처럼 생긴 방패비늘이 감싸고 있어 꺼칠꺼칠하다. 비늘은 물의 저항을 최소화하는 형태로 되어있어 수영선수의 수영복 기술에 적용되기도 한다. 습성도 특이하다. 대형 상어 중에 뜨거운 피를 순환시켜 주위보다 체내 온도를 높게 유지하여 활동성을 높이는 종도 있다. 체외수정을 하는 다른 물고기와 달리, 교미 후 암컷 체내에서 알을 부화시킨다. 새끼도 알 형태로 낳기도 하고, 성장한 새끼 형태로 낳기도 하며, 그 중간 형태도 있다.

상어 지느러미는 샥스핀(shark's fin) 요리에 쓰인다. 이를 위해 상어를 잡는 방법은 통상적으로 생각하는 것보다 잔인하다. 배 위로 올려진 상어는 산 채로 지느러미만 잘리고 바다에 버려진다. 버려진 상어는 바다 속으로 서서히 가라앉으며 고통스럽게 질식하여 죽는다.

한편, 상어가 척추동물 중에서 가장 오래 사는 최장수 기록을 가지고 있다면 믿을 수 있겠는가? 장수하는 척추동물 중에 코끼리 거북이 190년 산 기록이 있고, 북극 고래는 210년 된 개체가 발견되기도 하였다. 하지만 최장수 척추동물을 꼽으라면 잠꾸러기 상어과에 속하는 그린란드 상어(greenland shark)를 들 수 있다.

이 상어는 500년 이상을 사는 것으로 알려져 있다. 그린란드 상어는 매우 느리게 성장하는데, 1년에 1cm 정도 자란다고 한다. 자라는데 시간이 걸리다 보니 150살이 되어야 번식이 가능하다. 150살 이하는 미성년이라고 할 수 있다. 그린란드 상어는 아주 차가운 바다에 살다 보니 신진대사가 느려 더디게 자라고, 그만큼 수명이 길어진 것이라고 추정하고 있다.

그린란드 상어는 둔한 몸집과 뭉툭한 코와 커다란 입을 가졌으며 길이 7m에 몸무게 1톤까지 자란다. 이들은 추운 바다인 북대서양과 북극해의 심해에 서식한다. 이들은 추운 바다 밑을 시속 1.22km로 천천히 헤엄치는데, 이때 꼬리지느러미가 좌우로 움직이는 데만 7초가 걸린다. 그러나 먹잇감을 잡을 때는 순간적으로 속도를 낼

예수의 죽음과 부활(사순절)
(출처: Google)

수 있다고 한다.

2017년 노르웨이 근해에서 발견된 그린란드 상어는 놀랍게도 1502년 태어난 것으로 밝혀졌다. 조선시대 임진왜란이 발생하던 즈음에 태어난 것이다. 장수를 바라는 것은 인간의 자연스런 소

그린란드 상어
(출처: 위키피디아)

망이다. 하지만 현대인은 고혈압, 당뇨, 비만 등 성인병에 시달리고 있으며 장수의 소망을 이루지 못한다. '차가운 물에서 느리게 헤엄치는 생태, 드문 먹잇감으로 인한 자연스런 소식(小食) 습관, 느긋하고 조용한 생활 방식!' 이것이 우리 인간이 그린란드 상어에게서 배울 수 있는 장수의 비결이다.

〈10. 중세 유럽을 먹여 살렸던 물고기, 청어와 대구〉

언뜻 보면 기독교와 물고기는 아무 관계가 없어 보인다. 그런데 기독교 문화 속에서는 의외로 물고기와 관련된 비밀코드를 많이 발견할 수 있다. 성경에 오병이어(五瓶二魚)의 기적이 등장한다. 여기서 등장하는 빵과 물고기는 이후에도 최후의 만찬과 연결되어 여러 그림 속에 나타난다.

육식에 대한 언급이 별로 없는 성경에 이런 구절이 있다. "이에 구운 생선 한 토막을 드리매 받으사 그 앞에서 잡수시더라"(누가 복음 24:42~43). 이 장면은 십자가에 못 박혀 죽은 후 제자들 앞에 부활한 예수께서 생선을 먹는 모습이다. 이처럼 물고기는 노아의 방주에 타지 않고 살아남은 유일한 생명체로 기독교에서 신성하게 여겨졌다. 그리하여 전통적으로 물고기를 먹는 것은 예수의 육신을 먹고 예수와 일체가 되는 행위로 간주 되었다.

그런데 예나 지금이나 육식을 주식으로 하는 유럽에서도 한때 물고기에 대한 폭발적 수요가 있었던 적이 있었다. 중세 때 기독교 관습 때문이었다. 육식 습관은 게르만족이 로마를 점령하면서부터 유래되었다. 밀라노 칙령 이후 기독교는 전 유럽으로 확산되면서, 중세 동안 유럽인의 가치관과 문화를 지배하였다. 기독교 전파에 따라 예수의 죽음과 부활에 얽힌 금욕주의 식문화가 유럽 전역에 전파되었다.

기독교에서 예수의 죽음과 부활이 이루어졌던 사순절은 중요한 날이었다. 이 40일 동안은 저녁 식사를 제외하고 단식을 하였다. 기독교 관습에 따르면 더운 피를 가진 동물 고기를 먹는 것은 탐욕스러움을 의미했다. 이에 따라 금요일은 육식을 엄격히 금했다. 하지만 물고기는 더운 피를 가진 음식에 해당되지 않았고, 금요일에도 먹는 것이 허락되었다. 유럽 전역에서 시장은 목요일만 되면 생선을 구하려는 사람들로 북적였다.

중세 유럽에서 기독교적 식문화에 부응하여 상업적으로 성공한 물고기는 대구와 청어였다. 이 물고기들이 유럽 전역으로 팔려나가 중세인의 식탁에 오를 수 있었던 데는 두 가지 이유가 있었다. 하나는 이들이 대량 포획이 가능한 엄청난 개체 수를 자랑했고, 두 번째는 상하기 쉬운 물고기를 장기간 보관할 수 있는 저장 방법이 개발되어 멀리까지 운송할 수 있었다.

이름처럼 입 큰 고기인 대구(大口, cod) 이야기를 해 보자. 중세 대구와 관련된 이야기에서 바스크족(Vasco)을 빼놓을 수 없다. 바스크족은 언어와 혈통이 유럽인과 완전히 다른 민족이다. 그들은 오랫동안 근처 비스케이만에서 고래를 잡아왔다. 멀리 고래를 잡으러 떠났던 일족이 북아메리카에서 엄청난 대구 어장을 발견했다. 물속에 대구가 얼마나 많은지 그 위를 밟고 걸어 다녀도 될 정도였다고 한다. 이들은 고래에 적용했던 염장 기술을 대구에 적용하였다. 이렇게 소금으로 염장한 대구를 스페인에서는 바칼라오(bacalao)라 부른다. 지금도 바스크족의 도시 스페인 빌바오(Bilbao)에서는 그들의 소울푸드 바칼라오가 최고의 요리로 꼽힌다.

바이킹도 대구를 잡아 저장했다. 태양 빛이 적은 북해에는 소금이 없어 염장이 어려웠다. 그래서 북해의 찬바람에 그대로 말려 나무토막처럼 딱딱하게 만들었다. 딱딱한 대구를 부스러뜨려 씹어먹으면 훌륭한 식량원이 되었다. 몽골군이 말린 육포를 씹으며 세계를 정복했듯이, 바이킹도 말린 대구를 싣고 정복 활동을 벌였다.

한편, 청어는 정어리와 닮았고 기름기가 많은 등 푸른 생선이다. 청어는 중세 유럽에 증가하는 물고기 수요를 해결하고자 잡기 시작했다. 청어에 특히 관심을 가진 나라가 네덜란드였다. 청어는 발트해와 북해에서 잡혔는데, 기름기가 많은 등 푸른 생선이라 쉽게 부패하였다. 24시간 이내에 처리하지 않으면 상해버렸다. 얼마나 많이 잡느냐보다 상하기 전에 청어를 어떻게 처리해 저장하느냐가 관건이었다.

그런데 한 어부가 내장을 단번에 제거할 수 있는 작은 칼을 발명하였다. 빠른 속도로 내장을 베어내고 염장하여 통에 보관하게 됨으로써, 장기간 그리고 다량의 조업이 가능해졌다. 또 청어가 15세기 초 기후변화로 발트해에서 북해로 이동해, 네덜란드는 코앞에서 손쉽게 청어를 잡게 되었다.

이처럼 중세 네덜란드 경제를 일으켜 세운 것이 청어라는 것은 부정할 수 없다. 한때 국민의 1/5이 청어잡이에 종사할 정도였다. 수산업이 발달함에 따라 배를 건조하는 조선업도 함께 발달하였다. 선박 건조에 있어 표준화와 경량화를 통해 네덜란드는 화물선 제작과 운송의 강국으로 부상하였다. 해운업에 연관되는 금융업, 보험업도 함께 발전하였다. 이런 일련의 과정을 보면 네덜란드가 '청어의 뼈 위에 세워진 나라'라는 말이 결코 빈말이 아님을 알 수 있다.

지금도 네덜란드의 수도 암스테르담에 가면 어디서나 청어 절임
인 하링(haring)을 먹을 수 있다. 외국인에게는 비릿하게 식힌 청어
냄새가 여간 고역이 아니다. 그러는 말든 네덜란드 사람들은 손으
로 꼬리를 잡고 통째로 즐긴다. 하링은 그들의 역사와 삶이 고스란
히 담겨 있는 고향 같은 음식이기 때문이리라.

〈17. 바다를 향한 집념의 화신, 괴짜 황제 표트르 대제〉

오늘날 러시아가 있기까지는 바다로 진출하기 위한 어느 황제
의 집념과 노력이 있었다. 바다를 사랑했고, 바다를 통해 근대 러
시아의 기반을 다진 위대한 군주, 표트르 대제였다. 그는 1672년
5월 러시아 황자로 태어났지만, 황궁에서 쫓겨나 불우한 어린 시
절을 보냈다. 그의 나이 10세였던 1682년에 표트르는 이복형인 이
반과 공동으로 차르에 즉위하였다. 1696년 표트르는 단독 황제가
되었다.

당시 유럽은 르네상스, 종교개혁 이후 대항해 시대를 거치면서
식민지 개척을 통해 부를 축적하였고 과학기술이 발달하였다. 반면
러시아는 경제, 문화, 과학 면에서 유럽 국가에 비교하여 100년가
량 뒤떨어진 상태였다. 러시아는 중세의 상징이던 농노제가 그대로
남아있었고, 슬라브족의 전통과 문화를 중시하는 폐쇄된 유럽의 변
방이었다.

젊은 황제 표트르는 달랐다. 그는 누구보다 러시아를 사랑했다.
러시아를 유럽 열강과 어깨를 나란히 하는 국가로 만들고 싶었다.
그는 국가이익을 무엇보다 우선하였다. 그리고 몸소 실천하는 실용
주의자였다. 그는 키가 2미터가 넘는 거구였으며, 하루 종일 일하는
일벌레였다. 다양한 분야에 능력을 발휘했던 그는 항해술, 조선술,
군사 운용술, 석공, 목공, 철공 등에 전문가 수준의 능력을 보였다.

검술, 승마 등 운동에도 능했을 뿐만 아니라, 외과술, 치과술에도 관심이 있어 신하로부터 실습용으로 뽑은 치아 1포대를 소장하고 있을 정도였다.

표트르는 러시아의 낙후된 현실에 번민했다. 그는 고루한 슬라브 족 전통과 관습을 버리고, 유럽 선진제도를 모델로 개혁을 추진해야 한다고 생각했다. 1697년 20대 젊은 황제는 신분을 숨기고, 선진 문물을 공부하러 유럽으로 유학을 떠났다. 250명의 사절단은 전례가 없는 일이었다. 당시 선진국이었던 스웨덴, 네덜란드, 영국, 프로이센, 오스트리아 등을 15개월 동안 방문하였다.

사절단은 공장, 작업장, 병원, 군사시설, 천문대 등 거의 모든 선진 시설을 둘러보았다. 그 중에서도 특히 영국에서의 관함식, 선박 건조에 관심이 많았다. 표트르가 조선술에 관심을 가진 이유는 강력한 해양력을 만들어 흑해와 발트해 등 바다로 진출하려는 목적에서였다. 표트르는 혼자 성벽을 조사하다가 경비병의 총에 맞을 뻔한 적도 있다. 암스테르담 동인도회사 조선소에서 일하면서 다른 수련생과 함께 목재를 나르기도 했다. 그는 "나는 학생이며 선생들을 찾고 있다."라고 새겨진 인장을 항상 가지고 다녔다고 한다.

1697년 유럽을 방문하고 돌아온 표트르는 러시아 전통과의 단절을 선언했다. 직접 신하들의 수염과 긴 러시아식 옷을 가위로 잘랐다. 러시아 최초로 해군을 창설하고 러시아 과학원도 설립했다. 의무교육을 확대하고 박물관과 도서관도 지었다. 수공업 공장을 대폭 증설하였으며, 포병 및 해양학교도 설립하여 기술자를 길러내기 시작했다.

그는 바다를 진정으로 사랑한 군주였다. 일생에 걸쳐 표트르의 내면을 지배하고 있었던 것은 바다에 대한 열망이었다. 바다를 통해 부국을 이룬 유럽 문명의 속내를 알고 있었다. 또 내륙국이었던 러시아의 약점을 정확히 진단하고 러시아가 살 길은 바다로 나아가는 것뿐이라는 것을 알고 있었다. 고민 끝에 바다로 나아갈 수 있는 관문을 만들기로 했다. 외국과의 전쟁과 백성의 희생을 딛고 상트 페테르부르크(Saint Petersburg)를 건설했다. 그리고 000년 제국이 수도 모스크바를 두고 수도를 이전했다. 바다를 통하여 유럽과 교역하고 이를 통해 부국을 이루려는 표트르의 의도였다.

한편, 표트르는 러시아 동쪽의 바다에 대해서도 궁금증이 많았다. 1725년 그는 스웨덴 출신 해군장교였던 비투스 베링(Vitus Bering)에게 "러시아의 끝이 북아메리카와 육지로 연결되어 있는지를 확인하고 오라."고 명령하였다. 베링은 약 9,000㎞를 육로로 걸어 시베리아를 횡단한 뒤, 캄차카 반도에 도착하였다.

배를 타고 육지를 따라 동북쪽으로 계속 나아갔다. 거기서 아시아와 북아메리카는 떨어져 있고, 그 사이에 바다가 있다는 사실을 발견하였다. 후에 그곳은 그의 이름을 붙여 베링해협(Bering straits)으로 불린다. 1733년 베링은 두 번째 탐험에 나섰다. 1741년 6월에 출발한 탐험대는 5개월 동안 탐험했다. 그러던 중 폭풍우를 만나 무인도에 좌초했다. 선원 중 절반이 목숨을 잃었으며, 베링도 죽고 말았다.

두 번째 탐험에서 베링 탐험대는 시베리아 끝에 더 이상 땅이 없고 곳곳에 섬(알류산 열도)이 있으며, 건너편에 얼음으로 덮여 있는 큰 땅이 있다는 것을 밝혀냈다. 러시아는 사람을 보내어 그 땅을 통치하기 시작하였으니, 그곳이 지금의 알래스카(Alaska)다.

러시아가 초강대국으로 가는 기반을 마련했던 사람이 표트르 대제다. 러시아 과학 기술, 중공업, 군사력, 예술, 문화 등 전 분야 발전은 표트르 대제와 여제 예카테리나 대제 때 이루어졌다. 피도 눈물도 없는 괴짜였지만, 러시아 강성만을 생각하고 몸으로 실천했던 표트르 대제. 그의 머릿속 처음과 끝에는 항상 바다가 있었다.

〈20. 독도는 우리 땅, 독도는 우리 섬?〉

일본이 독도에 집착하여 끊임없이 자기네 영토라 주장하는 진짜 이유는 무엇인지? 그들의 독도에 대한 영토 주장의 논리는 무엇이며 어디서 시작되었는지? 객관적 시각에서 나올 수 있는 이런 물음에 답하고 국제사회에 설명할 수 있어야 한다.

독도가 우리 땅이라는 역사적·지리적 증거, 실효적 지배에 관한 증거 등에 대해서는 이미 많은 자료와 책자가 나와 있다. 독도가 대한민국 영토임을 증명하는 수많은 역사적 기록에도 불구하고, 일본이 끊임없이 자기네 땅이라 외치는 이유는 무엇일까? 독도의 경제적·군사적 가치를 넘어서는 다른 무엇이 있지 않을까?

1904년 2월. 러일전쟁이 시작되었다. 러시아는 당시 최강이던 발트 함대를 일본으로 파견하였다. 발트 함대는 38척으로 대규모였으나, 이에 맞서는 일본 함대는 12척으로 수적으로 불리했다. 하지만 일본 함대는 성능 좋은 함포를 장착하였다.

전투가 벌어지자, 일본 함대는 유명한 丁자 대형으로 포격을 가한 끝에 독도 앞바다에서 발트 함대를 전멸시켰다. 러시아는 38척 중 19척이 침몰되었고, 6,100명이 포로로 잡혔다. 일본 입장에서는 최강국 러시아를 상대로 한 빛나는 승리였다. 이렇게 볼 때 독도 앞바다는 일본에게 특별한 의미가 있는 곳이다. 그곳은 북쪽의 거인 러시아를 물리친 전승 기념지이자 강대국으로 도약하는 발판을 마련한 국가적 성지인 것이다.

한편, 일본이 억지 논리 중 가장 강력하게 제시하는 것이 1905년 시마네현 고시 40호인데, 이 고시에 얽힌 일화가 있다. 1905년 2월 22일 일본은 시마네현 고시 40호에 "독도는 오끼도에 속한다."고 일방적으로 선포하였고, 이를 기념하기 위해 2월 22일을 다케시마(竹島)의 날로 정했다.

그런데 고시 40호와 다케시마의 날이 탄생한 배경에는 독도 강치가 밀접히 연관되어 있었다. 독도 강치 잡이는 메이시 시대 전후 일본에서 모피산업이 시작되면서 본격화 되었다. 1903년 나카이 요자부로(中井養三郎)라는 일본인이 일본 정부를 통해 조선에 독도 어업권을 청원하기에 이르렀다.

그런데 일본 정부는 이를 조선에 통보하지 않고, 나카이에게 "독도는 주인 없는 섬이니 조선이 아니라 일본 정부에 영토 편입 및 독점권을 청원하라."고 독려하였다. 그러자 1904년 나카이가 이 같은 청원서를 제출하였고, 일본 정부는 각의를 거쳐 독도를 시마네현 영토로 편입시켜 버렸다. 이것이 주인 없는 독도를 먼저 차지했다는 무주지 선점론이다.

다케시마의 날이 강치 학살의 시발점이었다는 사실을 아는 사람은 드물다. 더구나 학살의 주범인 일본이 오히려 강치 잡이를 자기네 영토라고 주장하는 단골 메뉴로 이용하고 있으니, 경악을 금치 못할 일이다.

한편 국제관계에서 인정되는 섬의 지위를 살펴보자. 유엔해양법협약에서는 섬을 '바닷물로 둘러싸여 있으며, 밀물일 때도 수면위에 있는, 자연적으로 형성된 육지'라고 정하고 있다. 여기서 중요한 점은 섬이 주위의 바다를 영해와 EEZ로 가질 수 있느냐는 것이다. 섬(island)과 암석(rock)은 국제법적으로 주어지는 지위가 다르다. 협약에 따르면 '인간의 거주가 가능하고 독자적 경제생활이 가능한 섬(island)'이 EEZ를 갖는다. 이 정도에 이르지 않은 암석(rock)은 영해를 설정할 수 있지만, EEZ를 가질 수는 없다.

독도와 이어도를 예로 들어보자. 독도는 앞에 언급한 섬(island)의 지위를 갖기 때문에 독도로부터 12해리의 영해를 가지며, EEZ를 설정할 수 있다. 반면 이어도는 바다 속 암초이므로 섬(island)도 암석(rock)도 아닌 수중 암초일 뿐이다. 이런 까닭에 이어도는 영해와 EEZ를 갖지 못한다.

섬의 영어 표현인 'island'를 보면 'is(바다)+land(땅)'가 결합된 단어이다. 섬은 물리적 형태로서의 육지만으로는 의미를 가질 수 없다. 주위의 바다와 공존할 때 비로소 개념이 형성되고 공간으로서 가치가 생기게 된다.

독도는 '우리 땅'이 맞지만 이를 둘러싼 바다 영토까지 고려한다면 '우리 섬'이 보다 적절한 표현이다. 독도를 사랑한다면 이제부터는 "독도는 우리 땅!" 대신 "독도는 우리 섬!"을 외쳐보는 것은 어떨지?

〈21. 닫힌 조선 사회에서 태어난 세계인, 홍어 장수 문순득〉

1801년 여름 조선 순조 때 일이었다. 전남 신안 우이도에서 두 남자의 운명적인 만남이 이루어졌다. 한 명은 병조좌랑을 지낸 학자며 관료인 실학자 정약전이었고, 다른 한 명은 흑산도에서 홍어를 잡아 나주까지 내다파는 홍어 장수 문순득이었다. 정약전은 천주교 박해사건인 신유사옥에 연루되어 흑산도로 유배를 가게 되었다. 그 길목인 우이도에서 문순득을 만나게 되었다.

둘의 만남이 이루어지던 당시는 유럽 열강이 식민지를 개척하려 혈안이 되어 있던 때였다. 아시아 대부분 국가는 식민지 정책의 위협 속에 위태롭게 놓여져 있었다. 하지만 조선은 닫힌 국가였다. 서양세력이 오는 것을 두려워하여 문을 꼭꼭 걸어 잠그고 있었다.

그들의 만남이 이루어지고 몇 달 후인 1801년 12월. 홍어를 사러 흑산도 남쪽 태사도에 갔다가 돌아오던 문순득 일행 6명은 풍랑을 만났다. 파도를 맞으며 표류한 지 열흘 만에 도착한 곳이 류큐(지금의 오키나와)였다. 배는 완전히 부서지고 일행은 간신히 목숨을 건졌다. 처음 보는 류큐 사람과는 말이 통하지 않았다. 문순득 일행은 청나라로 가는 조공선을 타기까지 10개월을 류큐에 머물러야 했다.

문순득은 비록 홍어장수였고 학문을 배운 적은 없지만, 열린 마음과 진취적 기상을 지닌 해양인이었다. 그는 표류자 신분에도 불구하고 류큐 말과 풍습에 관심을 가졌다. 사람들과 친밀하게 지내면서 생활에 필요한 도움을 받았다. 풍습을 익히기를 게을리 하지 않았다. 호기심과 뛰어난 관찰력으로 현지 언어를 배우고 생활풍습을 기억 속에 저장했다. 심지어 가족·친지만 참석이 가능한 장례식에도 참석하였고, 류큐 장례문화에 대한 자세한 기록을 남겼다.

류큐에서 생활한 지 일 년이 가까이 된 1802년 10월. 일행은 고향에 돌아가기 위해 류큐에서 청나라로 가는 조공선을 타고 출발하였다. 하지만 다시 풍랑을 만나 11월에 여송에 도착하였다. 당시 필리핀은 230년 이상 스페인의 지배를 받고 있었다. 이로 인해 중국 상인들이 집단으로 거주하는 곳에 얹혀 지냈다. 신변의 위협 때문에 함부로 마을을 돌아다닐 수도 없었다.

하지만 문순득은 이에 굴하지 않았다. 예의 친화력으로 사람들과 어울리며 그들의 생활을 관찰하고 기억했다. 그곳에는 돛이 달린 커다란 서양의 배가 있었다. 현지인은 연날리기를 좋아하지만, 거기에 사용되는 실을 만들 줄 몰라서 줄을 꼬아 만들었다. 또 닭싸움을 좋아해 싸움용 닭을 길렀다.

여송에 표류한 지 9개월이 지난 1803년 9월. 문순득은 천신만고 끝에 청나라로 가는 중국 상선을 얻어 타고 마카오까지 갈 수 있었다. 조선으로 송환할 것이 결정되었다. 그리하여 문순득은 광둥, 난징을 거쳐 베이징에 도착하였다. 1805년 1월 마침내 조선으로 귀국하였고 고향 땅을 밟을 수 있었다. 총 3년 2개월 기간 동안 4개국을 다녀 온 긴 여정이었다.

고향인 우이도에 돌아온 문순득은 정약전과 마주 앉았다. 이때 문순득의 생소한 표류 이야기를 구술하여 적은 책이 「표해시말」(漂

海始末)이다. 이 책은 제목에서 의미하듯이 '바다를 표류(漂海)한 시작(始)과 끝(末)', 즉 표류기를 일컫는다.

이 책에는 표류했던 곳의 문화와 생활풍습이 상세하게 적혀있을 뿐 아니라, 류큐와 여송 단어 112개의 음과 뜻이 우리말로 기록되어 있다. 문맹이었던 문순득이 머릿속으로 기억해 놨다 정약전이 적었던 기록이다. 그런데 이 기록이 오늘날 오키나와나 필리핀 사람들도 알아볼 수 있는 정도라니 놀라운 일이다. 특히 이 책은 당시 류큐 풍습을 알 수 있는 중요한 사료로 일본에서도 인정되고 있다.

바다를 천시하고 외세를 무조건 혐오했던 닫힌 사회 조선. 비록 비천한 신분이었지만, 바깥 세상에 대한 강한 호기심과 친화력을 가졌던 문순득은 진취적 해양정신과 도전정신을 발휘해 잠든 조선을 깨웠던 인물이었다. 그는 불과 1년 여 만에 2개국 언어를 익힌 민간외교관이었고, 글로벌 마인드를 갖춘 진정한 세계인이었다.

내가 경험한 바다와 수산

― 「바다와 나」, 「선장교수의 고향사랑」을 중심으로―

김인현(고려대학교 법학전문대학원 교수)

개 설

필자는 두 편의 수필집을 발간했다.

「바다와 나」는 자전적 에세이이다. 어릴 적부터 동해안 바닷가에서 태어나 자라면서 체험한 바다경험과 선장으로서 어려움을 당한 다음 바로서기 위한 노력을 글로 담은 체험담이다. 그래서 좀 더 주관적이고 내면의 세계를 많이 그리고 있다. 수필의 집필시기도 1999년에서 2016년에까지 이른다.

김인현. 범우. 2017.

반면, 「선장 교수의 고향 사랑」은 필자가 자란 동해안 영덕지방의 아름다움과 가정교육 그리고 바다이야기를 담은 수필집이다. 그래서 좀 더 객관적이고 외향적이다. 집필의 시기도 2018년과 2019년이다.

두 수필집을 관통하는 주제어는 바다라는 점에서 공통된다.

김인현. 범우. 2020.

어선선주의 아들로 태어나다(「바다와 나」)

나는 (신) 안동김씨 판관공파 사직서령공파 영해문중의 일문이고, 경북 영덕군 축산2리(염장, 양장)가 본가였다. 축산항 죽도산의 바로 아래 집에서 태어났다.

조부님은 1920년대 도일하여 고베와 오사카 지역에서 운수업으로 성공하였다. 1945년 귀국하면서 어선을 한 척 구입하여 축산항에 정착하게 되었다. 내가 태어날 때인 1959년에는 우리 집은 삼광호, 삼중호, 삼화호 3척을 소유하면서 제법 규모가 큰 수산업을 경영했다. 따라서 나는 어선 선주의 아들이요 손자로 태어났다고 할 수 있다. 이 당시는 물 반 고기 반일 때로 고기가 많이 잡힐 때라서 가세는 넉넉했을 때였다.

그렇지만, 초등학교 1학년 때 대경호 좌초사건을 기점으로 집안은 경제적으로 아주 어려운 환경에 놓인다. 나는 이로 인하여 도시로 진학하지 못하고 고등학교까지 시골에서 다녔다. 다른 선택의 여지가 없이 대학도 국비인 해양대학으로 진학하면서 바다 사람이 될 운명에 처하게 된다.

뱃머리에서 멀리를 마스트하다(「선장교수의 고향사랑」)

내가 처음으로 배를 타본 것은 초등학교 1학년 때였다. 어선 선원들이 시운전하는 선박에 놀러가자고 했다. 그래서 형과 나는 시운전을 하는 선박에 올라가게 되었다. 선원들이 웃으면서 형과 나를 선수로 나가 있으라고 했다. 선수는 피칭이 가장 심한 곳이다. 배가 바다로 빠져 나가자 흔들리기 시작했다. 처음으로 선박의 요동을 경험했다. 멀미가 나려고 했다. 그 순간에 선원이 와서 선장실에 가자고 했고, 형과 나는 선실에 와서 쉬었다. 더 이상 심한 멀미는 하지 않았다. 그 후 한국해양대에 입학했다. 3학년 때 원양 실습을 나갔다. 동지나해를 지날 때 실습선은 저기압을 만나서 몹시 흔들렸다. 한바다호가 35도 이상 경사져도 멀미를 하지 않았다. 이런 흔들림이 다반사로 있었다. 실습을 마칠 무렵 동기생들은 멀미를 하지 않은 유일한 학생이 바로 김인현이라고 했다. 이로서 나는 동기들에게 강인한 동기생이라는 이미지를 심어줄 수 있었다. 모든 것은 초등학교 1학년 때 경험한 멀미 때문이다. 사람은 한번 배 멀미를 하면 더 이상 하지 않는다. 나중에 알게 되었다. 처음 승선하는 사람으로 하여금 뱃머리(선수)에 나가 서 있도록 하여 단련을 시킨다는 것을… 그 당시 선원들은 나를 골리려고 한 것이 아니라 오랫동안 내려오던 바다의 전통을 그대로 실행에 옮긴 것이다.

다양한 용도에 사용된 어선(「선장교수의 고향사랑」)

어선의 고유한 기능은 고기잡이이다. 그런데, 우리집의 어선은 다양한 용도에 활용되어서 이야기 거리를 제공한다.

(1) 우리 어선은 피난에 사용되었다. 1950년 6 · 25 전쟁이 발발하자 조부님은 선원들과 그들의 가족들, 그리고 우리 가족을 어선 3척에 나누어 싣고 남쪽으로 피난을 갔다. 처음에는 울산 근처의 방어진에서 기거했다. 전황이 나빠지자 다시 부산의 영도로 내려갔다. 우리 집안은 피난 중에 어선들이 잡은 고기를 팔아가면서 피난 생활을 했으니 남들보다 상대적으로 편하게 생활한 편이었다. 내가 한국해양대학 입학시험을 보기 위하여 2박 3일을 영도에서 하숙을 하게 되었다. 그런데, 조부님이 너무나 그 거리를 잘 아시는 것이었다. 피난 시절의 경험 덕분이었다.

(2) 우리 어선은 선거운동에 사용되기도 했다. 1952년 경북 지방 선출직 선거에 조부님이 출마하셨다. 어촌 마을로 어선에 막걸리를 싣고 선거운동을 하셨다고 한다. 오늘날이라면 부정선거라고 볼 수 있지만, 그 당시는 자신을 알리기 위한 수단으로 막걸리를

대접했다. 동해안의 선거구는 해변을 끼고 있다. 교통이 불편해서 육로로 차를 이용해 막걸리를 싣고 가기보다는 선박을 이용해 막걸리를 이동시키는 것이 훨씬 편리했다. 결과는 좋아서 조부님은 선거에 당선되었다.

(3) 우리 어선은 손주의 기를 올려주기도 했다. 해운계의 어떤 선배 사장님을 알게 되었다. 그 선배님은 상선 회사의 사장이다. 친하게 되어 그 선배님께 우리집이 어선업을 했다는 사실을 이야기했다. 말씀을 듣고 나서 그 선배님은 자신의 아버님도 일본에서 1945년 상선을 사와서 남해에서 연안 수송에 종사하게 되었다는 것이다. 그 선박들을 키워서 오늘날의 선배님 회사가 있다는 설명이었다. 나는 선배님에게 "그러면 선배님은 상선, 저희 집은 어선을 동일한 시점에 동일한 사연을 가지고 시작했습니다. 어쨌든 선배님과 제가 선박의 선주인 점이 동일합니다. 그래서 선배님과 저는 선주의 아들이요 손자라는 점에서 동급입니다."하고 말했더니 선배님은 웃으시면서 "앞으로는 동급으로 하겠습니다."하고 말했다.

대경호 좌초사건(「바다와 나」)

축산항에는 항구에 방파제가 있다. 샛바람이 불어서 남쪽 방파제로 항상 압류하는 경향이 있다. 동짓날 대경호가 가자미를 싣고 입항 중 좌초하였다. 항내에 침몰하여 우리집은 그 후에 도산에 이르게 되었다. 이 좌초 사건은 우리 집안에 큰 영향을 미쳤다. 내가 초등 1학년 때였다. 파공된 부위를 막고 양수기로 물을 퍼내는 작업을 한다고 했다. 수면 하에 있던 대경호가 조금씩 수면 위로 올라오는 것을 보는 것이 동네 사람들의 일이었다. 포항에 끌고 가서 폐선 처리를 했다. 당시는 보험을 제대로 들지 않아서 우리 집은 큰 손해를 보게 된 것이다.

오징어건조(「선장교수의 고향사랑」)

1970년대 오징어는 동해안 어가의 큰 사업이었다. 모든 가족들이 오징어 건조에 매달렸다. 농가의 송아지 키우기와 같은 것이다. 9월에 100만원을 투자하여 건조하면 3월에 300~400만원으로 매각이 가능하다. 현금을 얼마나 확보하는 지가 아버지의 능력의 잣대였다. 한발은 100두름(축), 1축은 20마리이므로 한발은 2000마리가 된다. 오징어는 이렇게 독특한 헤아리는 단위가 있다. 아버지와 어머니는 오징어를 사서 배를 가르고 싣는 작업을 한다. 할머니, 할아버지, 학동들은 오징어를 줄에 걸고, 손질하는 일에 투입된다. 5일 정도 지나서 축을 만들고, 그늘진 곳에 분을 피우는 작업이 시작된다. 3개월 정도가 지나면 마른 오징어의 가격이 올라간다. 처음에 투자한 돈의 3~4배를 올리게 된다. 이렇게 마련된 목돈은 아이들의 학비를 비롯하여 1년간 가족의 생활 자금이 되었다. 오징어 건조는 이렇게 가족 간의 협업의 중요성을 가르쳐 주었다.

아버지의 직업으로서 페인트 칠(「바다와 나」)

사업에 실패 후 아버지는 13명 대식구의 생계와 빚을 갚는 일에 매달렸다. 우리 아버지는 야반 도주를 하지 않았다. 조선소에 올리는 어선들에 페인트를 먹이는 일을 선택했다. 내가 초등 4학년부터 시작하여 해양대 졸업 시까지 약 15년간 아버지는 페인트 칠을 했다. 나도 틈틈이 아버지를 도와서 페인트칠을 했다. 선박의 높은 곳에 페인트 붓으로 페인트를 먹이는 일은 여간 힘든 일이 아니었다. 아버지의 페인트 일의 선택은 대단한 결심이라고 보아야한다. 선주가 선원들이 행하던 페인트 일을 하는 것은 쉬운 결정이 아니다. 아버지는 20년 동안 다방에 한번 가지 않고 성실하게 일을 하시고 가족의 생계를 책임지셨다. 나는 아버지를 통하여 '발상의 전환' '사고의 유연성' '가족에 대한 책임감'을 배우게 되었다.

미역(「선장교수의 고향사랑」)

미역에는 돌미역(자연산)과 양식 미역이 있다. 헤아리는 단위가 독특하다. 한 오리, 두 오리 혹은 한 곽, 두 곽이라고 미역을 부른다. 산모에게 산후조리의 필수 음식이고, 온 국민이 생일 때 먹는 것이 미역이다. 돌미역은 동네의 바위 물 밑에서 자란다. 사람들이 바위아래를 철물로 긁어주면서 미역포자가 잘 부착되도록 한다. 해녀들이 4~5월 미역을 채취하여 발에 널게 된다. 동네 짬은 어촌계의 공동소유이다. 양식미역은 양식을 통해서 만들어진다. 미역포자를 만들어 바다에 설치한 줄에 포자를 붙인다. 4~5월에 배를 타고 나가서 채취하게 된다. 나무로 된 발위에서 말린다. 폭 40센티, 길이 1미터 정도이다. 미역은 말린 상태로 보관이 되므로 내구성도 좋다.

동해안 생선품평 – 꽁치, 오징어, 대게, 대구, 도루묵, 물곰(「선장교수의 고향사랑」)

동해안에서 가장 흔한 생선은 오징어와 꽁치이다. 오징어는 횟감으로 건어물로 인기가 있다. 최근은 반 정도 말린 피데기가 인기이다. 완전히 말린 것에 비하여 구수한 맛이 덜해서 나는 완전히 말린 오징어를 구워먹기를 좋아한다. 오징어는 9월에서 12월까지 생산된다.

봄철에 많이 나는 꽁치는 다양하게 먹을 수 있다. 소금을 쳐서 구워서 먹어도 맛있다. 꽁치 살코기를 칼로 여러 번 쳐서 동그랗게 만들어 국을 끓일 때 넣어서 국으로 만들어 먹기도 한다. 꽁치는 과메기가 인기이다. 이외에 꽁치 식해(젓갈)도 좋다. 꽁치 회가 최고인데, 쉬 상하므로 서울에서는 먹지 못한다.

영덕의 특산물은 대게이다. 사람들은 게가 크다고 하여 대게라고 알고 있지만, 대나무처럼 다리가 길다고 하여 대게라는 이름이 붙여졌다. 대나무 산인 대밭산(죽도산) 앞에서 집히는데 그 대나무를 닮았다고 하여 그런 이름이 붙여졌다. 11월에서 4월까지 대게가 잡힌다. 삶아서 먹는데 대게의 다리 살도 맛있지만 몸통의 장도 맛있다. 대게 장에 밥을 비벼 먹으면 맛이 일품이다.

대구는 버릴 것이 하나도 없다고 어머니들이 좋아하는 생선이다. 대구지리도 시원한 맛이 일품이다. 대구알은 알 식해로, 아가미는 아가미 식해를 담구어 먹는다.

도루묵은 원래는 천한 고기였으나 요즘 상종가이다. 도루묵은 된장을 넣고 끓여 먹으면 일품이다. 물곰은 허늘허늘 가장 못생긴 고기이다. 부산에서는 물곰치라고도 불린다. 겨울철에 해장국으로 일품이며 양념은 무와 된장으로 충분하다.

바다로부터의 선물—성게, 김, 식해(「선장교수의 고향사랑」)

성게는 해녀들이 얕은 바다에서 잡아온다. 생김이 특이하다. 알을 깨면 노란 알이 나온다. 1970년대에는 성게알은 모두 일본에 수출되었다. 최근 수출을 못한다고 하여 산지에서 흔하게 찾을 수 있다.

김은 바위에 자연적으로 자란다. 사람들이 바위에 올라가서 긁어서 온다. 물에 띄워서 바위의 돌가루를 걸러내는 작업이 힘이 든다. 조그만 상자모양을 만들어서 널게 된다. 파래와 구별하는 것이 중요하다. 최근 김은 양식이 되어 연간 5000억 원 어치나 수출을 하는 효자가 되었다.

젓갈을 동해안에서는 식해라고 부른다. 밥식해라는 것이 최고의 반찬으로 사랑받는다. 꽁치식해, 삭힌 꽁치 몸체를 먹는 맛이 최고이다.

정치망어장(「선장교수의 고향사랑」)

동해안은 마을 앞 바다 중 일정한 구획을 어로에 사용한다. 그물을 바다에 고정시키게 된다. 고정시킨 그물에 지나가던 고기가 들어가게 되는데, 매일매일 배를 타고 나가서 그물에 든 고기를 건져서 들어온다.

가을 방어 100마리, 200마리가 어장에 들면 횡재를 하게 된다. 최근 총알 오징어라고 작은 오징어도 어장에 든다. 고래가 어장에 들기도 한다. 국제조약에 의하여 검사의 서명이 있어야 시판이 가능하다. 그래서 동해안에서는 검사를 고래 검사라고 한다.

양천세헌록에 나타난 동해안 산출물(「선장교수의 고향사랑」)

경북 동해안 염장의 안동김씨 집안에서 내려오는 책자가 「양천세헌록」이다. 축산항과 염장은 5킬로 거리이다. 축산항으로 들어가기 전 도치머리에 정효각이 있다. 정효각에 얽힌 이야기가 나온다. 그 책에는 편지 글도 여러 편이 남겨져있다.

이장우 영덕 현감이 "보내준 명란이 워낙 맛있어서 밥을 많이 먹었다."고 쓴 기록이 나온다. 1839년 12월 영덕 현감 이장우는 서울에 기거 중이었다. 그 명란은 축산에 살던 김제진 선생이 보낸 것이다. 따라서 이미 이때 축산항의 명란이 식용으로 가공되어 서울까지 이동되었다는 말이 된다. 이외에도 서울에 기거하는 다른 사람이 선물로 보낸 김을 잘 받았다는 편지 기록도 있다.

축산항의 역사성(「선장교수의 고향사랑」)

동해안에 죽도(축산도)와 울릉도, 독도가 있었다. 일본 서부에서 우리나라 침략시 동해안의 섬인 축산도는 좋은 항해 물표였다. 고려말 1382년 왜구가 동해안을 침입했다. 정부는 축산성을 쌓도록 했고 수군 만호를 설치했다. 동해안에 해군기지를 두어서 왜적의 침입에 대처하기로 한 것이다. 봉화를 올리는 봉화산도 두었다. 1813년(순조) 쌀 1만3척 석이 축산포에서 기리 앉았다는 조선심록 기록도 있다. 중종 때 흥해와 영해사이에 조운을 시험한 실록의 기록도 있다. 조선 초기에 영해와 축산에 오키나와에서 무역을 왔다는 기록이 있다.

2024년 축산항은 개항 100주년을 맞이한다. 영덕북부수협(축산수협)이 있다. 축산항 등대가 해양수산부 이달의 등대로 선정되었다.

상선에서 신출내기를 골려주는 방법(「선장교수의 고향사랑」)

적도(赤道)제가 있다. 적도에 들어가면 바람이 없으니 범선이 움직일 수 없다. 적도를 벗어나기 위하여 용왕님께 제를 지낸다. 내가 탄 선박이 적도를 지날 때에 붉은 선(line)을 찾으라는 지시가 선장으로부터 나에게 내려졌다. 정말 바다에 붉은 선이 있을까? 쌍안경을 들고 나는 적도를 찾으려고 노력했지만 아무것도 보이지 않았다. 선장님에게 아무것도 보이지 않는다는 보고를 했다. 선장은 "이 친구, 순진하기는….이 넓은 바다에 어떻게 붉은 선을 치느냐"고 하는 것이었다. "해도에 가면 붉은 선을 그려두었으니 확인하면 된다"고 하였다.

처음 선박에 승선한 선원은 선수에 서게 하여 고생을 시킨다. 선수는 선박이 가장 많이 흔들리는 곳이다. 이렇게 한 번 멀미를 하고 나면 멀리를 더 이상 하지 않게 된다.

특별한 승진(「선장교수의 고향사랑」)

3등 항해사가 1년만에 특진을 하게 되었다. 통상 2년을 근무한 다음에 2등 항해사로 승진한다. 사연은 이렇다. 선장이 낚시질을 좋아했다. 여수항 입항 전 감속하여 7노트로 항해하면 삼치 등 잡힌다. 고기가 배를 따라와서 나란히 간다는 이야기다. 3등 항해사는 항구에 들어가면 선장을 위한 낚시 도구 장만에 집중했다. 워낙 이 일을 성실하게 잘 해서 선장이 특진을 시켜주었다는 것이다.

선박에는 메사룸 보이가 있다. 선장 전담 사환인 셈이다. 선장은 근무 후 목욕을 즐겼다. 보이가 미국에서 목욕을 위한 향료 등을 준비했다. 목욕탕에 푸른색 향료를 넣어서 좋은 냄새가 나도록 했다. 선장이 마음에 들어서 특진을 시켜주었다.

모두 자신의 본래의 기능보다 부차적인 것을 잘 해서 특진한 경우이다. 정상적인 승진은 아니었지만 배에서도 다른 인간사와 같이 이런 과외의 것들이 작동을 한다.

등대의 기능(「선장교수의 고향사랑」)

등대는 길잡이 역할을 한다. 등대는 등질이 모두 다르다. 예컨대, 반짝이는 시간 간격이 다르다. 밤에 어느 항구로 들어가야 할지 파악하기 어려운 경우 높은 곳에 등대를 설치하여 등질을 달리하여 선원들에게 현재의 위치를 알려준다. 결국 등대를 향해서 항해하지만 마지막에는 피해야 한다. 태평양 한 가운데에서 선박이 계속하여 등대로 돌진하여 좌초가 된다. 어릴적, 축산항의 어선이 북한으로 넘어감...등질을 몰랐기 때문으로 보인다.

할머니가 나에게 남긴 마지막 유산(「바다와 나」)

초등학교 4학년 때의 일이다. 같은 반 친구가 나에게 너의 할아버지는 도둑놈이라고 말했다. 내가 좋아하는 할아버지를 보고 도둑이라고 하는 말을 들은 나는 기분이 좋지 않아서 울면서 할머니에게 그날 학교에서 있었던 일을 이야기하게 되었다. 할머니는 잠자코 담배를 빼물고 저녁이 되기를 기다렸다. 어두워지자 나를 앞세우면서 그 집에 가자고 하신다. 나는 자주 놀러가던 친구네 집으로 갔다. 할머니는 "누구 누구 에미 있는가."하고 물으신다. 그 친구의 어머님이 나오셔서 극진히 할머니를 모셨다. 할머니는 자초지종을 이야기하면서, "우리가 지금 형편이 좋지 않아서 밀린 보맘비를 주지 못하는데, 그렇다고 해서 아이들이 현이 할아버지를 도둑놈이라고 부르도록 가정 교육을 시켜서 되겠는가?"하고 점잖게 나무라셨다. 그 어머님은 죄송하다고 하면서 연신 고개를 숙이셨다. 할머니와 나는 다시 집으로 돌아오게 되었다. 그 추운 겨울날 밤 할머니가 잡으신 손을 통하여 손주를 사랑하는 따뜻함이 전달되어왔다.

이 외출은 할머니로서는 내가 아는 유일한 외출이셨다. 집안이 사업에 실패하고 큰 아들마저 6·25로 잃어버리자 할머니는 세상을 등진 채로 집 안에서만 칩거하셨다. 우리집 마당 안에서만 생활을 하셨지 마당 대문 밖을 나간 적이 없다. 그런 할머니가 어째서 그런 일에 유일한 외출을 하셨을까 생각을 해보게 된다. 그것은 다른 일도 아니고 장래가 구만리 같은 손주에게 그런 말을 더 이상 들려주어서는 안 된다는 결단이 있었을 것이다. 할아버지가 존경받는 분인데 도둑놈이라는 말을 듣는 것은 집안의 명예를 위해서도 용납할 수 없다는 취지였을 것이다. 할머니는 너무나 부드럽고 유순하신 분이라서 남에게 좋은 말씀만 하시는 분이다. 그럼에도 그날 그렇게 강한 입장을 취하신 것은 아주 예외적이었다.

나는 이 일을 항상 가슴에 닮고 교훈으로 삼는다. 내가 어려움에 처하거나 부당한 대우를 받았을 때에는 그날 할머니를 생각한다. "손주야, 내가 그날 움직이지 않았으면 너는 평생 도둑놈의 손자가 되었을 것이다. 어서 일어나라. 그날 할미가 했듯이 네가 움직일 때이다." 행동으로 옮기기에 영 자신이 없을 때에 할머니가 가르쳐준 그날의 행동을 따라 해보았다. 이렇게 하여 어려운 인생의 고비를 여러 차례 넘긴 적도 있다. 할머니는 우리에게 그 많았던 재산은 어디가고 손자들에게 물려줄 재산이 하나도 없느냐고 한탄을 하셨다. 그렇지만, 나는 할머니의 마지막 외출 시 보여주신 결단이 나에게는 어떤 경제적인 유산보다도 큰 유산이라고 생각하면서 감사를 표한다.

아버지의 출항에 대한 미련(「바다와 나」)

아버지는 조부님과 같이 수산업을 경영했다. 아버지로서는 억울한 일이기도 했다. 차남인데 형이 6.25로 행방불명이 되자 서울에서 대학을 다니던 둘째를 사무장으로 두어 세 척이나 되는 어선을 경영하는 일을 시킨 것이다. 차일피일 아버지는 그렇게 고향에서 조부님과 같이 수산업을 경영하다 세월이 10년 이상 흘렀고 잘 되던 수산업은 어려워졌다. 급기야는 도산에 이르게 되었다. 그 많은 빚을 갚아야 했다. 전통있던 집안의 장자로서 야반도주를 하지는 못하였다.

우리가 고등학교를 다닐 때 아버지는 "고향을 떠났어야 했는데. 고향을 떠난 사람들은 모두 잘 산다."고 하면서 후회 섞인 말씀을 많이 했다. 아버지는 어선에 페인트칠을 하는 일을 직업으로 택하여 20년 동안 돈을 벌어 빚을 갚고 집안을 안정시켰다. 페인트 일은 중노동 중의 중노동이다. 어선 선주였던 사람이 이런 일을 하기는 쉽지 않은 결정이었을 것이다.

나는 해양대학을 졸업하고 선박에 승선하면서 봉급을 받아 집으로 보냈다. 아버지의 생활에 도움이 되도록 했다. 동생들의 학비에 사용되었다. 그 뒤 나는 대학의 교수로 진출했다. 나의 동생도 최고의 대학인 S대학을 졸업했다. 아버지는 내가 이래도 자식농사는 잘 지었다고 하셨다. 내가 성장하고 나서 아버지는 더 이상 고향을 떠나야 했다는 말씀을 하시지 않으셨다. 아버지의 목표가 아이들 교육에 있었다면, 우리들이 잘 성장했기 때문에 고향을 떠날 이유가 없었다고 본 것인지도 모른다.

만약 아버지가 야반 도주의 형태로 고향을 떠났다면, 내가 그렇게 자랑스럽게 생각하는 고향은 나의 마음에 남아있지 않았을 것이다. 나는 야반 도주자의 아들로 추락했을 것이기 때문이다.

아버지의 출향의 미련은 미련으로 존재하는 것으로 충분하다. 나는 이미 출향을 했기 때문에 출향에 대한 미련은 더 이상 없다. 우리 아이들은 모두 서울이 고향이기 때문에 출향이라는 것은 더 이상 없다. 고향에서 부모를 모시고 살아가던 때의 아버지 세대의 애환을 우리는 충분히 배려해야 한다.

1994년 여름(「선장교수의 고향사랑」)

1994년 여름은 무척 더웠다. 나는 웃통을 벗어 제치고 대전 중리동 우리 집의 뒷방에서 글을 적고 있었다. 선장의 국제소송체험기였다. 선장으로 승선한 나는 미국 탐파항을 떠나 호주의 에스페란자로 입항 중이었다. 그만 해도에 기재 되지 않은 암초에 배가 올라 타고 말았다. 너무 오지라서 구조선은 오지 못하고 선원들은 배를 포기하고 선박을 탈출하고 말았다. 나에게는 너무 큰 충격이었다. 책임을 맡았던 고가의 선박과 화물을 잃어버렸다. 선장으로서는 불명예였다. 32살의 어린 나이인 내가 감당하기에는 너무나 큰 사고였다. 귀국 후 침체기가 이어졌다. 소송이 걸리자 호주 법정에서 선장으로서 선주를 보호해야 했다. 호주에서 귀국하면서 나는 해상법을 공부하기로 작정했다. 나는 나와 같이 해난 사고를 당한 사람들에게 법적 조언을 해주고 싶었다. 그리고 정말 성실하게 열심히 남은 인생을 살기로 결심했다. 1년의 준비 기간을 거쳐서 고려대 법대 대학원에 진학했다. 그럼에도 불구하는 나는 스스로 책임을 맡았던 선박을 하나 바다에 빠트린 실패한 난파선 선장이라는 이미지에서 벗어나지 못하고 있었다.

이러한 부끄러움에서 탈피하고 싶었다. 언제까지나 난파선 선장으로 고개를 숙이고 사람을 피하면서 살아야 할까? 나는 당당하게 살고 싶었다. 대학원 석사과정 1학기를 마치면서 수업시간에 이러이러한 사고가 났었는데 이것이 법적으로는 어떤 문제점이 있다고 설명하면서 자신감을 얻게 되었다. 나는 나의 경험을 선장의 국제소송체험기로 글을 쓰자고 결심했다. 방학을 시작하자 나는 대전에 있던 집에 내려가서 글을 적었다. 너무나 더운 날씨라서 힘이 들었다. 아직 법학에 대한 실력이 많이 쌓이지 않았기 때문에 집필에 시간이 많이 걸렸다. 이렇게 하여 「해양한국」 1994년 8월과 9월호에 "선장의 국제소송체험기"가 실리게 되었다. 이제 해운계에 있는 사람들 모두가 나라는 사람이 난파선 선장이라는 것을 알게 되었다. 나는 더 이상 내려 갈 곳도 없는 사람이다. 그때서야 나는 사고로부터의 부끄러움에서 벗어날 수 있게 되었다.

　그 후 나는 김&장 법률사무소에 선장으로 초빙되어 실무를 했다. 다시 박사과정에 진학하여 학문에 전념했다. 그 후 대학 강단에 서게 되었다. 지금은 난파선 선장으로서의 부끄러움은 없다. 다만, 해운계를 위하여 더 많은 기여를 해야 한다는 생각으로 가득하다. 모두 1994년 여름에 체험기를 작성하면서 마음의 짐을 벗어 던진 덕분이다. 그래서 나는 1994년 여름을 잊을 수가 없다.

천직으로서의 해상법 교수(「바다와 나」)

　해상법 교수는 선박을 이용한 화물의 운송을 하는 과정에 나타나는 법률 관계를 다룬다. 해상법을 위해서는 선박을 잘 알아야 한다. 선박은 선박 건조를 통하여 만들어진다. 선주는 선박 금융이라는 제도를 이용해 선박을 건조할 대금을 확보하게 된다. 해상법의 연구와 강의 범위는 순수한 해상운송법에 선박금융법과 선박건조법으로 확대되어 왔다. 나는 이들 과목에 유난히 정성을 다하면서 학문적 외연을 넓혀왔다.

이런 과목들은 실무가 없으면 제대로 법리를 전개하기가 어렵다. 나는 태어나면서부터 수산업을 하던 집에서 태어났다. 그래서 이선이라는 선박에 승선도 하고 어선의 운항을 보면서 지리났다. 아버지의 직업이 페인트 공이라서 페인트를 칠하기 위하여 조선소를 자주 방문했다. 선박 건조를 위한 슬립 웨이를 일찍이 보아왔다. 우리집 담너머 조목수 집에서는 1년에도 몇 척의 노도선을 만들었다. 조목수는 불을 이용하여 넓고 긴 목판을 휘는 작업을 했다. 대패로 목선의 모양을 내는 모습도 보았다. 우리 조부님이 철선을 건조하였지만 선박건조 대금을 납부하지 못하여 법원에서 호출을 요구하는 서류가 한 달에 한 번은 왔다. 조부님은 이를 애써 외면했다. 급기야 조선 솥을 비롯하여 집안의 재산 모두가 강제집행이라는 경매의 대상이 되어 노란딱지가 붙었다. 서울 사시는 고모님이 대신 낙찰을 해주어서 해결이 되었다. 은행으로부터 대출을 받아서 선박을 건조하다가 조부님이 부담하는 분담금을 납부하지 못하여 일어난 일인 것으로 판단된다. 말하자면 선박금융을 일으켰다가 대출금을 제대로 갚지 못해서 법원에서 이행 청구소송이 벌어졌던 것으로 보인다.

이렇게 본다면 해상법 교수가 갖추어야 하는 경험들을 나는 이미 초등, 중등, 고등학교 시절에 모두 체험한 것이다. 따라서 나는 해상법 교수가 천지으로 나에게 주어진 것이라고 말하고자 한다. 이러한 체험들은 나를 더 분발하게 한다.

나에게 있어 바다의 의미(「바다와 나」)

나는 동해안의 바닷가에 태어나 고등학교 시절까지 고향 축산항에서 자랐다. 때때로 대밭산 뒤로 돌아가서 높은 바위에 올라가서 바다를 바라보았다. 어른들은 말했다. 저 멀리까지 이틀간 배질을 해 가면 대화퇴 어장이 나온다고 했다. 그리고 더 나가면 일본을 넘어 태평양이 나온다고. 동해안으로 배를 타고 나가고 싶었다. 넓고 푸른 바다는 나에게 무언가 하고자 싶은 말이 있는 것 같았다.

나는 그 후 해양대학으로 진학했다. 대학을 졸업 후 선원이 되어 상선을 타고 세계를 다녔다. 그 후 다시 법학을 공부했고 바다와 관련된 해상법을 전공해서 해상법 교수가 되었다.

바다는 나에게 두 가지 의미가 있다. 하나는 부정의 의미이다. 좌초 사고로 우리 집안의 수산업은 도산에 이르게 되었다. 수영을 못해서 물에 빠진 적이 세 번이나 된다. 배를 타면서도 죽을 고비를 여러 번 넘겼다. 이렇게 본다면 바다는 두려움과 피해야 할 대상으로서 부정적인 의미이다. 한편, 우리집은 수산업을 통해서 부를 모으고 한 때나마 영광스런 때가 있었다. 경제적으로 20년간 어려웠던 집안에 숨통이 트인 것은 둘째인 내가 상선에 근무하면서 많은 봉급을 집으로 보내준 때부터다. 선장 타이틀을 달아준 것도 바다였다. 이렇다면 바다는 나에게 긍정으로 다가온다.

해상법 교수로서 이제 바다는 나에게 객관의 의미이다. 바다는 이제 나에게 개인적인 긍정과 부정을 모두 버리라고 명한다. 그리고 이제는 객관적으로 바다를 이용하는 자들에게 법률적인 권리를 보장하는 역할을 나에게 하라고 한다. 이제야 어릴 적 동해의 바다가 나에게 말하고자 했던 것이 무언지 알 것 같다. 그것은 해상법 교수가 되라는 것이었다고. 장차 해상법 교수가 될 것이라는 예언을 나에게 해주었던 것이다. 내가 해상법 교수가 된 것은 운명이었구나 하고 생각하게 된다.

집필자 후기

(가나다순)

▪ 고명석

바다는 생명의 위대함을 보여주는 경연장이다. 바다는 역사와 신화를 가르쳐주는 스승이다. 바다로 인해 융성했고, 바다로 인해 쇠망했던 수많은 시간이 바다에 깃들어 있다. 바다를 배우고 알리는 좋은 작업에 참여하게 된 것을 기쁘게 생각한다. 무엇보다 나의 무지를 깨닫는 기회가 되고 새로운 지적 세계를 경험하는 시간이 되어 고맙다.

▪ 고문현

고래관광을 하는 관경선프로젝트에 참여하면서 바다의 중요성을 절감했다. 한국헌법학회 회장으로 봉사하면서 해양수산관련 헌법개정안을 연구했다. 2023년 개시 예정인 「동해가스전을 활용한 CCUS(이산화탄소 포집, 활용 및 저장) 통합실증사업」을 위한 예비타당성 기획연구보고서의 'CCUS 법제도 및 대중수용성 연구' 분과의 연구책임자로 활동하고 있는데 많은 가르침을 부탁드린다.

▪ 권오인

거친 바다가 훌륭한 선장을 만든다는 영국속담을 인용하지 않더라도 고려 이래 바다가 불모지대처럼 인식되는 한국의 현실에서 「바다, 저자와의 대화 I」 그리고 후속 「바다, 전문가와의 대화」는 사막의 오아시스처럼 신선하다. 이 두 프로그램과 그 성과물이 해양의 나라 대한민국으로 나아가는 초석이 되길 간절히 기원한다.

▪ 김문호

대처로의 꿈을 키우던 첩첩두메 소년이 우연처럼 마주친 바다와의 인연. 그로 인한 수륙 양서의 삶이었다. 뒤돌아보면 빈 하늘 타는 노을뿐, 얻는 것이 없듯 잃을 것 또한 본래 없다는 이치의 터득만이 늦가을 들판의 수확인 셈. 그래서 내가 우러르는 어느 여성 시인도 '천리 타향에서 나뭇잎 하나를 줍고'라고 노래했던가.

▣ 박종록

'삼세번'이라는 말이 있다. 우리 해운은 1980년대와 2000년대 두 차례 해운호황기에 과도한 투자로 위기를 겪었다. 그 과정에서 많은 해운 기업의 주인이 바뀌었고 구조조정이라는 아픔을 겪어야 했다. 이제 우리 해운에게 세 번째 기회가 주어졌다. 아무쪼록 이 기회가 마지막이라는 생각으로 선진해운국으로 도약하는 계기로 삼기 바란다.

▣ 신언수

한국의 해운과 조선해양 산업은 미국이 주도하는 세계화 시대에 생존경쟁을 통해 성장했지만 세속화되는 국가주의 패권경쟁 환경에 직면해 생존의 갈림길에 서 있다. 「바다, 저자와의 대화 I 」은 해운과 조선해양산업이 금융을 매개로 통합하고 서로의 강점으로 통섭하면 상생할 수 있다는 희망을 발견하게 했다. 이제부터 다시 태어나야 하는 것이다.

▣ 안충승

미국에는 에너지장관(Secretary of Energy)이 따로 있어 에너지 문제를 독립적으로 다룬다. 한국도 에너지 문제가 너무 중요하므로 전문적 지식을 가진 에너지장관을 별도로 두어 장기적 에너지 정책을 종합적으로 세울 필요가 있다.

▣ 이성우

보이지 않는 곳에서 주로 일어나는 물류가 국민들에게 얼마나 중요하고 밀착되어 있는지를 제대로 알고 있는 국민들이 그렇게 많지 않다. 국민들이 물류의 소중함을 알아야 물류산업이 국가 경제에 제대로 된 역할을 할 수 있다. 그 첫걸음으로 국민들과 밀착되어 있는 와인, 커피, 참치 등 생활 속 상품들을 중심으로 물류이야기를 풀어보았다.

▣ 이수호

인문학과 법학, 사회학 그리고 공학이 어우러진 진정한 통섭과 융합의 토대가 된 것 같아 보람이 컸다. 공학이 물리학이나 철학에서 파생되었고 인간이 바다에서 육지로 올라왔듯이 이제 다시 본질로 회귀하기 위해 통섭과 융합이 중요한 시점이다.

▣ 이진한

1123년 고려에 왔던 서긍은 「고려도경」이란 견문기에서 수레를 그다지 사용하지 않고 배를 주요 교통수단으로 운용했던 고려를 '해국'(海國)이라고 표현했다. 고려의 국가 운영이나 상거래에서 해운이 차지하는 비중이 절대적이었던 것 같다. 고려시대에 배를 운항했던 선원들이야말로 '해국' 고려를 지탱해준 숨은 일꾼이자 알려지지 않은 영웅이었다.

▣ 조봉기

일반시민이 쉽게 다가갈 수 있으면서 해운산업의 가치를 알릴 수 있는 인문서적이 많이 번역되어 나오면 좋겠다. 마크 레빈슨이 지은 「The Box」도 번역서가 나왔고, 에드워드 흄스가 지은 「Door to Door」라는 책도 「배송추적」으로 출간되었다. 최근 마크 레빈이 「Outside the Box」라는 후속작을 내놓았는데 과연 누가 번역할지 관심이다.

▣ 정필수

이 장이 누구나 참여하여 바다 지식과 경험을 내놓고 통섭하여 새로운 지평을 열어 가는 힘찬 플랫폼이 되는 새 기원을 달성할 것으로 기대한다. 비전을 제시하고 이정표를 세우고 목표를 달성해 가는 성실한 발걸음이 지도를 거꾸로 하며 도전정신을 자극했던 선인들의 진취적 기상을 물려받는 길임을 인식한다. 거대한 長城의 城石 하나가 되고자 한다.

■ **최 광 식**

우리나라는 서양 해양세력이 동진함에 따라 식민지로 전락하여 일제
강점기를 겪었으나 해방 이후 문호를 개방하고, 1970년대 이후 해상활
동이 활발해지면서 반도국가로서 바다를 활용하여 전 세계와 네트워크
를 구축하게 되어 21세기에 들어와서는 '해자천하지대본'(海者天下之大
本)의 해양국가로 발돋움하고 있다.

■ **최 병 열**

해사산업 전문가들의 지성이 합하여 진다면 작금의 해사산업에 불어
닥치는 파도는 물론 환경오염과 기후변화라는 중장기 위험마저도 이겨
낼 수 있을 것이다. 에너지 산업에 해사산업이 지대한 영향을 끼쳐왔
듯이, 기후변화에 핵심적이고 매우 중요한 '에너지산업의 친환경 패러
다임 변화'가 해사산업 전문가들의 집단지성으로 이루어질 것이다.

■ **최 영 호**

모든 대화는 참여자의 겉이 아닌 속을 요구하고, 그 속살이 드러날
때 훨씬 흥미롭다. 드러난 것보다 감춰진 것이 더 많은 해양은 물리적
세계를 포함한 포월적(抱越的) 세계다. 해양으로 촉발되고 그 감응으로
수용된 우리 삶의 다채로운 해양은 제3의 시각을 요한다.

■ **홍 승 용**

이 시리즈는 몇 가지 점에서 인상적이었다. 첫째, 바다를 대상으로 통
섭적 내용을 다뤘다. 둘째, 특강에 소개된 저서들은 저자들이 평생 일군
경험과 주옥같은 노하우였으며, 산업계, 학계, 정부 및 컨설팅 업계에 길
라잡이가 될 수 있는 내용들이었다. 셋째, 특수한 코로나 상황에서 줌
방식의 교육과 토론은 유익하고도 열띤 시간과 공간을 창출했다.

─── 〈편집자 후기〉 ───

"바다, 서사와의 대화" 모임에 빠지지 않고 참석한 공로로 막중한 책임을 지는 성과물 편집진에 합류하게 되었다. 「바다, 저자와의 대화 I」 진행과정과 결과를 나름대로 표현하자면 '줌으로 만난 바다, 꿈으로 모인 지성'이라고 할 수 있겠다. 코로나19로 어려운 세상에 비대면 화상모임을 통해 시현된 집단지성이 디지털 전환 사회의 전범이 될 것을 기대한다.

김연빈 (도서출판 귀거래사 대표. 전 주일한국대사관 해양수산관·국토교통관)

집필자 약력

■ **고명석**
부경대학교 해양생산시스템관리학부 교수
(전) 서해지방해양경찰청장, 해양경찰교육원장
(전) 국민안전처 대변인

■ **고문현**
숭실대학교 법과대학 법학과 교수
제24대 한국헌법학회 회장(2018년)
한국해양수산개발원(KMI) 감사

■ **권오인**
고려종합국제운송(주) 사장
한국국제물류협회(KIFFA) 이사
(전) 고려해운(주) 이사, STX PanOcean 상무, PSA(GTO) 부사장

■ **김문호**
㈜ 한일상선 회장
대한해운공사 선장, 영업부장
한국문인협회 해양문학 연구위원장

■ **김인현**
고려대학교 법학전문대학원 교수
선박건조·금융법연구회 회장, 수산해양레저법정책연구회 회장
(전) 일본 산코기센(Sanko Line) 항해사 및 선장
(전) 한국해법학회장, (전) 해양수산부 정책자문위원장

■ **박종록**
한국해양대학교 초빙교수(해운경영학부) 역임
(전) 울산항만공사(UPA) 사장
해운항만청, 해양수산부, 환경부, 국토해양부 근무

■ **신언수**
대우세계경영연구회 부회장
(전) 대우조선해양 전무, 해양특수선 본부장
(전) 성진지오텍(포스코 플랜텍) CEO

■ **안충승**
KAIST ㈜모바일하버 CEO
OPTS(해양플랜트 기술회사) 대표이사 회장
(전) 현대중공업 사장

- 이성우
  한국해양수산개발원(KMI) 종합정책연구본부장
  한국외국어대학교 겸임교수
  (전) 항만경제학회 부회장

- 이수호
  동일조선(주) 기업부설연구소장
  (전) 대우조선해양㈜ 기술전략팀 근무
  (전) 거제대학교 기계공학과 겸임교수

- 이진한
  고려대학교 한국사학과 교수
  국립해양박물관 「해양유산」 편집위원장
  (전) 한국역사연구회 회장

- 조봉기
  한국해운협회 상무
  한국해양대학 졸업(1985)
  상선 항해사로 근무(~1996년)

- 정필수
  한국종합물류연구원GLORI) 원장
  (전) 한국해양수산개발원(KMI) 부원장, 원장대행
  (전) 대한민국 해군 자문위원

- 최광식
  고려대학교 문과대학 한국사학과 명예교수
  (전) 문화체육관광부 장관
  (전) 문화재청장·국립중앙박물관장·고려대박물관장

- 최병열
  한진중공업 과장
  「LNG밸류체인」(퍼플, 2019)
  「한눈에 보는 조선해운시황」(퍼플, 2018)

- 최영호
  해군사관학교 인문학과 명예교수
  KIOST 자문위원, 문학평론가
  고려대학교 민족문화연구원 선임연구원

- 홍승용
  (전) 해양수산부 차관, 인하대학교 총장
  (전) 한국해양수산개발원(KMI) 원장
  (전) 국가교육과학기술위원회 부의장(장관급)

바다, 저자와의 대화 I

– 17인의 저자가 들려주는 바다이야기 –

2021년 7월 30일 초판 발행
2021년 8월 15일 초판 2쇄 발행
2022년 12월 30일 초판 3쇄 발행

저 자 김 인 현 외 1 6 인
발행인 배 효 선

발행처 도서
출판 法 文 社

주 소 10881 경기도 파주시 회동길 37-29
등 록 1957년 12월 12일/제2-76호(윤)
전 화 (031)955-6500~6 FAX (031)955-6525
E-mail (영업) bms@bobmunsa.co.kr
    (편집) edit66@bobmunsa.co.kr
홈페이지 http://www.bobmunsa.co.kr
조 판 법 문 사 전 산 실

정가 22,000원   ISBN 978-89-18-91213-4